中文社会科学引文索引(CSSCI)来源集刊

南京大学法律评论

NANJING UNIVERSITY LAW REVIEW

主编 解亘

2019年
秋季卷
总第52卷

南京大学出版社

《南京大学法律评论》编辑委员会

名誉主任　苏永钦

主　　任　叶金强

委　　员　（以汉语拼音为序）

　　　　　李友根　宋　晓　肖泽晟　严仁群

　　　　　叶金强　张仁善　周安平

《南京大学法律评论》编辑部

主　　编　解　亘

编辑成员　艾佳慧　宋亚辉　吕炳斌　张　华

　　　　　尚连杰　徐凌波

主　办　南京大学法学院

衷心感谢张金全先生对本刊的友情支持！

总 编 寄 语

《南京大学法律评论·2018年春季卷》终于面世了。从栏目设计上看,与近年的几期《南京大学法律评论》相比,2018年春季卷也许没有明显的差异,但实际上,这一期的编选由改组后全新的编辑部操刀。2017年秋,因《南京大学法律评论》编辑部发生了人事上的变化,由过往的主编全权负责制变换成为由编辑部团队集体负责的新体制。新的编辑团队也许在经验上还有些稚嫩,不过,团队成员在整体上偏年轻,也许更能确保编辑团队的朝气和热情。但愿读者可以透过本期刊载的稿件体察到我们的用心。

《南京大学法律评论》是我国最早的法律评论,具有辉煌的历史。我们这个团队之所以愿意接过这副重担,完全是出于对学术的热爱,出于对学术共同体的敬意。在当下的评价体系之中,我们依然坚信,文章的良莠,决不依赖于其载体是否华贵。大浪淘沙,经过时间的洗礼,最终留在学术史的长河中能够长久夺目的学术成果,一定是因为其本身的质地优异。而且,我们更加乐观地相信,广大的学人也秉持着同样的信念。正是基于这样的共识,我们愿意通过《南京大学法律评论》这个载体,继续为学术中坚提供宣传其辉煌思想的阵地,同时我们也会通过这个载体,以热切的目光见证年轻学子的成长。

今后,我们将尝试在栏目上作新的探索。或许会就某一个主题设定专栏,围绕主题组稿,或者围绕一篇核心论文邀请学术批评。此外,我们还设想设置判例评论的栏目,以鼓励这种更接地气的努力。

我们承诺,仅以来稿的质量作为唯一的选稿标准。

请与我们同行,为了法学的进步!

解 亘

2018年5月

目 录

· 理论法学 ·

道德修辞消亡史:以 T 市中院 1978—1998 年刑事判决书为例
.... 张文波(3)
奸情犯罪女性的形象塑造
——以《资政新书》37 例判词为中心 .... 黄心瑜(23)
清代宗族社会土地纠纷的司法运作实态
——以南陵小滩头纷争案为依据 .... 张 翅(38)

· 宪法学 ·

宪法规范与现实之间的对话:从《国家监察法》制定依据之争谈起
.... 田 芳(59)
公安机关采集个人信息的合宪性控制 .... 杜吾青(78)

· 民商法学 ·

失败合同的返还清算:欧洲的新发展
.... [德]索尼娅·梅耶 著 冯德淦 译 冯洁语 校(101)
惩罚性赔偿金在台湾消费诉讼判决之发展评析
——以台湾地区"消保法"第 51 条规定之适用为中心
.... 吴从周(137)
资产收益权信托之法律定性的三维度 .... 缪因知(162)
侵权法中相当因果关系的再定位 .... 王 磊(202)
描述知识的困境与规范路径
——以新型商标为模型 .... 胡 骋(226)
数字贸易中的知识产权议题 .... 孙益武(241)

· 刑事法学 ·

行政前置认定的刑事司法适用：困境、误区与出路…………… 付　倩(261)
论合义务替代行为之本体构造与规范适用………………………… 金　燚(279)

· 诉讼法学 ·

证明困境视阈下当事人协力阐明义务研究………………………… 汪　放(307)
执行力主观范围扩张的正当性保障机制
　　——再论可否追加配偶为被执行人………………………… 赵志超(324)
民事送达的中国难题及其制度回应………………………………… 李　屹(347)

· 国际法学 ·

论发现取得领土主权
　　——基于欧洲国家实践的考察……………………………… 包毅楠(371)
数字鸿沟议题在WTO法中的道德化：成因、危害与应对…… 李冬冬(389)

理论法学

道德修辞消亡史：以 T 市中院 1978—1998 年刑事判决书为例

张文波*

[摘　要]　通过考察 T 市中院刑事判决在修辞方面的沿革变化，可以发现政法传统及革命话语体系塑造了人民司法的整体风格，充满浓厚的革命伦理色彩的道德修辞曾一度充斥刑事判决。随着司法专业化和理性化的程度不断提升，法律语言被镶嵌到革命法制向现代法治转型的宏大叙事背景中，进而呈现出道德修辞与法律修辞双峰并峙、相互博弈的状态，并在司法场域中建构出新的权力支配关系。此后，判决书中道德修辞的隐退不仅意味着法律治理技术的成熟，也昭示着刑事审判领域引入了新的知识传统，裁判文书在说理方式上完成了从"语言暴力"向"法律理性"的过渡，并由此开启了"以法律为修辞"的新型叙事模式。

[关键词]　道德修辞；刑事判决；法律修辞；司法治理

引子：理论假设的提出

从亚里士多德时代起，修辞就被认为是一种"有效说服他人的工具"。判决书是人民法院向社会提供的公共产品，法庭使用何种修辞对当事人进行评价，直接反映了某一时期司法文明的程度。笔者在 T 市中院调研过程中，曾借阅相关刑事卷宗档案，无意中发现该院 1984 年第 124 号刑事判决书中有这样一段内容，"查明被告人韩某平素思想淫乱，道德败坏。1982 年 10 月至 1983 年 7 月，乘外甥女冯某母亲去世、其父被判刑后在其家中寄养之机，采用威胁、暴力等手段，多次将外甥女冯某(时年 10 周岁)蹂躏奸淫，并以同样手段对冯某的妹妹多次猥亵(时年 8 周岁)"，判决认定被告人韩某"目无国法，流氓成性，丧失人伦，利

---

* 中国社会科学院研究生院法学系博士研究生。本文系中国法学会法理学研究会 2019 年青年专项课题"当代中国治理型司法的兴起与变迁"(项目编号：ZGFL201901)的阶段性成果。

用从属关系以卑劣手段长期对伶仃幼女猥亵、奸淫,已构成奸淫幼女罪"。无独有偶,该院1986年第30号刑事判决书中则有"查明故意杀人犯吕某好逸恶劳,辞退工作后沾染赌博恶习,并输钱达一千多元。1986年12月15日,被告人路遇原同学于某,并向于某提出借钱,遭到拒绝。吕某怀恨在心,当日下午持斧头窜至于某家中,趁于某不备持斧背向于某头顶部猛击三下,又用斧刃在于某右脸部猛砍一下。之后撬开屋内箱子,抢走活期存折一个后逃离现场。被害人于某开放性颅脑损伤,硬脑膜破裂,脑组织外溢,额骨粉碎性骨折",并认定被告人吕某"游手好闲,思想腐化,目无国法,为筹集赌资竟在光天化日之下入户暴力抢劫财物,致被害人终身残疾,手段歹毒,惨无人道,民愤极大,构成抢劫罪"。这些惊心动魄的刑事判决书中,频繁使用了一些在今天看来颇有些"陈旧落后"意味的道德修辞。出于对这一现象的好奇,笔者决定选取T市中院1978年("79刑法"颁布前一年)至1998年("97刑法"颁布后一年)期间的刑事一审判决书为样本,重点分析这一时期判决文书中道德修辞的变迁过程。

在此,简要介绍本文进行实地调研的T市及其中级人民法院的有关情况。T市位于我国华北地区并毗邻渤海湾,下辖20个区县,自近代开埠以来工商业始终较为发达,改革开放后随着城市人口规模不断扩大,至1998年时全市常住人口数量已经接近1000万。之所以选择T市中级人民法院作为研究样本,一方面是考虑中级人民法院主要审理可能判处无期徒刑、死刑的刑事一审案件,被告人的主观恶性及人身危险性相较于普通刑事案件更为严重,因而判决文书中更有可能出现措辞较为激烈的道德评价;另一方面则是考虑T市既有发达的中心城区,也有欠发达的郊县农村地区,在刑事犯罪的案由上涵盖广泛,且样本数量适中,T市中院1978年至1998年所审理刑事一审案件呈递增态势,但总体上年均不超过200件,按照卷宗编号顺序,共搜集了3597份刑事案件卷宗。基于以上线索与数据,以梳理关键词的方式,发现该院二十年间的刑事判决书在文书风格上存在两大特征:一是判决书频繁使用道德修辞,反映了此一时期审判人员对道德话语的迷恋,同时也折射出他们在法律思维与道德思维上的混杂;二是"道德败坏""思想反动""下流淫秽"等污名化的道德修辞,自20世纪90年代中期开始从刑事判决中逐渐隐退。

因此,本文将运用"观念/概念分析法",围绕T市中院刑事判决中出现的"道德修辞"及其语境的兴起与消亡,揭示道德修辞在司法场域中建构的权力关系本质,还原其背后社会、政治背景的变迁过程。为更方便也更有针对性地展开讨论,本文在此提出若干结论性假设:(1)道德修辞在刑事判决书中的兴起,与中国现代革命背景下的人民民主专政传统密不可分,表明当代中国司法的基本逻辑和运作机制是围绕执政党进行社会治理与社会改造而展开,同时也是国家在法律与道德领域基本主张的重申;(2)刑事判决书中道德修辞的消亡则是司法场域中权力关系变化与革命伦理观念"祛魅"的结果,标志着以"治理"为基本命题的司法权力技术走向理性化。下文的全部内容,均是对这两项假定命题的证明与检验。

一、刑事判决中的道德修辞及其渊源

(一)道德修辞的使用频次分析

如表一所示,本文以关键词搜索的方式,统计了T市中院1978—1998年刑事判决中的道德修辞使用频次。不同案由的刑事判决会使用不同的道德修辞,按照案件类型可归纳为四类,分别是:(1)故意杀人、故意伤害等侵害人身权利的暴力型犯罪判决修辞,如"道德败坏""民愤极大""目无国法";(2)强奸犯罪、流氓犯罪等伤害风俗教化的性犯罪判决修辞,如"思想淫乱""流氓成性""下流淫秽";(3)抢劫、盗窃、贪污贿赂、投机倒把等侵害公私财产权利或破坏经济秩序的财产型犯罪判决修辞,如"贪图享受""利欲熏心""游手好闲";(4)反革命宣传煽动等危害国家政权安全的政治型犯罪判决修辞,如"思想反动"、"恶毒攻击"。

表1 T市中院1978—1998年刑事判决中出现的道德修辞频次

排序	关键词	频次	类型	排序	关键词	频次	类型
1	道德败坏	724	暴力/风化	11	贪图享受	435	财产
2	目无国法	651	暴力	12	手段卑鄙	421	暴力
3	屡教不改	615	暴力/风化	13	利欲熏心	352	财产
4	思想淫乱	503	风化	14	游手好闲	334	财产
5	素有劣迹	486	暴力	15	气焰嚣张	321	暴力/政治
6	影响很坏	474	暴力	16	勾搭成奸	257	风化
7	品质恶劣	461	暴力	17	心胸狭窄	220	暴力
8	流氓成性	452	风化	18	丧失人伦	198	暴力/风化
9	民愤极大	447	暴力	19	思想反动	171	政治
10	下流淫秽	439	风化	20	恶毒攻击	165	政治

另外,除表一中所列举的道德修辞外,T市中院刑事判决书还经常出现"穷凶极恶、活动猖獗、不知悔改、恶习极深、恶迹累累、腐化堕落、灭绝人性、为非作歹、光天化日、无中生有、无理取闹、颠倒是非、不择手段、恶意歪曲、气急败坏、施展欺骗伎俩、调戏妇女、玩弄妇女、野蛮粗暴、态度恶劣、残暴凌辱、肆意践踏、毒

害腐蚀、肆意妄为、沾染恶习、耍无赖、奸宿鬼混、改邪归正、资产阶级思想严重、不义之财、好吃懒做、好逸恶劳、发泄兽欲"等关键词。这些道德话语的运用,表明人民民主专政传统下的审判人员不仅是司法者更是"布道者",从而借助司法技术手段营造出独特的"语言景观"。

通过表一列举的道德修辞,可以发现 T 市中院审理的一审刑事案件在数量分布上具有一定特点。首先,针对暴力型犯罪使用的道德关键词最多,说明杀人、伤害等传统型犯罪仍然是刑事案件中比重最大的部分;其次,性犯罪和侵财类犯罪中的道德修辞虽然在使用频次上低于暴力型犯罪,但在修辞种类上并不落后,特别是随着国家严厉打击经济犯罪政策的推行,①侵财类犯罪中的道德修辞使用有后来居上之势;最后,由于危害国家安全犯罪的案件数相对较少,因而政治型犯罪中道德修辞的数量最低;当然,同一份判决书中往往会并列出现多个道德修辞,同一种道德修辞也可能应用在不同类型的刑事判决中。例如,"屡教不改"、"恶迹累累"等描述被告人犯罪前科的道德修辞,或"气焰嚣张"、"恶习极深"等描述被告人人身危险性的道德修辞,就可以运用到多个案由中。

为直观反映道德修辞在此期间的消长态势,本文分别选取 T 市中院 1978—1998 年刑事判决中若干关键词为样本,包括暴力犯罪中出现频率较高的"道德败坏"、风化犯罪中出现频率较高的"思想淫乱"和财产犯罪中出现频率较高的"贪图享受"。

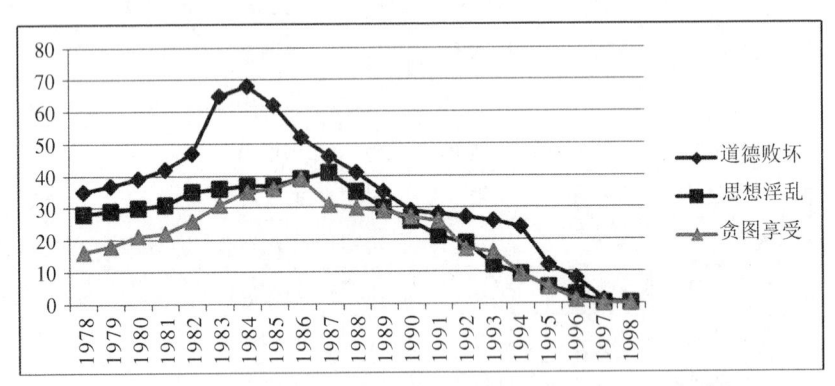

图 1　T 市中院 1978—1998 年刑事判决中道德修辞的变化趋势

通过该图可以发现,上述三个关键词在 1983—1986 年间达到峰值,这从侧面印证了 1983 年开展"严打斗争"后,该院受理的刑事案件数量激增,致使道德

---

① 参见《全国人民代表大会常务委员会关于严惩严重破坏经济的罪犯的决定》,1982 年 3 月 8 日;《最高人民法院、检察院关于继续抓紧抓好打击严重经济犯罪活动的通知》,1983 年 10 月 21 日,(83)高检发二 22 号。

修辞的数量也水涨船高。而在此之后,道德修辞的使用频次呈明显下降态势,至1997年之后则消失殆尽。从道德修辞消退的轨迹来看,伦理色彩越强烈、批判意味越明显的修辞,使用频次下降的速度也就越快,故而"道德败坏"、"思想淫乱"要比"贪图享受"减少得更迅速。

(二)判决修辞的知识考古

道德修辞并非于20世纪才进入判决之中。事实上,在漫长的帝制中国时期,借助法律儒家化的进程,道德评判几乎垄断了古代判词的修辞风格。"礼法合一""德主刑辅"的法律文化传统,决定了中国古代各级衙门审理案件时首先考察行为是否合乎礼教。司法官员不仅是争讼是非的裁判者,还担负着道德教化的义务,②因而需要在判词中广泛运用道德修辞以"正风化而匡人心"。③ 考诸"寓教于判"式的中国古代判词,其中伦理化、道德化的修辞比比皆是。例如,唐代《龙筋凤髓判》中有"佞幸、诡谀、狡猾、猖狂、耻辱、城狐社鼠"之辞(《内侍省二条》);④南宋《明公书判清明集》多有宣扬教化之辞,例如"其二子王潦、王幼共为悖逆,凌其孀嫂,虐其孤侄,此情尤不可恕""迹王齐敬平生之所为,何等犬彘,而敢尔诬罔,诚大可恶"(《惩恶门·告讦服内亲》);⑤"呜呼!璩天佑此举,可谓不仁不义之已甚矣"(《惩恶门·叔诬告侄女身死不明》);⑥明末《盟水斋存牍》中有"审得陈葆源一贱吏耳,辄敢宣淫相宅,奸其孀妇,奸其笄女,急扑杀此奴,犹不足快通国之愤"之语。⑦ 清代《吴中判牍》中以"居心狠毒莫此为甚""妄肆巫言,几同妖境""彼何人哉,是乃狼也"形容罪犯。⑧ 晚清《卢乡公牍》中"逞刁缠讼""贪利架讼""刁焰愈张""居心刁健惯兴讼端""蠹役藐法、诈财逼讼"更是充斥满篇。⑨ 这些语词或动之以情、晓之以理,或推己及人、循循善诱,或大义凛然、

---

② 王志强:《南宋司法裁判的价值取向——南宋书判初探》,载《中国社会科学》1998年第6期,第118页。

③ (清)张问陶:《张船山判牍》,上海中央书店1934年版,第76页。

④ (唐)张鷟:《龙筋凤髓判》,田涛、郭成伟校注,中国政法大学出版社1995年版,第91页。

⑤ 中国社会科学院历史研究所宋辽金元史研究室点校:《名公书判清明集》,中华书局出版社1987年版,第494页。

⑥ 中国社会科学院历史研究所宋辽金元史研究室点校:《名公书判清明集》,中华书局出版社1987年版,第501页。

⑦ (明)颜俊彦:《盟水斋存牍》,中国政法大学出版社2002年版,第364页。

⑧ 参见(清)蒯德模:《吴中判牍》,梁文生、李雅旺校注,江西人民出版社2012年版,第202—204页。

⑨ 参见(清)庄纶裔:《卢乡公牍·卷二》,载官箴书集成纂委员会编《官箴书集成(第9册)》,黄山书社1997年版,第201—223页。

严词斥责,[10]在论证判决的正当性和合法性方面起到了举足轻重的作用。[11]

随着清末法制改革的推进,法律文书连同判决修辞也开启了现代转型之路。清末民初之际,大量接受新式法学教育的专门人才进入法院担任推事,[12]儒家伦理从公共领域退至个人私领域,[13]以维护宗法思想和纲常伦理为主要目的传统判词及其修辞方式终于走向黄昏,取而代之的是"六法全书"体系下的现代法律语言体系。但在此后狂飙突进的革命风潮中,自有另外一种力量在悄然改变这一格局,并在1949年之后蔚为大观,成为一股不可阻挡的新潮流。

二、道德修辞兴起的背景与缘由

尽管暴风骤雨式的革命年代已经远去,但革命语境下的判决修辞技术及其遗产仍以巨大的惯性被继承下来。T市中院刑事判决书中流露出的炽烈情感,正是受到其影响。在现代中国革命的宏大叙事背景下,这一传统深刻影响了当代中国司法运行体系的总体风格,从而使革命意识形态以道德修辞的形式渗入法律语言之中。

(一)革命话语体系的渗入

20世纪的中国革命不仅使社会政治结构发生巨变,也让公共领域的语言表达范式为之一新,一些具有强烈的革命伦理气息的话语概念进入了政治法律范畴并逐渐控制了司法叙事。[14] 共和国成立伊始,最高决策层即提出"对盗窃犯、诈骗犯、杀人放火犯、流氓集团和各种严重破坏社会秩序的坏分子,必须实行专政"。[15] 在此背景下,刑事案件被告人实际上包含了三重身份:在法律上是接受法庭审判的犯罪分子;在政治上,是站在反动立场上的阶级异己分子;在道德上,

---

[10] 胡旭晟:《试论中国传统诉讼文化的特质》,载《南京大学法律评论》1999年第8期,第112页。

[11] 汪庆祺编,李启成点校:《各省审判厅判牍》,北京大学出版2007年版,第15—16页。

[12] 参见蒋秋明:《南京国民政府审判制度研究》,光明日报出版社2011年版,第229—232页。

[13] 金观涛、刘青峰:《观念史研究——中国现代重要政治术语的形成》,法律出版社2009年版,第98页。

[14] 在延安时期的"黄克功杀人事件"中,陕甘宁边区高等法院在判决书中就使用了"丧心病狂、确是汉奸的行为、兽性不如的行为,罪无可赦、实为革命队伍中之败类"等道德修辞。参见汪世荣等:《新中国司法制度的基石:陕甘宁边区高等法院1937—1949》,商务印书馆2011年版,第137页。

[15] 毛泽东:《关于正确处理人民内部矛盾的问题》,载《人民日报》1957年6月19日,第1版。

则是离经叛道的待改造对象。⑯

1962年,最高人民法院指示各地法院审判刑事案件要"具有明确的阶级观点,使用阶级分析的方法"。⑰ 各地法院在审理"土改案件""反革命案件"中,采取法庭审判与诉苦大会、群众代表会议相结合的"人民司法"路线,站在控诉者的立场上将"苦大仇深"的道德话语直接引入到裁判文书中,致使道德修辞逐渐弥散化。此时,惩罚绝不仅仅停留在身体规训的层面,而是通过道德控诉与思想改造完成对刑事被告人人格的重塑与升华。任何社会成员一旦被宣布为"反革命",就意味着成为人民群众的敌人,并将因违背革命伦理与公共道德而遭到全社会的批判。人民法院在审理刑事案件时将这一话语传统引入到判决书中。"文革"结束后,最高人民法院仍主张"凡是被人民法院以反革命罪判处刑罚的罪犯,自然都具有反革命分子的身份"。⑱ 1980年,T市中院在审理一起"反革命案件"时,认定被告人"思想极端反动,仇视人民民主专政的政权和社会主义制度,与人民为敌,经常偷听敌台、散布反动言论,恶毒诋毁、疯狂攻击党中央,叫嚣'做浴血的斗争',妄图推翻无产阶级专政,实现其反革命复辟的罪恶目的"。可见,道德修辞不仅仅是伦理观念的载体,其本身就是权力意志的体现。在总体性权力的支配下,个人直接面对庞大的国家机器,伦理观念必然溢出个人私域而成为公共领域的一部分,进而道德修辞也成为革命话语体系的衍生品。

(二)正义/邪恶的二元对立思维

"分清敌我是革命的首要问题。"⑲从这一时期T市中院的裁判文书样本中不难发现,刑事判决以批判"异端"的方式,宣布了"正义"对"邪恶"的胜利。不仅动用法律手段将被告人绳之以法,更予以公开的道德评价将被告人"钉在历史的耻辱柱上"。他们不仅是法律意义上的受批判客体,更是道德意义上的"戴罪之

---

⑯ 例如,在刘青山、张子善案件中,河北省人民法院临时法庭宣告"刘、张二犯挥霍享受,公行贿赂,腐化堕落,达于极点。如此背叛国家背叛人民,实属罪大恶极,国法难容"。参见《河北省人民法院临时法庭判处大贪污犯刘青山张子善的判决书》,载《人民日报》1952年2月13日,第2版;又如,北京市军事管制委员会军法处认定"被告马德福、尤茂志,历充汉奸伪军官十年余,作恶多端,血债累累,一贯作恶"。参见《严厉镇压反革命活动京军管会军法处公审蒋匪特务》,载《人民日报》1950年11月22日,第2版。

⑰ 1962年12月10日,《最高人民法院关于在当前的对敌斗争中审判工作的任务》,载张世进主编《中华人民共和国法律规范性解释集成》,吉林人民出版社1990年版,第8页。

⑱ 《最高人民法院关于判刑的反革命罪犯是否都有反革命分子帽子问题的批复》(1977年9月16日),载张世进主编《中华人民共和国法律规范性解释集成》,吉林人民出版社1990年版,第120页。

⑲ 毛泽东:《中国社会各阶级的分析》,《毛泽东选集(第一卷)》,人民出版社1991年版,第4页。

身"。也就是说,道德修辞越强烈、被告人的形象越邪恶、罪行被揭露得越彻底,判决就越有说服力、越能在道义上站得住脚。

在1983年的"严打"斗争中,中共中央发文指出"严厉打击刑事犯罪活动,是政治领域中的一场严重的敌我斗争"。[20] 彭真将煽动、腐蚀、收买、强迫青少年犯罪的刑事犯罪分子称作"瘟疫""毒菌";[21]1986年,时任最高人民法院院长郑天翔则将经济犯罪分子斥为党和国家肌体上的"毒瘤"。[22] 因此,将作案者的"残忍血腥"、性侵者的"无耻兽行"、政治犯的"恶毒攻击"、行凶者的"嚣张气焰"等特征/情节反复描摹渲染,并冠之以"恶"或"反动"的道德标签,就成为当时一段时期内颇为流行的判决修辞方式。这种评判模式把原本丰富而复杂的社会群体简单化约为正邪对立、敌我分明、非此即彼的两个阵营,因而对那些"站在人民的对立面"的犯罪分子和"道德沦丧、灵魂卑污的败类",施以"残酷打击、无情斗争"自然也就说得过去。在这个意义上,社会成员对政治共同体的认同反倒仰仗于"敌人"的存在——"我们"是谁,首先取决于"敌人"是谁;没有"敌人",也就没有"我们"。[23] 1979年,T市中院在审理一起故意杀人案件时,认定被告人"盗窃成性,屡教不改,因诈骗被捕后负隅顽抗,穷凶极恶地掐住公安人员的颈部,妄图杀人后逃窜。该犯顽固坚持反动立场,行凶杀人,猖狂地向无产阶级专政进攻,罪行极为严重"。在此,被告人事实上接受了法律与道德的双重审判,完成了对被审判者的"公共性复仇"。[24]

(三) 教化与规训

经过20世纪波澜壮阔的中国革命洗礼,新兴的革命政权以政治教化为己任,对社会改造抱有强烈的使命感——"做社会主义事业新人"被顺理成章地树

---

[20] 《中共中央关于严厉打击刑事犯罪活动的决定》,1983年8月25日,中发(1983)31号。

[21] 彭真:《进一步实施宪法,严格按照宪法办事》,《彭真文选》,人民出版社1991年版,第485页。

[22] 郑天翔:《在全国法院审理大案要案工作会议结束时的讲话》,《郑天翔司法文存》,人民法院出版社2012年版,第203页。

[23] 曾有学者将此种"敌我对立"的刑法思维归纳为"敌人刑法学"。在此语境下,"敌人"不仅是政治词汇,也是法律词汇,犯罪是"敌人"对"人民"的集体侵害,因而对"敌人"严厉镇压也具有正当性。参见蔡道通:《建国初期的"敌人刑法"及其超越——兼评雅科布斯的"敌人刑法"》,载陈兴良主编《刑事法评论》第28卷,北京大学出版社2011年版,第251页。

[24] 复仇是法律文学中的经典母题,不同于传统观点关于复仇属于"高度分散执行的社会制裁制度或控制机制"的定义,本文这里所指的"复仇"带有集体性和公共性,其意义在于通过"镇压敌人"满足民众声讨"阶级仇恨"。在这里,分散的个人制裁被有组织的专政手段所替代,"不杀不足以平民愤"也成为此种集体性复仇的经典表述。

立为新的道德目标。㉕ 在当时的话语体系中,理想的"新人"形象应当具有克制自省、甘于奉献、不畏牺牲的品质。他们的日常生活图景应由热火朝天的劳动、严肃有序的斗争和触及灵魂的学习所构成,而物质享受与世俗欲望则有"腐蚀革命意志""消解工作热情"之嫌。T市中院刑事判决书中高频率出现的"贪图享受""好吃懒做""思想淫乱""流氓成性"等关键词,传递出对背离革命气质的行为给予的道德谴责。

"贪图享受""好吃懒做"意味着对工农业生产秩序没有任何助益,特别是在食不果腹的饥饿年代,一个不事生产的城市"混混"或农村"二流子"常常被视为危险的存在。在人民公社制度解体前,上述人员都被视为集体化社会的潜在威胁,㉖因而这些看似与犯罪本身无关的个人品质与行为细节才会为刑事判决所评价。正如福柯所说,"如果性遭到非常严格的压抑,那么这是因为它是与一般的紧张劳动不相容的"。㉗ "思想淫乱""流氓成性"等标签不仅指向对"腐朽堕落的资产阶级生活方式"的批判,还意味着对身体的严格管束。因此,在这一时期仍有效的《国务院关于劳动教养问题的决定》提出,要将"游手好闲、违反法纪、不务正业的有劳动力的人,改造成为自食其力的新人。"1986年,时任中央政法委书记乔石指出社会治安面临的新问题之一,是"新中国成立以来早已绝迹的某些丑恶现象重新泛起,资本主义腐朽思想的侵蚀、淫秽录像、不健康小报的流传,导致一些人道德堕落"。㉘ 1989年10月,中共中央决定开展打击败坏风气、危害社会治安的六种犯罪活动的斗争,将卖淫嫖娼、制贩和传播淫秽物品、拐卖妇女儿童、私种吸食贩运毒品、聚众赌博、利用封建迷信骗财害人统称为"六害"。㉙ 由此可见,身体政治与革命法制的交错与融合,在司法场域留下了深刻的道德强制痕迹。需要说明的是,教化并不总是声色俱厉,有时也会以"柔性管制"的面目出现。"文革"结束后,主管全国政法工作的彭真提出,对待犯罪分子"要像父母对待传染病的孩子、医生对待病人那样,满腔热情、耐心细致地护理、教育、感化、改

㉕ 有学者将这种进行政治伦理教化与规训的政权命名为"革命教化政体"。参见冯仕政:《当代中国的社会治理与政治秩序》,中国人民大学出版社2013年版,第43页。

㉖ "集体化社会"与前述"总体性社会"略有不同,总体性社会强调整全性的国家控制与动员及其治理技术,集体化社会则意味着一个包含政治身份、日常仪式、阶级观念的公共空间,进而强调个人被嵌入从农业传统向工业文明转型的社会结构之中。

㉗ 参见[法]米歇尔·福柯:《性经验史》,余碧平译,上海人民出版社2005年版,第5页。

㉘ 乔石:《政法工作要更好地为社会主义物质文明和精神文明服务》(1986年2月22日),《乔石谈民主与法制》,人民出版社2012年版,第58页。

㉙ 《最高人民法院关于配合公安机关开展除"六害"工作的通知》,1989年11月13日,法(办)发(1989)34号。

造他们"。㉚ 反映在刑事判决中,则为"情有可原""值得怜悯""真诚悔过"等能够争取被告人积极认罪服法的修辞。

(四)"六法全书"语言体系的摒弃

"反对帝国主义与殖民化"是现代中国革命的主题之一。新中国成立后的司法体系以建构自主性立场为目标,从人民民主专政传统中寻找话语资源,并着手对司法场域中的语言范式实施有计划的清理与重整。在民族与民主革命业已完成的背景下,经由法律移植而成的近代中国法律制度及其话语体系,不仅被视为维护旧世界的工具,而且还是殖民色彩最为浓厚的领域之一,因而首当其冲成为被改造对象。早在根据地司法时期,边区政府曾明确要求"判决书文字要简明通俗,少用法律术语、典故和谁也不懂的形容词之类。"㉛1949年国民党政权败退之际,大批旧司法人员被新政权留用,并将"六法全书"体系中的裁判语言继承下来。《人民日报》曾严厉批判旧司法人员的语言风格,指责他们承袭了"装腔作势、愚弄人民的六法八股",撰写判决书时"故意舞文弄墨",热衷使用"满篇面目可憎的法言法语"。㉜诸如"诉讼标的""显不足采""洵属允当""要难卸责""空言主张""灼然可见""昭然若揭""指陈历历""附卷可稽"等字眼,"陈词滥调、又臭又长"。㉝还有人揭发最高人民法院华东分院制作的判决书中,常有"不可抗力""法人""无过失赔偿责任""无谖卸余地""以昭平允""上诉意旨""毋庸争辩""无拘束力"等用语,工农群众经常反映看不懂。㉞ 1952年,司法界针对旧司法人员掀起一场声势浩大的"司法改革"运动,大量旧司法人员被清理出审判队伍。此后,"让群众看懂"成为人民法院制作判决书的基本标准。对于群众而言,他们也许不懂何谓"给付责任""两造""讼争",但不可能不熟悉"思想反动""道德败坏""罪大恶极""不杀不足以平民愤"等阶级斗争年代寻常可见的修辞方式。

经历这场旨在重塑人民法院整体气质的运动后,掌握"六法全书"语言体系的旧司法人员被陆续清理出法院系统,以革命干部和工农代表为骨干力量的新

㉚ 彭真:《在五大城市治安座谈会上的讲话》(1981年5月21日),《彭真文选》,人民出版社版1991版,第406页。

㉛ 《晋冀鲁豫边区太岳区暂行司法制度》(1944年3月1日),载韩延龙、常兆儒编《中国新民主主义革命时期根据地法制文献选编(第三卷)》,中国社会科学出版社1981年版,第416页。

㉜ 谢邦敏:《关于改革判决书用语及格式的意见》,载《人民日报》1952年6月14日,第3版。

㉝ 陈希:《彻底肃清残存在人民法院中的反人民的旧审判制度》,载《人民日报》1952年9月7日,第3版。

㉞ 邓庭焕:《各地法院的判决书上应避免使用旧法用语》,载《人民日报》1952年5月21日,第2版。

一代审判人员将他们耳熟能详的阶级话语和革命话语带入审判实践,迅速填补了专业化的法律语言退场后留下的真空地带,革命化、平民化的语言风格在一段时期内压倒了专业法律概念及术语。之后的历史进程也证明,社会政治形势越紧张、社会矛盾越突出,司法裁判者们在刑事判决书中所使用的语言就越激烈,越倾向于诉诸道德修辞以强化立场,并充分释放其中鲜明的阶级立场、浓郁的批判色彩和咄咄逼人。自此,刑事判决的修辞方式与叙事风格发生重大转向,人民司法语境下的道德修辞风格由是兴起。

三、道德修辞的功能与效果

使用什么样的语言修辞,就会建构什么样的意义世界。T市中院在刑事判决书中通过道德关键词的运用,创设出一系列伦理色彩浓厚的权力符号,将道德力量与语言暴力发挥到极致,从而完成了价值认同、道德感召、政治服从与仇恨激励等目标,并打造出一个强势的政治/法律权力话语世界。具体而言,道德修辞的运用在司法场域产生了以下效果:

(一)法律治理泛道德化

在政法传统的影响下,司法人员不仅是定纷止争的中立裁判者,还是践履意识形态、塑造"道德新秩序"的政法工作者,这种法律人与政治人角色并存的状态诱发了法律治理的泛道德化。1951年2月,政务院政法委员会副主任彭真在中央人民政府委员会第十一次会议上提出,要对"怙恶不悛的匪首、惯匪、恶霸、特务、反动会道门头子"予以坚决镇压。[35] 1955年,最高法院列举了刑事审判工作中的重点打击对象,包括"神汉""巫婆""赌头""赌棍""大流氓"等明显带有贬义的身份称谓。[36] 在此影响下,法律治理与政治伦理已经交织地难解难分,"思维革命化、叙事文学化、修辞道德化"也成为1949年之后很长一段时期内裁判文书的主要风格。同时,"对坏分子必须实行专政"等短语表明,[37] 越简洁的口号越有力量,越精简的文字越能传递更丰富的信息,"反动透顶""罪大恶极"等关键词的运用成为法律治理泛道德化的重要渠道。即便在"文革"结束后,这种诉诸道德的司法政策仍然在一定范围内存在。例如,1980年10月最高人民法院在对解

---

[35] 彭真:《关于镇压反革命和惩治反革命条例问题的报告》,《彭真文选》,人民出版社1991版,第206页。

[36] 《最高人民法院1955年肃清反革命分子斗争审判工作经验初步总结》,载张世进主编《中华人民共和国法律规范性解释集成》,吉林人民出版社1990年版,第282页。

[37] 参见《对坏分子必须实行专政》,载《人民日报》1957年8月19日,第1版。

放军军事法院报请剥夺林彪过去所获勋章的批复中,仍称呼其为"卖国贼"。[38] 1983年,中共中央针对当时严峻的社会治安形势指出:"国内新老社会渣滓乘机捣乱,使一些早已绝迹的社会丑恶现象重新出现。"[39]具体到T市中院的审判人员,他们不仅是法律知识的传播者,还是道德知识的传播者。他们制作的刑事判决书,将道德因素纳入犯罪构成要件之中,并以通俗易懂的修辞方式要求犯罪分子自我克制世俗欲望,逐步完成精神世界的高尚化、纯洁化,进而成长为自觉献身于宏大事业的无产阶级战士,或塑造出符合革命意识形态和新道德标准的"社会主义新人"。这种"六亿神州尽舜尧"式的道德期待导致革命话语和道德修辞的泛化,任何行为都要接受道德天平的称量,并由此建构出一个革命化、道德化的世界。

(二) 语言暴力的盛行

1957年3月,时任最高人民法院院长董必武提出"好人、坏人是社会上流行的名词,不是法律科学上的名词",[40]但遗憾的是对被告人身体污名化的限制还是很快被突破。当年5月,最高人民法院即发文指出:"旧社会遗留下来的渣滓残余、少数惯犯释放后,继续进行犯罪。"[41]道德修辞具有强烈的人身属性,在当代司法实践中的大量使用,在事实上造成了普遍的"语言暴力"甚至"语言灾难"。[42]其中"流氓"和"坏分子"是描述反面人物最为刻薄也最为形象的两个概念。[43]"流氓"群体在马克思主义经典作家笔下历来形象不堪:在《共产党宣言》

---

[38] 《最高人民法院关于剥夺卖国贼林彪等过去所获勋章的具体做法的复函》,1980年10月24日,80法办字第56号。

[39] 《中共中央关于严厉打击刑事犯罪活动的决定》,1983年8月25日,中发(1983)31号。

[40] 董必武:《在军事检察院检察长、军事法院院长会议上的讲话》,《董必武选集》,人民出版社1985年版,第458页。

[41] 《最高人民法院、司法部关于城市中当前几类刑事案件审判工作的指示》(1957年5月24日),载江平主编《中华人民共和国法律全释》(第六册),中国检察出版社2000年版,第22页。

[42] 在延安时期的"黄克功杀人事件"的判决书中,陕甘宁边区高等法院就使用了"丧心病狂、确是汉奸的行为、兽性不如的行为,罪无可赦、实为革命队伍中之败类"等道德修辞。参见汪世荣等:《新中国司法制度的基石:陕甘宁边区高等法院1937—1949》,商务印书馆2011年版,第137页。

[43] "分子"一词应用在政治法律领域中常带有贬义,除"坏分子"外还有"反革命分子""反动分子""变节分子""敌特分子""落后分子"等。最高人民法院还曾多次公布关于"坏分子"的文件,如法研字第23499号《关于坏分子是否剥夺政治权利问题的复函》,1957年12月26日;1958年4月1日,《最高人民法院关于剥夺反革命分子和坏分子选举权利的问题的通知》;1957年3月16日,《最高人民法院对反革命分子和坏分子可否判处"劳动教养"以及"劳动教养"是否有期限问题的批复》。

中,流氓无产阶级是"旧社会最下层中消极腐化的部分";[44]恩格斯在《德国农民战争序言》中则指出,他们是"由各个阶级的堕落分子构成的糟粕";[45]毛泽东也将这一阶层评价为"破坏有余而建设不足"。[46] 1949年之后,"坏分子"的范围包括"流氓、阿飞、盗窃犯、凶杀犯、强奸犯、诈骗犯、破坏公共秩序、严重违法乱纪的罪犯"等,并被贬斥为"披着人皮的野兽"。[47] 1953年,最高人民法院在分析强奸幼女犯罪的根源时,指出:"这是国民党长期反动统治遗留下的旧社会污毒,强奸幼女的兵痞流氓分子,是浸透了剥削阶级腐朽堕落思想的旧社会渣滓。"[48]这种官方意义上的标签化,使刑事判决不仅倾向于通过定罪量刑将被告人彻底"批倒",还要积极运用道德修辞中的否定性评价将犯罪分子"批臭"。[49] T市中院在1992年第157号刑事判决书中,认定强奸案被告人"素有劣迹,屡经教育,不思悔改,思想淫乱,道德败坏,与有夫之妇勾搭成奸,当他人欲找其理论时,竟持械行凶杀人,且属滥杀无辜,杀人手段凶残"。这种通过语言暴力塑造反面典型的方式,不仅成功营造出"国人皆曰可杀"的舆论氛围,还迫使被告人不得不接受在道德上"永世不得翻身"的命运。

(三)法律运行处于不确定状态

富勒将"清晰性""稳定性"定义为法治的内在属性和法律规则具有可服从性的前提条件,[50]维特根斯坦也曾试图在20世纪的"语言转向运动"中追求完整而精准的语言表达范式。[51]但道德修辞无论是作为单独的语词还是置入语言命题之中,都很难明确其指称。例如,T市中院刑事判决书中经常出现"民愤极大"一词,但民众并非抽象的存在,而是由一个个实在的个体组成,且民意究竟在多大范围和程度上能够被真实而完整地呈现出来,这本身就处于不确定的状态。

同时,与具有稳定而清晰界限的法律概念不同,道德修辞往往直接给予简单

---

[44] 中央编译局编译:《马克思恩格斯选集(第一卷)》,人民出版社2012年版,第415页。

[45] 中央编译局编译:《马克思恩格斯全集(第七卷)》,人民出版社2002年版,第385页。

[46] 毛泽东:《中国革命和中国共产党》,《毛泽东选集(第二卷)》,人民出版社1991年版,第640页。

[47] 《对坏分子必须实行专政》,载《人民日报》1957年8月19日,第1版。

[48] 《最高人民法院关于严惩强奸幼女罪犯的指示》,1953年2月20日,法办字第482号。

[49] T市人民法院在新中国成立之初即已使用此种叙事策略,例如该院1950年第16号刑事判决书即认定被告人袁某"欺压群众之罪恶事实不胜枚举,市民对之无不切齿痛恨。而在审理时,一再狡赖否认,如此背叛祖国、勾结日特、残害人民之汉奸恶霸分子,实属罪大恶极,死有余辜"。

[50] [美]富勒:《法律的道德性》,郑戈译,商务印书馆2005年版,第113页。

[51] 参见[奥]维特根斯坦:《哲学研究》,李步楼译,商务印书馆2004年版,第3页。

的结论而不予论证,因含混、夸张而显得缺乏逻辑性。由于"道德败坏""思想淫乱""流氓成性"等修辞在程度上难以量化,不仅让"流氓罪"成为名副其实的"口袋罪",也让随意施加的道德评判变得廉价而充满戾气,有损司法的严肃性和权威性。新中国成立初期,就曾有个别地方法院在判决中以"社会渣滓""社会治安危险分子"指称刑事案件被告人。随后最高人民法院即指出这些概念"范围广而复杂,含义不清,故使用这一罪犯名称不很恰当"。[52] 可见,一旦判决内潜藏着诸多不确定因素,就会让社会对裁判结果缺乏预期,裁判文书的说服力和司法的权威性也会大打折扣。在定罪量刑方面,往往是道德关键词罗列越多、评价越严厉,量刑也就越偏离被告人应承担的罪责。然而,同样的犯罪情节往往因道德修辞的程度、数量不一而结果不同,造成了量刑失衡与个案的不正义。由此可见,法官裁判主要诉诸道德情感而非理性/逻辑,既有违现代法治对形式理性的要求,也会破坏全社会对法治的重叠共识。[53] 当流于空泛且不容辩驳的道德概念嵌入判决修辞时,法律的运行就会陷于动荡不安之中。正义从来不是靠贬损他人人格来实现,而是通过罚当其罪的判决得到伸张,[54] 即便被告人在道德上确有可苛责之处,也不得滥用司法权力去施加不必要的惩罚。

四、道德修辞的隐退及缘由

语言是意识形态中既敏感又保守的部分,随着时代的不断进步,判决文书中的修辞术也开始走向理性化,道德修辞逐渐失去魅力,并最终从刑事法官的视野中消失。20世纪90年代中后期,T市中院刑事判决书的整体风格趋于庄重严肃,伦理判断让位于法言法语,道德直觉让位于逻辑推理,诗性思维让位于理性思考,文学化叙事让位于客观性描述。例如,该院1997年第79号刑事判决书中,对一起盗窃案件评价为"本院认为,被告人以非法占有为目的,窃取他人财物,数额特别巨大,其行为已构成盗窃罪,应依法惩罚";1998年第12号刑事判决书中,对一起强奸、杀人案评价为:"被告人违背妇女意志,采取暴力手段强行与被害妇女发生性关系,其行为已构成强奸罪;被告人在强奸被害妇女后为灭

---

[52] 《最高人民法院、司法部关于"社会渣滓"是否有上诉权问题的函》,1954年10月14日,(54)法行字第9333号;《最高人民法院关于"社会危险分子"判刑后有无上诉权问题的函》,1954年10月28日,(54)法行字第10547号。

[53] 参见[美]约翰·罗尔斯:《政治自由主义》,万俊人译,译林出版社2000年版,第35页。

[54] 此处的"罪",应是法律意义上的"刑事犯罪"(crime),而不是伦理意义上的"道德原罪"(sin)。

口,故意非法剥夺被害妇女的生命,其行为又构成故意杀人罪,依法应数罪并罚。"以上两例判决表明,昔日"好逸恶劳""道德败坏""穷凶极恶"等修辞从判决书中隐退,取而代之的是严格按照刑法构成要件,从犯罪主、客体与主、客观方面给予被告人是否有罪以及构成何罪的评价,判决修辞整体上呈现冷静而克制的风格。判决修辞的此消彼长,与语言传统背后的法律治理技术的变迁密不可分,因而有必要结合这一过程对道德修辞隐退的缘由进行分析。

(一)司法治理技术的理性化

改革开放以后,刑事判决书从道德修辞到法律修辞的过渡,可谓一场无声的革命。"从法是对敌专政工具的'镇压主义'法理念到凸显法是保障人权手段的'人权主义'法理念,从革命型治理转向常规治理,从总体管制性治理开始转向自由主导性治理"。[55]司法治理的手段和模式发生了功能性转变,"法律家长主义"式的司法治理技术难以为继,"总体性支配权力被技术化的治理权力所替代,并且成为推动社会变革的根本机制"。[56]也就是说,随着市场化社会的兴起、价值观念的多元化、社会生活的复杂化,道德教化已越来越难以满足司法治理的需要,"司法审判权力顺势填补了因全能型国家行政权力逐渐淡出后留下的权力空间",[57]法治作为一种新的治理技术推动了司法治理技术的理性化,法官的政治人角色退场而法律人角色凸显,继而不再承担道德教化义务,"中立型司法"取代了"教化型司法",刑事审判从实质理性走向形式理性。早在1979年,最高人民法院院长江华即提出"侮辱人格、侵犯人身权利的巡回批斗、游街示众等不合法的做法都必须废止"。[58]最高人民法院还曾在1986年、1988年先后联合其他部门发布通知,严禁对死刑犯、已决犯、未决犯游街示众。[59]此后,刑事司法领域的人权保障观念不断进步,罪犯不再简单地同"坏人"画等号,"罪与非罪"与"高尚与卑劣""进步与反动"之间也不再具有必然联系。例如,"恶毒攻击"一词在司法语言中

---

[55] 叶传星:《转型社会中的法律治理——当代中国法治进程的理论检讨》,法律出版社2012年版,第224页。

[56] 参见渠敬东、周飞舟、应星:《从总体支配到技术治理——基于中国30年改革经验的社会学分析》,载《中国社会科学》2009年第6期,104页。

[57] 丁卫:《秦窑法庭——基层司法的实践逻辑》,生活·读书·新知三联书店2014年版,第8页。

[58] 江华:《为实施几个重要法律做准备》,《江华司法文集》,人民法院出版社1989年版,第92页。

[59] 《最高人民法院、最高人民检察院、公安部、司法部关于执行死刑严禁游街示众的通知》,1986年7月24日,法(研)发[1986]25号;《最高人民法院、最高人民检察院、公安部关于坚决制止将已决犯、未决犯游街示众的通知》,1988年6月1日,高法明电[1988]46号。

的消失正是来自江华的倡导,他认为这一提法"容易混淆两类不同性质的矛盾和罪与非罪的界限",[60]道德化的审判方式在以法治为内核的社会治理中逐渐走向边缘。随着社会文明开放程度的提升,社会舆论对待刑事案件被告人更加宽容,道德不再是行为违法性的根据,道德修辞也不再是刑事判决的主要特征。严打政策的终结与性犯罪的减少也有助于消解对道德修辞的路径依赖。[61] 同时,以正式规则为基础的非人格化的现代科层制组织体系也在不断完善,人民法院编制分配、庭室设置以及职级晋升都有了相对明确的模式与路径,[62]专业化、技术化、理性化成为司法场域中最重要的评判标准。

(二) 审判专业化时代的来临

20世纪80年代以前,包括T市中院在内的全国绝大多数法院的审判人员主要由革命老干部和工人、复转军人组成,中华人民共和国成立初期留用的旧司法人员在1952年的"司法改革运动"中大部分被清除出法院,[63]因而此一时期的刑事判决不可避免地在专业性方面受到一定影响。改革开放后,法学专业教育的兴起造就了一大批法律精英和司法技术官僚。特别是1978年高考恢复后各路英雄辐辏而来,法学院校毕业生如过江之鲫般迅速占据要津,成为新时期司法实务界的中坚力量。[64] 1982年以后,大批接受过专业法学教育的人才开始了"从法学院到法院"的职业进程,该院审判人员的学历层次得到明显改观。1983年9月,全国人大常委会在《关于修改〈中华人民共和国法院组织法〉的决定》中规定,担任法官"必须具有法律专业知识"。1985年9月,中共中央明确审判员应由"具有相当文化水平和实际工作经验,懂得法律,有审判工作能力的干部担任"。[65] 截至1988年时,全国三分之一以上的法院干部通过业大、电大、函授、党

---

[60] 江华:《人民法院工作如何为社会主义现代化建设服务》,《江华司法文集》,人民法院出版社1989年版,第75页。

[61] 根据T市中院1978至1998年一审刑事案件统计数据显示,强奸、猥亵、聚众淫乱等类型案件总体呈下降趋势。

[62] 刘忠:《规模与内部治理——中国法院编制变迁三十年(1978—2008)》,载《法制与社会发展》,2012年第5期,第47—64页。

[63] 1952年8月30日《中共中央关于进行司法改革工作应注意的几个问题的指示》,载《建国以来重要文献选编(第三册)》,中央文献出版社1992年版,第316页。

[64] 1978至1995年间,中国法律教育的规模不断扩大。截至1995年9月,已有140所大学开设法律院系,在校学生约80000人。参见方流芳:《中国法学教育观察》,载《比较法研究》1996年第2期,第130页。

[65] 《关于加强地方各级地方法院、检察院干部配备的通知》,1985年9月1日,中办发(1985)47号。

校、政法干部管理学院等多种途径进行学习。⑥ 此后,随着法学高等教育的普及与司法考试制度的推行,T市中院审判人员在20世纪90年代已全部取得大专以上学历。⑦ 特别是在《法官法》实施后,明确了法官选任在教育背景、专业知识、工作经历方面的标准,法官职业规范化的进程大大加快。

与此同时,相对于日渐壮大的专业审判队伍,昔日在判决中习惯于使用道德修辞的老一代审判员们却不断凋零,在法院人才结构的代际更替中,道德修辞终于走向黄昏。这些法律专门人才在接受系统的法律训练之后,掌握了一整套专业的法律词汇、法律知识、法律观念,并出于法律职业化的需要建构出新的法律语言体系。另外,大量西方法学著作的译介、中西方法律学术交流的深入、国内法学研究的繁荣,极大拓展了法官们的视野,使新的语言规则与表达范式在司法领域形成广泛而深入的话语影响,并在此基础上形成了强势的司法话语体系。当公民被指控犯罪时,法院只需要从法律的角度来评价被告人的犯罪行为,而无须对其个人品质作出判断。这表明,司法职业化程度的提升在很大程度上取代了道德评判传统,成为刑事判决获得正当性的关键根据,这也让法官能够更好地认识和把握刑事判决的功能,从而不再依赖道德修辞来完成裁判文书的说理。

(三)刑事立法中的进步

新中国成立后的很长一段时间内,刑事审判领域的主要裁判依据是建国初期制定的《惩治反革命条例》和"文革"时期的"公安六条"。⑧ "文革"结束后,刑事司法在法律渊源方面有两次分水岭,分别是1979年和1997年刑法的制定。1979年刑法的制定使刑事司法初步走上正轨,但在罪名的设立方面仍沿袭了部分革命话语和道德概念。1997年刑法修订后,1979年刑法中设立的反革命罪、流氓罪、投机倒把罪等罪名被废除。其中,反革命罪转化为"危害国家安全"一章下的若干罪名;流氓罪则被分解为聚众斗殴罪、寻衅滋事罪、强制猥亵侮辱妇女

---

⑥ 郑天翔:《郑天翔司法文存》,人民法院出版社2012年版,第52页。

⑦ 1985年7月,全国法院干部业余法律大学成立。1988年,全国法院大专以上学历人数已占法院总人数的28%,相比1979年上升20.7%。至1992年,这一比例上升到66.6%。参见人民法院年鉴编辑部编:《人民法院年鉴(1988)》,人民法院出版社1988年版,第936页;任建新:《1992年最高人民法院工作报告》,载《中华人民共和国最高人民法院公报》1992年第2期,第4页。

⑧ 1951年2月20日,中央人民政府委员会批准通过《惩治反革命条例》;1967年1月13日,中共中央、国务院颁布《关于无产阶级文化大革命中加强公安工作的若干规定》,亦被称作"公安六条"。

罪、猥亵儿童罪、聚众淫乱罪等;投机倒把罪则转化为非法经营罪。⑩ 另外,鉴于"惯骗""惯偷"等表述含有贬义,"97 刑法"将惯骗罪、惯窃罪合并进诈骗罪和盗窃罪中。在死刑的适用标准方面,鉴于"79 刑法"规定的"罪大恶极"道德意味过于明显,"97 刑法"将之调整为"罪行极其严重"这种相对客观的表述。

在此过程中,在 T 市中院 1990 年代中后期的刑事判决中,道德修辞逐渐被刑法中的"犯罪情节"概括性吸收,并纳入犯罪构成要件和量刑情节中。例如,"素有劣迹""屡教不改"演变为"累犯""再犯";"手段卑鄙""不择手段""手段骇人听闻"演变为"犯罪手段残忍";"民愤极大""影响很坏"演变为"社会危害性较大";"调戏、玩弄妇女"演变为较为中性的"侮辱、猥亵妇女";"气焰嚣张""活动猖獗"演变为"人身危险性较大";"腐化堕落""品质恶劣""道德败坏"则演变为"主观恶性较大"或直接隐匿在犯罪起因、作案动机中进行客观描述;"利欲熏心""获取不义之财""贪图享受"演变为"以非法占有为目的";"思想反动""恶毒攻击"则成为危害国家安全犯罪构成要件中主客观构成要件。简而言之,内容含糊、富有弹性的道德修辞技术被精准、科学的法律表述所取代,而"法律标准也成为先前政治标准或道德标准的重新诠释"。⑪

五、结语——刑事裁判文书的未来

我们生活在语言包裹的世界中,语言塑造了我们的日常生活方式,凝聚了我们的感受与经验,左右着我们的思维方式和叙事风格。⑪ 在革命伦理的召唤下,法律语言被镶嵌进革命法制向现代法治转型的宏大叙事背景中,进而呈现出道德修辞与法律修辞双峰并峙、相互博弈的状态。此后,判决书中道德修辞的逐渐隐退,昭示着刑事审判中引入了新的知识传统并逐步消除道德的神秘化/神圣化。就社会治理技术而言,理性比暴力更有效。暴力只能压制人的身体,而理性却可以征服人的心灵。因此,法律权威应当根植于以理性为基础的说服之上,而不是建立在脆弱的道德强制之上。因此,道德修辞的消亡史,不仅是革命伦理观念"祛魅"的结果,也是司法机关说理方式转变的过程,即从以"语言暴力"的压制过渡到以"法律语言"的说服。当然,法律的确定性也要求法官在作出判决时使

---

⑩ 2008 年 1 月 15 日,国务院令第 516 号《关于废止部分行政法规的决定》正式颁布,同时废止《投机倒把行政处罚暂行条例》。

⑪ 参见强世功:《惩罚与法治:当代法治的兴起(1976—1981)》,法律出版社 2009 年版,第 79 页。

⑪ 参见葛洪义主编:《法律方法与法律思维(第四辑)》,中国政法大学出版社 2007 年版,第 1 页。

用明确清晰的语言,道德修辞的模糊性会动摇公众对法律确定性的信心,也会让外界对司法公正产生怀疑。

至此,本文在开篇提出的两项假设性命题已经基本得到验证。需要说明的是,道德修辞的隐退并不意味着国家权力在道德领域的收缩,本文也无意否定道德情感对公民生活的重要性,更何况任何人也不能脱离由常识与本能构成的道德环境。精致而复杂的现代法律治理技术,以更加隐蔽的方式渗透进社会的每一个角落并继续规训公民的道德生活,但这绝非鼓励法官在撰写判决时随心所欲地寻章摘句引入道德话语。法官不是道德法庭下的义工,而是法律帝国中的国王,如果不能抵挡道德修辞的诱惑,判决书中出现"道德败坏""流氓成性"等语言暴力,就不仅是对法律语言的污染,也会让法治事业蒙尘。因此,在"以审判为中心"的刑事诉讼制度改革背景下,法官应运用法律思维方式,通过一系列专业的法律词汇,在语言、规范与语境的互动中对法律事实、定罪量刑进行描述与证成,从而开辟出"以法律为修辞"的叙事模式。[72] 只有让"道德的归道德,法律的归法律",将情感因素逐渐隐匿在理性表达之中,依照法律规范而不是道德情感来判断是非,才能真正完成情理法的重构与复归。

---

[72] 陈金钊:《把法律作为修辞——认真对待法律话语》,载《山东大学学报(哲学社会科学版)》2012年第1期,第69页。

The History of The Disappearance of Moral Rhetoric
—A Case Study of Criminal Judgment of T City Court from 1978 to 1998

Zhang Wenbo

Abstract: Through the investigation of evolution in the rhetorical aspects of the criminal judgments of the T City Court, we can find that the political and legal tradition and the revolutionary discourse system have shaped the overall style of the people's justice. Moral rhetoric full of ethics inclinations were common in the criminal judgments. With the increasing degree of judicial specialization and rationalization, legal language is inserted into the grand narrative background of the transition of revolutionary legal system to modern rule of law. And then, moral rhetoric and legal rhetoric influenced each other in the judicial field, where a new power relationship generated. Henceforth, the retreat of moral rhetoric in the adjudicative documents not only means the maturity of legal governance, but also shows that the new field of knowledge has been introduced in the field of criminal trial. The judgments have completed the transition from "language violence" to "legal reason", and thus opened a new narrative mode by legal rhetoric.

Key words: Moral Rhetoric; Criminal Judgment; Legal Rhetoric; Judicial Governance

奸情犯罪女性的形象塑造
——以《资政新书》37例判词为中心

黄心瑜[*]

[摘　要]　在清代初期奸情犯罪的判词中,犯罪女性的形象往往一致拥有烟视媚行、不安于室的模式化特点,而这种特定的形象来自官员的有意塑造。负责案件的官员会运用特定的叙述技巧处理犯罪女性的形象和故事,从而把人物和案情剪裁得合情合理。这样模式化的奸情犯罪女性形象塑造不仅从正面反映了社会需要,从反面迎合了官方的贞节文化宣传而使其更易为当时的社会所接受,同时也适应了司法制度的要求,降低了办案官员本身因为错案被追究的风险。奸情犯罪判词中的女性形象,来自官方话语、社会压力和司法制度的共同塑造。

[关键词]　判词;奸情犯罪;女性形象

一、导言

与由官方塑造,以循规蹈矩和矢志不渝为标志的传统正面女性形象截然相反,清初判词中的犯罪女性往往拥有模式化的面孔,她们通常出奇一致的身段妖娆、面容狐媚或举止轻浮,判词中用于形容她们的语句也非常相似。反之,一波三折的案情和复杂的犯罪者形象鲜少出现。那么,清代初期奸情犯罪中的女性为什么会有如此一致的特定形象,其背后的原因又在何处? 如此形象与此时期朝廷大力提倡的符合儒家伦理的贞节宣传又有何种关系? 这是本文关注的核心问题。

关于清初时期女性的奸情犯罪有不少精彩的研究。此时期"贞节"这一价值在官方话语中受到大力推崇,然而在民间生活中,奸情犯罪却又屡屡出现。苏成捷教授(Matthew Sommer)在《中华帝国晚期的性、法律和社会》一书中对此的解释是此时期正是清初社会道德的失序和平民道德观扩张的时段,女性的贞节被推上神坛。每一位女性都被期待成为贞节的妻子,而不顾及她的实际

---

[*]　复旦大学法学院2015级法律史博士研究生,耶鲁大学法学院博士候选人(J.S.D.)。

生活状态。[1]而杨念群教授进一步指出,这种对女性贞节的极致追求,来自彼时儒家士大夫对"残山剩水"的哀思和仕途之上的不得志。政治上失意的士大夫转而在同样擅长的儒家伦理领域发力,比如提倡贞节。[2]

虽然在官方话语中贞节占据不小比重,在真实的民间生活图景中却未必如此。费丝言教授(Janet M. Theiss)指出了此时期官方话语推崇贞节价值背后存在利益冲突,朝廷和地方在应对与贞节相关"丑事"的态度实际上是复杂而多面的。[3]关于此时期女性奸情犯罪也有不少研究。如郭松义教授的文章《清代 403 宗民刑案例中的私通行为考察》就以全方位的视角考察了清代男女私通的行为,他揭示了男女私通在清代司法案件中占有相当的比重。私通的女性通常为已婚,私通的男女绝大部分是亲戚关系或街坊邻里关系等熟人关系。[4]赖惠敏教授的《情欲与刑罚:清前期犯奸案件的历史解读 1644—1795》[5]一文对奸情犯罪的女性的生活区域、身家资料、奸情双方的关系和与经济活动之间的关系有细致的考察。奸罪的发生与女性的家庭出身相关,她们多出于社会中下层。然而,即便奸情犯罪与提倡贞节的社会主流话语严重相悖,女性犯奸案件的数量也并未减少。赖惠敏因此认为,奸情对下层社会的人而言或许不仅仅是情欲的纾解,更是一种生活方式。以上的研究凸显了清初朝廷对贞节文化的推崇和底层社会生活中奸情犯罪多发的两种看似相悖的现实。政府对贞节文化的推动背后牵涉错综复杂的利益关系,而社会生活中的实际需求实际上并不会因为强势的官方宣称而有所减弱,层出不穷的奸情犯罪案件就是对主流文化的一种回应。

另外,奸情犯罪一般而言均是在县级衙门进行初审。对进行审理的州县官而言,他们考虑的不仅是冠冕堂皇的官方话语,如何回应地方社会的需求和维持当地社会的稳定,甚至纠正当地风俗,更是他们作为知县职能的重要部分。滋贺秀三先生将此称之为"司法是行政的一环"。[6]而在清代的司法制度中,知县所做出的初审意见往往要被上级审查,若是牵涉人命,上级的复审会是实质性的。初审意见被复审驳斥则有可能导致负责初审的州县官被追究错案责任,因此初审

---

[1] Matthew H. Sommer, *Sex, Law, and Society in Late Imperial China* 10 (2000).

[2] 杨念群:《何处是江南:清朝正统观的确立和士林精神世界的变异》,三联书店 2010 年版,第 32 页。

[3] Janet M. Theiss, *Disgraceful Matter: The Politics of Chastity of Eighteenth Century China* 1—16(2004).

[4] 参见郭松义:《清代 403 宗民刑案件中私通行为的考察》,载《历史研究》2000 年第 3 期,第 51—67 页。

[5] 参见赖惠敏:《情欲与刑罚:清前期犯奸案件的历史解读 1644—1795》,载《中西法律传统》2008 年 00 期,第 345—356 页。

[6] [日]滋贺秀三著,王亚新译:《清代诉讼制度之民事法源的概括性考察——情、理、法》,载《明清时期的民事审判和民间契约》,法律出版社 1998 年版,第 30 页。

官员往往乐于"裁剪"案情和塑造类似的犯罪者形象,使之更贴合被指控罪名,也更符合社会普遍认识。⑦娜塔莉·泽蒙·戴维斯在研究16世纪法国司法档案中的赦罪故事时指出了同样的问题,赦罪状中的女性常常被刻意描述为共同的一个特定形象,使之更可能被赦免。⑧那么,以上所讨论的清初官方话语、社会压力和制度压力会如何影响判语中奸情犯罪的女性形象,本文将会对此进行探索。

李渔所编纂的《资治新书》是本文考察的主要材料。李渔生活于明末至清康熙年间,虽然未曾入仕,但曾入幕,深谙官场。他生活在一个巨变的时代,此时正值明代灭亡而清代刚刚开始强化政治秩序的一个短暂的时期,士人处于出仕和退隐的两难境地。⑨李渔所生活的时代,他的身份和经历使得他对于彼时的吏治和官僚有特定的认识。他在康熙二年编成官箴书《资治新书》,怀着期待此书有裨于吏治的心态。《资治新书》中所收集的判词,一方面通过征文随机获得,另一方面则来自李渔为官的友人。于是,此书所收录的判语具备一定代表性,可以较好地反映彼时州县官裁判的基本样貌。

二、判词中对犯奸女性的描述和模式

《资治新书》全书收入853个判语,其中70件犯罪主体为女性,而这些案件中奸情犯罪案件有37件。案情细节、对犯罪女性的描述和相关背景如下表:

表1 《资治新书》女性奸情犯罪情况⑩

序号	简单案情	动机	结果	审判官员	对女性的描述	女性家庭	奸夫出身
1	张四与某氏私奔	私奔	投缳	倪伯屏 苏州司理	淫妇	官宦士子	奴
2	某氏与人私奔	私奔	斩	秦瑞寰 江南巡按	不能安室/翻为淫奔以畅欲	—	奴

---

⑦ 徐忠明:《台前与幕后:一代清代命案的真相》,载《法学家》2013年第1期,第166页。
⑧ 参见[美]娜塔莉·泽蒙·戴维斯:《档案中的虚构:十六世纪法国司法档案中的赦罪故事及故事的叙述者》,杨逸鸿译,麦田出版社,2011年1月版,第222—298页。
⑨ 参见[美]张春树、骆雪伦:《明清时期之社会经济巨变与新文化——李渔时代的社会与文化及其"现代性"》,王湘云译,上海古籍出版社,2008年12月版,第274—279页。张春树和骆雪伦认为明清交替这个短暂的时期社会有几个根本性的巨变,包括对新事物包容的心态、经济文化多元化、背离正统思想体系的出现等,这些巨变被认为是"现代性"的挑战。无疑,李渔的生活和思想都会被这股无处不在的时代潮流影响着。
⑩ 此表格由笔者根据《资治新书》的记载整理而成,参见(清)李渔:《资治新书》,《李渔全集》第十卷,浙江古籍出版社,1998年6月版。

续表

序号	简单案情	动机	结果	审判官员	对女性的描述	女性家庭	奸夫出身
3	洪丙生与祖妾王氏相通	通奸	杖	侯筠庵 严州司理	王氏为祖妾则已卑	士	士
4	冯某设局让其妻与翁怀泉私通	通奸	—	周栎园 福建右藩署巡漳道	有妻某氏,婉约多姿,时露风情	丈夫兵捕而开米铺	富民
5	柳木源收他人弃妾张氏	通奸	姑免杖决	文太青 东莱县令	张氏之无良,竟抱愧与鹡鸰,据其素行,应蒲鞭之辱	—	士
6	沈继文与某氏和奸	通奸	—	颜孝叙 邵阳邑宰	诟某氏之不端,不畏行之多露	—	裁缝
7	周全与艾氏通奸	艾氏夫蒋成不在,艾氏为生计故	合免的决	李映碧 南昌司李	妇人以淫获罪者,惟艾氏差可原。若使蜣螂之秽饱,改为玄蝉之洁饥,义也非情也	—	—
8	沈氏纵宋敬与其女周氏相通,再主周氏另嫁	贪钱	—	李映碧 南昌司李	彼沈氏者非眼内无珠,直目中见金	银匠	银匠
9	戚季与族兄妇某氏通奸	通奸	造浮桥船两只	李映碧 南昌司李	与仲妻某氏,不顾宗盟,辄恣野合,季与氏藕丝难断	—	—
10	李泰携谷氏私奔结婚	二人相通	谷氏由亲父收领	李少文 南昌节推,司理	妇惭咏雪之家门	士	士
11	张士仁奸拐郑氏,郑氏又弃张另逃	私情	—	赵五弦 兖州司理	惟是郑氏当败露之日,携女而遁盖郑氏淫妇耳,人尽可夫也	匠	—
12	杨氏诬告周应凤拐沈氏之妇	杨氏为应凤弟妇,服内另嫁,找应凤麻烦诬告应凤拐沈氏童养媳	杖(奸娶服妇,本应离异……一杖示儆)	周简臣 余姚县令	杨氏业已有私尤可恨者,既谐燕尔之新欢,犹嗔鹊桥于旧阻	—	—

续　表

序号	简单案情	动机	结果	审判官员	对女性的描述	女性家庭	奸夫出身
13	方超五诱拐李氏	二人有私	丈夫领回	纪子湘 杭州司理	夫李氏,淫妇人也	—	—
14	王华一与某氏私奔,殴伤某氏夫	二人私情,均知殴事	绞	傅野倩 歙县令	某氏性同狐媚,行类鹑奔	—	奴
15	韩氏与情夫杀夫周大望	谋财	监侯	秦瑞寰 江南巡按	周大望有妻海淫	—	—
16	刘氏与钱科保私通,钱与刘氏夫为断袖,刘氏激科保杀科保妻曾氏	嫉妒	杖一百	赵韫退 湖西守宪	淫妻悍厉	—	—
17	某氏、沈氏与居轩有私,居妻刘氏死	助奸夫为恶	流	王贻上 扬州司理	某氏以家事赖轩主持,献其身以酬劳,令其为媳者亦与之奸,从者偷生,拒者立死,何等威福？李渔:淫之为祸,大矣哉!	—	—
18	丁氏与郑奇,丁好儿下毒杀其夫郑仁	私情	—	沈惠孺 太平二守	丁氏与郑奇通奸,仁知风而吊拷丁氏	—	—
19	蓝寅与妻杀林迈环,林迈环欲对蓝妻不轨,蓝先下手为强	林迈环为奸	薄杖	王望如 泉州司李	某氏聚麀情笃,始终不露一言,则蓝寅先触其凶锋,已久为釜鱼案肉矣。	—	—
20	周氏为力挺其子诬告何仁安强奸	其子与何仁安有隙,周氏护子争产	—	颜孝叙 邵阳邑宰	时周氏曲护其子,而又欲求胜其词,遂不有其躬,控仁安以强奸。	农	农
21	高氏诬告了圆悟真僧尼有私	高氏贷米不成生隙	惜其贫,应杖而不杖	竹缘猗 蒙城知县	但审高氏之控,则因贷米不获,与悟真有凤恨焉	尼	僧
22	王氏与蔡福生通奸,卷资产而逃	私情,图财	王氏缓刑	李维岳 上元邑宰	妾艾而淫	—	仆人
23	郑维四赎身后与主母和奸	私情	—	张淡明 湖广巡按	—	—	奴

续 表

序号	简单案情	动机	结果	审判官员	对女性的描述	女性家庭	奸夫出身
24	郑守初与吴氏私奔	私情	归前夫	李邺园 金华司李	吴氏姿态飘飘	—	—
25	赵氏与周信私通	私情	重责免拟	李邺园 金华司李	审得周某之妻赵氏,不烈甚矣,以妖妇而适孱夫	—	—
26	奸婢淹儿与洪烈、杜国初勾搭	私情	并杖	李邺园 金华司李	同耽情于侍儿之幽奇,此奸婢淹儿之呈所自来也	奴	—
27	叶耀先诱奸某氏,后与某氏和奸	先诱奸,后某氏甘愿和奸	出妻	梁治媚 钱塘邑宰	媳自甘作琵琶之抱,子难复望琴瑟之合	—	—
28	许氏和僧贺代旺通奸	私情	（许氏）可官卖	王望如 衡州司李	代旺、许氏如簧狡口	—	僧
29	屠氏孀居怀孕	品行不端	勒令别嫁	纪光甫 绍兴太守	屠氏名为孀守,而往来不乏其人	先前是娼	—
30	周氏与王某通奸	私情	听夫周乾五决	袁若遗 衢州太守	二妻周氏野花带艳,密订桑中	农	士
31	婢女春花与孙阿寿私奔结婚	原主丰士挞婢,私情	令官媒领嫁	吴亮公 平阳太守	但念阿寿之拐,春花之逃,有迫于万不得已之势	婢女	商人
32	冯氏与金伯明通奸,伯明与夫殴	私情败露	杖	王鼎臣 杭州太守	冯氏虽状无名,但事由其起,且宣淫贱妇仍从本律	杂役	帮工
33	夏氏与朱明歧通,被发现	私情败露	被夫革杀	梁治媚 钱塘邑宰	有妻夏氏,妖冶成性,狐媚其容	库丁	—
34	唐氏与奸夫俞四杀夫	私情	磔	纪光甫 绍兴太守	唐氏蜂虿其心,狐鸭其行	—	—
35	董氏与吴国英通奸	私情	被夫革杀	毛锦来 平阳司李	董氏向墙张望国英	—	—
36	葛氏杀夫梁五狗	厌恶丈夫,另有私情	磔	翟棘蘽 汝宁司李	葛氏鬌年淫毒,心厌其夫梁五狗	—	—
37	方享四以妻为妓过活,诱人不成就诬告强奸	从夫恶行	—	贾苍乔 萧山邑宰	借妻觅食,名良而实则妓也。	游棍	—

从上表可见，女性的奸情犯罪都发生在熟人（亲属、邻里或者丈夫的朋友）之间。犯奸女性与外男有私情的情况占绝大部分，诱奸、诬奸的情况则很少。在判词中，对这些犯罪女性的描述通常又分为三种情况：(1) 品行不端；(2) 相貌狐媚或者姿态诱人；(3) 无关样貌品行，中立描写行为，对女性本身着墨甚少。[11]

在这 37 例案件中，最多的是情况(1)品行不端的描写，一共有 28 例判语是直接讲到犯罪女性品行的，"淫"是最通常出现的形容词；在判语一开篇或者讲到犯罪女性的时候，伴随对此女相貌或者姿态描写的有 5 例，描述方式都脱不开"狐媚"的说法；剩下的 4 例判语本身对同是犯罪的女性着墨不多，直接判定了犯罪二人的行为，有时会对犯罪的男性有一定鞭笞。在朱明岐和夏氏通奸一案中，可以一窥地方司法官员在判语中对奸情犯罪的女性的处理方式：

> 审得姜龙，藩司库子也。有妻夏氏，妖冶成性，狐媚为容。某月某日，窥夫上班守宿，潜约奸夫朱明岐移云就雨，共为长夜之欢。原思朝去夕来，以图天长地久。不料鸳枕情深，遂尔流连达旦。迨姜龙回家，连呼不应，毁门而入，夏氏始惊回蝶梦，跌出鸳帏，而张皇急遽之情状不能逃于姜龙之目矣。况帐中人影又男自匿于袒裼裸裎之际乎！姜龙初举前头木头打入，明岐扑出以避之。龙复持利斧将明岐砍死，并手刃其妻。丈夫哉，夫纲虽失，血性犹存，亦可谓善补其过者矣。今蒙驳查，果否奸所杀死，职督令典史一一严讯，并取邻里口供到职，并无互异。律查妻妾与人通奸，本夫于奸所亲获，登时杀死者勿论。今明岐、夏氏之死委于奸所亲获杀死，与例相符，本应备叙口供，申请宪台裁夺，非职所敢擅议也。[12]

这是钱塘邑宰梁治媚处理的一个奸情案件，属于(1)类型，判语一开头就有对夏氏"妖冶成性，狐媚为容"的描写。案件的故事情节非常典型：衙役姜龙的妻子夏氏趁丈夫守夜召来奸夫朱明岐幽会，一时大意将奸夫留到天明，丈夫姜龙回家后发现，一怒之下将两人杀死。如果只是简单地将案情勾勒，几乎不会给人留下很深刻的印象，官员们在判语中讲这样的案情的时候，是有一定讲故事的技巧的。

本案中有三个人物：姜龙、夏氏和朱明岐，判语对此三人形象的塑造是不一样的。在案件一开头，就有对夏氏容貌品行的直接描述"妖冶成性，狐媚为容"，

---

[11] 在这三种分类中，情况(1)品行不端有时也包括了对犯罪女性样貌的描写，但主要是为了辅助描述此女品行。情况(2)样貌狐媚仅包括只有对样貌的描写的判语。

[12] 前注⑩，(清)李渔书，第 649 页。

这样的描述按照当时社会的理解毫无疑问是贬义的，长相行为都不端正，夏氏直接就被贴上"淫妇"的标签。接着就是对案件事实描述，夏氏窥见丈夫守夜离家，就立即约奸夫幽会，还有天长地久的打算，这种急于幽会的行为与"妖冶成性"描述相互呼应。而后与奸夫幽会，留恋不止，以致大意忘了时间，甚至大意到丈夫叫门都不知，这一行为表现出夏氏并不十分聪明警醒，或许是奸情日久已经放松了警惕。到天明被丈夫姜龙发觉，夏氏"始惊回蝶梦，跌出鸳帏"，惊慌失措——这是奸情败露时女性的典型反应，她甚至来不及掩饰就被丈夫手刃。丈夫在布政司看守仓库，值夜回家发现有异则破门而入，用斧头砍死妻子和奸夫，动作干净利落——地方官梁治媚以"血性男儿"几字直接将他塑造为一个有血性的丈夫的形象。至于奸夫朱明岐，判语中基本没有直接的描写，只是在陈述案件事实当中几笔带过其闪避不及而被姜龙打死的情节。

在奸情案件中，女性的"淫荡"和男性的"好色"出现的频率是不一致的，女性往往一开始被贴上面貌不正的标签。指责男性品行不端的形容词几乎不会出现，只有在作为共犯的男性有明显的威逼、引诱或者勾搭行为时，又或者罔顾伦理大常时，才会被如此描述。但对于女性，判语中对她们形象的塑造仿佛就很不一样。在判语中涉及奸情犯罪的女性很多时候都有关于她们容貌的描写，而这种描写还很有共性，本案中唐氏是"姿容狐媚"，有"姿态飘飘"一说，也有"野花带艳"这样的描写，狐狸以妖媚出名，柳絮是飘摇不定，野花则是艳冶，都象征着不安分不贞节。

其次，在《资治新书》奸情犯罪的判语，被"淫荡"这个词或表达类似意思的词语直接评价犯罪女性的品行非常多，可以说几乎每一个犯有奸情的女性都被这样描述。比如说张四与某氏私奔一案中，某氏就被形容为"淫妇"[13]；张士仁奸拐郑氏一案中，郑氏则是"淫妇耳，人尽可夫也"[14]；方超五诱拐李氏一案中，李氏又是"淫妇人也"[15]，其余的如"性行狐媚"、"妖冶成性"也都是指向了奸情的女性本身品行不端，才会产生奸情。

这一类形容词出现的判语，通常遵循简单的思维方式："女性相貌品行不端——产生奸情"，如果在一份判语中将一位女性描述为平日里规行矩步、孝敬公婆，再写到她不甘寂寞与人相通，更可能接下去的是她因为有苦衷私通，应该网开一面，而不是她因为私通理应依法严惩。奸情案件直接指向的就是女性的情欲，而女性的情欲在传统中国社会中是不被接受的，山阴公主的荒唐之举可以

---

[13] 前注⑩，(清)李渔书，第412页。
[14] 前注⑩，(清)李渔书，第442页。
[15] 前注⑩，(清)李渔书，第423页。

说是贻笑千古。在下层社会中，男女大防虽然没有那么严格，但奸情和女性情欲还是不可接受的。当然，直接地将女性发生奸情的原因归结为情欲并不公平，女性的出身、家庭和睦程度、丈夫态度如何也应该在考虑范围内。

除了(1)类型，在判语中直接出现对犯罪女性相貌描写的(2)类型共有 4 例。在这有限的 4 例判语中，地方官员的描述也非常地简明扼要，往往几个字带过。而且在其中的 1 例中，相貌和品行的描写是在一起的，这 1 例就是(1)类型中所引"狐媚为容"的夏氏。在另外的 3 例中，吴氏"姿态飘飘"，周氏"野花带艳"，而冯某之妻某氏则是"婉约多姿，时露风情"，对三人的容貌姿态描写都符合了当时对于不规矩的女子的描述。既然样子长得不端正，后面的推理就会很简单："长相不端正——行为因此也不端正——产生奸情"。

类型(3)的判语中对犯罪主体的女性往往没有着墨，遑论其形象。但这种类型的案件当中，男性共犯都起到重要作用。此类奸情案件中女性形象没有被描述的原因可能有以下三个：首先女性在犯罪中起到的作用可能是很次要的，甚至可以忽略不提，犯罪的男性起到主要作用并承担主要责任。其次，地方官员可能出于"念其女流无知"的心态，忽略同为共犯的女性。因为在传统中国社会，女性的受教育程度相对男性而言非常低，因而被统一贴上"无知"的标签，即便是在犯罪中她们很有可能只是被男性引导。再次，女性的奸情犯罪被认为是"丑事"。如同费丝言所指出，家族大多数情况下是不愿意将犯罪的女性带到公开场合的，更愿意家族内部处分，地方官员也有可能对此有所忌惮。[16]

以上所讨论的(1)和(2)类型的判语当中，犯奸女性的形象都很一致，她们相貌"妖媚"或者"妖艳"，因此品性淫荡、行为不端，也做出了与外男有私、触犯法律的行为。相貌、品行和犯奸行为被刻意塑造得具有高度一致性。而在较少出现的(3)类型的判词当中，男性共犯被认为起到主要作用，而犯奸女性往往被假定从属于男性共犯，其形象对于案件无关要紧。这种类型的判词也揭示出彼时女性角色的另一侧面，她们通常都作为男性的附属品存在。这些模式的判词和特定的女性形象，反映了彼时社会中官方话语、社会压力和制度设计之间怎样的互动，下两节会重点关注此问题。

三、语境：儒家伦理和贞节文化

清代初期官方对贞节文化的提倡和宣扬，与社会生活当中对"性"的压抑，构成了清代初期女性生活中两个重要方面。这两个重要方面，背后的根本原因在

---

[16] Janet M. Theiss, *supra* Note 3, at 14.

于儒家伦理对社会的全面渗透。渗透在此时期的激化,正如前文所提到,原因在于明末清初激烈的社会变动,以及此变动之下所带来的儒家文人在政治上的短暂失意。贞节文化本身固然来自儒家伦理,但其在清代所得到的大力宣扬又不止源于朝廷对儒家伦理本身的认可,更为重要的原因在于对儒家伦理和贞节文化的推崇有助于巩固清廷早期的统治。[17]

于是,朝廷的正面态度使得贞节文化进一步渗透各阶层女性的生活。彼时,女性的忠贞被认为对整个社会的稳定具有极其深刻的意义,女性对贞节坚守的程度,某种意义上被视为社会风气是否足够端正的指标。在清代初期,社会中上层的家庭中,女性自小被要求在家庭内接受教育。《列女传》、《女诫》以及《孝经》和《四书》等饱含儒家伦理的书籍,是她们通常能够接触到的启蒙读物——在出嫁前,"贞节"和"孝顺"是对少女教育的中心。[18] 士人家庭受过教育的女性也未能享有更多空间。根据高彦颐的研究,明末清初受过一定教育的女性可能拥有一定的文化生活,除去为丈夫红袖添香,被称为"才女"的上层女性甚至有打入士大夫世界的机会。[19]然而,这样的风雅仅仅是彼时女性生活的极少一部分。她们的生活空间除此以外不可能得到拓展,家庭和忠贞依然是她们生活中毋庸置疑的重点。

而对于下层的女性而言,"贞节"二字同样是她们从小到大受教育的主题。但是,除了道德教育以外,下层的女性在生活中要承担得更多。除了女工和管家之外,她们还须劳作维持生计。在明末清初的江南,田间劳作也是女性的任务之一,只不过在这项需要体力较多的劳作中她们并不是主力。[20]相较而言,下层女性拥有更大的生活空间,赖惠敏在《情欲与刑罚:清前期犯奸案件的历史解读》中写到江苏的妇女"不理家事,常至远近邻家,镇日谈天。除食宿外,几无家居之片刻,往往议长论短,致生口角,此种恶习,俗谓之闯门子"。[21]因为经济压力的原因,下层的女性虽然也被要求对丈夫和家庭保持忠贞,但实际上伦理对她们的要求相对来说并没有那么高。苏成捷认为,虽然"贞节"是官方对社会上所有女性的要求,可是伦理道德是分阶层的,不同的社会阶层的伦理道德要求是不一样

---

[17] 前注②,杨念群书,第36页。

[18] [美]季家珍:《历史宝筏:过去、西方与中国妇女问题》,杨可译,江苏人民出版社2011年11月版,第47—49页。

[19] 参见[美]高彦颐:《闺塾师:明末清初江南的才女文化》,李志生译,江苏人民出版社2005年1月版,第180—191页。

[20] 李伯重:《从"夫妇并作"到"男耕女织":明清江南农家妇女劳动问题探讨之一》,载《中国经济史研究》1996年第3期,第104—105页。

[21] 赖惠敏:《情欲与刑罚:清前期犯奸案件的历史解读1644—1795》,前注5,第356页。

的。清代对于性方面的道德伦理要求有所提高,平民的性伦理标准的扩张使得到了18世纪,社会上的良贱之分被更为琐碎的道德伦理判断所取代。[22]可是,虽然生活空间因为经济原因得以扩大,贞节文化对于底层女子同样严苛,一旦触碰底线则会受到最严厉的谴责。

节妇和贞女是对此时期严格的道德伦理的一种极端表达。从此时起,她们开始继续得到国家大力旌表,目的是鼓励女性忠于丈夫,从而使得家庭和社会的稳定得以维持。这些节妇贞女从明代起就多被文人撰文赞扬,刻碑铭记她们在恪守女德上面的努力。这些因为恪守女德而受到赞扬乃至旌表的女性享受着很大的道德权利,她们会给其他女性带来巨大的社会压力,随着时间推移甚至引起社会对女德的一种极致追求。在明清时期,为未婚夫自杀殉节,或者成为寡妇以后为夫家守节一生的例子不胜枚举,至今仍矗立的一座座贞节牌坊就是这些女性留下的痕迹。卢苇菁在《矢志不渝:明清时期的贞女现象》中认为,士人赞美殉死实际上是他们在改朝换代时表达民族情感的一个宣泄口,清政府的统治使得他们须面对难以抉择的政治和道德两难困境,在这样的压力下贞女作为道德象征被大力宣扬。正如明末清初理学家孙奇逢在《范贞女传》中所说:"君于社稷,臣于君,子于父,妻于夫,分定于天,情根于性,其死也理之所不容紊,而义之所不容逃者也。至未窥夫面而为夫死,与未质为臣而为君死者同科,则尤烈之烈矣!"[23]孙奇逢的这段描写尤其能体现出士人的此种心态。贞女的形象被提到一个很高的高度,因而在这种语境下奸情犯罪不仅仅是简单地扰乱家庭秩序,对贞节的亵渎甚至会被上升为对纲常、对统治的一种扰乱。

对于清代初期的一般女性而言,无论出身于社会的上层还是下层,她们的生活范围主要局限在家中。虽然不至于与世隔绝,但社会交际和活动范围都非常局限,而且一举一动都备受伦理道德的压力。对于当时大部分的女性来说,模范母亲、孝顺儿媳和勤劳持家者是她们通常扮演的角色,但这是社会和家庭对她们的要求,保持着贤淑的形象占满了她们全部的生活。另一方面,贞节是彼时的女性所不能触碰的底线。一旦触及,不仅是女性本身的形象和家庭和谐被破坏,也会涉及对纲常的冲击。

四、州县官的压力

在奸情犯罪中,除去犯奸女性,审判案件的官员也扮演了重要角色。值得注

---

[22] Matthew H. Sommer, *supra* Note 1, at 12.

[23] 转引自卢苇菁:《矢志不渝:明清时期的贞女现象》,凤凰传媒出版社2010年12月版,第59—62页。

意的是,作为基层"一人政府"的长官知县,实际上是夹在强势的官方贞节文化和民间实际生活方式之间。在奸情案件当中,州县官如何取舍?他们为什么会倾向于将犯奸妇女塑造为类似的形象,本节将对此进行讨论。

奸情犯罪在《大清律例》中有明确的规定。《大清律例》中"犯奸"一节共有十个条目,包括"犯奸""纵容妻妾犯奸""亲属相奸""诬执翁奸""奴及雇工人奸家长妻""奸部民妻女""居丧及僧道犯奸""良贱相奸""官吏宿娼"和"买良为娼"。在一般规定中,妇女犯奸杖八十,有夫者杖九十,刁奸者(无夫有夫)杖一百。[24]但有加重情节,比如在奸情犯罪中涉及殴伤丈夫或者杀死丈夫,妇女凌迟处死,奸夫处斩。哪怕通奸的妇女不知情,仅仅是奸夫个人行为,也要处以绞监候。本文所讨论的奸情犯罪为《大清律例》"犯奸"一节所包含的所有行为,而不再区分情节轻重。于是,判语中犯奸的女性既可能根据律文被处以轻微的杖刑,也可能因为牵涉命案而被处以极刑。如果仅仅是处以笞、杖的简单奸情案件,属于清代州县自理词讼。初审知县或者知州只需将案件结果汇编成册,供上级检查;若案件牵涉人命或者可能招致更严重的刑罚,案件则会进入"审转"程序,初审官员只能负责调查和提出意见,具体判决由上一级官员负责。[25]因此,越是严重的罪行,作为初审的州县官更倾向于"裁剪"案件的人物形象、情节和相关调查,使之天衣无缝,而免遭错案责任。

而初审官员之所以乐于将犯奸女性在判词中的形象作扁平化处理,原因除了判词中人物形象和情节的一致性,还在于上节所讨论的文化语境。贞节被有意抬至很高的位置,极端案例中,节妇和贞女甚至会得到官方旌表,而作为反面例子的奸情犯罪犹如某种社会底线,一旦触犯则触犯者会被狠狠钉在耻辱柱上。这样的主流话语,不仅在制度上有所体现,也渗透在人们的思想观念当中,包括做出裁判和进行复审的官员。于是,基于主流话语的影响,初审官员将犯奸女子处理为千篇一律的"淫妇"形象,经过这般处理的案情故事,也会更容易被同样受到主流话语影响的上级官员所接受。

另外,"教化"也是作为初审官员的州县官职能之一。在初审官员判语处理中,这些女性的形象大多很扁平,对这些女性的形象塑造只着眼于犯了罪的她们所共同具有的一些特点,通过一些特定的形容词,塑造固定的形象,以求使得同类的案件类型化,方便对这些有着同一形象的女性奸情犯罪者进行谴责,从而达到教化的目的。奸情犯罪是女性情欲的某种抒发方式,是直接破坏"三从四德"的行为,对犯奸罪女性的大力贬低,背后就是对女性情欲的压抑。奸罪固然令人

---

[24] 田涛、郑秦点校:《大清律例》,法律出版社1999年版,第70页。
[25] 那思陆:《清代州县衙门审判制度》,中国政法大学出版社2006年版,第6—7页。

痛恨,但更令人痛恨的是淫荡和不贞,在判语中刻意地贬低、直抒胸臆地谴责和国家大力旌表节妇贞女目的其实是一样的——让女性规行矩步、恪守妇德,从而求得家庭秩序的稳定。杨晓辉在《清朝中期妇女犯罪问题研究》中写道,"卑贱、无知、顺从、贞洁是古代男性对女性的希望"[26],这种希望也糅合到处于社会优势地位的男性对女性形象的塑造中去。

只有在非常例外的情况下,初审官员才可能会根据个案的具体情况进行裁决,在《资治新书》中即有"艾氏案"一例。"艾氏案"也是在《资治新书》所述 37 例奸情犯罪中唯一包含相对正面女性形象的案件。此案的判词中,主审官员第一句"妇人以淫获罪者,惟艾氏差可原"就展现了对艾氏的同情,此后两句写出艾氏丈夫蒋成是死刑犯,而艾氏要负担起全家的生计,处于两难境地,因而不得不违心委身于人,以求得全家温饱。接着李映碧引用了艾氏在公堂上催人泪下的一句话:"恩莫深于夫妇,而痛莫切于饥寒。嫁人不可,洁己不能,只因心苦而致身辱"。[27]通篇看来,艾氏委曲求全,她身上奸情的色彩在这篇判语中几乎没有被提及,反而是她的委屈和奉献令人印象深刻。艾氏的形象因而高大起来,"合免的决"的判决结果也就顺理成章。在此案中,因为主审官员同情艾氏因为家贫而不得不与人私通,例外地给她塑造了一个特别的形象,并且突出其性情高洁,多有不得已之处,为不予追究的判决结果做出铺垫。正因为讲述故事和人物塑造的侧重有所不同,艾氏此案的结果虽然异于大部分奸罪案件,也显得合乎情理。

于是,州县初审官员在对奸情犯罪做出判决和撰写判词之时,对犯奸女性的形象塑造和案件的情节描述,实际上有多重考虑。形象和情节必须要保持一致,否则在上级复审或者复核之时可能会被追究错案责任。在当时的体制下,实际上无论是官方推崇的文化还是社会实际需求,对于初审州县官影响的方式都是间接的。官方话语影响社会上的所有群体,包括初审官员和他们的上级,出于对官方话语的响应和降低错案责任风险的考虑,初审官员在奸情犯罪的判词中轻易不会做出有悖于主流话语儒家伦理的举动,模式化地塑造"淫妇"形象对他们而言最安全且最有效率。另外,初审州县官同时是一县或一州的最高行政长官,维持所辖区域的稳定和秩序是其最重要的职能。即便官方话语中对贞节文化非常推崇,他们也不得不考虑底层百姓的实际生活需求。在判词中塑造特定的形象以正风俗,也是这些官员折中应对此问题的方法之一。寺田浩明认为清代官员裁判时所依据的是官场的"公论","公论"经过不停的首唱和唱和发酵而成,是

---

[26] 杨晓辉:《清朝中期妇女犯罪问题研究》,中国政法大学出版社 2009 年 9 月版,第 214 页。

[27] 前注[10],(清)李渔书,第 418 页。

一种非规则性法的形态。由此推之,为了符合"公论",使得判语自下而上畅通无阻,官员作为案件事实的"他述者",适当地剪裁他所知道的事实和形象,是极有可能的。[28]

五、结论

本文所关注的《资治新书》所收录的判词展现了与传统的古代女性生活图景所不一样的部分,撒泼、争殴,乃至奸情犯罪,其实也都是她们的生活图景中的一部分。儒家伦理和贞节文化在官方的大力宣传之下极大地侵入了女性的生活,但即便如此,奸情犯罪的屡屡发生也揭示着自然需求不会被道德宣传所泯灭的事实。在判词中,之所以奸情犯罪的女性形象绝大多数都是"千人一面",就是因为不压抑自身情感的淫妇和被旌表的节妇贞女是完全对立的两个形象。打击前者而赞颂后者,符合社会主流文化儒家伦理的要求,也迎合了统治者稳固社会的需要。

统治者的需要也同时反映在制度之上。初审奸情案件的州县官对于为犯奸女性塑造千篇一律的形象有强烈的动机,避免错案责任追究和教化百姓是最重要的两个原因。对于违反了道德或者触犯了法律的女性,在判语中官员会将她们的故事"裁剪"成一种模式,通过在判语中对女性犯罪故事带有技巧的叙述,努力将犯罪的女性塑造成某种特定的"面孔",然后将她们钉在耻辱柱上。这种"裁剪"和"塑造"不一定出自官员故意,既可能是事实决定或者观念的影响,在某种程度上也可能是官员在处理女性奸情犯罪案件时必要的"故事叙述技巧"。"故事的叙述技巧"非常重要,故事虽然不可能被完全虚构,但合适的裁剪可以使故事变成教化的工具——犯奸女性因此在判语中被修剪成讨厌的模式化形象,以告诫其他的女性,奸情犯罪是有悖于伦理的触犯底线的行径。除了道德教化之外,这也是官员为了保护自身所做的努力。由于清代存在错案追究的制度,地方官员如果在判决中出现失误要承担丢掉官位甚至是被流放的后果。笞杖以上的案件不能在州县审结,案卷和犯人要被押解至上级覆审,为了最大限度地使判决看上去合理,剪裁事实和塑造符合社会观念的形象也是官员在制度下不得不为之举——如果初审的判语看上去非常合理,改判也就自然没什么必要了。

官方话语和制度设计之所以如此,背后原因还是在于此时期儒家伦理对社会的全面渗透。李渔编成此官箴书的明末清初时期,清廷将程朱理学树立为官

---

[28] [日]寺田浩明:《明清时期法秩序中"约"的性质》,王亚新译,载《权利与冤抑:寺田浩明中国法史论集》,清华大学出版社 2012 年版,第 102 页。

方意识形态,又沿袭了明朝的很多做法,比如说把儒家经典和程朱注释作为科举考试的内容,又比如将旌表贞节的制度发扬光大等等——初入关的满族统治者希望在文化上得到接纳和承认,从而建立自身统治的合法性。判词中奸罪女性的形象虽然只是一个小小孔隙,从此之中亦可窥见那个时代的大面貌。

The Female Image in the Adultery Verdicts in the Qing Dynasty: Focus on 37 Verdicts in the Zizhengxinshu

Huang Xinyu

Abstract: In the verdicts of adultery crimes in the Early Qing, the female image of a stereotype of loose morals is fixed, owing to the deliberate portray by the first-trial officials. These officials usually adopted special narrative technique to deal with female adultery in order to make the story more convincing and reasonable. The stereotype not only reflects the sexual desire of the society, but also echoes the official propaganda of chastity. In addition, the first-trial judges reduce the risk of misjudging liability by the stereotype. The stereotype of female image in the verdicts of adultery in this period is a result from official propaganda, social desire and judicial system.

Key words: Verdicts; Adultery Crimes; Female Image

(责任编辑:艾佳慧)

清代宗族社会土地纠纷的司法运作实态
——以南陵小滩头纷争案为依据

张 翅[*]

[摘 要] 借助司法档案考察土地纠纷案件审理的程序和过程,是认识和总结清代民事诉讼纠纷解决机制的可靠方法。新近整理出版的清代南陵司法档案中的小滩头纷争案是现存较完整、涵盖内容较为全面的土地纠纷案件。其以王氏族人争夺田地所产孳息为始,以民田充公为终,前后涉及多次"词讼",并存在"反诉"现象。本案的最终解决体现了地方官府息讼态度、宗族对内话语权衰弱以及官府与宗族之间处理权重叠等多方因素的妥协。案件处理的整个流程清晰地展现了清代土地纠纷解决的运作实态,为研究基层社会的纠纷解决机制提供了良好的参考素材。

[关键词] 南陵司法档案;宗族社会;土地纠纷;诉讼策略;官府裁断

长期以来,在清代民间纠纷的司法处理上,中国法制史和法文化史领域的研究者们有着持续的讨论。黄宗智教授通过对巴县、宝坻、淡新三地清代司法档案所作的研究认为,"衙门处理纠纷的时候,要么让庭外的社区和亲族调解解决,要么就是法官听讼断案,依法律办事",他提出了"清代纠纷处理中的第三领域"的观点,认为存在一个介于民间调解与官方审判之间的民事纠纷处理领域:"这种半官半民的纠纷处理过程,在最糟糕的情形下,会由衙役、乡保的不法行为或社区亲邻的不实表达所支配,或由县官私人的臆断所左右。不过,在理想的情形下,第三领域的司法活动却能兼顾息事宁人的需要和法律条规的制约,将两者结合起来,成功地解决纠纷。"[①]梁治平教授认为黄宗智关于"第三领域"的理论,"过分夸大了他所谓正式的法律与非正式法律之间的差别和对立",他根据巴县

---

[*] 浙江工业大学法学院副教授。本文系国家社科基金项目(14BFX016)、国家重点档案保护与开发项目"清代南陵司法档案整理与研究"阶段性成果。

① 黄宗智:《清代的法律、社会与文化:民法的表达与实践》,上海书店出版社2007年版,第5页、第111页。

档案、民间契约和清末民初的习惯调查等资料指出："在很多情况下，地方官对民间纠纷的解决更直接间接地建立在当地习惯的基础上。"②由此可见，围绕着清代民间纠纷的解决方式是民间调解或是官方审判，大量民事案件是在"第三领域"获得解决，还是地方习惯更有助于基层司法实现其解决纠纷的功能等问题，学界存在着明显的分歧，类似的论争一直没有停止。

近十余年来，学者们越来越注重地方司法档案的运用，通过对巴县、南部、黄岩、紫阳、徽州、冕宁、龙泉等司法诉讼档案的考察，在有关清代民间纠纷的司法处理问题上目前已取得了丰硕的成果。③ 但仍有必要进一步利用更多的地方档案，在收集和整理、概括和梳理地方档案上给予更多的重视，也有必要对某些专门类型的诉讼案件，进行更进一层的深入研究和理论探讨。

本文将以新近整理出版的清代南陵司法档案（以下简称《南陵档案》）中土地纠纷案件为依据，在学界既有研究成果的基础上，尝试对清代宗族社会土地纠纷的司法运作实态进行分析和探讨。《南陵档案》是晚清南陵县衙形成和保存下来的地方司法档案，记录了以户婚、田土、钱债为主的多种案件纠纷类型，为研究基层社会的纠纷解决机制提供了良好的参考素材。《南陵档案》的第 2210 号案件和 2205 号案件，是具有典型代表性的土地纠纷案件。我们将通过具体的、真实可见的司法档案资料，运用个案分析的方法，揭示土地纠纷形成的原因，考察土地纠纷解决的程序和过程，期待由此更为清晰地认识和总结清代民事诉讼纠纷解决机制及其运作实态。

一、南陵小滩头纷争案案情介绍

光绪年间，王氏先祖昭、忠、愈公在南陵县新河东遗滩涂一业。滩涂作二分，大滩头明确为原告王汝快、王仁山、王耀宗、王景贤所有，但对于小滩头的所有权并没有确凿定论。本案的纷争发生在小滩头，始于光绪十八年三月，持续三年之

---

② 梁治平：《清代习惯法：社会与国家》，中国政法大学出版社 1996 年版，第 14 页、第 130 页。

③ 参见吴佩林：《清代县域民事纠纷与法律秩序考察》，中华书局 2013 年版；里赞：《晚清州县诉讼中的审断问题：侧重四川南部县的实践》，法律出版社 2010 年版；邓建鹏：《清代州县讼案的裁判方式研究——以"黄岩诉讼档案"为考查对象》，载《江苏社会科学》2007 年第 3 期；张晓蓓：《冕宁清代司法档案研究》，中国政法大学出版社 2010 年版；李艳君：《从冕宁档案看清代民事诉讼制度》，云南大学出版社 2009 年版；李青：《清代档案与民事诉讼制度研究》，中国政法大学出版社 2012 年版；阿风：《明清徽州诉讼文书研究》，上海古籍出版社 2016 年版；杜正贞：《近代山区社会的习惯、契约和权利——龙泉司法档案的社会史研究》，中华书局 2018 年版，等等。

久,围绕光绪十八年王汝快等控王南海等逞凶索据案、光绪十九年王仁山等呈控王南海等藐背串霸案和光绪十九年王昌恒等控王荣标等强霸滩地案展开,主要案情为原被告为小滩头所有权及使用权大打出手,最后以田地充作学田为果结案。

(一)光绪十八年王汝快等控王南海等逞凶索据案案情综述④

图1 光绪十八年王汝快等控王南海等逞凶索据案禀状⑤

南陵县民人王汝快、王仁山等于光绪十八年三月初五日以逞凶索据为由向县衙呈控,具禀称族祖遗新河东小滩地所蓄三十余株杨树遭王南海、王汝炳等强砍,已遂将树搬至王耀宗门首堆放,邀户族董保等理论,均斥伊非。王南海等反督率多凶抢树,王耀宗理阻,反遭拳打脚踢,致小腹受伤。耀弟王景贤往救,反遭私刑吊铐加身,并夺洋元二。又邀原中等向理,横愈盛。县衙正堂钱批示:差饬原董人等均分树木,验伤医治,妥理息事,毋滋族讼。次日派差役前往协助查明实情,秉公理令。

同年三月初八日,王仁山等以王耀宗殴伤愈重,久治不愈,命悬旦夕,迫叩提究为由,再次向南陵县衙具禀。县衙正堂钱批示称,已差饬董保,加紧医痊,理明息事。王仁山等遵示向理,然王南海等延宕避抗,遂于次日复禀,县衙正堂钱仍批示着原差速饬董保妥理。

王南海、王汝炳等人于同年三月十七日以督抢控告,强欺弱为由具禀,王仁山恃恶欺人夺树,吊打南海,殴其弟媳,反控词先诬,抵制在案。

原告王仁山等于同年四月初八叩求县衙做主,虽然屡次批饬董保等处理,奈南海等坐视无事,既藐宪批不畏,又背调不遵。县衙正堂钱批示:时值农忙,不行提究,饬催董保速理。

光绪十八年四月二十七日,王作如、王昌年等向南陵县衙具禀:祖遗滩涂业分,小滩之杨树实属王南海、王汝炳,荣、山等人强伐变卖,滋生讼端,南海更未曾

---

④ 张翅主编:《清代南陵司法档案选编》(下册),案卷编号2210,黄山书社2019年版。以下省略出版信息。

⑤ 《清代南陵司法档案选编》(下册),案卷编号2210—004。

殴伤七十高龄耀宗。

王汝快、王仁山、王耀宗于五月初三具禀：河边小滩系族遗业，尚无对分，海等强伐，贿出伊之亲房昌年等，协众带械，强砍凶殴、私刑吊拷，均系年等目见，堂供已明，县衙正堂钱批示，饬传讯究，仍着将原立议字呈验抄粘附。签发票证，仰原差曹松、吴云、朱发传原、被告、鸣论人，地保共十二人到衙门集讯，实际到案共计十三人。本案于光绪十八年六月十一日堂讯断令各照祖遗字据执业。

（二）光绪十九年王仁山等呈控王南海等藐背串霸案案情综述⑥

光绪十九年南陵县衙正堂钱已经卸任，由正堂赵继任。原告王仁山、王素仙、王耀宗等于光绪十九年五月二十八日向南陵县衙呈控，案由为藐背串霸。小滩头纷争案由此进入复讯阶段。本案被告与光绪十八年略有不同，分别为王南海、王兵黄、束于三。

原告王仁山、王素仙、王耀宗等于光绪十九年五月二十八日具禀，王南海等擅自将小滩出租与束于三霸种杂粮，经前钱宪断令，请凭图绅束于海等理执，回言秋后归还，然秋收后仍霸不交执，又请凭原中人等向理禀究，约定俟今春收交。揩不交还。多次毁约，迫不得与五月四日夺其牛毁其粮。请求大老爷作主。县衙正堂赵批示：小有纠葛，尽可邀同邻保人等理明了事，毋翻案滋讼，以致废时失业。

光绪十九年六月十三日，奉批归家后，原告王耀宗、王仁山、王素仙等遵邀妥理，但海等避不见面，束于三等明则口称滩要强种，暗则协众带械强牵牛只，迫不得已向县衙叩求。县衙正堂赵批示称，本可理处，偏行颖计，遂成不解之仇可谓咎由自取也，姑饬差查究粘批附。

（三）光绪十九年王昌恒等控王荣标等强霸滩地案案情综述⑦

光绪十九年十二月初三日，原告王昌恒、王昌年、王财生等具禀称，被告王荣标等强占祖遗滩地，毁弃作物，请凭族众评理，均斥伊非，但无惩处。后又强种黄麻，遂告至县衙，叩求抑强扶弱，以保祖业。县衙正堂赵批示称，一面之词亦难尽信，着令族众理处，不致肇讼，伤同族之谊。原告王昌恒、王昌年等依示鸣众处理，然王荣标等恃势不睬，又越界毁占，原告只得再次具禀，叩求作主，赏差拘究，以保祖业。同年十二月十八日县衙正堂赵批示：等开篆后差饬公正族人查明理处。

经过了一个月的封印期，南陵县衙于光绪二十年正月二十四日签发差票，派

---

⑥ 《清代南陵司法档案选编》（下册），案卷编号2210。

⑦ 《清代南陵司法档案选编》（下册），案卷编号2205。

差役焦丙、周淦立往协保,迅饬实情,明理上报。

同年二月十三日,王昌年、王昌恒等再次具禀,其凭差复请之人均惧标势大不敢直言复禀,故再次叩求县衙作主,抑强救弱。对此县衙正堂赵又批示:静候饬查复夺,毋庸多渎。

二月二十三日被告王荣标及王耀宗向县衙禀称王昌年、王南海、王财生等系诬告毁占,讼争滩地并非其祖上遗产,经前钱宪断令,属己所有。其不遵批断,强租于束于三等佃种,己才毁其作物并招佃耕种。叩求作主,让王财生等提供四至界限证据。针对双方具禀,县衙正堂赵批示:双方各执一词,等候查明复夺。

同年三月初八日,县衙派原差役迅催该姓公正族人查勘明白,秉公理处,限三日内回复。但王昌年等又言不敢具禀,听传讯究。南陵县正堂遂批准候催差传集案讯。

同年四月十三日,官府签发差票,传原被告及鸣论族人共十二人到衙门集讯,实际只传到案八人,但仍各执一词。五月初八王南海、王良太向县衙具禀称王仁山等伪抵冒占,南陵县正堂赵批示调卷复讯。王世荣、王仁山等亦向县衙具禀。正堂赵批示委员勘覆。

同年七月二十三日,县衙正堂赵札委捕衙查核卷宗,实地勘查讯断,典史吴璜奉命于七月二十八日到实地勘查滩地,隔日开单回复县衙,所争之地,印据久远,唯同族秉公处理,方可抚众,但原告王财生等不遵。

光绪二十一年四月初八日和四月十三日,原被告双方均要求县衙讯断结案。最终,县衙正堂赵作出批示:查双方控争滩地,均无钱粮,且均系学田,虽传言未甚的确,一族之中,彼争我夺,缠讼不休,查明一并充公,该生等毋庸再行健讼。

二、南陵小滩头纷争案性质界定及内部关系

小滩头纷争案的相关档案资料分别保存于《南陵档案》的第 2210 号案件卷宗和 2205 号案件卷宗,是《南陵档案》中具有典型代表性的案件,仅一案便囊括了"土地纠纷""族内争讼""两告互诉""讼词夸大""知县调任""官府息讼""官批民调""田地充公"等要素。在多种介入因素充斥的情况下,判断影响案件走向的缘由更为困难,故而对于案件性质、案件内部关系、案件特点的梳理成为后续分析的必要基础。

本案主要特点如下:首先,案件时间跨度长,本诉原告于光绪十八年三月初五日诉至南陵县衙,案件经钱姓官员与赵姓官员两任知县先后审判,并经历撤诉、调解、反诉等多个程序,几经辗转,至光绪二十一年四月十五日结案,历时三年有余;其次,小滩头纷争案案情复杂,本诉 2210 案存在案中案;2210 案可细分

为王汝快等呈控王南海等逞凶索据(后简称"本诉前案")与王仁山等呈控王南海等藐背串霸(后简称"本诉后案")两案,两案案情不同、原被告略有不同,且证人也不一致;第三,原被告人数众多关系复杂,前后共牵涉原被告26人之多,证人若干,主审官员历经前后两任县官,书、差役若干。原被告关系为同宗族人,因族中先人所遗田产的所有权、使用权发生纠纷,且本诉被告及被告证人后成为反诉的原告;第四,案件存在反诉情况,本诉2210案被告王南海等人主要针对2210案中的后一案王仁山等呈控王南海等藐背串霸案提出反诉,即2205案王昌恒等控王荣标强霸滩地案;第五,案件结局出人意料,两告争讼的结果是谁也没有得到田地的使用权和所有权,而是将小滩头充作学田。案件所呈现的特点与细节都有助于界定南陵小滩头纷争案的性质及梳理案件内部错综复杂的关系,通过性质界定与内部关系梳理,有助于研究清代地方司法及宗族社会土地纠纷的运作实态。

(一)2210案与2205案的诉讼性质界定

《清史稿·刑法三》载:"各省户、婚、田土及笞、杖轻罪,由州县完结,例称自理。"小滩头纷争案属于州县自理词讼的案件范围。尽管在理论上,清代不存在在民事案件与刑事案件之明确划分,但在实际操纵中上两者是截然分开的,即"词讼"与"案件"在"国家与社会层面的适度分离"。[⑧] 国家层面的《大清律例》及地方层面的《状式条例》等多部清代律法对诉讼类别及诉讼性质做了较为仔细的区分,如黄岩县《状式条例》规定:"词讼如为婚姻,只应直写为婚姻事,倘如田土、钱债、店账,及命盗、为奸拐等事皆仿此。"[⑨]《齐民四术》中对"词讼"一词的内涵做了更翔实的阐释:其自理民词,枷杖以下,一切户婚、田土钱债、斗殴细故,名为词讼。[⑩] 词讼范围相当于现今的民事案件与轻微刑事案件。

小滩头纷争案(本诉2210案与反诉2205案)均属于田土纠纷,其诉讼性质为"词讼",本诉后案与反诉均为民事案件,这点没有疑问。但对于本诉前案的性质,尚有探讨空间。笔者认为,其属于民事诉讼与轻微刑事诉讼混合案件,其理由在于:

首先,本诉前案的案由为"逞凶索据",并且原告王仁山、王汝快等人分别于光绪十八年三月初五日、光绪十八年三月初八日、光绪十八年三月十三日三次向

---

⑧ 参见张小也:《从"自理"到"宪律":对清代"民法"与"民事诉讼"的考察——以〈刑案汇览〉中的坟山争讼为中心》,载《学术月刊》2006年第8期。

⑨ 参见田涛、许传玺、王宏治主编:《黄岩诉讼档案及调查报告》(上册),法律出版社2004年版,第41页。

⑩ [清]包世臣:《齐民四术》,潘竟翰点校,中华书局2001年版,第251—252页。

钱正堂具禀,案由都是请求缉拿凶手。

> 光绪十八年三月初五日民人王汝快、王仁山具禀：……王南海等反督率多凶,蜂拥前来抢树,王耀宗理阻,王南海等四人即扭王耀宗拳打脚踢,致其小腹受伤。耀弟王景贤往救,被其拖至南海家中,用棉塞口,以辫缠紧,以索穿发吊拷,将景囊内洋二元夺去。⑪

> 光绪十八年三月初八日民人王汝快、王仁山具禀：因王南海等凶殴王耀宗,耀年七十,胸膛受伤太重,迄今数日,花洋医治,总无效验,而耀饮食不思,吐血下血,气喘不息,日夜难安,命悬旦夕。⑫

> 光绪十八年三月十三日民人王汝快、王仁山具禀：……叩求县衙恩赏饬提凶手王南海等质讯严惩。⑬

其次,本诉前案存在刑事案件中特有的验伤单。验伤单是官府出具的有关受害当事人的受伤程度的鉴定,证据效力高,为古代司法审判人员对案件的审理尤其是定罪量刑提供参考依据。除口供之外,验伤单是刑事案件中起重要作用的证据。本诉前案中,验伤单上显示王耀宗确实受伤,内容如下所示：

> 光绪十八年三月初五日验伤单：验得王耀宗右肋受伤、头撞伤一处、周围一寸红肿；又验得王景贤发辫有抓掉情形。⑭

最后,本诉前案县衙于光绪十八年三月初五日批示结尾处提到"速将王耀宗等伤痕医治务愈"。钱正堂提到被告须治愈原告伤痕,赔偿原告一定的医药费,所以本诉前案属于民事诉讼与轻微刑事诉讼混合案件。

(二) 2210 案与 2205 案之间的诉讼关系

本文认为 2205 案为 2210 案的反诉案件。较有典型代表性的独立反请求说认为："反诉是在已经开始的本诉的民事诉讼程序中,本诉的被告以其原告为被告,向受诉法院提出与本诉有牵连的独立的反请求。"⑮首先,从当事人角度来看,本诉后案的原告为王仁山、王耀宗、王素仙、王世荣、王荣标、王玉珍 6 人,被

---

⑪ 《清代南陵司法档案选编》(下册),案卷编号 2210—004。
⑫ 《清代南陵司法档案选编》(下册),案卷编号 2210—010。
⑬ 《清代南陵司法档案选编》(下册),案卷编号 2210—012。
⑭ 《清代南陵司法档案选编》(下册),案卷编号 2210—007。
⑮ 常怡：《民事诉讼法学》,中国政法大学出版社 2001 年版,第 171 页。

告为王南海、王汝炳、王三喜、王兵黄、束于三、王良木、王良云、王良楼、王良雨等9人;本诉被告证人为王作如、王昌年、监生王廷献。而反诉原告为王南海、王财生、王昌年、王昌恒4人,被告为王世荣、王仁山、王荣标、王耀宗4人;反诉被告证人为王郁文、王素仙、王家柏、王福基、叶春茂。故而满足反诉的主体条件。其次从时间条件来看,2205案反诉是在本诉后案进行过程当中提起的,本诉后案原告于光绪十九年五月二十八日向南陵县县衙提起诉讼,反诉原告于光绪十九年十二月十八日向南陵县县衙提起诉讼,至本诉被告提出反诉前,案件都一直在调查过程当中,故而也符合反诉的客观条件。第三,从请求独立性角度来看,本诉请求与反诉请求互不相容,目的具有对抗性,反诉和本诉之间具有事实和法律上的牵连关系,都是为了争夺小滩头的使用权和所有权,故而也符合反诉的客体条件。最后,从程序角度来看,反诉能够与本诉适用同一程序,尽管前后审理官员不同,但案件程序都为"词讼"性质上的民事程序。事实上,本诉后案在审理一段时间后,并没有后续进展,成了无尾案件。故而确定两案之间的诉讼关系至关重要,2205反诉案件作为2210本诉后案的反诉案件,其补充了本诉后案的审判结果,为本诉后案的研究提供了关键性的批示。2205与2210互为补充,通过两案对照研究,有助于还原案件的来龙去脉、确定当事人的证词可信程度、推测两房宗族对该事件的解决态度及南陵县衙对田产纠纷的司法态度、分析宗族田产纠纷归属的运作实态。

三、宗族社会田产纠纷归属的运作实态

受到宗族壮大后族人人情淡漠、族内长辈遗产分配不公、各房族人权力地位不等、田产性质复杂等原因影响,明清时期,宗族内部发生田产土地纠纷的现象相当普遍,故而在宗族内部已经形成了一套较为完备的解决纠纷机制。但在本案中,宗族将其对族人田产纠纷的处理权让渡给了县衙,县衙审判所用之理法不同于宗族内部审理,故而为获得小滩头的使用权和所有权,两告都采取了一定的诉讼策略,本部分通过对原被告策略及宗族官府态度措施予以分析,力求展现宗族社会田产纠纷归属的运作实态,还原清代地方社会同宗族人田产纠纷的诉讼细节。

(一)南陵小滩头纷争案原告诉讼策略

王仁山、王汝快、王耀宗等人,面对王南海、王汝炳等人拖延赔偿拒不遵守知县批示的方法,主要采取了多次向县衙催促具禀、提供祖遗字据和租批、配合差役验伤等方式来对抗,尽管没能获得小滩头田地的使用权和所有权,但相比同期民人"争讼"并无理取闹的态度,其行为具备较为成熟的素质素养,并对官府断

案、案件走向产生了一些影响。

1. 频繁向县衙具禀

整理诉讼案卷发现,在光绪十八年王汝快等控王南海等逞凶索据案与光绪十九年王仁山等呈控王南海等藐背串霸案中,原告王仁山、王汝快、王耀宗共 8 次向县衙递呈具禀,要求正堂作主,缉拿被告王南海等人、令其赔偿医疗费及确认小滩头所有权。

案件	时间	案由内容
本诉前案	光绪十八年三月初五	原告以逞凶索具为由向南陵县衙呈控被告
	光绪十八年三月初八	原告以殴伤愈重,追叩提究为由向正堂具禀
	光绪十八年三月十三	原告叩求县衙饬提凶手王南海等
	光绪十八年四月初八	原告以被告不尊官府批示为由催促正堂处理
	光绪十八年五月初三	原告面对被告反驳证词提供证词证据
本诉后案	光绪十九年五月二十八	原告以藐背串霸为由向南陵县衙呈控被告
	光绪十九年六月十三	原告再次以被告不遵批示为由向正堂具禀
	光绪二十年四月初三	原告称被告有勾串控拖,分案拖累之心
	光绪二十一年五月初三	原告叩求县衙候查明分别充公等示

2. 提供祖遗字据和租批

为证明小滩头的归属,本诉原告王仁山一方共提供两份证据,分别为乾隆五十七年间昭忠愈公分产祖遗字据及同治年间租批。对于两份粘呈的证明力度,前任钱正堂与继任赵正堂的观点截然不同。

钱正堂认为,祖遗字据和租批直接证明了滩田的所有权以及其祖上对于祖产的分配情况,小滩头应属于王仁山一房所有,故而对于王仁山砍伐杨树所赚之钱,钱正堂并没有要求王仁山归还。并且,他批示两房应当按照祖遗字据各执其业,勿兴诉讼。

而继任赵正堂则采纳了典史勘丈的观点。由于两份证明材料年代久远,小滩头田产是否几经易手无法证明。故而为确定实际情况,赵正堂派典史对争控之地进行勘丈。根据勘丈结果,赵正堂判决田地充公。

尽管祖遗字据和租批没有起到最终的作用,但对案件推进以及取得案件阶段性的结论都发挥了较为正面的作用。王仁山一方通过粘单方式呈现证据材料,合理合法谋求自己权益,这种法律意识是值得肯定的。

3. 配合差役验伤

在本诉前案中,两告都提及己方被对方殴打致重伤:

光绪十八年三月初八日王汝快、王仁山等具禀：耀年七十,胸膛受伤太重,迄今数日,花洋医治,总无效验,而耀饮食不思,吐血下血,气喘不息,日夜难安,命悬旦夕。⑯

光绪十八年三月十七日王南海、王汝炳等人具禀：荣、仁等复于三月三日将南海吊打,并凶殴南弟媳李氏,致其受伤倒地,不省人事。⑰

但实际上,通过验伤单得知,本诉原告王宗耀及王景贤确有伤势,而被告王南海及弟媳李氏并无明显伤处,尽管本诉原告也有夸大其词的成分,如将胸口瘀伤称为"吐血下血,气喘不息",但相比被告无中生有,原告证词更为可信。

(二) 南陵小滩头纷争案被告的应对策略

王南海、王汝炳等人面对王仁山、王汝快、王耀宗等人频繁状告官府的行为,也采取了多种应对策略,如,拖延执行县令批示、强调原告方为族长己方处于弱势的地位、指出遗产分配不合理之处等。在原告提供乾隆五十七年祖遗字据的前提下,依然能将案件的走向转向,其诉讼应对策略发挥了巨大作用。

1. 拖延执行县令批示

本案的案情并不严重,其所争之地为荒滩下等田,性质上属于学田,东西长一百八十一弓,南北长五十一弓。相比原告所拥有的大滩头,能够年获利七十余洋元,该小滩头仅能获利七洋元,长期以来的族内不公,使得本诉被告拖延执行县令批示。被告在面对遗产田地执行时不配合官差,原告与差役无计可施。清代判决的执行既没有专门的执行机构,也没有规定专门的执行程序,亦无须通禀或通详上一级衙门,故而执行力度低下。如在光绪十八年三月初五日批示中,钱正堂要求王南海等速医治王耀宗：

砍伐公地树木,理应均分,彼此均不得独霸,王南海等动辄逞凶恃强攒殴,姑念原被告同本一脉,加紧医痊,差饬原董人等妥理息事,毋庸一族滋讼。⑱

但是在光绪十八年三月初八日具禀中发现,王仁山再次提及医治的诉求,因为本诉被告王南海并没有按照县官的批复赔偿王仁山医药费用。

---

⑯ 《清代南陵司法档案选编》(下册),案卷编号 2210—009。
⑰ 《清代南陵司法档案选编》(下册),案卷编号 2210—011。
⑱ 《清代南陵司法档案选编》(下册),案卷编号 2210—005。

王南海等凶殴王耀宗,耀年七十,胸膛受伤太重,迄今数日,花洋医治,总无效验,而耀饮食不思,吐血下血,气喘不息,日夜难安,命悬旦夕。[19]

2. 强调原告方为族长,己方处于弱势的地位

明清的词讼案件中,族长、地保、乡绅等扮演了重要角色。他们不仅可以出来充当证人的角色,把自己所知道的有关案件的事实真相作为证据辅助司法人员断案,更可以在纠纷中发挥仲裁机构的作用居中调解,使得双人当事人和解。在本案中,本诉原告之一王荣标为族长,并有监生的功名在身,另一原告王世荣为文生。当族长和族内有声望之人纷纷卷入案件时,无法确定这些人是否使用了手中权力以公谋私,这也是本案无法在宗族内部解决而对簿公堂的原因。

且思伊上分大滩头地,每年得租金七十余元,有数里之阔长,大滩公之地,得租十六元。应族长荣標经手,付学租并公项,通族皆知。身等与南海等下分,同租立册,所执小滩头地,每年海分只得租金七元,身等只得租洋三元之微。[20]

本诉被告认为,自己所得滩地本就是分配不公的结果,如今就连这微薄的收入,族长这方都要强占,实属仗势欺人。被告强调原告在族中地位,弱化自己地位,从而引导正堂对此案的判断,希望借此获得更为公平的判决。

3. 指出遗产分配不合理之处

新河东小滩头为先祖遗赠确实无误,但这里涉及两位先祖,分别是昭忠愈公与观升鼎公(或称"道源公")。昭忠愈公后裔有王仁山、王景贤、王耀宗、王汝快四人,观升鼎公后裔有王南海、王汝炳等人。两告都称该滩涂为自己先祖所有,应当由自己继承。在此情况下,本诉被告王南海、王汝炳等人指出,本诉原告王仁山、王景贤、王耀宗、王汝快已经拥有了大滩涂,若小滩涂也归其所有,这并不合理。同时,也因为前去勘丈的典史否定了王仁山所提供的祖遗字据和租批的证明力度,赵正堂最终快刀斩乱麻,将所争田地充为学田。

这样一块获利不多的田产,随着案情的展开,双方相互指控和揭露,让我们感到宗族内部矛盾的激化绝非一日之功,本案作为导火线,将王氏族人对族内权力不等、分配不公的怨恨彻底暴露出来。同样,正是两告不断向县衙具禀、提供证人证据,清代地方社会宗族田产纠纷的整个诉讼流程以及诉讼之外影响诉讼结果的因素才得以还原。

---

[19] 《清代南陵司法档案选编》(下册),案卷编号 2210—009。
[20] 《清代南陵司法档案选编》(下册),案卷编号 2205—014。

（三）宗族对纷争的态度及应对措施

明清时期，发生在宗族内部的纠纷，通常由宗族内部解决。宗族对族人的审判主要是借助族长之力，族长是家长的发展和延伸。[21] 但本案是例外，由于案件牵涉族长一方的利益，请族长裁定很难得到众人信服的决定。若族长无法主持公允，可由族中各房德高望重之人主持局面。然而，在整理多份具禀、批示、供词后，仅发现四处地方提及宗族明理，且原、被告对族众处理的结果并不满。

案件时间	事情经过	族人态度
光绪十八年三月初五日	本诉被告砍倒了小滩头上的30余棵杨树	本诉原告邀户族董保等理论，均斥被告不对。
光绪十八年三月十二日	本诉原告要求被告遵循钱正堂的批示，被告不理	本诉原告向族邻等明理，但没有提及族众态度。
光绪十八年四月初八	本诉原告再次要求被告遵循钱正堂的批示	族长、耆民、生员、地保等出面调解，被告不理。
时间不详	本诉被告再次要求原告	本诉被告邀户族董保等理论，均斥被告不对。

从这四处描述可以看到，宗族对小滩头纷争案的态度是模糊的，在原、被告不同的角度，均有族人支持其行为。本案的宗族并无主持大局者，究其原因，或许在于宗族对族人失去控制，导致矛盾激化并爆发。分配不公、权力不等、宗族内部分层加剧，促使矛盾不断加深。"与宗族讼，则伤宗族之恩"，南陵小滩头纷争案为我们展现了一个因田产矛盾冲突而宗族分化的场景，矛盾日积月累直至最终爆发，最终在官方力量参与下，以田地充公告终。种种事实表明，进入到晚清社会，宗族中大房之间骨肉相残、两失敦伦雍睦之道、一宗同脉的血缘情谊丧失殆尽的情形并不少见[22]。宗族没有对调节宗族内部关系起到作用，民间实际运作反而弱化宗族关系，冲击宗族制度，呈现给世人的是宗族不断分化的强烈印象。

（四）官府让渡处理权的立场及举措

本案为宗族内部土地纠纷，按照惯例应当族内解决，但由于案件涉及族长王荣标，致使族内无人主持局面，为保证案件处理结果的公正性，宗族将处理权让渡给官府。而官府对于宗族事务本着族内解决的态度，又其将处理权让渡给宗

---

[21] 傅岩：《歙纪》卷五《纪政绩·修备赘言》，明崇祯刻本。
[22] 郑小春：《从清初苏氏诉讼案看徽州宗族内部的矛盾与分化》，载《史学月刊》2009年第3期。

族。从小滩头纷争案的正堂批示中的 7 份批示可以看出,官府希望此事由董保等邻人族众解决。

官府让渡处理权的批文		
批示时间	事件经过	正堂批文
光绪十八年王汝快等控王南海等逞凶索据案		
光绪十八年三月初五日	被告砍倒了原告小摊上的 30 余棵杨树,原告第一次状告县衙	县衙正堂钱批示称:砍伐公地树木,理应均分,彼此均不得独霸,王南海等动辄逞凶恃强攒殴,姑念原被告同本一脉,加紧医痊,差饬原董人等妥理息事,毋庸一族滋讼。
光绪十八年三月初八日	王南海等凶殴王耀宗,耀年七十,胸膛受伤严重	县衙正堂钱批示称:案已差饬保理处,着候理明息事,并将伤痕加紧医痊。
光绪十八年三月十三日	原告叩求捉拿凶手	县衙正堂钱仍批示着原差速饬董保妥理。
光绪十八年四月初八	族长耆民、生员、地保等调解,被告不理	县衙正堂钱批示,本应提究王南海等人,姑念时值农忙,饬催董保速理。
光绪十八年六月十一日	对案件下最终结论	传原、被告、鸣论人、地保共十二人到衙门集讯,实际到案共计十三人,其中原告王耀宗未到,族证总计五人到案。堂讯断令各照祖遗字据执业。
光绪十九年王仁山等呈控王南海等藐背串霸案		
光绪十九年五月二十八日	被告和束于三等多次毁约藐背串霸	县衙正堂赵批示:案经前钱断结,现虽小有纠葛,尽可邀同邻保人等理明了事,毋得结案复翻再起讼波,以致废时失业。
光绪十九年六月十三日	被告不遵讯断	县衙正堂赵批示称:束于三即使霸种滩地亦尽可邀中理论,计不出此而夺之牛,遂成不解之仇,现在惧其报复,闻风躲避,跬步之间皆为危境,可谓咎由自取也,姑饬差查究粘批附。
光绪二十年三月十三日	被告称原告牵他耕牛,毁其田地	县衙正堂赵批示称:查此案自钱前县讯断后又据王仁山等以该民藐背串霸等情呈控,该民以抱病案悬,现在病痊投质等情是否属实,姑候催集讯究。
光绪二十年四月初三日	原告称被告勾串控拖,分案拖累	县衙正堂赵批示称:昨据王南海等以抱病案悬、病痊投质等情具呈,并据王昌年等以尔等占争滩地、族人不敢恨复等语具控,均经批饬催传在案,据禀该滩为尔等分授祖业,与王南海等无涉,抱病亦属饰词,有意串分拖等语是否属实,着即检带分据来案,以冯并讯核断。

续　表

官府让渡处理权的批文		
批示时间	事件经过	正堂批文
光绪十九年王昌恒等控王荣标强霸滩地案		
光绪十九年十二月十八日	反诉原告称被告占地不还	县衙正堂赵批示：王荣标等越界霸占滩地数亩，如情况属实则不应该，考虑是王昌年等一面之词，着令由族众处理，不得以田地细故肇讼，致伤本族之谊。
光绪二十年正月二十四日	王昌年等接批示后，找族众处理，但王荣标等不予理睬。自恃人多势众，又越界毁占，只得叩求县衙作主，赏差拘究，以保祖业。	县衙派衙差查明此事真伪。
光绪二十年二月十三日	王昌年具禀可提供人证	对此县衙正堂赵又批示：静候饬查复夺，毋庸多渎。
光绪二十年二月十八日	王荣标及王耀宗反驳王昌年供词	针对两造具禀，县衙正堂赵批示：双方各执一词，等候查明复夺。
光绪二十年四月十三日	庭审官府签发差票，传原被告及鸣论族人共十二人到衙门集讯，但实际只传到案八人	控争滩地虽在小滩之内，而两造均无印据，如果不通过族中秉公清理，难以折服。遂劝会两造赶紧邀请公正族亲理明息讼。
光绪二十一年四月十五日	原告、被告分别要求县衙讯断结案	南陵县正堂遂作出批示：查两造控争滩地，均无钱粮，且均系义田，虽传言未甚的确，一族之中，彼争我夺，缠讼不休，查明一并充公。

以上批文均是县官着令族人查明事实，再将结果禀明，给予了宗族内部调查较大的自由空间，然而这并不能一概而论县官对批调案件不重视，官府在已诉案件让民间组织重新参与进来一起解决时，并非做"甩手掌柜"，而是在研读卷宗材料、了解大致案情后，确认是"难以察核"的"田土细故"，认为此事更"适宜"民间解决，以达到最终结果既兼顾相对公正又"以全族谊"。

四、南陵小滩头纷争案的裁判结果及分析

（一）程序上符合公允性

为保证地方官员审断案件时的程序合法性及公允性，清代田土诉讼中规定了勘丈制度。本案中，赵正堂派典史对诉争之地进行勘丈。所谓勘丈，是州县官依据自身所拥有的调查权，在田房水利坟墓等争议案件中，对争议地进行现场勘

丈，以确保查明案件事实真相，作出准确判断。㉓

> 典史为申覆事　光绪二十年七月二十八日奉
> 宪台札开案据耆民王昌恒等呈控王荣标欺祖恃强越占公滩等情，并职员王仁山等以王昌恒等欺占捏控等词具诉一案，当经批饬户族查理，旋据王昌恒等以族理难明等情续呈，据经饬传集讯，两造供词各执。查该滩两造，均无契串可凭，似此争讼不休，非勘不明，谕饬听候，委勘再行讯断在案……经卑职束装前往该处，传集两造并户族人等，勘得小滩东西一百八十一弓，南北三百弓而控争之地系在小滩内近北一段，南北计五十一弓，东西一百八十一弓。原告王财生坚称此地系升公遗产被王仁山等霸占，而王仁山、王世荣等云称此滩实系昭忠愈公所遗，有乾隆五十七年议据呈案……卑职伏查控争滩地虽在小滩之内，而两造均无印据，非伊族中秉公清理难以折服，是以劝令两造赶紧邀请公正族亲理明息讼，而原告王财生不遵，缘奉委勘理合开具勘单绘图贴说具文申覆仰祈。㉔

有学者认为，民间细故的勘验大都流于形式，官府更注重口供。㉕ 然而在本案中，赵正堂最终采取了典史勘丈的结论，推翻了钱正堂的判决。由于本诉原告王仁山一方所提供的证据年代久远，无法断定中间田地是否易手，故而否定了祖

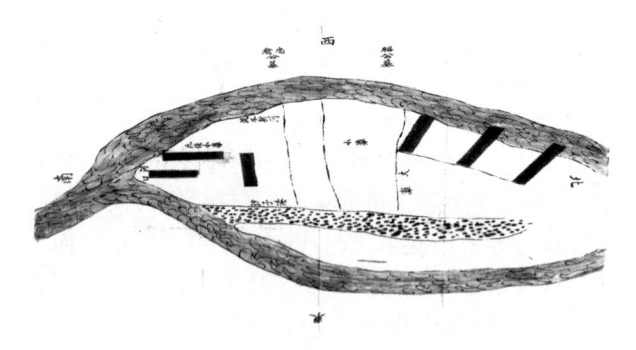

图2　光绪十九年王昌恒等控王荣标等强霸滩地案粘呈㉖

遗字据的证明力。可以看到，典史所提供的勘丈内容中，土地测量详实，争议点

㉓ （清）徐栋：《牧令书》卷十七《袁守定》"听讼·勿行访"。
㉔ 《清代南陵司法档案选编》（下册），案卷编号2205—023。
㉕ 郑秦：《清代法律制度研究》，中国政法大学出版社2000年版，第116—117页。
㉖ 《清代南陵司法档案选编》（下册），案卷编号2205—017。

明确,观点较为公允未有偏颇。尽管雍正年间的《钦颁州县事宜》中对勘丈的态度较为谨慎,但通过此案,可以从侧面佐证,土地田产纠纷中,在口供无法证明案件原委时,勘丈是断案的重要依据。故而从程序上来说,本案程序符合案件审理的公允性要求。

(二) 实体上有失公允性

尽管对于小滩头充公的结果,王仁山一方是同意的:

> 光绪二十一年五月初三日王仁山、王宗耀、王景贤、王汝快具禀:控争之滩地,均无钱粮,且均系学田,候查明分别充公等示……王南海、王财生等本非安分之徒,有意好讼,藐不遵断,是以前钱县下车之始,复翻。若谓充公,仅将该滩丢弃,尚免钱粮,以免拖累难堪……若谓充公,我等仅将该滩丢弃,尚免钱粮,实生等之幸也……县大父台怜情作主,迅赏讯结以免拖累,公侯万代,上禀。㉗

但此种做法是否符合实体正义值得商榷。相比"将田地一分为二,两房各执一半",将田地充公的决定更具有惩罚性质,而无安抚性质。笔者认为,其在实体上有失公允:一方面,清代律法严格规定了田地充公的情形,以防止土地兼并等问题:仅在诉讼、欺隐、绝户、赎罪、无主荒田等几种情形下,县衙可判决田地充公。㉘本案中,小滩头并不满足上述情形,赵正堂强制将民田充公,尽管有出于地方司法考核限制案件积累量的考虑,但行为有违实体正义;另一方面,判案结果实质偏向于王仁山一方。清代光绪年间土地所有权分为国家所有和私人所有,其中学田是属于国家所有的,"各省府县学有学田。以儒学署为业主,田租称为学租,以供贫士修学之用"。㉙尽管学田为儒学所有,但由于其租赁关系复杂,实际经营人仍然可能是农民。㉚无论王仁山是否是小滩头的实际所有权人,小滩头最终的使用权都会归王仁山一方所有。小滩头充公后,其民田私有属性或转变为学田,租赁价格会更便宜。而这些学田一般都会以"差序格局"的原则就近租给附近农民。㉛王仁山通过将民田充公的方式,一来可以使租赁价格更加

㉗《清代南陵司法档案选编》(下册),案卷编号 2210—039。
㉘ 张小坡:《清代江南官学学田经营实态述论》,载《中国农史》2008 年第 2 期。
㉙ 张晋藩:《清代民法综论》,中国政法大学出版社 1998 年版,第 85—87 页。
㉚ 张小坡,张爱萍:《动态的平衡:清代江南官学学田管理举措探析》,载《合肥学院学报(社会科学版)》2011 年第 4 期。
㉛ 章永乐:《清朝荒政中的"地方性正义"问题》,载《思想战线》2003 年第 4 期。

便宜；二来，清代宗族族长掌管田产租赁事务，其也可以通过族长权力收回小滩头使用权。

五、结语

小滩头纷争案案情纷繁复杂，将同宗族人"打官司"、宗族中人"调解案子"、县衙官府"断案子"的实态展现得淋漓尽致。本文认为，赵正堂将小滩头判决充作学田并没有实际意义上解决王氏两房族人之间的矛盾。小滩头纷争案的结果在程序上符合公允性而在实体上却有失公允性，之所以呈现出这样的面貌，其缘由大致如下：

（一）官府息讼态度

由于稳定的血缘、地缘关系与"和为贵"的价值取向等特殊的历史条件，"无讼"一直是中国古代社会孜孜以求的司法最高境界。清代从顺治的《圣谕六条》、康熙的《圣谕十六条》到雍正的《圣谕广训》，其中一个重要内容就是"和乡党以息争讼"，而这恰恰是"必也使无讼乎"理想的直接表现。不仅是最高统治者倡导"无讼"、"息讼"的思想，州县的地方官员也常以"劝民息讼告示"的形式来宣传"无讼"思想，其司法态度多偏向于息讼乃至无讼。司法实践中州县官对民事案件较少直接审理，以黄岩诉讼档案为例，在 78 份黄岩诉状中，知县的裁判结果中有 40 份诉状被明确裁定驳回、不予受理，占总数的 51.3%；有 20 份诉状被裁定自行处理或邀同族众调解，占总数的 25.6%；而裁决同意当事人诉讼请求的只有 7 份诉状，仅占总数的 8.9%。[32]

在本案中，县官在判案时直言"一族之中，彼争我夺，缠讼不休，有碍风化。"[33]官府对于宗族纠纷的解决强调"息讼和争""忍让共存""保全族谊"。在纠纷的解决中，往往并不是首先考虑现在的"公平""正义"价值观，而是以恢复人际关系为出发点，这样的纠纷解决方式并没有真正化解矛盾，当新的导火线出现，两房族人依然会干戈再起。

（二）宗族对内话语权衰弱

古代乡里多合族而居。宗族具有高度的自治性职能，通过祠堂祭祀、族规传承等仪式强化宗族对内治理权，不少"细故"词讼纠纷在族内解决，通过有一定程序、有一定权威、有一定效力的公平处理强化族人对宗族的凝聚力。然而随着晚

---

[32] 参见邓建鹏：《清代州县讼案的裁判方式研究——以"黄岩诉讼档案"为考查对象》，载《江苏社会科学》2007 年第 3 期。

[33] 《清代南陵司法档案选编》（下册），案卷编号 2205—014。

清社会人口流动加快,商品市场趋显,各种因素裹挟着宗族走向历史必然之路。内有宗族分支加速、迁徙纷繁、各支实力消长不一等因素,外有商品经济快速发展、社会关系日趋复杂等因素,宗族内外各种冲突不断涌现,致使宗族组织渐渐失去原先对调节内部关系所起的领导和控制作用。宗族对内话语权不断衰弱,"家法""族规"沦为摆设,"兄友弟恭""长幼有序""亲邻和睦"几乎成为一纸空谈,无法对族人起到震慑作用。族长也不再具备权威基础,处理族内事务逐渐失去公信力和执行力。

(三)官府与宗族之间处理权重叠

清代宗族和官府双方都拥有对宗族社会内部纠纷的处理权,宗族解决族内纠纷、官府解决民间纠纷等多种纠纷解决方式虽然为民众提供了便利的选择,但处理权的重叠也会导致权力方的敷衍塞责、相互推卸和"让渡",客观上导致本案进展迟滞缓慢,案件久拖不决,最后官府不得不将滩地充公以祛除纷争根源。

综上,小滩头纷争案的最终解决是在地方官府的息讼态度、宗族对内部的话语权衰弱以及官府与宗族之间的处理权重叠等多重因素影响下的妥协结果。案件持续三年之久,留下的案卷内容近万言,数十名诉讼主体参与其中,整个流程清晰地展现了清代土地纠纷解决的运作实态,为研究基层社会的纠纷解决机制提供了良好的参考素材。

The Judicial Operational Reality of the Clan Social Land Dispute in Qing Dynasty
——Based on the Dispute over the Xiaotantou in Nanling County

Zhang Chi

Abstract: A reliable way to recognize and summarize the resolution mechanism of civil litigation disputes in the Qing Dynasty is using judicial archives to examine the procedures and processes of trial about land disputes. The Xiaotantou dispute case, which recorded in the recently compiled and published Nanling Judicial Archives of the Qing Dynasty, is a relatively complete and comprehensive land dispute case. This case began with the struggle for the fruits of land in Wang clan, and ended with land escheated, it also involved multiple legal cases and has "anti-litigious" phenomenon. The final solution of this case reflected the compromise of many factors such as the local government's attitude of litigation, the clan's weak voice in the internal and the overlap of power between clan and government. The whole process of this case clearly shows the operational reality of land dispute resolution in the Qing Dynasty, also provides good reference materials for studying the dispute resolution mechanism in grassroots society.

Key words: Nanling Judicial Archives; Clan Society; Land Dispute; Litigation Strategy; Government Ruling

（责任编辑：艾佳慧）

憲法学

宪法规范与现实之间的对话:从《国家监察法》制定依据之争谈起

田 芳*

[摘　要]　围绕《国家监察法》的制定是否具有宪法依据的问题,宪法学界再次引发一场大争论,争论的实质是如何处理宪法文本与社会现实发展冲突的问题,即规范与现实如何协调的问题。而对这一问题回答的背后都暗含着宪法的比较问题。功能主义认为宪法学是一门科学,追求所谓"普世的价值观"和理想的宪法实施体制,强调宪法对社会的再造功能;批判主义则强调宪法的实施无法脱离政治经济社会背景,不存在所谓理想的宪治模式。对话方法论则希望跳出传统对立的研究路径,不同的政治体制之间、规范和现实之间、应然和实然之间都可以进行平等对话,在对话中完成宪法的变迁。而宪法也成为当前中国对话场域的基础。

[关键词]　功能主义;批判主义;对话方法论;国家监察法

一、引言:《国家监察法》制定的宪法依据之争

2016年12月25日十二届全国人大常委会第二十五次会议通过《关于在北京市、山西省、浙江省开展国家监察体制改革试点工作的决定》,规定试点地区监察委员会由本级人民代表大会产生。决定刚一颁布就引发一些宪法学者的质疑,认为全国人大及其常务委员会无权授权地方人大成立监察委员会。[①] 这一质疑旋即演变成了一场有关《国家监察法》制定是否有宪法依据的大讨论。[②] 辩论双方针锋相对,一方认为宪法文本中没有提及监察委员会,全国人大及其常务委员会制定《国家监察法》没有宪法依据;另一方则认为人民代表大会制度下的全国人大及其常务委员会可以根据社会发展制定基本法律。这种辩论让人不经

---

*　南京大学法学院副教授。
①　童之伟:《将监察体制改革全程纳入法治轨道之方略》,载《法学》2016年第12期。
②　韩大元:《论国家监察体制改革中的若干宪法问题》,载《法学评论》2017年第3期。

想起 2007 年《物权法》制定时引发的宪法大讨论,[③]虽然《物权法》争论的焦点是财产权的平等保护问题,但双方争论的基点仍然是如何处理宪法文本和社会现实发展冲突之间的矛盾问题,而这一问题最早可以追溯到"良性违宪"的争论。[④]可见《国家监察法》制定的宪法依据之争,是我国宪法学研究中由来已久的一个问题:宪法文本如何和社会现实发展相衔接? 如何面对宪法的变迁问题?

当宪法文本与社会现实相冲突时,是以已有的宪法文本为基础还是以社会政治现实为出发点? 对这一问题的不同回答形成了不同的宪法学流派。中国宪法学流派大体可以分为:规范宪法学、诠释宪法学、政治宪法学、经济宪法学、社会宪法学。[⑤] 规范宪法学和诠释宪法学更强调尊重宪法文本,而在强调尊重宪法文本的背后是强调运用科学普世的宪法原理解决中国宪法实施中的问题;而政治宪法学、经济宪法学和社会宪法学则强调应当更多地关注中国的政治经济和社会文化背景,而不是简单地照抄照搬国外的经验。可见无论哪一个流派背后都隐含着如何对待其他国家宪法经验和宪法理论的问题,即都隐含着一个宪法的比较问题。

不同政治体制下的宪法是否可以进行比较? 在多大程度上可以进行比较?

[③] 巩献田教授的公开信质疑《物权法》的合宪性,随后很多宪法学者加入这场论战。

[④] 郝铁川:《论良性违宪》,载《法学研究》1996 年第 4 期。童之伟:《"良性违宪"不宜肯定——对郝铁川同志有关主张的不同看法》,载《法学研究》1996 年第 6 期;郝铁川:《社会变革与成文法的局限性——再谈良性违宪兼答童之伟同志》,载《法学研究》1996 年第 6 期;韩大元:《社会变革与宪法的社会适应性——评郝、童两先生关于"良性违宪"的争论》,载《法学》1997 年第 5 期;阮露鲁:《立宪理念与良性违宪之合理性——评郝、童两先生关于"良性违宪"的争论》,载《法学》1997 年第 5 期;童之伟:《宪法实施灵活性的底线——再与郝铁川先生商榷》,载《法学》1997 年第 5 期;郝铁川:《温柔的抵抗——关于"良性违宪"的几点说明》,载《法学》1997 年第 5 期;马岭:《当代大学生宪政观念管窥——一次关于"良性违宪"问题的讨论》,载《法商研究》2002 年第 2 期;张千帆:《宪法变通与地方试验》,载《法学研究》2007 年第 1 期;常安:《"摸着石头过河"与"可改可不改的不改"——改革背景下的当代中国宪法变迁》,载《法律科学》2010 年第 2 期。

[⑤] 林来梵:《从宪法规范到规范宪法》,法律出版社 2005 年版;规范宪法学强调宪法学的核心任务在于探究宪法规范而不是宪法现象,以及围绕宪法规范形成宪法思想。为了防止陷入传统规范主义"恶法亦法"的误区,必须确认权利规范在整个宪法规范中的价值核心地位,进而追求宪法规范向"规范宪法"的升华。强调价值与事实的区分,强调宪法规范就应当承载特定的价值,而这一价值就是一种普世的价值。诠释宪法学强调通过宪法解释将"现实的宪法"和"规范的宪法"联系在一起。宪法不能因不断变迁的社会现实而任意变化,宪法解释作为维护宪法规范力的最重要手段,在规范意义的结构范围,随社会变化对其作出相应解释,甚至在某些情况下可突破这些规范的结构,实现一种"宪法变迁",当然如果宪法文本的界限已不足以包含这些社会变化,则需要进行宪法修改。当然对宪法的解释也应当遵循一定的宪法理论。李忠夏:《中国宪法学方法论反思》,载《法学研究》2011 年第 2 期。

哪些领域能进行比较,哪些领域不能进行比较,对于这些问题传统上有两种对立的观念:一种观念认为,宪法是一门科学,[⑥]包含着"普遍适用的价值观",宪法实施方式或体制都应有着共同和一般的特征,因此不同政治体制下的宪法不仅可以比较而且可以相互借鉴,这种方法论被称功能主义的方法论。这种方法论还特别强调宪法文本和宪法规范的作用,认为国家的政治经济改革应当在成文宪法的框架内进行,在规范与现实之间,强调规范对现实的再造功能。当然如何从宪法文本出发,又可以细分为不同的流派。[⑦] 另一种观念则认为,根本不存在"普遍适用的价值观",也不存在绝对科学的宪法理念,宪法是不同政治共同体对其特有社会政治历史经验的总结,宪法的实施方式和体制受国家政治经济体制的深远影响,在宪法规范和社会现实之间,宪法应随着社会现实的发展而发展,这种方法论被称为批判主义方法论。[⑧]

在我国很多学者将这种方法论之争论归结为"规范与现实""应然与实然"两大范畴的对立,这两种对立的方法论和观念争吵了近一个世纪,谁也无法说服谁。无论是《国家监察法》制定的宪法依据之争,还是《物权法》的合宪性之争,归根结底是两种方法论的争论,到底是尊重宪法文本多一些,还是尊重社会现实多一些,宪法文本到底如何与社会现实协调?不可否认宪法体制一定会受特定政治、经济、历史、文化等因素的影响,但我们也无法回避全球化背景下不同政治体制的相互交流和相互影响。因此一种新的方法论——对话方法论应运而生,这种方法论期望跳出规范与现实、一般和特殊对立的范畴,从一种更平等、更客观、更现实的角度来看待宪法比较和宪法变迁问题。具体而言,对话方法论否定传统功能主义宪法学的理想宪法模式观点,否定对待宪法问题仅仅从宪法文本出发,而强调不同政治体制之间可以进行平等对话,宪法文本与社会现实之间也可以平等对话,强调将宪法的研究置于一种更广泛的对话场域之中,理解宪法的社会内涵和宪法变迁的路径。

本文将分为以下几个部分:首先分析功能主义方法论和功能主义比较宪法学的发展,这一方法论对现代宪法理论的发展影响深远。第二部分分析批判主义方法论和批判主义比较宪法学,这一方法论与功能主义方法论针锋相对,直指功能主义关于普遍适用的价值观和理想立宪模式的论断。第三部分析新诞生的

---

⑥ 宪法是一门科学的观点可以参见张千帆:《宪法学导论》,法律出版社2004年版,第36页。

⑦ 张翔:《宪法学为什么要以宪法文本为中心》,载《浙江学刊》,2006年第3期;张翔,韩大元:《宪法文本研究的自觉与反思》,载《法学家》,2008年第1期。

⑧ 政治宪法学、经济宪法学、社会宪法学是从现实角度寻找宪法的正当性,其实都可以看着是从社会学角度研究宪法学。

对话方法论,这一方法论希望改变上述两种传统方法论的研究路径,提出在平等环境中相互交流,相互沟通,求同存异。第四部分将分析发生在我国的宪法性对话,以期跳出我国"规范与现实""应然与实然"对立的研究路径。

二、功能主义宪法学:规范超越现实

(一)功能主义方法论

功能主义的法学是希望建立这样的一个信仰:所有的法律都具有内在的逻辑性和内在一致性。法学是一门解决问题的科学,法学研究的首要任务就是发现法律问题,而法律问题是从不同的社会政治背景下抽象出来的一般问题,而这种一般性问题都有着规律性的解决方法,因此法律是一门科学,而且是一门通识性的科学。比较法被认为是寻找真理的最佳方法:"比较法是唯一一种可以使法律成为科学的方法。在自然科学、医学等领域,学术观点的比较交流是非常频繁的,但是在法律科学领域情形却完全不同。比较法的研究就是要结束法律学科与其他学科的不同,使得法律研究能像其他学科一样,就是关于知识的科学。"[9]

既然法律是一门科学,那么就必须要按科学、逻辑和理性来制定,法律也必须按自身内在的逻辑来解释。法律的制定和法律的解释都是一种通识性的科学,这种通识性的法律科学对社会现实有着极其强大的再造功能,即通过法律制定和法律解释来推动社会的进步,完成对社会的改造。这种强调法律内在科学性,强调法律对社会再造功能的方法论为法律的比较和移植提供了强大的理论武器。

比较法研究最早只是运用于私法领域,因为私法领域的问题可以远离政治。第二次世界大战后,国际条约的制定和各国所进行的法律改革运动都加快了比较法研究的发展,但冷战结束后不久比较法研究就转入了低潮。[10] 出人意料的是,比较法却在宪法领域获得了复兴。20世纪中叶比较宪法学的教材和著作横空出世,它们直接把功能主义方法论应用到宪法领域。

(二)功能主义宪法学

功能主义的方法论在逻辑上其实是一种归纳的方法,即把不同国家的法律制度和法律问题进行比较,归纳总结出共同法律问题以及最佳解决方案。功能

---

[9] Konrad Zweigert & Hein Kötz, *Introduction to Comparative Law*, trans., Tony Weir, Oxford Univ. Press 1998, pp.32 – 47.

[10] Mathias Reimann, *The Progress and Failure of Comparative Law in the Second Half of the Twentieth Century*, 50 AM. J. COMP. L. 671 (2002).

主义的比较宪法学也遵循着这样的路径，把不同国家宪法体制进行比较，归纳出不同体制所具有的一般特征和一般问题，再从中总结出解决这些问题的最佳方案，认为这些方案是最符合宪法治理的逻辑，不同政治体制的国家都可以借鉴和适用。例如，功能主义的宪法学认为，一个宪法国家应当具有三权分立、多党政治、民主选举、司法独立、违宪审查等制度，这些制度是一个宪制国家所应当具备的基本特征，这些制度可以被不同的国家所借鉴和移植。

早期比较宪法学研究主要关注的是欧美发达资本主义国家的政治体制，如英国、美国、德国、法国等。这些资本主义国家的政治、经济、文化背景都有着某种家族的类似性，[11]总结这些国家宪法的一般特征是相对比较容易的，因为它们之间的共同性远大于其差异性。但如果我们把比较的对象扩大，是否还可以得出这样的结论呢？这是功能主义宪法学不得不面临的挑战。而功能主义坚持认为政治经济社会背景的不同，也不会影响到宪法体制同一性的判断。

当然要承认宪法体制的同一性还需要有一个前提性条件，即人们对于宪法概念和宪制目的的理解有着某种共识。如果对于什么是宪法这一根本性的问题都没有达成共识，那么所谓的宪制民主就没有一个共通的标准，如果宪制民主没有一个共通的标准，那么国家中的宪法问题就没有可比较性了。正如自然科学家想构建一个理想的模型或理想的状态一样，功能主义认为，比较宪法学研究也应当有一个大家共同承认的理想模型和最基本的概念前提，宪法概念就是统领宪法比较研究的基本前提。功能主义希望找到一个所有国家都认可的宪法概念和宪法制度，找到这个概念和制度就相当于给人们开出了一个药方，人们可以根据这一个药方来判断，哪些方面是一个现代民主国家应该有的；哪些方面是一个现代民主国家不应该有的，世界上所有的国家都以这个标准来构建其宪法体制。

法律的科学性是和法律的社会再造功能紧密相连的，功能主义强调法律内在的科学性就是为了突出法律所具有的潜在的社会再造功能，因此功能主义一般也是文本主义的。功能主义的宪法学非常看重宪法文本的作用，即宪法规范的作用，强调宪法文本对社会现实的再造功能。

（三）功能主义宪法学的软肋

从不同的国家抽象出共同的法律问题，这种方法在私法领域是很容易获得认可的，因为私法领域的问题可以远离政治，但在宪法领域这一方法是否同样可行呢？宪法领域的问题是否真的可以从政治、经济、社会、文化背景下剥离出来，

---

[11] 维特根斯坦在传统范畴理论的基础上提出了家族相似性理论（Family Resemblance）。他认为范畴内的成员不必具有该范畴的所有属性，但一个成员与其他成员至少有一个或多个共同属性。

成为一个纯粹的法律问题？功能主义的宪法学完全回避了这个问题。试图将世界上不同国家的宪法体制和宪法进行比较，然后从大量不同的宪法体制中抽象出共同的特征，形成宪法的一般性概念，抽象出一般宪法民主国家所应当具有的一般性特征，使得宪法学就像自然科学一样，有着清晰可寻的科学规律，而幻想宪法和宪法制度也有着理想的概念和模型。我们暂且不论世界上是否真的存在一种理想的宪制模型，就功能主义方法论的逻辑而言，存在着自相矛盾的地方：功能主义是想通过一种抽象的方法来追求一种理想的宪法制度，那么又如何能在政治社会背景之外去评估宪法制度规范的正当性呢？功能主义只考虑纯粹的法律问题，而不考虑这些法律问题所产生的文化政治背景，而宪法性问题真的能完全脱离政治吗？

功能主义的宪法学往往会产生如下的偏见：我们已经发现了宪法制度的全部真理，不愿意尝试着去理解其他不同的宪法理念，不愿意尝试着去理解其他国家宪法制度建设中的经验和体会。其实人类探索宪法制度的路径可以是不同的，人类所建立的宪法制度也存在着多种可能的模式，根本不存在所谓最理想的宪制模式，而我国也一再强调中国的"依宪执政"与西方的"宪政"有着本质上的区别。[12]

我国的规范宪法学其实是一种典型的功能主义的方法论，它强调我们应当认真对待宪法规范，而宪法规范也应当更好地体现宪法本身的价值。但人类的历史恰恰说明，越是规范的宪法有时候反而不能更好地约束政治，反而是一些不太规范的宪法却能更好地约束政治。宪法规范能不能约束政治现实，并不在于宪法规不规范，而在于宪法规范是否能更真实地反映政治现实。

三、批判主义宪法学：现实超越规范

法学是否真的可以被定义为一种普适性的科学，这是批判主义对功能主义最直接的质问。[13] 批判主义传统上主要是针对私法的，[14] 但随着功能主义比较宪法学研究的兴起，批判主义也同样在宪法领域获得延伸。功能主义认为，宪法学是一种可以脱离国家政治经济历史文化背景的法律科学，这是批判主义最不能接受的观点。

---

[12] 黄庆畅：《"依宪执政"为何不能简称"宪政"——访中国社会科学院法学所副所长莫纪宏》，载《人民日报》2014年12月3日。

[13] Robert W. Gordon, *Critical Legal Histories*, 36 Stan. L. Rev. 57 (1984).

[14] Duncan Kennedy, *Form and Substance in Private Law Adjudication*, 79 Harv. L. Rev. 1685 (1976).

另一个让批判主义同样无法接受的观点是,宪法制度可以被移植,不同政治、经济、文化背景下的宪法体制可以被模仿。功能主义在构建其法律帝国时,将政治、经济、文化等社会因素全部剔除掉,基于法律逻辑和法律理性来构建一个纯粹科学的法律帝国,这一法律帝国可以跨越国家民族的界限,是一个纯粹理性的帝国,而法律帝国中优秀的法律制度是可以直接被其他国家所效仿和移植的。将两种或多种不同政治体制国家的宪法制度进行比较,是完全可以脱离政治、经济、文化等社会现实的,纯粹进行法律问题及法律解决路径的比较。[15] 通过比较可以发现哪一种法律问题解决方式更好、更合逻辑、更合现实。于是好的方法好的体制好的制度就可以被效仿被移植。而批判主义则认为,宪法深深地受到政治、历史、经济等社会现实的影响,宪法制度根本无法脱离社会现实。各国宪法制度根本无法进行比较,更谈不上相互效仿和移植。

美国著名宪法学家 Vicki Jackson 和 Mark Tushnet 撰写的《比较宪政》一书,是批判主义比较宪法学的代表作。这本书提出,宪法的比较研究应当在特定的历史和政治背景下进行。批判主义宪法学特别喜欢考察各国政治转型时期宪法变迁的路径和意义,尤其对民主转型背景下的宪法变迁进行了深入而卓有成效的研究。民主政治的转型往往会对各国的宪法本文以及其解释方法产生深远的影响,如法国的宪法以及法国宪制就深深地受到法国政治的影响,而这种政治影响会留存于法国的宪法和政治体制之中。

功能主义宪法学强调,法律逻辑是永恒的、普适的、科学的,而批判主义者认为逻辑存在于历史和政治之中;功能主义认为,宪法问题是共同的、永恒的、普适性的,是所有的国家都会面临的,而批判主义则认为,宪法问题都是历史性的、政治性的。批判主义对于各国宪法的变迁,以及各国宪法的不同特色做出了很好的解释,同时对功能主义宪法学所提出的跨文化的比较和移植提出了质疑。批判主义把历史和政治背景作为宪法学研究的重点,关注宪法某个层面的问题,如宪法的政治层面、经济层面和社会层面,以及宪法的变迁。

虽然批判主义在某些方面还是很有说服力,但是其研究方法的不足也是显而易见的,其适用范围还是非常有限的。这种方法可能更适用于政治变迁时代,可以更好地解释社会转型时期的宪法和宪制问题。但是批判主义对于宪法体制中的共通性以及一致性东西关注不够,更多强调宪法制度中的差异性,因此对于宪法的解释和宪法对社会的再造功能等问题,批判主义的作用就是有限的。在全球化背景下功能主义宪法学再次受到人们的青睐。

---

[15] Guinther Frankenberg, *Critical Comparisons: Rethinking Comparative Law*, 26 Harv. Int'l L. J. 411, 440 (1985).

可以说中国的宪法学方法论之争很大程度上就是功能主义宪法学和批判主义宪法学之争,以规范宪法学为代表的一派认为,宪制有着理想的模型,宪法制度可以脱离政治体制而进行移植,民主、人权甚至国家权力分配制度都是可以移植的。当然比较研究的目的还是希望本国的法律制度得到进一步的改善,但是如何改善,是否就是简单地将其他国家的宪法制度移植到本国就可以,这是我们当下所面临的紧迫问题。

四、规范与现实的对话

功能主义和批判主义的观点都是针锋相对的。功能主义认为宪法发展有着固定的模式和特定的规律,宪法学研究就是要找出这种特定发展规律,而不同政治体制的国家都可以遵循并借鉴这种规律;批判主义宪法学则认为,不同政治经济文化背景下的宪法问题是完全不一样的,解决宪法问题并没有什么最佳方案,更没有什么固定规律。其实功能主义和批判主义都是按照传播接受、输出输入的路径展开的:功能主义是希望将所谓普遍适用的科学的宪法理论向全世界传播,希望世界各国都能接受这种理论;但批判主义则反对所谓"普世宪法理论"的传播和接受。对话方法论则是想改变功能主义和批判主义之间的这种对立,改变这种路径依赖。功能主义认为,比较是为了寻找最佳答案;批判主义认为,比较是为了寻找各自特点;而对话方法论则认为,比较是一种对话,比较是不同政治经济文化体制之间的平等友好对话,[16]比较不再是传统上优劣之比、好坏之比,而是在对话中进行交流沟通,即比较是一种相互的吸收和借鉴,相互的对话与反思,不再是传统意义上的一方向另一方的输出和输入。

这种对话可以发生在很多领域中,在有合宪性审查体制的国家,这种对话可能发生在实施合宪性审查的司法机关之间。以具体的案例为基础,不同宪法体制下的司法机关之间进行交流对话,相互借鉴比较,这种方法论能更好地为司法解释提供理论基础。[17]对话方法论为当前的实践提供了强大的理论支撑。当前司法实践中所发生的这种在司法审查中引用别国宪法法院裁决的现象,实际上就是另一种类型的宪法变迁,而这种宪法变迁是在法官引用他国宪法法院裁决中慢慢发生的,通过案例之间的比较,通过法官在宪法解释的过程中来一点一点

---

[16] Anne-Marie Slaughter, *A Global Community of Courts*, 44 Harv. Int'l L. J. 191, 192-94 (2003).

[17] Harold Hongju Koh, *On American Exceptionalism*, 55 Stan. L. Rev. 1479, 1502, 1512-14 (2003).

地完成宪法的变迁,而不需要通过政治的方式完成。所以对话方法论在这一点上又与功能主义方法论有着一定的共同性,即让宪法变迁远离政治。而且这种变迁也不是单纯某一方向另一方理论或观点的输入或输出,而是一种动态的相互影响和相互对话。当然这也主要还是发生在宪法权利领域。

对话方法论还强调,比较不仅可以在司法领域发生,还可以在更广阔的背景下。对于各国宪法制度的理解,我们不仅关注各国宪法文本,不仅关注国家政治体制,不仅关注法官是如何理解宪法的,更应关注人民对宪法文本的理解和对特定宪法概念的理解。那么如何发现人民的理解呢?人民对宪法概念的理解往往表现在宪法性事件的对话中。所以对话方法论也跨越了"规范与现实""应然和实然"的对立,而是从人民对话更广泛的场域来理解宪法的社会内涵。

(一)什么是对话?

人的理性是非常有限的,对于我们所不知道的经验,我们常常带有偏见,对于宪法制度我们更是如此。我们对于宪法制度的理解不应当局限于宪法文本,而应当将宪法文本放在更广阔的背景下去考虑,如将宪法放在社会现实的互动对话中去理解,这可以称作是一种广泛的对话空间。其具体内涵是指,说话者和听话者之间进行广泛而深入地交流的场所、内涵和逻辑不仅仅存在于说话者的陈述中,更多地呈现在说话者和听话者之间的互动中。宪法的内涵和逻辑也不仅仅存在于执政者颁布的宪法性法律文件中,更存在于人民对这些宪法性法律文件的理解、交流和对话中。

对话是指说话者和听话者之间的积极互动,这种互动不仅仅是指听话者对说话者的反应,也不仅仅是说话者对听话者的反应,而是指听话者和说话者双方之间的一种交流促进,是一种积极动态的反应。例如说话者 A 说:"x 是正确的",说话者 B 回应道:"x 是错的"。说话者 A 于是坚持说:"x 是对的",说话者 B 也坚持说:"x 是错的"。他们之间的这种问答并不是一种互动性的交流,也不是我们所定义的对话。互动性对话是指,说话者 A 和说话者 B 的思想在互相的交流中得以发展,这种互动性的交流说明了对话双方相互感受到了彼此说话的内在逻辑和理性。这种对话不是双方各说各的,而是指双方在彼此谈话的基础上进行进一步的深入交流、沟通和影响。

遵循这种思路我们可以来看一看,在中国宪制背景下,"社会主义"这个概念的宪法性内涵到底是什么?我们一直强调,中国宪法体制不仅是社会主义的而且是中国特色社会主义的。到底什么是中国特色社会主义?它仅仅是一个概念呢还是具有积极的社会内涵?"中国特色社会主义"是在 1982 年党的第十二次全国人民代表大会上提出的。在这次大会的开幕式上,邓小平总结中华人民共和国成立以来的历史经验,第一次提出"建设有中国特色社会主义"的新命题。

中国特色社会主义第一要义就是坚持中国共产党的领导,就是党带领人民实现社会主义初级阶段的共同理想,经过几代人的努力,党领导人民已经实现了一个又一个的目标。新中国成立以来,我们实现了由贫困到温饱,再由温饱到小康的历史性跨越。目前我国已经在总体上实现小康目标,但小康还是低水平、不全面的、发展很不平衡的。党的十八次全国人民代表大会上提出两个百年目标:在中国共产党成立 100 年时全面建成小康社会,在新中国成立 100 年时建成富强民主文明和谐的社会主义现代化国家,实现中华民族的伟大复兴。"中国特色社会主义"不仅仅是党报告中频繁出现的概念,更是中国人民真真切切感受到的社会现实,中国人民在生活中真真切切感受到的幸福感获得感。所以"中国特色社会主义"虽然没有经过任何司法机关的权威解释,但是却在中国人民心中有着强烈的共鸣和感受。

我们再来看看"民主"这个概念。英美国家的观察者认为中国的政党制度完全不符合英美宪政体制所定义的民主体制。英美立宪主义一直强调,民主体制一定要有多党政治、民主选举,多个政党公平公开地竞选国家职位。而对话方法论恰恰是希望我们能抛开这种概念的限制。中国政府和中国人民在他们自己的政治实践中发展了民主这个概念,并在对话中体现了中国特色民主制度的社会内涵。中国人民对民主的发展和理解,体现在全国人民代表大会的议事规则中,体现在村民自治中,体现在政府信息公开制度中,而且更多的调查研究发现,这些词汇在普通老百姓当中有着强烈地共鸣,普通老百姓也把民主运用到他们自己的日常对话当中。其实即使在美国自由主义宪法体制下,人民对民主的理解也有不同,例如,不少学者强调参与民主、协商民主,这种民主也不同于传统的选举民主。所以许多美国著名的政治学家,指出中国人民所探索的这种民主体制,有力地扩张了人们对民主本身内涵的理解。[18]

中国特色社会主义宪法体制显然与西方宪法体制有着本质上的不同,更不能以西方宪法体制来衡量中国宪法体制。宪法体制本身就有着多种模式,不同模式之间的比较应当是在平等条件下进行相互对话交流。而且对于不同宪法体制的理解,不应限于宪法文本和宪法判决,而应当在更广阔的社会背景下、更广阔对话空间中去理解。

(二) 如何理解不同文化背景下的宪法性对话?

不同文化背景下,不同政治体制间的交流是完全可能的。很多怀疑论者认

---

[18] James S. Fishkin, Baogang He, Robert C. Luskin &Alice Siu, *Deliberative Democracy in an Unlikely Place: Deliberative Polling in China*, 40 Brit. J. Pol. Sci. 1, 2 (2010); Owen Fiss, *Two Constitutions*, 11 Yale J. Int'l L. 492, 500-02 (1986).

为文化不具有兼容性,但事实上我们有更多的理由相信,跨文化之间的理解是可能的。文化心理学的元研究发现,对经验的感知以及对这种感知的表达,在不同的文化之间并没有实质性的差别。感知也好认知也好都是人类现象,而不是文化现象。不同文化之间的差别仅仅是感知和认知的表达方式差别,而感知和认知本身是没有任何区别的。我们需要理解的是,在其他文化背景下,相同的感知和认知是运用何种符号和何种隐喻来表达出来的,这样不同文化之间的理解对话就成为可能。因为感知和认知并不是某个文化特有的现象,感知和认知是人类共同的能力,不同文化之间的差异仅仅在于表达感知和认知的方式不同。正是在这个意义上,我们才可以说,不同文化之间的交流是可能的,说话者和听话者之间的相互理解是可能的。对话方法论正是提供了这样的一种方法,让我们克服文化和政治体制加给我们的限制,认真地去理解不同文化运用不同的文化语言符号表达的感知和认知。

五、发生在中国的宪法性对话

传统的宪法分析总是关注于某种特定的政治制度结构,将某种政治制度预设为是最好的宪法体制所必需的。中国宪法制度的核心内容是:中国共产党的领导、民主集中制、人民代表大会制度等。事实上改革开放以来,中国努力构建理性化的政治秩序,并开展了很多宪法性的讨论,树立了宪法的权威。

(一)发生在1982年宪法修改时的对话

1982年宪法的修改历时两年零三个月,[19]其间对很多根本性的宪法问题进行了充分的讨论,这次宪法大讨论严谨而充分。

1. 中国共产党的地位如何写入宪法

这个问题是与四项基本原则如何写入宪法放在一起讨论的。当时对这个问题有三种主张:一是四项基本原则是中国共产党的主张,不应写入宪法;二是四项基本原则不但应写入宪法,而且应当写入宪法条文。三是社会主义制度和人民民主专政应该写入条文,党的领导和马列主义、毛泽东思想则不宜写入条文,写入"序言"比较合适。

---

[19] 1980年8月30日,中共中央向第五届全国人大第三次会议主席团提出了关于修改宪法和成立宪法修改委员会的建议。同年9月10日第五届全国人大第三次会议通过决议,同意中共中央提出的修宪建议和宪法修改委员会组成人员名单。从1980年9月成立宪法修改委员会,到1982年12月4日第五届全国人大第五次会议通过修改后的宪法,历时两年零三个月。

"当时,确有相当多的人不赞成把党的领导写入宪法条文。1980年10月13日,孙冶方给宪法修改委员会的一封来信,比较集中地阐述了这方面的理由:全国人民代表大会和地方各级人民代表大会是人民行使国家权力的机关,1978年宪法第二条的规定却模糊了这个最基本的原则,使人民搞不清楚国家的主人是人民还是党员,国家最高权力机关是全国人大还是党中央,把党的领导写入宪法会导致党政不分、以党代政的错误倾向。只有中国共产党才能领导中国人民实现社会主义现代化,这是肯定无疑的,但是党领导权的最终实现不能靠法律来规定,而是要靠党的正确政策和党员的模范带头作用。"

对于党的领导方式,彭真同志是非常赞成孙冶方观点的,但彭真同志却认为"要堂堂正正、理直气壮地将'四个坚持'写入宪法。党的领导、指导思想在条文中不好写,而'序言'不是写主张,是写历史事实,历史证明,没有共产党的领导,没有马列主义、毛泽东思想做指导,就不能取得新民主主义革命和社会主义革命的胜利,用事实说话,寓理于事。"通过讨论,大家对党的领导和四项基本原则如何写入宪法基本上形成共识。1982年宪法"序言"中对党的领导问题的表述,与1975宪法和1978宪法相比,全部去掉了字面上的硬性规定,强加于人的意味没有了,党的领导形象更高了。[20]

2. 是否设置宪法监督机构

1982年宪法大讨论时很多人都非常关注宪法实施问题。不少人认为1954年宪法的缺点就是缺少宪法保障机制,"许多群众建议明确规定保障宪法实施的具体条文"。[21] 关于保障宪法实施机构,"起草过程中曾经考虑过三种方案:第一种是设立直属全国人大的宪法委员会;第二种是设立全国人大及其常委会领导下的宪法委员会;第三种是设立与全国人大平行的宪法委员会,由富有威望的人组成,类似于法国的宪法委员会"。根据彭真的意见,秘书处根据第二种方案拟定了一个条文,"全国人民代表大会设立宪法委员会,协助全国人民代表大会和全国人民代表大会常务委员会监督宪法的实施,对中央和省、自治区、直辖市国家机关的重大违宪行为,向全国人民代表大会和全国人民代表大会常务委员会提出报告。"这个方案写入了"宪法修改草案"修改稿。但后来中央领导同志觉得时机还不是很成熟,宪法监督机构的问题暂时在这次的宪法修改中不予考虑。

彭真在向第五次全国人民代表大会第五次作《关于中华人民共和国宪法修

---

[20] 《彭真传》编写组:《彭真在主持起草1982年宪法的那些日子里》(二),载《中国人大》2013年第2期。

[21] 对于这一问题,很多群众都发表了自己的看法。《彭真传》编写组:《彭真在主持起草1982年宪法的那些日子里》(四),载《中国人大》2013年第8期。

改草案的报告》时指出,全国人大及其常务委员会都有监督宪法实施的职权,地方各级人大在本行政区域内保证宪法的遵守和执行。中国共产党也将同全国各族人民一道,同各民主党派和各人民团体一道,共同维护宪法的尊严和保障宪法的实施。10亿人民养成人人遵守宪法,维护宪法的观念和习惯,同违反和破坏宪法的行为进行斗争,这是一个伟大的力量。可见彭真认为,宪法的实施关键是人民有宪法的观念。[22]

3. 是否撤销检察院

当时对于是否撤销检察院也有两种对立的观点,一种观点认为应当撤销检察院,理由是世界其他国家都有检察职能部门,但单独设立检察院的却很少,希望把检察院合并到司法部。另一种观点则反对撤销检察院,其理由是中华人民共和国成立以来检察机关一直独立于行政机关之外,检察机关除了刑事案件外,还要对国家工作人员、虐待犯人等行为进行监督。检察机关独立于行政部门之外,能使办案超脱一些,有利于保证司法公正。当时反对撤销检察院的另一个现实的理由是,距离全国人民代表大会通过宪法只有一个月的时间,检察院取消后国家机构怎么调整,还没有成熟的方案。于是人民检察院仍然被保留了下来。[23]

1982年的宪法大讨论涉及的内容非常的广泛,如人民代表大会是设一院制还是设两院制?是实施民族区域自治还是实施联邦制?还有宗教信仰问题,是否增设罢工自由,等等。这次宪法讨论时间长、参与人员多、涉及的内容多,也是一次很好的宪法教育。

(二) 关于收容审查制度的宪法性对话

2003年的孙志刚事件引发了更广泛的宪法大讨论。孙志刚在广东收容所被殴打致死,而孙志刚是被非法拘留的。随着网络的迅速传播,孙志刚事件很快发展成一场全国声讨事件。针对中国的收容审查制度,人民对收容审查制度的合宪性进行了大讨论。1982年国务院发布《城市流浪乞讨人员收容遣送办法》,最初是一种社会福利性质的措施,但后来演变为限制外来人口的流动,严重威胁人权的带有惩罚性的强制措施。而几位宪法学者也以孙志刚事件向全国人大建议,审查收容遣送办法的合宪性,因为根据中国的宪法和法律规定,对公民人身自由权实施限制必须要有法律规定。[24] 全国人大常务委员会并没有对这一上书

---

[22] 《彭真传》编写组:《彭真在主持起草1982年宪法的那些日子里》(五),载《中国人大》2013年第10期。

[23] 《彭真传》编写组:《彭真在主持起草1982年宪法的那些日子里》(五),载《中国人大》2013年第10期。

[24] 陈晓英:《三博士上书 推开法规审查之门》,载《法制日报》2003年12月31日。

作出直接的回应,但在这一上书后不久,国务院就主动废止了收容审查办法。[25]

虽然国务院废除收容遣送办法时并没有正式承认该办法在宪法上的不适当性,但国务院的这一行为产生的社会意义在于,人民认为国务院之所以废除了收容遣送办法是因为其宪法上的不当。[26] 在这一事件之后,公民直接上书全国人大似乎成为一种较为普遍的事情。2004 年 11 月 9 日,北京理工大学教授胡星斗向全国人大常委会递交了一份名为《对二元户口体制及城乡二元制度进行违宪审查的建议书》;2004 年 12 月 19 日,中国政法大学法学硕士生郝劲松上书全国人大常委会,他认为《铁路客运运价规则》有关退票收费的规定侵犯了公民的财产权,违反了宪法、《民法通则》和《合同法》,要求对其进行合法性审查;2005 年 8 月 2 日,江西省赣州市人民检察院检察官杨涛、王金贵联名上书全国人大常委会,认为作为法律的《中华人民共和国母婴保健法》、作为行政法规的《婚姻登记条例》与作为地方性法规的《黑龙江省母婴保健条例》的规定彼此都不一致,要求全国人大常委会对后两者进行合法性审查;2005 年 8 月 3 日,北京市东方公益法律援助律师事务所向全国人大常委会递交《关于请求对〈珠海经济特区道路交通安全管理条例〉进行合法性审查的建议书》。建议书认为,《珠海经济特区道路交通安全管理条例》第 7 条及第 33 条违反了《道路交通安全法》、《立法法》和《行政许可法》的规定。对此,全国人大常委会在 2004 年 5 月成立了法规审查备案室,审查下位法与上位法尤其是宪法的冲突和抵触问题。

(三) 关于《物权法》基本精神是否合宪的对话

如果说孙志刚事件所引发的宪法讨论只是技术性的、法条性的,那么《物权法》[27]引发的讨论涉及根本性的宪法问题。

随着中国国有企业改革的深入,中国传统的物权制度尤其是不动产制度越来越与现实相脱离。土地流转的私有市场逐步建立,但同时土地和物权仍然受到国家行政控制。很多地方官员从这两种并存的体制中牟取暴利,以极低的价格从地方居民和地方国有企业手中征收土地和资产,然后以极高的价格再出售给私有企业,政府甚至是某些官员成为资产增值的唯一受益人,这种征收产生了极大的社会动荡。2002 年 1 月全国人大开始起草《物权法》着手解决这一问题,

---

[25] 国务院用《城市生活无着的流浪乞讨人员救助管理办法》代替了《城市流浪乞讨人员收容遣送办法》。

[26] 对于《城市流浪乞讨人员收容遣送办法》是否违宪,宪法学者更多地认为只是一个违法的问题,还上升不到违宪的问题。邓少岭:《"孙志刚案与违宪审查"学术研讨会综述》,载《中国法学》2003 年第 4 期。

[27] 2002 年 12 月初次审议,2005 年 7 月第九届全国人大常务委员会向全社会公布《物权法》草案。2007 年 3 月 16 日第十届全国人大第五次会议通过。

国有和集体资产不再经过行政征收才能进入市场,原国有企业的职工和村民都可以称为资产增值的受益人,这将极大地减少政府官员权力寻租的可能。[28]

《物权法》的制定就是为了更好地推动社会主义市场经济体制的建立。但始料不及的是《物权法》的制定却引发了一场空前的宪法大讨论。[29] 2005年7月,全国人大常务委员会全文公布《物权法》草案,一个月后巩献田教授以给全国人大公开信的方式对《物权法》草案提出了批评。巩献田教授批判的正是民事法学家在草拟《物权法》专家意见稿时特别强调的、各种物权权利主体平等保护原则。梁慧星教授认为平等保护原则是市场经济的要求,是市场经济财产关系的自身规律;[30]王利明教授认为,《物权法》确立平等保护原则有利于促进社会财富的增长,有利于社会主义法治文明;而巩教授认为《物权法》将私有经济的发展置于公有经济的发展同等地位,这是有违宪法第十二条规定的社会主义公共财产神圣不可侵犯原则的。

巩献田教授与民法学家的分歧表面上是源于对宪法第六条、第十二条和第十三条的[31]理解不同,实际上是对宪法所确立的共同富裕目标的实现方式理解不同。民法学家认为,实现社会主义共同富裕的路径应当是穷人数量不断减少,合法致富的人数量不断增加。《物权法》就是负责鼓励创造财富的法律,有限的财富受到《物权法》的充分保护,树立人们创业的信心,激发人们创造财富的热情,更多的人富起来之后国家再通过财富二次分配来消除社会贫富差异问题。而巩献田教授则认为,只有建立社会主义的公有制才能更好地保障农民和工人的财富。[32]

其实从方法论上来说,巩献田教授与民法学家是一样的,都是从中国宪法建设的历史经验出发,只不过巩献田教授是从中国新民主主义革命的历史经验出发,认为中国共产党带领人民建设社会主义国家就是为了推翻阶级剥削,建立公有制则可以有效地防止资本剥削;而民法学家则是从新中国成立后的经验出发,认为僵化的社会主义公有制给中国带来巨大的灾难。这也说明了人理性的有限

---

[28] Matthew S. Erie, *China's (Post-) Socialist Property Rights Regime: Assessing the Impact of the Property Law on Illegal Land Takings*, 37 HONG KONG L. J. 919, 933 (2007).

[29] 2006年2月23日《南方周末》全文登载了这封公开信。

[30] 梁慧星:《中国物权法草案建议稿》,社会科学文献出版社2000年版,第97页。

[31] 宪法第六条规定多种所有制并存;宪法第十二条规定社会主义公有财产神圣不可侵犯;宪法第十三条规定公民合法的私有财产不受侵犯.

[32] 从政治经济学角度上来说,巩献田教授更看重经济的公平和正义,而民法学家则更看重经济的发展和财富的增长。如巩献田教授就认为,对于劳动人民大众和所有的中国公民而言,公有制和国家财产是对每一个中国公民财产权的基本保障,也是每一位中国公民财产权的基本表达和基本内容。如果没有了国家财产权和集体财产权,个人财产权就根本无法实现,很难想象中国没有了国有财产会发生什么情况。

性和现实无限多种可能性之间的矛盾。还有宪法学者则更多地从宪法文本出发,如童之伟教授尝试用不同的解释方法对宪法第六条、第十二条和第十三条做出解释,认为我国宪法条文之间本身就有冲突,需要权威机关的解释。㉝

《物权法》立法精神之争背后还是方法论之争,宪法学者更多地从宪法文本出发,按照所谓大家公认的解释方法来解释宪法条文,这是一种典型的功能主义的方法论,即认为宪法学是一门科学,有着自身的规律和特有的解释方法。民法学者以及少数的宪法学者则更多地从社会的政治经济文化背景出发,强调现实的重要性,这是典型的批判方法论,而无论哪种方法论都有其合理性。无论是巩献田教授的观点,还是民法学家的观点,或是童之伟等宪法学家的观点都有其合理性,尤其是巩献田教授的观点,受到很多普通民众的认可,其公开信发表甚至推迟了《物权法》通过的预定时间。㉞

围绕《物权法》的合宪性,各方观点针锋相对,在这种对话场域中,宪法是对话的基础和出发点,大家的观点可能是完全相左的,但其论证的出发点都是宪法的某一条款,甚至是宪法的同一条款。而这种对话是自发形成的,大家地位是平等的,在这种自发的、平等的对话中,各方的观点相互影响相互交融。非常有意思的是,虽然在很多的宪法性对话中,宪法学者期望有权解释宪法的机关能积极回应,但都没有结果,这样中国宪法讨论完全是在一种自发的平等的氛围下进行的,而且由于没有权威机关的参与,很多争论也没有最终的定论,结果都是开放性的。

(四) 关于《国家监察法》制定宪法依据的对话

2016 年 10 月党的十八届六中全会闭幕后,中央纪委会同全国人大常委会法制工作委员会共同组成国家监察立法工作专班。㉟ 国家监察立法工作推进的同时,改革试点工作也在同步跟进:2016 年 12 月 25 日第十二届全国人民代表

㉝ 童之伟:《〈物权法(草案)〉该如何通过宪法之门——评一封公开信引起的违宪与合宪之争》,载《法学》2006 年第 3 期。

㉞ 《北京周报》在网络公共论坛上支持巩教授甚至表扬他是国家英雄。同样巩教授的担心也得到了很多社会学家的支持,他们害怕国家的第一部保护私人所有权的法律会成为削弱中国社会主义制度的法律基础。

㉟ 习近平总书记在党的十八届六中全会和十八届中央纪委五次、六次、七次全会上均明确要求加快国家监察立法工作。中央政治局、中央政治局常务委员会和中央全面深化改革领导小组多次专题研究深化国家监察体制改革、国家监察相关立法问题,确定了制定监察法的指导思想、基本原则和主要内容,明确了国家监察立法工作的方向和时间表、路线图。党的十九大明确提出:"制定国家监察法,依法赋予监察委员会职责权限和调查手段,用留置取代'两规'措施。"参见 2018 年 3 月 13 日李建国副委员长在十三届全国人民代表大会第一次会议上所做的《关于〈中华人民共和国监察法(草案)〉的说明》。

大会常务委员会第二十五次会议通过《全国人民代表大会常务委员会关于在北京市、山西省、浙江省开展国家监察体制改革试点工作的决定》，在北京市、山西省、浙江省及所辖县、市、市辖区设立监察委员会，试点地区人民政府的监察厅（局）、预防腐败局及人民检察院查处贪污贿赂、失职渎职以及预防职务犯罪等部门的相关职能整合至监察委员会，试点地区监察委员会由本级人民代表大会产生。试点决定一颁布就引发了宪法学界的一场大讨论。争论集中在根据现行宪法全国人民代表大会是否有权力设立监察委员会。对此有针锋相对的两种观点：一种观点认为，根据人民代表大会制度，全国人大有权制定《国家监察法》；另一种观点认为，根据现行宪法全国人大无权设立监察委员会。

就具体的宪法条款而言，前一种观点认为，宪法没有规定监察委员会，不等于全国人大就不能在已有的国家机构之外设立监察委员会，因为宪法第六十二条规定，全国人大的职权之一就是"制定刑事的、民事的、国家机构的和其他的基本法律"，监察法就是国家机构的基本法律。因此《国家监察法》的制定依据就是宪法第六十二条。[36] 后一种观点则认为，国家机关应遵循"法无授权不可为"这一原则，任何国家机关的权力都以宪法列举的为限。授予和限制实际上是一个问题的两个方面，宪法列举的同时也是限制，国家机关首先是立法机关只能在宪法列举的权力范围内活动。宪法第六十二条规定全国人民代表大会有权制定"国家机构"的法律，但是宪法第六十二条中的"国家机构"是特指宪法已经列入国家机构名单的那些国家机关，没进入其列举名单的任何组织都不是宪法第六十二条所说的国家机构。宪法不会允许全国人民代表大会把一个宪法自己从来没承认的组织放进自己的国家机构名单。[37]

就全国人民代表大会制度而言，前一种观点认为，只要坚持民主集中制的组织原则，有利于人民代表大会行使权力，设与不设，多设与少设，都有灵活性，这个灵活性体现的正是人民主权原则，是人民代表大会制度的根本。宪法对人民代表大会之下究竟应当设哪些国家机关以及这些国家机关之间的关系，虽然有明确的规定，但这些规定是开放式的，并非封闭式的，允许全国人大设立宪法规定之外的国家机关。而后一种观点则认为，代议民主下的代议机关只能行使人民通过宪法委托给它的那部分权力。宪法不会允许全国人民代表大会把一个宪法自己从来没承认的组织放进自己的国家机构名单。

---

[36] 刘松山：《另一种观点：监察法（草案）在宪法上总体是站的住的》，载《中国法律评论》2017年第6期。

[37] 童之伟：《宪法学研究须重温的常识和规范——从监察体制改革中的一种提法说起》，载《法学评论》2018年第2期。

《国家监察法》的制定还涉及全国人大常委会授权的有效性,[38]《国家监察法》与《监察委员会组织法》的关系,[39]监察委员会与其他国家机关的关系,[40]等等问题的讨论。和前几次宪法讨论相同的是,这次的宪法讨论仍然是自发的、平等的对话,没有权威机关的参与,但这些宪法讨论对权威机关的决策产生了巨大的影响。2018年1月18日至19日,党的十九届二中全会审议通过了《中共中央关于修改宪法部分内容的建议》;1月29日至30日,十二届全国人大常委会第三十二次会议决定将《中华人民共和国宪法修正案(草案)》提请十三届全国人大一次会议审议;2018年3月11日十三届全国人大一次会议表决通过《中华人民共和国宪法修正案》。

六、结语

总结以上的几次宪法性讨论,我们会发现争论的根本分歧还是在于尊重宪法文本更多一些,还是尊重社会现实更多一些。功能主义强调宪法文本的意义,强调社会的变革应当以宪法文本为基础和出发点;批判主义强调灵活地解释宪法文本,不应当使宪法文本成为社会变革的阻力。我们可以发现两种方法论都有其合理性,功能主义强调宪法文本的作用时,一般会借鉴其他国家的宪法基本理论来解释我国的宪法性问题,批判主义则更强调中国特殊的社会现实,其背后都隐含着宪法的比较问题。对话方法论则强调客观平等地去看待宪法之争,在一种平等的对话场域中,客观地看待不同的观点,承认不同观点的合理性。

中国宪法成为对话场域形成的基本出发点,大家可以就国家所制定的某项法律或某项政策进行合宪性的思考和对话,而在这种合宪性的思考和对话中,中国宪法的权威和社会内涵逐步建立起来。而且在这些宪法性对话中,权威机关一般没有直接参与讨论,但这些对话最终影响到了国家机关的决定。如孙志刚事件,最终导致国务院废除了收容审查制度;《物权法》的合宪性讨论最终导致该法推迟两年颁布;《国家监察法》宪法依据的讨论,导致了2018年中国宪法的再一次修改。这些宪法性对话极大地影响了宪法的现实效力,也极大地影响了宪法在中国人民心中的地位。

如果说在有违宪审查制度的国家中,人们更关注法官对宪法的理解,更关注与法官之间的对话,那么在没有违宪审查制度的中国,我们更应该关注更广泛范

---

[38] 童之伟:《将监察体制改革全程纳入法治轨道之方略》,载《法学》2016年第12期。

[39] 马岭:《关于监察制度立法问题的探讨》,载《法学评论》2017年第3期。

[40] 秦前红:《监察体制改革的逻辑与方法》,载《环球法律评论》2017年第2期。

围的对话,这种对话并没有特定的发起者,有一定的随机性和偶然性。我们对以上的对话进行分析就会发现,有些对话是围绕着宪法或某些法律的制定而展开的,有些对话则是针对一些特定事件展开的。这些对话者有些是宪法学者,有些是作为执政者的精英,还有些是普通的老百姓。这些对话的共同特点是,不管对话主体的地位如何,对话是在平等的氛围下进行的,而且对话双方进行了有效的沟通。发生在中国的这种宪法性讨论是中国宪法发展的一大特色,我们应认真对待这种宪法性的大讨论,通过对这些对话的分析,我们会发现宪法在人民心中的地位和作用,以及一些特定宪法概念的社会内涵,从而真正理解中国依宪执政的现实意义。

Dialogue Between Constitutional Norms and Reality: Starting from the Dispute over the Basis for the Formulation of the National Supervision Law

Tian Fang

Abstract: Whether there is the constitutional basis for the establishment of the national supervisory act has triggered another big debate in the constitutional circle. The essence of debate is how to deal with the conflict between constitutional text and the development of social reality, that is, how to coordinate constitutional norm and reality. The answer to this question implies constitutional comparison. The functionalism thinks that constitutional law as a science, pursues universal values and ideal constitutional system, and emphasizes the reconstruction function of constitutional law. The criticism emphasizes that constitutionalism cannot be separated from the political, economic and social background, and there is no ideal constitutional model. The dialogism wants to jump out of the traditional opposite path between different constitutional systems, find equal dialogue between norm and reality and complete the change of the constitution in the dialogue. The constitution has become the basis of China's current dialogue field.

Key words: Functionalism; Criticism; Dialogism; National Supervisory Act

(责任编辑:宋亚辉)

公安机关采集个人信息的合宪性控制

杜吾青*

[摘　要] 警务工作的复杂性和多样性与日俱增，公安机关采集个人信息的方式和类型也不断扩展。传统的个人信息保护制度研究以及个人信息保护立法的预设范式，均诉诸"赋权论"视角下的信息主体自我控制模式，但是这一模式既无法应对风险社会的挑战，也增加了公安机关采集个人信息的制度成本和法律风险。因而有必要将公安机关采集个人信息的相关研究回溯至宪法，发掘个人信息的价值内涵和个人信息保护的规范基础，对传统警察任务和风险预防任务下公安机关采集个人信息的制度规范进行梳理与合宪性分析，对规范层面和实践层面的问题进行体系性回应。在制度设计上，公安机关采集个人信息的规范体系应当以公民敏感信息和公民一般信息的区分为基础，贯彻法律优位、法律保留、比例原则等公法学基本原理，走"分类采集、分级授权"的法治路径。

[关键词] 个人信息；人格尊严；基本权利；警察任务

问题的提出

日常生活中，公安机关可以称作是与人民群众联系最为紧密的行政机关之一。由于公安机关在户籍登记、出境入境登记、治安行政管理等各种事务上与人民群众的生产生活有着千丝万缕的联系，公安机关需要常态化地采集公民个人信息，包括近年来公安机关逐渐开始采集的指纹、DNA图谱等人体生物识别信息。长期以来，由于"不做亏心事，不怕鬼敲门"的社会普遍心态，以及采集个人信息并整理、建档、储存、使用是警察任务固有部分，社会和学界对于公安机关采集个人信息可能带来的侵害几乎处于集体无意识状态。只要公安机关认为有必要，并在日常履行职责过程中要求相对人提供各种个人信息，相对人一般会无异议地予以提供。违法嫌疑人或犯罪嫌疑人在行政调查或刑事侦查阶段，对于公

---

* 中国人民大学法学院博士研究生。

安机关采集其个人信息的行为几乎无权提出异议或主张救济。然而,伴随着诸多争议案件的爆发和刑法、民法、行政法共同保护个人信息的体系化格局基本形成,这一现状在逐渐发生改变,呼唤着法学理论对公安机关采集个人信息这一经验行为进行理性反思。

一方面,公民"个人信息自决"的意识逐渐产生。犯罪分子借助不断发展的信息通信技术(ICTs),利用非法掌握的个人信息进行电信诈骗、敲诈勒索,给公民带来了触目惊心的财产损失,并使公民逐渐形成了"个人信息自决"的思想萌芽,即将个人信息与采集主体、采集目的、采集方式等因素进行关联考虑,再行决定是否向采集主体提供个人信息。加之时有发生的公安机关民警、协辅警泄露个人信息事件,对公安机关保护个人信息的能力和采集个人信息工作的公信力带来负面影响。

另一方面,公安机关采集个人信息也面临着诸多合法性危机。第一,公安机关采集的个人信息被错误录入警务资源库,尤其是"全国违法犯罪人员信息资源库",以及错误标注公民违法犯罪信息,导致公民被错误通缉、传唤、逮捕、羁押的事件屡屡发生。在近来发生的"王天荣案"中,公安机关"错将王天荣的身份证号当成嫌疑人的身份证号录到了全国违法犯罪人员信息资源库",致使 9 年来王天荣的人身自由权、劳动权、名誉权和一般人格权受到极大影响,并且在主张行政救济和民事救济的道路上举步维艰。[①] 第二,公安机关着眼于应对风险社会中出现的新型违法犯罪,借助不断发展的信息通信技术(ICTs)乃至大数据警务,收集个人信息并进行预测预警,以便在现实危险产生之前便提前介入,但诸多对个人信息进行负面标注的建议或行为存在合宪性瑕疵。例如将"下岗失业人群"和"外来流动人群"列为"治安高危人群",围绕"吃、住、行、销、乐"的轨迹收集人员信息并建立数据库,[②] 这种缺乏法律依据的标注,不仅可能有违宪法平等原则,而且人为造成了某一群体的社会评价降低,可能有违宪法"人格尊严"条款,极易引发社会阶层之间的敌视和割裂,甚至降低公民的国家认同。

但是,个人信息不仅只有个人主义的面向,也具有公共性价值。我国作为世界第二大经济体,人员流动和经济发展的速度和规模都居世界前列。但是,缺乏足够的法律规范对公安机关采集、储存、使用必需的个人信息进行赋权。公安机关打击违法犯罪和开展治安管理工作,必须建立在掌握大量的个人信息的基础

[①] 参见《榆林警方:是录入信息错误》,http://www.sohu.com/a/234192953_351301.(2019 年 7 月 26 日访问)。

[②] 参见郭亦晶:《关于"治安高危人群"管理的思考》,载《中共济南市委党校学报》2012 年第 6 期,第 71 页。

上。不可想象一个对辖区内的公民一无所知的公安机关能够进行有效的治安管理和犯罪预防。从这一意义上说,公安机关采集个人信息既需要科学技术的发展,也需要通过制度设计以有效平衡个人信息采集与个人信息保护之间的关系。

在当下,以"情报主导警务"和"预测警务"为中心的警务改革和大数据时代个人信息的价值重塑几乎同步发生,个人信息保护恐怕已然超出立法技术层面上"信息自决权"或"隐私权"的论争,而涉及价值层面内涵更加丰富的国家安全、社会安全与个人信息保护利益的新平衡。而在这一层面,学界鲜有研究和探讨。笔者试图将探讨范围主要限定在警察行政法的视域内,分析个人信息保护的规范基础与公安机关采集个人信息的正当性,在揭示"保护"与"采集"张力的基础上,超越部门法的藩篱,厘定公安机关采集个人信息的宪法边界。

一、精神性人格价值与公安机关采集个人信息的规范基础

(一)个人信息的精神性人格价值:主体的人格发展

所谓个人信息的精神性人格价值,主要是指个人信息满足信息主体精神性人格要素的价值。正如马尔曼(Mallmann)在提出"信息自决"(information Selbstbestimmung)时的论证:"个人信息对于人格构建和发展具有决定性的意义,因为自我表现是个人与外界联系的唯一途径,而自我表现的实质就是个人信息的使用。"[3]对精神性人格价值的强调,是将个人信息的价值建筑在促进个人人格和个人交往的极端重要性的基础上,从根本上说,是基于个人主义对人类发展的认识。

个人信息的精神性人格价值的展开有两层维度。一是促进理性的、自决的个人发展的维度。个人信息作为与特定个人相关联的、反映个体特征的具有可识别性的符号系统,[4]其传播和交流的背后实际上是人的尊严的直接反映。在信息化时代,个人信息直接关系到个体的独立性,而个体的独立性是人的基本尊严。个人向他者提供个人信息的意愿和种类,实质是个人决定以何种"信息化形象"融入社会。如果说传统的个人信息保护体系的重要内容是个人人格,那么科技发展带来了人与人之间信息关系的发展,需要个人信息保护也及于"数字人格",即一种虚拟化、数字化,来源于现实又不同于现实的人格。二是促进个人交

---

[3] 谢远扬:《信息论视角下个人信息保护的价值——兼对隐私权保护模式的检讨》,载《清华法学》2015年第3期,第102—103页。

[4] 王利明:《论个人信息权的法律保护——以个人信息权和隐私权的界分为中心》,载《现代法学》2013年第4期,第64页。

往的维度。任何个人信息的使用都涉及信息主体与外部环境的交互作用。在数字时代,个人信息的使用直接关系到以信息技术为基础的新的生活方式和人际交往方式,尤其是个人信息再分析所产生的价值远远大于孤立的个人信息的价值,个人信息控制者分析个人信息所追求的目的远远超出采集个人信息时承诺的使用目的的现象越来越普遍,在多大程度上限定个人信息控制者分析个人信息的目的直接关系到人的"数字化生存"。GDPR(General Data Protection Requlation)通过第 39 条的相关规定,将这种限定限制在合法性、目的明确性以及必要性等原则的框架内。

此外,在一个急遽变化的数字时代,信息的获取方式、评价方式、流通方式和披露方式较之前都有大大拓展,个人信息的财产性价值也被前所未有地发掘出来。个人的信息化形象出于商业利用等目的被扭曲进而与真实的人格形象不一致,或者种种非传统类型的个人信息,例如习惯偏好等个人信息一旦被外界所掌握和利用,就会极大威胁到个人信息精神性人格价值的完满。因此,近年来,公民不仅仅对其他民事主体采集个人信息行为持戒备心理,也对行政机关包括公安机关采集个人信息的行为表现出日益增长的警惕。公安机关能否妥善保管个人信息?公安机关能否按照采集的目的使用个人信息?公安机关采集公民个人信息是否于法有据?这些疑虑之所以成为公民面对公安机关的采集行为时脑海中萦绕的问题,追根究底是因为"任何个人信息的自主使用(自我表现)都是个人与外部环境交互的一部分,都涉及主体的人格发展。"[5]概而言之,公民对个人信息精神性人格价值的日益重视是个人信息必须予以保护的原因所在。

(二) 个人信息落入宪法第三十八条的保障范围

我国宪法上的人格尊严并非全然基于人是目的理论或自然权利理论,而应当理解为宪法上的一般人格权条款。通说认为,宪法上的一般人格权主要保障包括基于人的尊严,为人格的独立、自由和发展所不可缺少的那些权利。[6] 但是随着对人格造成威胁事务不断变化,一般人格权也在进行自我调整,通过扩大保护范围来应对诸多未被类型化的利益。

我国宪法第三十八条除了保护狭义的人格权,即保护以隐私权为代表的那些与个人人格价值具有高度关联性的不可侵犯的权利,还保护"生命、身体、精神以及与个人的生活相关联的权利或利益"。[7] 从个人的角度而言,个人信息价值内涵的核心正是立基于其精神性人格价值。从社会的角度而言,正是因为部分

---

[5] 前注③,谢远扬文,第 103 页。
[6] 参见林来梵:《宪法学讲义》,法律出版社 2015 年版,第 387 页。
[7] 前注⑥,林来梵书,第 388 页。

个人信息能够反映出信息主体的个体性特征才使部分独立的个人信息具备进入流通和使用的条件,个人信息所具备的部分财产性价值毋宁说是一种"人格的商业面向"(commercial aspects of personality)。[8] 而从国家的角度而言,个人信息的公共性价值直接关乎公民在社会秩序和国家生活中的定位,从而直接影响选举权、劳动权、受教育权等基本权利行使的资格和方式。换言之,人在国家之中的生存必须依赖于个人信息在一定程度上的传输流通,否则无法实现国家对公民的身份标识、有效给付和利益分配,而个人也无法想象在一个对自己一无所知的共同体中能做出理性的、良善的判断。总而言之,个人信息构筑了人在社会交往和自我表达中的人格图像,影响到理性的自主发展和公民的社会评价、自我评价。

在比较法上,以人格权来保护公民个人信息已成为法治发达国家的共识。例如,1984年德国联邦宪法法院通过"人口普查案"的判例,确认了"信息自决权"属于"一般人格权"的保护范围,并逐渐将保障范围具体化为"自决"(Selbstbestimmung)、"自我保护"(Selbstdarstellung)和"自我表现"(Selbstdarstellung)三类。而在美国,通过 Prosser 教授对隐私权概念的发展,"使隐私权建立在人格之基础上,甚至发生了人格的重合,在某种意义上美国法上的隐私权与大陆法上的一般人格权不谋而合"。[9] 可以说,无论从比较法的视野,还是从我国宪法文本出发,个人信息保护都立基于个人信息的精神性人格价值,我国宪法上的"人格尊严"条款与个人信息的精神性人格价值高度相关,个人信息落入人格尊严条款保障范围有着充分的价值基础和正当的规范基础。正因如此,高富平教授也主张:"个人信息保护发端于个人基本权利(人权)保护,保护的是人的尊严所派生出的个人自治、身份利益、平等利益"。[10]

(三) 公安机关采集个人信息的理论基础与宪法依据

1. 个人信息的社会控制理论

个人信息的社会控制理论是对基于"赋权论"的个人信息权属定位进行反思得到的。我国在2016年制定的《网络安全法》中,立法者希望通过"赋权"实现个人对其个人信息的控制,以保障个人信息的"安全可信"。《网络安全法》赋予信

---

[8] Corien Prins, When Personal Data, Behavior and Virtual Identities Become a Commodity: Would a Property Rights Approach Matter, SCRIPTed: A Journal of Law, Technology and Society 3, no. 4(2006): 272.

[9] 杨惟钦:《价值维度中的个人信息权属模式考察——以利益属性分析切入》,载《法学评论》2016年第4期,第69页。

[10] 高富平:《论个人信息保护的目的——以个人信息保护法益区分为核心》,载《法商研究》2019年第1期,第97—99页。

息主体三层意义上的控制权：一是对于数据的可控；二是对于系统的可控；三是对于选择权的可控。[11] 但是这种效仿法治发达国家的个人信息保护制度对标的其实是 20 世纪 70 年代左右的信息收集环境，展现了一种"传统自由主义对信息隐私理解的不足之处"。[12]

在传统理论所预设的个人信息采集环境中，公民面对手段单一的电子化存储技术和信息化办公的兴起，能够有效控制其个人信息的传播。但传统理论并未预见到个人信息有朝一日被广泛地被动收集和社会化利用，更未预见到个人信息在大数据时代蕴含有极大潜能的商业价值和社会治理价值。因此，近年来，中外学界都对"赋权论"的理论主张在今天上升到制度层面是否带来了过高的制度成本和无法发挥实际效能等问题进行了深刻的反思。[13]

就笔者的阅读视野而言，对"赋权论"的反思较早从 Pual 教授展开，他从个人信息与协商民主、商谈环境的关系角度注意到这一问题。Pual 发现越来越多的"静默地"（silent）收集个人信息降低了审议民主的质量，而现有的"赋权论"的个人信息保护模式无法应对。[14] 本文认为，个人信息自我控制理论旨在维护个人自治和防止个人信息的滥用对人的尊严、自由、独立以及自主选择的损害，并非将个人信息客体化为绝对由自我支配的对象，更无法推出不经个人同意不得使用个人信息的规则。这既是"赋权论"路径下制度规则无法承受之重，也促使理论必须构建出与个人信息公共性相匹配的个人信息保护制度。正因对"赋权论"的反思不断深入和加速，使得 EPCA（Electronic Communications Privacy Act）和 GDPR 都始终秉持着在加强数据流动的基础上进行个人信息保护的立场，GDPR 仅将"数据主体同意"写入第 6 条作为多种数据处理合法性条件之一，而并非全然的必要条件。

---

[11] 参见国家网信办相关负责人就《网络安全法》答记者问，http://www.xinhuanet.com//politics/2017—05/31/c_1121063387.htm.(2019 年 8 月 1 日访问)。

[12] DOJ v.Reporters Comm. for Freedom of the Press, 489 U.S 749, 763(1988)。

[13] 高富平教授通过姓名权的举例，很好地揭示了这一理论主张。高富平教授指出，姓名权只是对姓名所承载的人格自由和独立等人格利益的保护，而非对姓名信息或姓名作为信息符号本身的支配权。他进一步指出，需要通过个人信息的识别性、公共性和社会决定性探索一条社会控制论视角下的个人信息保护模式。参见高富平：《个人信息保护：从个人控制到社会控制》，载《法学研究》2018 年第 3 期，第 95 页。其他代表性资料还可参见杨芳：《个人信息自决权理论及其检讨——兼论个人信息保护法之保护客体》，载《比较法研究》2015 年第 6 期，第 22—33 页；吴伟光：《大数据技术下个人信息数据信息私权保护论批判》，载《政治与法律》2016 年第 7 期，第 116—132 页。

[14] See M. Schwartz, *Privacy and Democracy in Cyberspace*, 52 Vand. L. Rev, 1609 (1999)。

2. 警察权理论

起源于美国宪法理论的"警察权"(police power)理论,或称"治安权"理论,也能作为论证公安机关采集个人信息的正当性基础的一种有力参考。这种内在于主权的警察权理论有助于回答如果公权力机关有权采集个人信息,那么这种权力到底为何的追问。

起初在美国,警察权行使的目的仅限于"与征收条款的用语和目的保持一致"的范围。[15] 对早期警察权行使的经典的阐释出现在 Lochner v. New York 案的判决中,法官宽泛和谨慎地认为,有必要承认一种涉及"公众的安全、健康、道德和普遍福祉的权力",[16] 以保持政府对于维持和平和良好秩序的核心职能。同时,警察权行使之功能,早期主要是针对"人民基本权利之有害行使",[17] 即"旨在防止权利冲突并确保社会成员不间断地享有自己的权利"。[18] 最为典型的运用即州政府"拆除无序房屋"(against disorderly houses)和制定"反烈酒立法"(anti-liquor legislation)。[19] 在 20 世纪初,随着法社会学运动,尤其是庞德所主张的"主权是公共利益的守护者"观念的兴起,[20] 警察权的功能范围在逐渐扩大,主要表现为可以发动警察权在一定程度和范围内限制公民基本权利以促进特定公共利益。警察权逐渐意味着"通过控制和强制直接确保和促进公共福利",限制的对象主要集中在"自由和财产权"(liberty and property)。[21] 换言之,公民自由和财产权的行使不仅仅需要不影响或不妨害他人权利的行使和公共福利的促进,在必要的时候,还可以基于促进某些公共福利的目的而得到限制。典型的例证即为政府对土地的"管制性征收"(regulatory taking)和对于公民赌博行为的约束,以及立法限制企业雇佣童工,工人每日最长工作时间以及家长对违法青少年的监护权。随着警察权对传统私人自主领域的干涉程度不断深入,个人信息

---

[15] [美]理查德·A. 艾珀斯坦:《征收——私人财产和征用权》,李昊、刘刚、翟小波译,中国人民大学出版社 2011 年版,第 116 页。

[16] Lochner v. New York. 198 U. S. 45,53(1905).

[17] 陈新民:《德国公法学基础理论》(上),山东人民出版社 2001 年版,第 436 页。

[18] John D. Lawson, *Rights, Remedies, and Practice, at Law, in Equity, and under the Codes: A Treatise on American Law in Civil Causes; with a Digest of Illustrative Cases.* 6156(1890).

[19] Carol Nackenoff, *Privacy, Police Power, and the Growth of Public Power in the Early Twentieth Century: A Not So Unlikely Coexistence*, Recommended Citation 75 MD. L. Rev. 321(2015).

[20] Roscoe Pound, *Interests of Personality*, 28 Harv. L. Rev. 343 (1915).

[21] See Ernst Freund, *The Police Power: Public Policy and Constitutional Rights* (1904):168.

的采集成为警察权行使不言自明的前提。借用艾珀斯坦在论证警察权的必要性时所言,假如警察机构连基本的个人信息都无权采集,那希望不断适应社会发展而逐渐深入私人生活的警察机构将沦落为一个"根本无法行事的组织"。[22]

3. 公安机关采集个人信息的宪法依据

基本权利的行使并不绝对,公安机关采集个人信息具备宪法上的规范依据。第一,在警察权行使的意义上,诚如警察权理论所揭示的那样,警察权内在包含行使警察权过程中采集和使用必要的个人信息的权力。因此,公安机关在落实我国宪法第二十八条"国家维护社会秩序,镇压叛国和其他危害国家安全的犯罪活动,制裁危害社会治安、破坏社会主义经济和其他犯罪的活动,惩办和改造犯罪分子"的国家目标时,就必然需要采集个人信息。第二,我国宪法第五十一条作为"概括限制条款",从规范体系而言,上承权利条款,下启义务规范,发挥着对基本权利一般性限制的功能。[23] 一方面,宪法第五十一条发挥着限制基本权利和权力滥用之禁止的规范基础功能;另一方面,宪法第五十一条也应放置在保障公民基本权利的框架中确定规范方向,兼具限定个人自由与约束公权力机关"交互效果"的功能。从规范上看,宪法第五十一条的限制包含两个层次。一是"国家的、社会的、集体的利益",从本质上讲,这三种利益都是不同范围和形式的"集体利益",带有计划经济时代的集体主义色彩。在马克思主义权利义务一致观的影响下,即使是基本权利也要在"个人服从于集体"的站位下行使,不存在绝对的权利,这种集体利益可以被认为是一种相对于个人本位而言的公共利益。很显然,这种停留在原旨主义解释的"公共利益"无法全面保障公民权利,需要引入法律保留和比例原则的严格限制使其符合宪法学的基本原理。二是"其他公民的合法的自由和权利",这是针对部分公民可能滥用基本权利而威胁"公民普遍享有权利"的宪法秩序的情形,可以将"其他公民的合法的自由和权利"归入"公共利益"的范围。[24] 因此,宪法学通说认为,宪法第五十一条意味着只有为了防止公共利益受到损害,才可以对基本权利进行限制,以取得利益主体之间权利的平衡。[25] 当然,立法也不能恣意借助公共利益限制基本权利,宪法第五十一条也内

---

[22] [美]理查德·A. 艾珀斯坦:《征收——私人财产和征用权》,李昊、刘刚、翟小波译,中国人民大学出版社 2011 年版,第 116 页。

[23] 《中华人民共和国宪法》第五十一条:"中华人民共和国公民在行使自由和权利的时候,不得损害国家的、社会的、集体的利益和其他公民的合法的自由和权利。"

[24] 张翔:《基本权利的规范建构》,法律出版社 2017 年版,132 页。

[25] 参见许崇德:《宪法学》,当代世界出版社 2000 年版,第 243 页;韩大元、胡锦光:《宪法》,法律出版社 2016 年版,第 173 页;前注[24],张翔书,第 132 页。

在具有"限制的限制"之功能。[26]

三、公安机关采集个人信息的规范梳理

(一)传统警察任务下公安机关采集个人信息的制度规范

传统警察任务大体从人口户籍登记、出入境管理、行政案件调查、刑罚或行政处罚执行、特殊领域管理五大类领域奠定了公安机关采集个人信息的制度框架。基本形成了以《居民身份证法》《出境入境管理法》等法律、《拘留所条例》等行政法规、《公安机关办理行政案件程序规定》等部门规章,以及其他规范性文件和警务政策文件为主体的公安机关采集个人信息的规范体系。

一是人口、户籍、居住登记和身份证明领域。公安部户政管理部门通过全国人口信息管理系统,对全国的人口、户籍信息采集进行统一建库和管理。各地户口登记机关根据《户口登记条例》第四条的规定设立户口登记簿,掌握辖区内的人口、户籍信息,具体包括姓名、性别、民族、学历、籍贯、居住地、出生地、曾用名、宗教信仰等个人信息。对于离开常住户口所在地,符合《居住证暂行条例》相关条件的公民,可以申领居住证。公安机关对申领居住证的公民应当采集姓名、性别、民族、出生日期、公民身份号码、本人相片、常住户口所在地住址、居住地住址等个人信息。根据《居民身份证法》第三条规定,中华人民共和国公民申请领取居民身份证,公安机关应当采集姓名、性别、民族、出生日期、常住户口所在地住址、公民身份号码、本人相片、指纹信息等个人信息。

二是出入境管理领域。依据《出境入境管理法》第四条、《护照法》第四条和第二十一条的规定,公安机关在日常生活中,基本承担了公民因私出国出境的护照及通行证的签发工作,并且公安部负责建设和管理全国出入境管理信息系统和全国出入境人员/证件信息库。[27] 依据《护照法》第七条以及《中国普通护照和出入境通行证签发管理办法》的规定,申领护照及出入境通行证,公安机关应当采集公民姓名、性别、出生日期、出生地、指纹等个人信息。需要指出的是,针对指纹信息等人体生物识别信息,《出境入境管理法》第七条规定:"经国务院批准,

---

[26] 参见赵宏:《限制的限制:德国基本权利限制模式的内在机理》,载《法学家》2011年第2期,第152—180页。

[27] 《中华人民共和国出入境管理法》第四条第一款:"公安部、外交部按照各自职责负责有关出境入境事务的管理。"《中华人民共和国护照法》第四条:"普通护照由公安部出入境管理机构或者公安部委托的县级以上地方人民政府公安机关出入境管理机构以及中华人民共和国驻外使馆、领馆和外交部委托的其他驻外机构签发。"《中华人民共和国护照法》第二十一条:"普通护照由公安部规定式样并监制;外交护照、公务护照由外交部规定式样并监制。"

公安部、外交部根据出境入境管理的需要,可以对留存出境入境人员的指纹等人体生物识别信息作出规定。"该条文事实上授权公安机关可以进一步规定对出境入境人员的人体生物识别信息进行采集、储存、使用和处理。

三是行政调查领域。公安机关依据《治安管理处罚法》等法律广泛开展对各种治安违法行为的行政调查活动,并在具体的行政调查活动中采集必要的个人信息。[28] 2018年年末修改的《公安机关办理行政案件程序规定》第五十条和第七十三条进一步对公安机关办理行政案件过程中采集个人信息的类型进行了规定。[29] 公安机关还以部门规章以及其他规范性文件的形式对不同行政执法领域进行具体规范。例如2018年10月,公安部制定《涉毒人员毛发样本检测规范》,对采集涉毒人员毛发样本的程序、范围和采集主体等内容进行了详细的规定。

四是刑罚或行政处罚执行领域。出于再犯预防和对违法犯罪人员管理的需要,公安机关在执行刑罚或行政处罚的过程中,往往需要全面采集违法犯罪人员的个人信息,包括进行身体检查。例如,《拘留所条例》第十六条规定:"拘留所应当建立拘留所管理档案。"《拘留所条例实施办法》第二十三条对《拘留所条例》第十六条进行了细化规定:"拘留所收拘被拘留人,应当填写被拘留人登记表,采集被拘留人基本情况、照片等信息,并录入拘留所管理信息系统。"对于采集到的违法犯罪人员的个人信息,各级公安机关根据需要,通过全国违法犯罪人员信息资源库进行查证、使用和管理。

五是特殊行政管理领域。公安机关不仅承担着打击犯罪和保障公民生命财产安全的职责,也对保安服务业、机动车驾驶员、大型群众性活动组织等特殊领域进行行政管理。从警务实践的现实需要而言,针对这些特殊领域,公安机关建有"全国机动车驾驶人员信息库"和"全国出入境人员信息资源库"等全国性的个人信息库。各地公安机关依据各地情形,对这些特殊领域的行政管理也配套建设有不同的地域性个人信息数据库。从法律规范上看,以对保安服务业的管理为例,《保安服务管理条例》第十六条,《公安机关实施保安服务管理条例办法》第

---

[28] 《中华人民共和国治安管理处罚法》第八十三条:"对违反治安管理行为人,公安机关传唤后应当及时询问查证……"《中华人民共和国治安管理处罚法》第九十六条:"公安机关作出治安管理处罚决定的,应当制作治安管理处罚决定书。决定书应当载明下列内容:(一)被处罚人的姓名、性别、年龄、身份证件的名称和号码、住址……"

[29] 《公安机关办理行政案件程序规定》第五十条:"办理行政案件需要调查的事实包括违法嫌疑人的基本情况。"对于何谓基本情况,《公安机关办理行政案件程序规定》第七十三条有着进一步的说明:"首次询问违法嫌疑人时,应当问明违法嫌疑人的姓名、出生日期、户籍所在地、现住址、身份证件种类及号码,是否为各级人民代表大会代表,是否受过刑事处罚或者行政拘留、收容教育、强制隔离戒毒、社区戒毒、收容教养等情况;必要时,还应当问明其家庭主要成员、工作单位、文化程度、民族、身体状况等情况。"

二十条规定对参加保安员考试的公民,公安机关应当采集身份证件上的个人信息、学历信息、个人照片、指纹信息等。[30]

当然,公安机关在各领域采集和掌握的个人信息远远不限于规范上要求采集的内容。尤其在大数据时代的背景下,人口信息、在逃人员信息、视频数据、卡口系统数据、DNA、指纹、足印、人像、空间位置(GPS)数据、社交网络及移动互联网数据、射频(RFID)数据,以及其他传感器等数据都广泛为公安机关所掌握。[31]

(二) 风险预防任务下公安机关采集个人信息权力的扩张

传统警察任务基本奠定了公安机关采集个人信息的规范框架,传统的警察措施大多依靠走访调查、询问讯问等手段,形成书面文字材料以掌握个人信息。但是,随着公安机关应对风险社会挑战的压力不断增大,公安机关采集个人信息的类型和范围也在不断扩大。近年来,公安机关持续推进自动化、批量化地采集个人信息的公共安全视频图像系统的建设。与此同时,相较一般个人信息,更具有关联性、唯一性和持久性的人体生物识别信息,例如公民指纹信息,也逐渐常态化地被纳入公安机关的采集视野。

1911年,京师第一监狱以指纹与检举罪犯有关,遂办理罪犯指纹登记,是为中国警察领域正式应用指纹之滥觞。[32] 但是,指纹识别、指纹鉴定、指纹数据库等刑事科学技术不断成熟,高精度采集指纹信息的成本下降和借助指纹进行犯罪侦查的准确性跃升在国内却是近20余年的事。2012年开始实施的《居民身份证法》第三条第三款将强制录入指纹规定为核发或换领身份证的法定要件。当时公安部副部长解释作出这一规定的首要目的是"维护国家安全和社会稳定",排序高于"提高工作效率"和"防范违法犯罪的发生"的目的。[33]《反恐怖主义法》《出入境管理法》《护照法》等法律也授权公安机关采集公民指纹信息。但是,正如台湾地区"司法院"释字603号解释中所言,"指纹系个人身体之生物特

---

[30] 《公安机关实施保安服务管理条例办法》第二十条:"参加保安员考试,由本人或者保安从业单位、保安培训单位组织到现住地县级公安机关报名,填报报名表,并按照国家有关规定交纳考试费。报名应当提交下列材料:(一) 有效身份证件;(二) 县级以上医院出具的体检证明;(三) 初中以上学历证明。县级公安机关应当在接受报名时留取考试申请人的指纹,采集数码照片……"

[31] 任刚、刘晓鹏:《大数据侦查工作模式构建》,载《中国刑事警察》2018年第1期,第47页。

[32] 内政部警政司:《中国警察行政》(初版),商务印书馆1935年版,第153页。

[33] 《关于〈中华人民共和国居民身份证法修正案(草案)〉的说明》,载《中华人民共和国全国人民代表大会常务委员会公报》2011年第7期,第655页。

征,因其具有人各不同、终身不变之特质,故一旦与个人身份连接,即属高度人别辨识功能之一种个人信息……国家借由身份确认而搜集指纹并建档管理者,足使指纹形成得以监控个人之敏感信息。"[34]公安机关意识到,指纹是"上帝赐予的身份证",必须对采集公民指纹信息的行为进行控制和约束。2007年,公安部印发《公安机关指纹信息工作规定》,对指纹信息的管理机构、应用机制、指纹数据库的密级等内容进行了规范,该规定第3章用10个条文详细规定了公安机关采集指纹信息的范围、方式、报送单位等具体内容。

需要指出的是,指纹信息仅仅是公民人体生物识别信息之一种,而人体生物特征可以分为生理特征和行为特征。公安机关为应对风险社会的挑战,对个人信息的采集已经由采集包含指纹、掌纹、DNA、人脸等生理特征信息向采集声纹、步态、签名等行为特征信息发展。例如,某地方公安机关建设的警务云平台中的实有人口云同时包含了生理特征和行为特征的采集。[35]对行为特征的采集往往具有非强制性、非接触性等特征,且能够更精准地识别特定自然人或预测其相关行为。与传统个人信息相比,包含行为特征的个人信息一旦泄露或用于不法商业用途,危害更深。因此,公安机关采集人体生物识别信息尤其是行为特征信息更应当充分约束在法治框架下,当前对于指纹信息采集的相关规定以及面部识别系统立法的缺位显然无法应对公安机关采集个人信息的变化形势。

四、合宪性视角下公安机关采集个人信息的制度检视

个人信息事关公民的人格尊严利益和财产权益,且落入宪法上人格尊严的保障范围,需要以审慎的态度对公安机关采集个人信息的合宪性进行论证,检视公安机关采集个人信息的规范依据是否满足一定的"违宪阻却事由"。在论证步骤上,首先在合法性审查层面,主要以法律保留原则的视角加以检视;其次在合理性审查层面,主要以妥当性审查、必要性审查和衡量性审查的视角加以检视。

(一)合法性原则层面的审视:扩权风险

合法性原则层面的审视侧重以法律保留的视角对公安机关采集个人信息的诸多规范进行检讨。个人信息落入基本权利的保障范围,就意味着对个人信息的采集属于对基本权利一定程度的干预,采集行为必须满足法律保留原则的要

---

[34] 参见我国台湾地区"司法院"释字第603号解释.
[35] 鲁良军:《构建"情指战"维度,打击犯罪智能警务战略研究》,载《中国刑事警察》2018年第1期,第62页。

求,"通过审慎的政治程序进行,以强化对基本权利限制的民主正当性基础"。[36]行政法上的法律保留原则存在着"全面保留说"和"重要性保留说"等学说。在公安机关采集个人信息的问题上,的确有学者主张全面保留说,即"法律保留原则要求行政机关对个人信息的收集或是处理,皆需要有法律授权,即必须经由全体公民合意的法律授权给行政机关"。[37]这种"全面保留"的主张虽然满足了严格的法律保留和符合人民主权原理,但是难以实现公安机关的灵活性,尤其是随着大数据技术的迅猛发展,对公安机关更有诱惑力的个人信息分析工具随时可能突破法律事先划定的界限,而这些分析工具的出现往往能够大幅提高行政效率,增进公共福祉。

一方面,从《立法法》第八条和第九条来看,《立法法》以列举方式将最重要的事项保留给全国人大及其常委会,其中部分事项可以授权国务院先行制定行政法规,也即"行政法规保留"也是"法律保留"之一种,符合现行立法体系的规定。另一方面,现有法律法规中对于个人信息采集的相关规范,主要针对网络经营者等民事主体,甚少针对公权力主体的采集权限加以明确,故而对于公安机关采集个人信息的法律保留原则还需进一步分析。《全国人民代表大会常务委员会关于加强网络信息保护的决定》第一条规定:"任何组织和个人不得窃取或者以非法方式获取公民个人电子信息。"[38]在全国人大常委会对"一法一决定"进行执法检查过程中,全国人大常委会执法检查组以公民身份信息为例强调:"各地区各单位对某一事项实施实名登记制度,应当有明确的法律依据。"[39]《公安机关公民个人信息安全管理规定》第三条规定:"公安机关应当按照合法、必要、准确、安全的原则收集管理使用公民个人信息。"因此,结合法规范的适用和公安机关采集个人信息的实际需要,可以认为,公安机关采集个人信息至少应当满足约束公权力程度最弱的"行政法规保留"的原则,否则法律保留层面的个人信息采集便无从谈起。换而言之,行政法规以下的规章以及规范性文件,只能对个人信息采集

㊱ 王理万:《商业性强制保险制度的合宪性分析》,载《法学家》2017年第2期,第37页。

㊲ 张娟:《个人信息的公法保护研究——宪法行政法视角》,中国政法大学2011年博士学位论文,第111页。

㊳ 《全国人民代表大会常务委员会关于加强网络信息保护的决定》,载《中华人民共和国全国人民代表大会常务委员会公报》2013年第1期,第62页。

㊴ 王胜俊:《全国人民代表大会常务委员会执法检查组关于检查〈中华人民共和国网络安全法〉、〈全国人民代表大会常务委员会关于加强网络信息保护的决定〉实施情况的报告》,载《中华人民共和国全国人民代表大会常务委员会公报》2018年第1期,第16页。

的各种事项中那些"与执行法律之细节性、技术性次要事项"进行规范。[40]

但是,在实践当中,公安机关制定的部分规章以及规范性文件不断扩大采集种类和采集范围,突破法律保留原则的界限,冲击了以宪法为基点的整体法秩序。例如,《反恐怖主义法》《居民身份证法》《禁毒法》等法律对不同情形下采集公民人体生物识别信息有着明确的授权和规范,而《公安机关办理行政案件程序规定》第八十三条却扩大了采集范围,突破上位法的限制采集公民的肖像、指纹等人体生物识别信息。[41]《江苏省公安机关基层所队标准化信息采集工作规范》第5条将采集指纹、血液、尿液等人体生物信息扩大至没有违法犯罪行为的"重点人口",并设置"兜底条款"授权县级公安机关负责人对"有必要采集个人信息"的人员范围进行裁量,[42]同时在采集种类上增加了"掌纹"信息,[43]可以说这种扩权严重突破了上位法的限制,有违法律保留原则之嫌疑。已有公民在行政诉讼中将《江苏省公安机关基层所队标准化信息采集工作规范》提请人民法院进行规范性文件的附带性审查。[44]

(二) 合理性原则层面的审视

1. 妥当性审查

妥当性审查主要包括经受目的正当原则和理性关联原则两个子原则的审查。目的正当原则是指公安机关采集个人信息必须追求正当的法律目的。例如,2011年修正的《居民身份证法》加入"采集公民指纹信息"的内容时就考虑到目的正当原则。[45]理性关联原则是指公安机关采集个人信息的手段必须要能够导致这项正当行政目的的实现。《公安机关指纹信息工作规定》第三条规定,公安机关采集公民指纹信息,目的是"为侦查破案、打击犯罪提供证据,为社会治安管理等工作提供信息支持",这就体现了理性关联原则的考量。

---

[40] 元照研究室:《释字第734号解释(法律保留原则)》,载《时事短评》2016年第19期,第2页。

[41]《公安机关办理行政案件程序规定》第八十三条:"对违法嫌疑人,可以依法提取或者采集肖像、指纹等人体生物识别信息。"

[42] 参见江苏省无锡市中级人民法院[2017]苏02行终333号行政裁定书。

[43] 参见江苏省常州市中级人民法院[2017]苏04行终161号行政判决书。

[44] 参见江苏省常州市中级人民法院[2017]苏04行终161号行政判决书。

[45] 当时公安部副部长在受国务院委托向全国人大常委会做《关于〈中华人民共和国居民身份证法修正案(草案)〉的说明》时表示:"在居民身份证中加入指纹信息……有助于维护国家安全和社会稳定,有利于提高工作效率,有效防范冒用他人居民身份证以及伪造、变造居民身份证等违法犯罪行为的发生,并在金融机构清理问题账户、落实存款实名制等方面发挥重要作用。"参见《关于〈中华人民共和国居民身份证法修正案(草案)〉的说明》,载《中华人民共和国全国人民代表大会常务委员会公报》2011年第7期,第655页。

然而,在警务实践中,公安机关采集个人信息存在着"指标式采集"的压力,导致采集行为与采集个人信息的正当目的相悖离。第一,无论是指挥部门、治安部门还是刑侦部门,以"条"为主的业务部门所需要的大量个人信息最终需要以"块"为主的公安分局、派出所民警以及社区民警入门入户采集。同时,各业务部门对个人信息采集的规范要求、时限要求、考核要求往往也各不相同,重复采集、重复录入、考核频繁的情形大量存在,这就导致应当紧紧围绕公安实战和公共服务的个人信息采集任务在实践的层层压力传导下成为目的本身。第二,由于个人信息的采集者与使用者高度分离,基层公安机关几乎承担了所有来自各业务警种的采集任务,因此,采集者缺乏专业性和积极性了解使用者的使用意图和采集标准,也就无法将采集目的准确告知信息主体或落实在具体的警务实践中。理性关联原则的满足要求公安机关对于实现目的的手段必须作出周全的思考,否则无法通过理性关联原则的审查。有学者指出,申领身份证过程中采集指纹信息的行为无法通过理性关联原则的检视和必要性审查:一方面指纹信息的采集并不必然能够使国家安全和公共安全的立法目的得到实现;另一方面,该立法目的的实现也能通过对公民权利侵害更小的手段达成。[46]

2. 必要性审查

必要性审查主要是指公安机关在数个可以达成行政目的的措施中,需采取对公民权利侵害最小的措施。在本文看来,贯彻必要性原则的关键就在于采集个人信息的方式应当根据采集措施造成的"干预程度"而定。例如,采集公民的DNA信息,能够通过唾液取样的就不应当进行血样提取;又如,采集公民的指纹信息,能够采集一枚指纹便能实现行政目的时,就不应当采集十指指纹和掌纹。尤其是在个人信息采集之后,存在多种储存方式时,应当采取能够尽快达到行政目的并即时销毁的方式。然而我国公安机关对于个人信息采集的各项法规规章大多缺乏事后销毁或删除的条款,这与其他大陆法系法治发达国家和地区的相关规定尚有距离。

《公安机关指纹信息工作规定》第二十三条规定:"各级公安机关刑侦部门应当及时做好指纹数据库的增、删、改等工作。"但《公安机关指纹信息工作规定》对符合何种要件以何种程序删除指纹数据库中的指纹信息却没有提及。对删除个人信息进行稍详细规范的条文出现在刑事法领域,即《公安机关办理刑事案件程序规定》第二百六十条第二款规定:"采取技术侦查措施收集的与案件无关的材

---

[46] 参见潘金文:《身份证增加指纹信息的合宪性分析》,载《福建行政学院学报》2012年第1期,第70—77页;张红:《指纹隐私保护:公、私法二元维度》,载《法学评论》2015年第1期,第85—97页。

料,必须及时销毁,并制作销毁记录。"但是此条款仅限于删除与案件无关的材料。相较于成熟的法治国家或地区,例如德国《巴登-符腾堡州警察法》在第 2 章第 5 节"警察措施"部分就对个人数据的储存期限进行了明确规定,[47]对于超出储存期限的个人信息须依该法第 46 条"删除、储存和更正信息"之规定进行删除。又如我国台湾地区"电脑处理个人资料保护法"第 13 条第 3 款规定:"个人资料计算机处理之特定目的消失或期限届满时,公务机关应依职权或当事人之请求,删除或停止计算机处理及利用该资料。但因执行职务所必需或经依本法规定变更目的或经当事人书面同意者,不在此限。"可以看出,诸多法治发达国家或地区对于警察行政法上采集个人信息之后的删除、销毁有着较为详细的规定,这应当为我国公安机关采集个人信息法律规范所部分借鉴。

3. 衡量性审查

衡量性审查主要是指狭义比例原则的审查,主要是指公安机关采集个人信息希冀达到的公共利益与运用行政手段所伤害的权利之间应该成比例,侧重价值理性而非工具理性层面的权衡。衡量性审查绝非存在一个放之四海而皆准的精准公式,而只能在个案中进行斟酌决定。既不能因为公共利益的需要而践踏私人权利,也不能为了较小的个人权益而舍弃公共利益,这些都不符合狭义比例原则的内在要求。

出于恐怖主义势力的威胁和涉民族因素各类复杂案件办理的需要,公安机关对于民族信息的采集和分类标识已经有逐渐强化的趋势,警务专家也强调要进一步加大人口管理力度,尤其是少数民族流动人口的识别和管理。[48]然而,采集公民的民族信息与反复强化民族识别,即使是出于福利行政的目的,使部分社会资源向少数民族群众倾斜分配,客观上也是在强化公民个体的民族认同感。更不必说部分基于民族信息的识别而进行的可能违反"平等原则"的差别对待,更是内在地消解基于"中华民族"的国家认同,有悖于"团结"作为宪法的一种核心精神。正因如此,习近平总书记强调,"筑牢中华民族共同体意识至关重要",对应的举措是"出台有利于构建互嵌式社会结构的政策举措和体制机制,完善少数民族流动人口服务管理体系",以确保民族团结进步事业不断推进,保障各族

---

[47] 《巴登-符腾堡州警察法》第 38 条第 4 款规定了警察机构在个人数据存储期间,修改、删除个人数据的三项时限规则:(1)如果相对人是已满 18 周岁的成年人,则储存期间为 10 年,如果相对人已满 70 周岁,则为 5 年;(2)如果相对人是已满 7 周岁未满 18 周岁的青少年,则储存期间为 5 年;(3)如果相对人是未满 7 周岁的儿童,则储存期间为 2 年。

[48] 参见袁倩颖:《城市涉民族因素治安突发事件处置的困境与应对——以 C 市为样本展开分析》,载《广西警察学院学报》2018 年第 3 期,第 65—70 页。

公民在法律面前人人平等。[49] 从这一角度出发，不当收集和分析少数民族公民的民族信息，可能维护了一时一地公共安全的利益，却可能有损作为整体的多民族国家的国家认同。在衡量性原则看来，更应当采取并不借助于民族信息采集和民族识别的其他手段来维护公共安全的利益。

五、分类采集，分级授权：公安机关采集个人信息法治路径

经过对公安机关采集个人信息的制度进行合宪性分析不难看出，部分公安机关采集个人信息的行为和规范存在一定的合宪性瑕疵，极易脱逸出法治的轨道。既然个人信息落入人格尊严的保障范围，那么公安机关采集个人信息就意味着对公民基本权利的干预，公民有拒绝公安机关不当采集个人信息的防御权。同时，"个人信息保护"也得以被视为一项宪法所确立的"价值秩序"（Wertordnung），促使国家履行保护个人信息、完善公安机关采集个人信息的制度框架的义务，人民警察也有将保护个人信息的要求贯彻到具体的执法实践中的义务。然而，基于个人信息的社会控制理论和警察权理论，公安机关采集个人信息必不可少，采集与保护之间的张力就必须以采集目的为限，对基本权利进行基于法律保留、比例原则等宪法原则的约束和调和。一方面，法律规范要对公安机关直接向公民采集个人信息进行合宪性控制；另一方面，也要将实践中公安机关从其他公权力机关以及商业主体、企事业组织批量化采集个人信息的行为一并纳入合宪性控制的视野中。

本文认为，在具体情形下平衡个人信息保护与公安机关对个人信息的利用，就应当走一条调试"数据主体人格权"（Persönlichkeitsrechts）与"个人信息利用"的合宪性中道。进而言之，通过不同位阶的法律对"公民敏感信息"和"公民一般信息"的采集分别进行规范，尤其是对于"公民敏感信息"的采集必须放置在严格的法律保留框架之内，走一条"分类采集、分级授权"的法治路径。在"分类采集"的维度上，本文受"隐私的语境完整性"（Privacy as Contextual Integrity）理论的启发，在公安机关采集、分析、使用与保护这一具体的语境下展开对个人信息分类的探讨。[50] 在"分级授权"的维度上，本文则借助传统的宪法学与警察法学的基本原理，通过法律优位、法律保留和比例原则的引入，在不同位阶上规

---

[49] 参见习近平：《在全国民族团结进步表彰大会上的讲话》，载《人民日报》2019年9月28日第2版。

[50] See Helen Nissenbaum. *Protecting Privacy in an Information Age: The Problem of Privacy in Public*. 17 LAW PHILOS, 559-596(1998).

范公安机关采集个人信息的权力,维护公民对个人信息保护的预期。

(一) 敏感信息与一般信息分类之设想

在制度实践上,通过对个人信息进行一般信息和敏感信息的分类,并课以不同程度的保护是有效降低个人信息泄露和不当利用招致风险的有效途径。我国现行法律法规已然意识到不同种类的个人信息保护应当进行合理化的差别对待,从而平衡个人信息保护与数据流动的关系。例如,《信息安全技术个人信息安全规范》(GB/T 35273—2017)中的3.2部分和附录B就单独划出了"个人敏感信息"的范围。需要指出的是,基于保护法益和权衡利益的不同,不同的部门法领域中对敏感信息和一般个人信息的分类应当有所差别,部门立法也纷纷尝试在不同的专业领域建立全面、完整、有效的制度规范。[51]

本文认为,基于公安机关的警务实践,应当尝试建立公民敏感信息与公民一般信息二元划分的制度规范,并在此基础上进行个人信息保护与个人信息利用的制度设计。在制度方案上,本文认为,应当将人体生物识别信息(包括生理信息和行为信息)、医疗信息、私有财产信息、民族信息、通讯内容列为敏感信息,因为其内容更关乎"人格尊严"条款的核心内容,公共性价值相对较低;而公民家庭住址、家庭人口情况、身份证号码、通讯方式、住宿信息、犯罪记录、车辆登记等个人信息,则为一般个人信息,此类个人信息大多是常态化的警务工作中必需的个人信息,公共性价值更为凸显。

本文需要强调的是,何种个人信息应当纳入敏感信息进行更为严苛的保护与其说取决于信息主体的意志,毋宁说在"数据海洋"的时代,应当取决于信息主体和社会职能分工的二元互动。因此,敏感信息和一般信息的划分内在具有极强的"语境性"。例如,为了方便家庭成员的照顾或医院的医治,病史、过敏性药物等医疗信息在医院中就应当是必须流通的个人信息,而对于保险公司等其他主体就属于高度敏感之信息,医院也当然负有保密之义务。本文所阐释的个人信息分类,仅仅是基于相关学理以及宪法第二十八条所指示的"国家目标",并结合警务工作的实际,提出的一种公民敏感信息和公民一般个人信息的划分设想,并不能不加论证地直接适用于其他领域的个人信息采集规范中。

---

[51] 例如,信用立法领域的《征信业管理条例》第14条区分了宗教信仰、指纹、基因、血型、病史等绝对禁止采集信息和收入、不动产登记、有价证券等相对禁止采集信息。再例如,《中华人民共和国网络安全法》第三十七条针对极为重要的个人信息数据跨境流动,建立了"数据出境安全评估制度"。国家网信办等单位通过制定《数据出境安全评估指南》和《个人信息和重要数据出境安全评估办法》,将"数据出境安全评估制度"进行细化,规定涉及50万人以上的个人信息,或者涉及人口健康领域的数据需要跨境流动时,网络运营者都需要事先报请行业主管部门或监管部门组织安全评估。

(二) 采集公民敏感信息的制度设计

公安机关直接向公民采集敏感信息,最有代表性的为采集公民指纹、DNA、基因图谱等人体生物识别信息。人体生物识别信息较姓名、身份证号等一般个人信息更具有终身不变、相对唯一的特征,实为识别信息主体身份的最佳信息。同时,信息主体的 DNA 信息能通过特别技术手段,确定家族 DNA 谱系,事关信息主体及其家族谱系中其他公民的基本权利。[52] 人体生物识别信息在当前技术条件下是识别个人身份最佳信息,且能作为信息主体与某物、某地点具备相关性的有力证据,应当居于个人信息保护的核心地位。有台湾学者指出:"指纹等人体生物信息的提取和留存,关系到公民重大隐私利益,在不当处理的情况下,可能会严重侵害公民的基本权利。"[53] 实践工作中,公安机关也往往向企事业单位等第三方主体采集公民民族信息、通讯内容、医疗信息等敏感信息,这些必须纳入合宪性控制的视野一并加以约束。

本文认为,立法机关有义务以立法的形式,即由全国人民代表大会或全国人民代表大会常务委员会制定法律,或授权国务院制定行政法规,并通过组织保障和程序设计来约束公安机关采集公民敏感信息的权力。立法应当明确,只有基于个人信息公共性价值,符合手段—目的要素,县级以上公安机关方能对公民敏感信息进行采集。此处的公共性价值在立法中应当具体化,即应当明确符合何种条件且公安机关能承担举证证明该公共性价值的责任,才得以对公民敏感信息进行采集。同时,公安机关在对国务院制定的《政务信息资源共享管理暂行办法》中政务信息"以共享为原则不共享为例外"的规则进行适用时,应当进行一定程度的限缩解释:只能是基于特定公共利益或办理案件的需要,依据法律的规定,县级以上公安机关得向第三方主体采集特定公民而非大规模采集公民的敏感信息。总而言之,对于公安机关而言,采集公民敏感信息,应当得到明确的法律授权,并受到法律保留原则最严格的限制。

(三) 采集公民一般信息的制度设计

公安机关对于一般个人信息的采集和储存,往往服务于预防性和管理性的目的。例如人口户籍制度、居民身份证制度当中采集的绝大多数个人信息都属一般个人信息。对于公安机关采集公民一般信息,应当实行降低一级的立法限制。

---

[52] 参见《白银案的启示:悬案要向高科技要线索》,网址:http://opinion.people.com.cn/n1/2016/0830/c1003—28677578.html.(2019 年 8 月 12 日访问)。

[53] 李震山:《论个人资料之保护》,载台湾行政法学会主编《行政法争议问题研究》(上),五南图书出版公司 2002 年版,第 655 页。

本文认为,全国人大及其常委会作为立法机关可以在具体的立法中,授权国务院以行政法规,公安机关以部门规章,以及地方以地方性法规或地方政府规章的形式,规定公安机关采集一般个人信息的种类、方式和数量等内容。但是应当对授权原则,授权目的和范围作出限定。例如,全国人大及其常委会可以在《人民警察法》中,规范公安机关采集个人信息尤其是敏感信息的类型和范围,授权地方性法规和规章可以以行政立法的方式规定采集公民一般信息的类型和范围,在非干预行政的范围内,县级公安机关可以自行决定采集部分公民一般信息,但必须受到"限制采集"和"目的拘束"原则的控制。这也是本文所主张的在授权依据上应当以法律授权规则为主,弹性规则补充的思路。在采集主体层面,立法应当将采集主体限制为县级以上公安机关或其派出机关,而不能委托或转授权其他行政机关进行采集;在采集时限层面,应当明确公安机关保存相关个人信息的期限;在采集内容层面,仍应当以目的—手段为限,并受到比例原则的控制,尤其是全国性的个人信息数据库已经储存的个人信息,除确有更新的必要时,不应当重复采集。

结语:宪法学的作为与警察法上的个人信息保护

在现代警务工作中,世界各国警察机关对林林总总的个人信息的需求日渐增加是一项不争的事实。例如,"情报主导警务""预测警务""社区警务"等新型警务战略在20世纪60年代至90年代你方唱罢我登场,是现代警务战略发展转型的缩影和关键词,但在变动的警务战略背后,深入采集各类个人信息从而提升警务效能是一项不可或缺的重要考量。

然而,学术是现实经验现象的反思和延展。虽然公安机关面对繁重的警察任务和风险社会挑战,在"质"和"量"两个维度采集必不可少的个人信息,以完成警察任务,既是当务之急也是情势必须。但与此同时,通过制度安排保障个人信息安全,使"预测"不能成为国家随意安排公民行动自由的理由,情报也不能作为掏空平等原则和任何一项基本权利的根据,最终确保无论信息化警务、大数据警务甚至到未来的 AI 警务如何变化,公民面对国家治理和技术迭代时,都能始终保有令人肃然起敬的人的尊严。

在警察法治和个人信息保护法治不断完善的今天,愈发精细化的学术研究还是往往能令人欢欣鼓舞。更不必说 GDPR 的推行展现了个人信息保护部分思维范式的革新在立法层面的实践和落地,我国也将个人信息保护法列入第十三届全国人大常委会立法规划,并将在本届任期内提请全国人大常委会审议,这必然将对警察法上个人信息保护的规范体系产生深远影响。但无论技术层面和规制方式如何变化,不变的是公民在社会主义法治国家对于自由、民主、安全和平等孜孜不倦的追求。而一旦进入一个多元价值纷争的语域,无论是试图进行先定的"价值排序"还是希冀进行精准的"个案权衡",无法避免的是宪法学的出场,通过宪法学上严肃规范的探讨,以宪法的规范结构和价值逻辑整合部门法包括警察法和未来个人信息保护法的关怀和诉求。

Constitutional Control of Collecting Personal Information by Public Security Organization

Du Wuqing

Abstract: With the increasing complexity and diversity of police job, the ways and types of personal information collection by public security organizations are expanding. The traditional research on personal information protection and preset regulation in the personal information protection law resort to the self-control mode by information subject named as "empowerment theory", which cannot meet the challenges of the risky society, meanwhile increase the system cost and legal risks of public security organizations in collecting personal information. Therefore, it is necessary to trace back the relevant research on personal information collection to the constitution in order to dig out the connotation of personal information and the basis for personal information protection and to sort out and analyze the constitution of the personal information collection system by traditional public security organizations and to response to various problems from regulation and practice level. In the term of system design, public security organizations should base on distinguishing sensitive information from general information of citizens in the normative terms on personal information collection, implement the basic principles of public law such as the primacy of law, legal reservation and the principles of proportionality, and follow the legal path of "classified collection and graded authorization".

Key words: Personal Information; Human Dignity; Basic Rights; Police Tasks

(责任编辑:宋亚晖)

民商法学

失败合同的返还清算:欧洲的新发展

[德]索尼娅·梅耶[*] 著
冯德淦[**] 译 冯洁语[***] 校

[摘 要] 最近的两个欧洲改革项目分别是,计划于2016年10月1日生效的《法国民法典》的修订,以及设想在2020年完成的瑞士《债务法2020》学术草案。两个草案都包含失败合同的返还清算的章节。它们依据的观点是,无论是合同无效,还是因违约而被解除,关于价金给付和其他给付的返还清算规则应该是统一的。在最近的欧洲示范规则中可以发现类似的趋势。就目前而言,在欧洲范围内,合同失败后的返还清算受各种不同规则的调整,这取决于合同失败的原因以及返还的客体是金钱、财产还是服务。本文旨在评价失败合同的统一规则是否是一个受欢迎的变革。从历史和比较的角度来看这个问题,有学者认为,在这方面,无效的合同和因违约而解除的合同之间并没有本质区别。关于具体问题,不同的情况可能需要不同的解决方案,但分界线不一定是解除和无效。解决方案在特定情况下是否应该有所不同的问题,应该予以公开讨论,而不是隐藏在完全不同的规则之后。对于失败的合同,可以通过统一的返还清算规则来实现这一点,必要时可以用不同的规则予以详细规定。

[关键词] 失败合同;消灭合同;返还清算;不当得利;债法改革

一、法国和瑞士债法的现代化

在20世纪80年代,兰度委员会开始着手起草《欧洲合同法原则》(PECL)的

---

[*] 德国弗赖堡大学法学院教授。本文译自《拉贝尔外国私法与国际私法杂志》2016年第80卷,第851页至887页。Sonja Meier, Die Rückabwicklung gescheiterter Verträge: Neue europäische Entwicklungen, Rabels Zeitschrift für ausländisches und internationales Privatrecht (Rabels Z) Band 80, 851—887.

[**] 南京大学法学院民商法学博士研究生。本文受"2018年国家建设高水平大学公派研究生项目(201806190060)"资助。

[***] 南京大学法学院副教授。

工作。[1] 这开启了欧洲合同法的一系列示范规则和草案的制定，人们可以将国际统一私法协会的《国际商事合同通则》（PICC）[2]纳入其中，虽然它的适用范围并不局限在欧洲范围内，但是它是通过与欧洲法律规则知识的交流而制定出来的。在欧洲层面，《欧洲合同法原则》之后是《欧洲合同法既有原则》，它对欧洲既存的指令法进行了整理。[3] 特别有雄心的是《欧洲民法典草案》（DCFR），它的范围和品质，已经和一个欧洲民法典相当。[4] 随后的文本讨论整理阶段——也就是《可行性研究》[5]，最后是《欧洲共同买卖法草案》（CESL）[6]——这个草案则表现得相对温和，只是一项可供当事人在跨境买卖合同中选择适用的法律。该草案在此期间已经被欧盟委员会否决。剩下的是两个指令议案，该指令议案旨在全面协调远程销售和数字内容合同中的一些核心规则。[7] 欧洲合同法统一的趋势似乎看起来已经消退。

另一方面，在国家层面，有一些计划的或已经实施的债法现代化项目逐步展开。最近的两项改革草案来自法国和瑞士。它们涉及债法总则，包括法律行为理论和法定债务关系。这些国家的发展并没有脱离欧洲的背景，更确切地说，这些国家的法律实行现代化，是为了使自己与欧洲更加协调一致，同时能够在欧洲的讨论中占据核心位置。德国已经完成的债法改革也是如此，现阶段在法国存在一个愿望，法国法在欧洲法律文本之中重新受到重视。

---

[1] 《欧洲合同法原则》，第1—2部分，编写者：Ole Lando、Hugh Beale，2000年；《欧洲合同法原则》，第3部分，编写者：Ole Lando、Eric Clive、André Prüm、Reinhard Zimmermann，2003年。

[2] 《国际商事合同通则》，由国际统一私法协会（UNIDROIT）2010年颁布。这是第三版，第一版颁布于1994年，第二版颁布于1997年。

[3] 《欧洲合同法既有原则》（Acquis Principles），第一册：先合同义务、合同的订立、不公平条款（2007年）；第二册：一般规定、货物交付、包裹运输、支付服务（2009年）；第三册：一般规定、货物交付、包裹运输、支付服务、消费者信贷和商业代理合同（2012年）。所有的三册都由欧洲共同体私法研究小组（Acquis Group）颁布。

[4] 《欧洲私法的原则、定义和示范规则——共同参考框架草案》（欧洲民法典草案），由欧洲民法典研究小组、欧共体私法研究小组颁布。

[5] 欧洲合同法专家组委员会：《欧洲未来合同法文本的可行性研究》，2011年5月，（http://ec.europa.eu/justice/contract/files/feasibility_study_final.pdf）。

[6] 《欧洲议会和理事会关于欧洲共同销售法的议案》，2011年10月11日。

[7] 《欧洲议会和理事会关于提供数字内容的某些方面指令的议案》，2015年12月15日；《欧洲议会和理事会关于商品在线销售和其他行使的远程销售商品的法律议案》，2015年12月15日。参见 Felix Maultzsch, Der Entwurf für eine EU-Richtlinie über den Online-Warenhandel und andere Formen des Fernabsatzes von Waren, JZ 2016, 236ff.

(一) 瑞士《债务法 2020》项目

在瑞士,《债务法 2020》(OR 2020)草案于已经在 2013 年提交。[8] 这是瑞士法学界的一个学术项目,目的在于对 100 多年间的法律规定谨慎地进行现代化,使其适应当前的发展、填补漏洞和消除现有的矛盾。[9] 债务法中采用了简洁明了的语言,即使对一般人来说也是可以理解的。[10] 起草者希望借此能开启一个讨论,在这个对话结束的时候,也许在 2020 年,草案能够以这种或修正的形式实施。[11]

就内容而言,瑞士的草案包含了大量判例法的成文法化,类似于德国债务法改革,例如,交易基础丧失[12]或持续性债务关系的终止。[13] 新设一般交易条款的解释和内容控制。[14] 给付障碍法按照《联合国国际货物销售合同公约》和其他国际法律文本进行了新的调整。[15] 有趣的是关于消费者撤回权的一般条款[16],诉讼时效也从根本上实现了现代化。[17] 在侵权法中,草案采纳了早期改革草案的建议,尤其放弃了德国的传统,采纳了一般性侵权条款,此外,也采纳了商业公司的组织体责任和特别危险活动的严格责任的一般条款。[18]

(二)《法国民法典》的改革

在法国,2004 年《法国民法典》颁布二百周年之际,引发了一场重大的改革讨论。《法国民法典》毕竟比《德国民法典》早诞生了 100 年,越来越难以反映现行的合同法和债务法。一系列改革草案被不断出版,除此之外,还有 2005 年的

---

[8] 瑞士《债务法 2020》,新的一般部分草案,编者:Claire Huguenin、Reto Hilty(2013 年)。Heinrich Honsell, Kritische Bemerkungen zum OR 2020, SJZ 109 (2013) 457; Christoph Kern/Nicole Bettinger, Schuldrechtsmodernisierung in der Schweiz? -Der Entwurf Obligationenrecht 2020, ZEuP 22 (2014) 562; Bruno Schmidlin, Das Schweizer Obligationenrecht 2020, SJZ 111 (2015) 25.

[9] Huguenin/Hilty, OR 2020 (vorige Fn.) Rn. 1 und 15 ff.

[10] Vgl. Huguenin/Hilty, OR 2020 (Fn. 8) Einleitung Rn. 4, 14, 26-29, 35.

[11] Huguenin/Hilty, OR 2020 (Fn. 8) Einleitung Rn. 8-9.

[12] 瑞士《债务法 2020》第 19 条。

[13] 瑞士《债务法 2020》第 144 条到 147 条。

[14] 瑞士《债务法 2020》第 32 条、第 33 条。

[15] 瑞士《债务法 2020》第 188 条以下。

[16] 瑞士《债务法 2020》第 16 条。

[17] 瑞士《债务法 2020》第 148 条到第 162 条。

[18] 瑞士《债务法 2020》第 46 条、第 59 条、第 60 条;vgl. Pierre Widmer/Pierre Wessner, Revision und Vereinheitlichung des Haftpflichtrechts, Vorentwurf eines Bundesgesetzes (1999).

卡塔拉委员会学术草案和 2009 年开始的特雷委员会的学术草案。[19] 诉讼时效已于 2008 年实现现代化。[20] 最近的司法部改革草案于 2015 年春季首次向公众发布。[21] 随后是带来一些变化的协商过程。现在将通过一项法令将新的规则引入，也就是说要通过议会表决程序，并将于 2016 年 10 月 1 日生效。[22] 法国债法实际上是一个非常基本的,被耽误了的改革。

在众多改革之中,这里仅提及若干,《法国民法典》将包含合同订立的规则,特别是关于要约和承诺、一般交易条款和合同磋商中的义务。[23] 原因不再是合同要求之一。[24] 但是它却以一个隐藏的形式存在于一个条款中,根据这个条款,如果约定的对待给付实际上是毫无价值的,那么合同无效。[25] 在错误法中,和先前的法律规范完全不同的判例法将会被编纂入法典。[26] 关于行为能力[27],以及现在债法总则中已有的代理[28]、第三人利益合同[29]、让与[30]、债务承担[31]和合同承担的详细规则都可以被找到。[32] 同时为缺乏预见可能性引入了新规则,也就是交易基础受破坏时合同的变更和解除。[33] 给付障碍法是根据国际法律框架下的法

---

[19] 《债法与时效法的改革计划》,由 Pierre Catala 编写(2005 年),http://www.justice.gouv.fr/art_pix/RAPPORTCATALASEPTEMBER 2005.pdf。《关于合同法的改革》,由 François Terré 编写(2009 年);《关于民事责任法的改革》,由 François Terré 编写(2011 年);《关于一般债务法的改革》,由 François Terré 编写(2013 年)。

[20] Jens Kleinschmidt, Das neue französische Verjährungsrecht, RIW 2008, 590.

[21] 可查询 http://www.justice.gouv.fr/publication/j21_projet_ord_reforme_contrats_2015.pdf。从比较的角度来看,《法国债务法的改革》,由 Reiner Schulze、Guillaume Wicker、Gerald Mäsch、Denis Mazeaud 出版, 2015 年。Jens Kleinschmidt/Dominik Groß, La réforme du droit des contrats: perspective allemande sur la balance délicate entre liberté contractuelle et pouvoirs du juge, Revue des contrats 2015, 674.

[22] 编号 2016—131《关于合同法的改革、总体方案和条款》,2016 年 10 月 2 日(https://www.legifrance.gouv.fr/affichTexte.do?cidTexte=JORFTEXT000032004939)。

[23] 新《法国民法典》第 1113 条以下、第 1119 条、第 1112 条以下。

[24] 新《法国民法典》第 1128 条。

[25] 新《法国民法典》第 1169 条。

[26] 新《法国民法典》第 1130 条以下。

[27] 新《法国民法典》第 1145 条以下。

[28] 新《法国民法典》第 1153 条以下。

[29] 新《法国民法典》第 1205 条以下。

[30] 新《法国民法典》第 1321 条以下。

[31] 新《法国民法典》第 1327 条以下。

[32] 新《法国民法典》第 1216 条以下。

[33] 新《法国民法典》第 1195 条。

律救济路径设计的。㉞ 合同解除在现在也无须法院的加入，只要约定了解除条款或者债权人设定了期限，那么通过单方意思表示就可以解除合同。㉟ 迄今为止仅仅是判例法的不当得利法将被正式法典化。㊱

二、作为改革计划的统一的返还清算规则

以下是瑞士和法国草案中都提出的一项改革建议：失败合同返还清算的统一规则。这项规则涵盖所有失败合同的情形：合同从一开始就不生效、被撤销或者由于给付障碍而解除；其他情形（其特殊性不在此详细论述）：解除条件的成就和消费者撤回权利的行使。在所有情形中，需要回答的问题是，在合同中已经履行的给付，是否需要返还，以及如何返还。尤其是在持续性债务关系的情况下，已经履行的部分，究竟是否需要进行返还清算？给付是通过原物来返还吗？如果一方当事人无法返还所受领的标的物怎么办？对孳息、用益和利息是否有要求返还的权利？使用费用是否必须等价值返还？

众所周知的是，根据德国法，返还清算取决于合同失败的类型。在不生效和合同撤销的情况下，应该适用不当得利请求权返还清算（《德国民法典》第 812 条以下），这同样适用于解除条件的成就，在这些情形中，法律原因嗣后消灭了。不过，为了有效规范双务合同的特殊性，对不当得利规则进行了修正。解除则主要适用《德国民法典》第 346 条以下的规定。就消费者撤回权的法律效果而言，在很长一段时间内是适用修正的解除规则的，如今仅仅就撤回的法律效果有了自己的规则（《德国民法典》第 357 条以下）。最后，在实物给付的前提下，如果在特殊情况下，物的移转是不生效的，则会产生原物返还请求权，初步表明适用所有人和占有人规则。

（一）瑞士

现行瑞士法的情况类似。㊲ 在合同不生效或撤销的情况下，原则上适用不当得利法，也就是债之返还请求权（《瑞士债务法》第 62 条以下）。然而，在物的

㉞ 新《法国民法典》第 1217 条以下。
㉟ 新《法国民法典》第 1224 条至第 1226 条.
㊱ 新《法国民法典》第 1303 条。
㊲ BGer. 3. 5. 2011, BGE 137 Ⅲ 243 E. 4. 4. 1ff.; Stephan Hartmann, Die Rückabwicklung von Schuldverträgen (2005) passim; Huguenin/Hilty, OR 2020 (Fn. 8) vor Art.79 Rn.9ff.

交付上，应该指出的是，根据现行主流学说，所有权的转移是有因的，[38]因此合同的不生效使得所有权移转无效，它是原物返还请求权（《瑞士民法典》第 641 条第 2 款），以及相应的附随效果和在破产清算中的风险分配。对于解除[39]，人们采纳了德国的学说，根据该原则，合同没有被消灭，而是变成了一个返还清算的债务关系。[40] 因此，不是原物返还请求权和不当得利请求权，而是适用合同返还清算规则。另一方面，消费者撤回后的返还（《瑞士债务法》第 40 条）应当具有不当得利的性质。[41]

瑞士《债务法 2020》草案的起草人批评，三种不同的解决返还清算的规则共存导致虽为可类比的情形但不相同的处理。[42] 因此，针对所有缔结阶段的瑕疵和履行阶段的瑕疵情况提出了统一的解决方案。在合同、侵权、不当得利和无因管理章节之后，草案单独设置了一章关于合同"清算"的规定。[43] 根据这些规定，它类似于《德国民法典》第 346 条以下的规定。但是，它不仅应适用于解除、终止和消费者撤回，[44]而且还应适用于不生效的合同，例如由于形式瑕疵、内容瑕疵和意思瑕疵，[45]以及在停止条件成就的情况下。[46] 原物返还请求权和不当得利请求权将被阻断。这是通过假设尽管合同废止或无效，但是有效的原因仍然存在，这不仅仅排除了不当得利请求权，而且构成了所有权转移的基础。[47] 在所有情况下，清算规则应理解为合同清算规则。[48] 据草案提交人称，并没有理由在合同

---

[38] 关于不动产可参见《瑞士民法典》第 974 条，判决参见 BGer. 29.11.1929, BGE 55 Ⅱ 302。主流学说认为同样适用于动产，参见 Peter Schlechtriem, Restitution und Bereicherungsausgleich in Europa, Bd. Ⅰ (2000) Kap. 2 Rn. 339 f.; Hartmann, Rückabwicklung (vorige Fn.) Rn. 129 ff.

[39] 解除参见《瑞士债务法》第 109 条，瑕疵解除参见《瑞士债务法》第 208 条。后来意外灭失返还则援引不当得利的规定，参见《瑞士债务法》第 119 条第 2 款。

[40] BGer. 16.5.1988，BGE 114 Ⅱ 152, 157f.; 同样可参见 Astrid Stadler, Gestaltungsfreiheit und Verkehrsschutz durch Abstraktion (1996) 311ff.

[41] 同样的如德国联邦最高法院的 BGer. 3.5.2011, BGE 137 Ⅲ 243 E. 4.5.

[42] Huguenin/Hilty, OR 2020 (Fn. 8) vor Art. 79 Rn. 4, 42 – 45.

[43] 瑞士《债务法 2020》第 79 条至第 84 条. 参见 Vedat Buz, Rückabwicklung gescheiterter Verträge 对瑞士《债务法 2020》第 79 条以下批判的观点参见 SJZ 111 (2015) 565 ff.

[44] 瑞士《债务法 2020》第 116 条第 4 款，第 134 条（解除），第 147 条（终止），第 18 条（撤回）.

[45] 瑞士《债务法 2020》第 37 条、第 45 条、第 196 条第 3 款。

[46] 瑞士《债务法 2020》第 210 条第 2 款，附延缓条件的不成就参见第 213 条第 2 款。

[47] Huguenin/Hilty, OR 2020 (Fn. 8) vor Art. 79 Rn. 59 ff., Art. 81 Rn. 11.

[48] Huguenin/Hilty, OR 2020 (Fn. 8) vor Art. 79 Rn. 7, 45, 61. 批判的观点参见 Buz, SJZ 111 (2015) 565, 567ff.

失败的情况下,让当事人参照合同之外的领域(的规则)。[49]

(二)法国

法国改革提供了类似的解决方案。到目前为止,《法国民法典》几乎没有规定合同的返还清算规则。关于合同的不生效,法国法区分了绝对无效和相对无效,例如,在意思瑕疵、行为能力欠缺或在非常损失(laesio enormis)的情况下发生的相对无效。[50] 它们必须由受保护方主张,在这方面类似于德国法中的撤销。与德国法不同,除非双方同意,否则必须由法院宣布无效。顺便说一句,改革没有改变这一点。[51]

就返还清算请求权[52]而言,与金钱和实物给付有关的判决有时会基于非债清偿规则来处理(第1376条)。但是,为了应对合同返还清算的特殊性,它们的规则在很大程度上被修改。对于承揽合同和服务合同,不当得利请求权传统上并不适用,判决有时是直接当作没有实证法依据的一般得利返还诉讼来解决,没有适用其具体详细规则。此外,通常情况下返还清算还会在完全没有法律根基的情况下进行。在这个方向上,同时也是文献中的观点,根据这些观点他们放弃了不当得利(包括法国法上的非债清偿型不当得利)的观点,认为失败合同的返还清算应当遵循自己的规则。

由于给付障碍而导致的合同废止(第1184条)与我们的解除相当,传统观点认为对合同具有溯及力。[53] 返还清算通常是在消灭合同的情况下安排的,并没有特别的法律根据来参照。[54]《法国民法典》在因物的瑕疵而导致的瑕疵返还以

---

[49] Huguenin/Hilty, OR 2020 (Fn. 8) vor Art. 79 Rn. 41.

[50] 《法国民法典》第1117条、第1304条以下、第1674条以下。参见 Astrid Stadler, Gestaltungsfreiheit (Fn. 40) (1996) 160 ff., 187ff.

[51] 新《法国民法典》第1178条第1款。

[52] 参见 Rainer Hornung, Die Rückabwicklung gescheiterter Verträge nach französischem, deutschem und nach Einheitsrecht (1998) 40 ff., 161 ff.; Schlechtriem, Restitution (Fn. 38) Kap.3 Rn.54ff.; Nicolai Thum, Wertberechnung bei der Rückabwicklung von Kaufverträgen im deutschen, englischen und französischen Recht sowie im vorgeschlagenen Common European Sales Law (2014) 91ff.

[53] Hornung, Rückabwicklung (Fn. 52) 49; Schlechtriem, Restitution (Fn. 38) Kap. 3 Rn.68, 585; Matthias Wolgast, Das reformierte Rücktrittsfolgenrecht vor dem Hintergrund der Entwicklung im deutschen und im französischen Recht (2005) 57f., 123ff.; Hein Kötz, Europäisches Vertragsrecht (2015) 350. 同样可参见《意大利民法典》第1458条。

[54] 参见 Hornung, Rückabwicklung (Fn. 52) 49 f.; Schlechtriem, Restitution (Fn.38) Kap. 3 Rn.587ff.

及因权利瑕疵而导致的追夺担保责任上,设立了特殊的规则。[55]

在物的层面,法国的合意原则(债权意思主义)意味着,如果合同不生效,转让人仍然是所有人,如果标的物仍然在受让人处,则可以主张原物返还请求权。[56] 与瑞士法不同,法国法即使在因给付障碍而废止合同的情况下也是如此。[57]

改革后的《法国民法典》现在将有自己的返还清算章节,指向的是返还清算请求权。[58] 合同(绝对或相对)无效[59]、后来消灭(例如在解除条件的情况下)[60]或者以解除方式消灭合同时,则适用这些规则。[61] 仅仅对消费者撤回权没有提及,这是因为法国有在民法典之外规范消费者法的传统。与瑞士不同的是,新的返还规则同样也适用于非债清偿,例如某人意外地两次偿还债务或向错误的人支付债务的情况。[62] 这可能就是为什么返还章节与瑞士草案不同,并未把自己放置于债的发生原因,即合同、侵权、无因管理和不当得利等部分之中,而是在债法总则中:它是以现有请求权的法律后果来构造的。

2006 年卡塔拉委员会的草案就已经规定失败合同统一的返还清算规则。[63] 合同失败在无效和解除的情况下是一样的。通过建立统一和连贯的法律体系,来取代合同法、不当得利法和由于所有权没有移转所引申出的侵权法和物权法相互并行的模式。[64] 由于无效和解除之间的结构相似性,此种观念在法国可能不如在德国法中那样具有争议性。

---

[55] 《法国民法典》第 1630 条以下(权利瑕疵而导致的追夺担保责任),第 1644 条以下(因物的瑕疵导致的瑕疵返还)。

[56] Schlechtriem, Restitution (Fn.38) Kap. 2 Rn.345ff.

[57] Stadler, Gestaltungsfreiheit (Fn.40) 315ff.; Hornung, Rückabwicklung (Fn.52) 50ff.; Schlechtriem, Restitution (Fn.38) Kap. 2 Rn.347, Kap.3 Rn.590ff.

[58] 新《法国民法典》第 1352 条以下。

[59] 新《法国民法典》第 1178 条第 3 款。

[60] 新《法国民法典》第 1187 条第 2 款。

[61] 新《法国民法典》第 1229 条第 4 款。

[62] 新《法国民法典》第 1302 条之 3 第 1 款。

[63] 前引 19 的卡塔拉草案第 1161 条至 1164 条之 7,参见 Yves-Marie Serinet, Restitutions après anéantissement du contrat, in: ebd. 43ff.; Sebastian Heß, Rückabwicklung und Wertersatz, Eine rechtsvergleichende Untersuchung zu jüngeren Entwicklungen im europäischen Privatrecht (2011) 106f., 124ff.

[64] Serinet, Restitutions (vorige Fn.) 44.

三、历史比较视角下失败合同的返还清算

最近完成的两份欧洲草案都规定了统一的返还清算规则。这可能不是偶然,环顾欧洲可以发现,失败合同的返还清算几乎在所有国家都会产生问题。[65] 一些法律体系明确区分了不生效、撤销与由于给付障碍而引起的合同解除,确切地划分了不同的处理方式。消费者撤回权的返还清算,根据特定的法律体系,被放置在这个规则或者那个规则中,同样的情况还有意外地不能和停止条件成就。此外,如果所有权转让不生效,还涉及物的返还清算规则。处理失败合同返还清算的规则通常并不能令人满意,不同的清算规则的共存而引发的协调问题无处不在。

(一) 合同不生效

在不生效和撤销合同的情况中,有时在解除之后,往往会根据非债清偿要求返还清算,也就是因为没有债务而给付了所以要求返还。在法国和罗马法传统的其他国家,这种情况在不当得利之外有其自身的地位。[66] 对于他们来说,罗马共同法的传统规则通常适用:没有得利丧失的抗辩,但可能对于受领的特定标的物,善意受领人可以免除意外灭失的返还责任,并且在善意转售的情况下,仅仅就收益予以返还。[67] 在其他国家,例如德国和瑞士,这一返还之诉是不当得利法

---

[65] Izhak Englard, Restitution of Benefits Conferred Without Obligation, in: International Encyclopedia of Comparative Law, Vol. X: Restitution/Unjust Enrichment and Negotiorum Gestio, Ch. 5 (2007) Tz. 64 ff.; Schlechtriem, Restitution (Fn. 38) Kap. 3; Phillip Hellwege, Die Rückabwicklung gegenseitiger Verträge als einheitliches Problem (2004) 372ff.; Christiane Wendehorst, Die Leistungskondiktion und ihre Binnenstruktur in rechtsvergleichender Perspektive, in: Grundstrukturen eines Europäischen Bereicherungsrechts, hrsg. von Reinhard Zimmermann (2005) 47, 68ff.

[66] 《法国民法典》第 1235 条、第 1376 条以下;《意大利民法典》第 2033 条以下(同样可参见《西班牙民法典》第 1895 条以下,无效合同则通过第 1303 条以下),类似的如《荷兰民法典》第 6:203 条, Burgerlijk Wetboek (BW);参见 Konrad Zweigert/Hein Kötz, Einführung in die Rechtsvergleichung3 (1996) 546 ff.; Schlechtriem, Restitution (Fn.38) Kap. 1 Rn. 3 ff., Kap. 3 Rn. 242 ff.; Wendehorst, Leistungskondiktion (vorige Fn.) 61f.

[67] Vgl. Werner Flume, Der Wegfall der Bereicherung in der Entwicklung vom römischen zum geltenden Recht, in: FS Niedermayer (1953) 103ff., abgedruckt in Gesammelte Schriften, Bd.I (1988) 247ff.; Reinhard Zimmermann, The Law of Obligations (1990) 895ff.;《法国民法典》第 1379 条;《意大利民法典》第 2037 条、第 2038 条; Schlechtriem, Restitution (Fn. 38) Kap. 2 Rn.464, 468ff.

的一部分,并且可以主张得利丧失的抗辩。[68] 在两个设计方案中,众所周知的是,不当得利请求权(包括法国法上的非债清偿型不当得利)不能规制双务合同的特殊性,即给付彼此之间相互交换,并且每一方都知道他们也必须为自己获得的给付提供自己的给付。因此,不当得利返还规则经常被修正或者根本不适用。[69] 这一问题在德国是众所周知的(差额说与事实牵连理论)。[70]

除了非债清偿之外,在欧洲范围内,其他类型的诉也被提出,用来对失败的合同进行返还清算,例如目的嗣后消灭型不当得利、目的不达型不当得利、一般性的得利返还之诉(如果与非债清偿型不当得利相区分)、独自成一体的合同自己的返还清算诉权。[71] 同样,在罗马共同法传统中,不当得利只是几种补救措施中的一种,可以收回,是无效合同中的给付。[72] 与不能苛求遵守返还之诉的未成年人相比,这里有一个自己的诉权,以自己受领的范围为准。[73] 在某些情况下,返还清算可以在合同诉讼的帮助下来实现。

在故意欺诈、胁迫和强迫之时,有些诉讼可能同时排除合同的有效性并要求返还清算。[74] 目的是使各方当时恢复到原来的状况:恢复原状。该术语还指特别是在古典后期和后来的罗马荷兰法中使用的特殊补救办法,在一般的诉讼没

---

[68] 《德国民法典》第 812 条以下;《瑞士债务法》第 62 条以下;参见 Schlechtriem, Restitution (Fn.38) Kap. 1 Rn. 38 ff.

[69] Vgl. IECL/Englard, Restitution (Fn.65) Tz. 283, 287, 289; Schlechtriem, Restitution (Fn.38) Kap. 3 Rn. 100 ff.

[70] 参见 Ernst von Caemmerer, „Mortuus redhibetur", in: FS Karl Larenz (1973) 621, 635ff.; Hans Leser, Der Rücktritt vom Vertrag (1975) 107ff.; Karl Larenz/Claus-Wilhelm Canaris, Lehrbuch des Schuldrechts 13, Bd. II/2 (1994) 321ff.; Hornung, Rückabwicklung (Fn. 52) 133ff.; Dagmar Kaiser, Die Rückabwicklung gegenseitiger Verträge wegen Nicht-und Schlechterfüllung nach BGB (2000) 302ff.; Ulrich Büdenbender, Die Berücksichtigung der Gegenleistung bei der Rückabwicklung gegenseitiger Verträge, AcP 200 (2000) 627, 655ff.; Hellwege, Rückabwicklung (Fn.65) 87ff.; Martin Schwab, in: Münchener Kommentar zum BGB (2013) § 818 Rn. 209 ff.; Stephan Lorenz, in: Staudinger, Kommentar zum BGB (2007) § 818 Rn. 41ff.; Christiane Wendehorst, in: BeckOK BGB (2015) § 818 Rn. 103ff.

[71] 无效合同自己的返还清算规则,例如《西班牙民法典》第 1303 条以下。Schlechtriem, Restitution (Fn. 38) Kap. 3 Rn. 130 ff.; Daniel Friedrich Berg, Die Rückabwicklung gescheiterter Verträge im spanischen und deutschen Recht (2002) 61ff.

[72] 参见 Hellwege, Rückabwicklung (Fn.65) 394 ff., 435 ff.

[73] Ulpian D.3,5,3,4, D.26,8,1, D.26,8,5 pr.在如今法律中同样的法律救济参见 Izhak Englard, Restitution (Fn.65) Tz. 117ff.

[74] 参见 Zimmermann, Obligations (Fn.67) 651ff.

有办法提供帮助时,通过这个方式可以否定合同效力,并且能够完成返还清算,达到恢复到合同订立之前的状态的目的。[75] 它们主要应用于行为能力欠缺和非常损失规则。不言自明的是,返还清算义务在双方之间是相同的,即他们处于相互对等关系中。那些想要恢复原状的人必须提供他们自己所接受的给付。当返还清算在恢复原状之诉之外行使的时候,也就是说在一般的诉讼的背景下,法院也使用这种相互恢复原状的原则。

然而,恢复原状并没有纳入法典编纂之中。[76] 根据19世纪的现代学说,一个存在瑕疵的合同是无效或可撤销的,这种撤销导致了合同无效。就返还清算而言,在逻辑上应当是不当得利请求权,《德国民法典》也是这么规定的。显而易见的是,尽管它们之间缺少法定的连接,但是对待相互返还原则仍然被重视。今天的差额理论是基于19世纪帝国法院的判决,这不是一个新的发现,而是罗马共同法传统的延续。[77]

(二) 解除的特殊之处

对于解除,在某些法律体系中有特殊的规则,这主要是考虑到合同的牵连性。[78] 因而与不当得利法存在协调一致的问题,一个突出的例子是德国法。关于无效合同不当得利返还清算的讨论,总是会参照旧法中解除权的价值。[79] 然

---

[75] 参见 Max Kaser, Das römische Privatrecht2, Bd. II (1975) § 201 III 2, IV, VII; Hellwege, Rückabwicklung (Fn.65) 408 ff., 432 ff., 440 ff.

[76] 参见 Hellwege, Rückabwicklung (Fn.65) 451ff.

[77] Hellwege, Rückabwicklung (Fn.65) 461ff.

[78] 具体的如《德国民法典》第 346 条以下;《瑞士债务法》第 109 条,第 208 条;BW 第 6: 271 条以下;《西班牙民法典》第 1122 条至 1124 条(这里可参见 Schlechtriem, Restitution (Fn. 38) Kap. 3 Rn.631ff.)

[79] Vgl. von Caemmerer, Mortuus redhibetur (Fn. 70) 625 ff.; Leser, Der Rücktritt vom Vertrag (1975) 116; Larenz/Canaris, Schuldrecht II/2 (Fn. 70) 324ff.; Kaiser, Rückabwicklung (Fn. 70) 313ff., 324ff.; Büdenbender, AcP 200 (2000) 627, 671ff.; Hellwege, Rückabwicklung (Fn.65) 101ff., 115f., 120f., 126; Andreas Thier, in: Historisch-kritischer Kommentar zum BGB, hrsg. von Mathias Schmoeckel/Joachim Rückert/Reinhard Zimmermann, Bd.II (2007) §§ 346 - 359 Rn. 45; MüKo BGB/Schwab (Fn.70) § 818 Rn. 243 ff. 在准备债务法改革时,Ulrich Huber 提议将解除的规定类推适用双务合同的无效,Huber, Leistungsstörungen, in: Gutachten und Vorschläge zur Überarbeitung des Schuldrechts, Bd.I (1981) 647, 679 (§ 327d), 853ff.; 赞同的观点参见 Stephan Lorenz, Die Lösung vom Vertrag, insbesondere Rücktritt und Widerruf, in: Die Schuldrechtsreform vor dem Hintergrund des Gemeinschaftsrechts, hrsg. von Reiner Schulze/Hans Schulte-Nölke (2001) 329, 347, 355.

而这一点经常被发现并不令人满意。[80] 在债法现代化的时候,立法者的目的是,希望通过解除效果法的改革,达到与现代不当得利法学说之间的协调一致。[81] 既然已经重新规定了解除的法律效果,那么在不当得利中再次作出努力,使双务合同的返还清算规则与改革后的解除法效果相适应。[82] 一些国家的法律已经提出了这一结论,统一解除和不生效的法效果,例如西班牙[83]、葡萄牙[84]和最近的荷兰民法典。[85] 在意外地不能,也就是目的不达的情况下,则适用其他特殊规则。[86]

(三)英国的法律

和统一的合同清算制度相距更远的是英国法律。[87] 在这里,是否返还以及如何返还都取决于合同失败的确切原因。但是,所有的返还清算请求权,无论是在无效的情况下,还是在撤销或者解除之中,都归于恢复原状法,可以认为是"合同之外的恢复原状法",因为至少在英国看来,即使在解除的情况下,并不是关于合同的请求权。

---

[80] Leser, Der Rücktritt vom Vertrag (1975) 59 ff., 192 ff; Hornung, Rückabwicklung (Fn. 52) 142ff.; Hellwege, Rückabwicklung (Fn.65) 20ff.; HKK/Thier (vorige Fn.) § § 346 - 359 Rn.41ff.

[81] Deutscher Bundestag, Entwurf eines Gesetzes zur Modernisierung des Schuldrechts, BT-Drucks. 14/6040 vom 14.5.2001, S. 194; Abschlußbericht der Kommission zur Überarbeitung des Schuldrechts (1992) 185, 188.

[82] 参见 Timo Fest, Der Einfluss der rücktrittsrechtlichen Wertungen auf die bereicherungsrechtliche Rückabwicklung nichtiger Verträge (2006); Frank Bockholdt, Die Übertragbarkeit rücktrittsrechtlicher Wertungen auf die bereicherungsrechtliche Rückabwicklung gegenseitiger Verträge, AcP 206 (2006) 769ff.; Hellwege, Rückabwicklung (Fn.65) 155ff.; Horst Konzen, Schuldrechtsreform, Rücktritt und Wegfall der Bereicherung bei gescheiterten Austauschverhältnissen, in: FS Claus-Wilhelm Canaris, Bd.I (2007) 605ff.; Herbert Roth, Rücktrittsrecht und Leistungskondiktion, in: ebd. 1131 ff.; MüKo BGB/Schwab (Fn. 70) § 818 Rn. 252 ff.; Staudinger/Lorenz (Fn. 70) § 818 Rn. 41 ff.

[83] Schlechtriem, Restitution (Fn. 38) Kap. 3 Rn. 632; Berg, Rückabwicklung (Fn. 71) 66 f., 120f.

[84] Schlechtriem, Restitution (Fn. 38) Kap. 3 Rn.178.

[85] Schlechtriem, Restitution (Fn. 38) Kap. 3 Rn.258ff.

[86] IECL/Englard, Restitution (Fn. 65) Tz. 167ff.

[87] 参见 Sonja Meier, Irrtum und Zweckverfehlung (1999) 251ff., 289ff.; Schlechtriem, Restitution (Fn. 38) Kap. 3 Rn. 188 ff., 662 ff.; Christoph Coen, Vertragsscheitern und Rückabwicklung (2003) 117 ff., 149 ff.; Hellwege, Rückabwicklung (Fn.65) 173 ff.

(四) 国际法规

观察一下欧洲和国际法律体系则显得非常有意思。《联合国国际货物销售合同公约》仅仅规定了解除之后的返还清算规则,[88]因为它并不调整合同效力问题。《欧洲合同法原则》规定了解除、撤销和违反法律、违反善良风俗不生效的不同的返还清算规则。[89]《欧洲民法典草案》包含一个解除清算的章节,[90]经过修正可以适用于意外地不能、[91]消费者撤回[92]和解除条件成就的案件,[93]其作者假定在所有此类情形中均是对未来发生效力的终止合同。[94] 与此相对立的是,合同的无效、撤销导致合同自始无效,这就是为什么在《欧洲民法典草案》中返还清算通过不当得利完成,[95]但这一规定不能完全解决双务合同中的特殊问题。[96]

---

[88] 参见 Markus Krebs, Die Rückabwicklung im UN-Kaufrecht (2000); Hellwege, Rückabwicklung (Fn.65) 576 ff.; Heß, Rückabwicklung (Fn.63) 47 ff.

[89] 《欧洲合同法原则》第 4:115 条(撤销),第 9:307 条—第 9:309 条(解除),第 15:104 条(违反强制性法律或者善良风俗无效)。参见 Hellwege, Rückabwicklung (Fn.65) 584ff.; Reinhard Zimmermann, Restitutio in integrum, in: FS Ernst Kramer (2004) 737ff.

[90] 《欧洲民法典草案》第Ⅲ.—3:510—3:514 条;参见 Heß, Rückabwicklung (Fn.63) 169 ff.

[91] 《欧洲民法典草案》第Ⅲ.—3:104(4)条。

[92] 《欧洲民法典草案》第Ⅱ.—5:105 条。

[93] 《欧洲民法典草案》第Ⅲ.—1:106(5)条;以及约定期限的债务第Ⅲ.—1:107(3)条,和约定解除条件,第Ⅲ.—1:108(2)条,1:109(3)条。

[94] Christian von Bar/Eric Clive (2009) Bd.Ⅰ, Comment C zu Art. Ⅲ.—3:509; Tobias Ott, Das Bereicherungsrecht im Draft Common Frame of Reference (DCFR) aus deutscher Sicht (2013) 118f.

[95] 《欧洲民法典草案》第Ⅱ.—7:212 条(撤销),第Ⅱ.—7:303 条(因为违法和违背善良风俗无效),参见第Ⅶ.—2:101(2)条。在撤销捐赠的情况下,尽管撤销具有面向未来的效果,但应类推适用不当得利法,《欧洲民法典草案》第Ⅳ.H.—4:103 条;参见 DCFR, Official Comment (vorige Fn.) Bd.Ⅲ, Comments A und B zu Art. Ⅳ.H.—4:103. 对双轨制批判的意见参见 Pietro Sirena, The DCFR‐Restitution, Unjust Enrichment and Related Issues, ERCL 4 (2008) 445ff.; Ott, Bereicherungsrecht (vorige Fn.)190ff.

[96] 《欧洲民法典草案》第Ⅶ.—1:101 条以下;参见 Ott, Bereicherungsrecht (Fn.94) 150 ff.

与此相对,我们在《可行性研究》[97]、《欧洲共同买卖法草案》[98],以及欧洲民法典的前期项目中找到了撤销和解除的统一规则。[99] 在 2010 年,国际统一私法协会的《国际商事合同通则》修订过程中,为这些情形提供了独立的规则;但是就返还清算的内容安排而言是相同的。[100] 在这个方面,我们必须承认,瑞士的草案和法国的改革,尽管表现得很微妙,还是遵循了欧洲的趋势。

另一个问题是,支持统一返还清算规则是否恰当。瑞士法草案的批评者所

---

[97] 《可行性研究》第 176—180 条;但是,撤回有自己的返还清算规则规则,《可行性研究》第 43 条。

[98] 《欧洲共同买卖法草案》第 172—177 条((同样关于撤回有自己的特殊规则,第 44 条以下);参见 Matthias Lehmann, in: Common European Sales Law, Commentary, hrsg. von Reiner Schulze (2012) 679ff.; Christiane Wendehorst, Schadensersatz, Verzugszinsen und Rückabwicklung, in: Gemeinsames Europäisches Kaufrecht für die EU?, hrsg. von Oliver Remien/Sebastian Herrler/Peter Limmer (2012) 189, 195ff.; Wendehorst, Rücktritt („Beendigung") im Entwurf für ein Gemeinsames Europäisches Kaufrecht, in: Ein einheitliches europäisches Kaufrecht?, hrsg. von Martin Schmidt-Kessel (2012) 371, 392ff.; Wendehorst, in: Schmidt-Kessel, Der Entwurf für ein Gemeinsames Europäisches Kaufrecht, Kommentar (2014) 798ff.; Bernhard Koch, Schadensersatz und Rückabwicklung, in: Am Vorabend eines Gemeinsamen Europäischen Kaufrechts, hrsg. von Christiane Wendehorst/Brigitta Zöchling- Jud (2012) 225, 241ff.; Dirk Looschelders, Das allgemeine Vertragsrecht des Common European Sales Law, AcP 212 (2012) 581, 671ff.; Stephan Lorenz, Das Kaufrecht und die damit verbundenen Dienstverträge im Common European Sales Law, AcP 212 (2012) 702, 778ff.; Oliver Mörsdorf/Julia Brinkmann, Die Rückabwicklung von Kaufverträgen gemäß Art.172ff.

[99] 欧洲学术交流会/Giuseppe Gandolfi,《欧洲合同法》(AP-CEC),访问地址:http://www.eurcontrats.eu/acd2/ ,第 160 条,关于无效的合同. 这里可参见 Hellwege, Rückabwicklung (Fn. 65) 592ff.; Zimmermann, Restitutio (Fn. 89) 751 ff.; Heß, Rückabwicklung (Fn. 63) 133 ff.

[100] 《国际商事合同通则》第 3.2.15 条关于撤销(至始无效,第 3.2.14 条),违法的合同(第 3.3.2(3)条)和溯及消灭解除条件的情况(第 5.3.5 条);《国际商事合同通则》第 7.3.6 条关于面向未来无效的解除(第 7.3.7 条评论 1),相应的只对未来发生效力的解除条件(第 5.3.5 条).参见 Reinhard Zimmermann, The Unwinding of Failed Contracts in the UNIDROIT Principles 2010, Uniform Law Review 16 (2011) 563ff., 585f.; Stefan Vogenauer, Die UNIDROIT Grundregeln der internationalen Handelsverträge 2010, ZEuP 21 (2013) 7, 33ff.; Jacques du Plessis, in: Commentary on the UNIDROIT Principles of International Commercial Contracts2, hrsg. von Stefan Vogenauer (2015) 540ff.; Peter Huber, ebd. 969ff.

提出的对于将合同的不生效和解除不能同等处理的批评意见是否正确？[101] 如果无效、撤销和解除之间存在根本区别，这是否有碍于统一的返还清算规则的构建？在无效和撤销的讨论中，人们认为[102]不存在有效的合同，因此必须根据法定的债务关系，诸如不当得利来进行清算。相反，在合同解除之时，越来越多的欧洲法律体系认为合同不会被消灭，而是会转换成返还清算的债务关系。这种返还清算显然是在合同基础上进行的，其中包括合同中的价值判断。从这个角度来看，统一的返还清算规则的构建似乎不太可行。[103]

四、返还效果的构建

然而，从历史的角度来看，合同不生效和解除之间的性质差异是一个相对较新的现象。在欧洲法律体系中，由于给付障碍而解除合同的一般性权利很晚，也就是直到18和19世纪才得以设定。[104] 罗马法中只有在买卖标的物存在瑕疵的情况下才能解除合同，即瑕疵解除返还之诉，我们后来称之为瑕疵解除。在其适用范围之外，因为另一方的给付障碍，基本上没有可能解除合同。同样地，市民法遵循如下的原则：如果一方违反了其合同义务，另一方可以将他们的给付留下来，要求赔偿损失，并且在某些情况下要求实物履行，但不能（瑕疵解除返还之诉除外）解除合同：契约必须被恪守。但是，当事人可以通过借助于条件构造，让合同的有效性取决于一方的履行情况。在罗马法[105]中已经在使用，后

---

[101] Honsell, SJZ 109（2013）457，459f.反对列入自始无效的合同的观点参见Schmidlin, SJZ 111（2015）25，28ff.

[102] 代表的观点如 Kaiser, Rückabwicklung（Fn. 70）322 f., 509 ff.

[103] 持此观点的如 Lorenz, AcP 212（2012）702，787.

[104] 参见 Leser, Rücktritt（Fn. 70）1 ff.; Zimmermann, Obligations（Fn. 67）317，578f., 800ff.;"听过的旋律很甜，没有听过的旋律更甜", Zimmermann, AcP 193（1993）121，153ff.; Axel Flessner, Befreiung vom Vertrag wegen Nichterfüllung, ZEuP 5（1997）255，260ff.; Bruno Schmidlin, Der Rücktritt vom Vertrag, Von der Nichtigkeit ex tunc zum vertraglichen Liquidationsverhältnis-ein dogmengeschichtlicher Wandel, in: FS Theo Mayer-Maly（2002）677; HKK/Thier（Fn. 79）§§ 346–359 Rn. 3

[105] 参见 Pomponius D.18,1,6,1; Ulpian D.18,3,1; Paulus D.41,4,2,3.

来被共同法所接纳,也就是所谓的解约条款。[106] 这是一个双方之间的约定,根据该约定,如果买方在某个日期之前没有付款,则应解除买卖合同,只要卖方不想再坚守合同。

现代意义上的解除法在教会法和自然法原理的影响下开始逐步发展。如果其中一方当事人没有履行自己的义务,则另一方当事人不受其所负给付义务之拘束;一方当事人的给付成为另一方当事人受到束缚的"条件",最初可能是在非技术意义上,然后是延缓的或解除的条件。后来是植入合同中的法定解除条件,则是多玛(Domat)和波蒂埃(Pothier)通过《法国民法典》第 1184 条来实现的。[107] 根据共同法的通说,解除是具有溯及力的,[108]《法国民法典》遵循了上述做法。[109] 因此,顺其逻辑,法国学说认为合同废止具有溯及力。

条件的构造在下一代的德语系法典中,[110] 诸如《一般德国商法典》、《瑞士债务法》和《德国民法典》,并没有被继续沿用。[111] 然而,人们开始理所当然地认为解除溯及地消灭合同。根据《德国民法典》的立法者、早期的法院裁判和文献的

---

[106] 参见 Franz Wieacker, Lex commissoria (1932) 19ff.; Frank Peters, Die Rücktrittsvorbehalte des römischen Kaufrechts (1973) 93ff.; Gottfried Schiemann, Pendenz und Rückwirkung der Bedingung (1973) 20ff.; Leser, Rücktritt (Fn. 70) 16ff.; Zimmermann, Obligations (Fn. 67) 718, 731 f., 738; Thomas Finkenauer, in: Historisch-kritischer Kommentar zum BGB, hrsg. von Mathias Schmoeckel/Joachim Rückert/Reinhard Zimmermann, Bd.I (2003) §§ 158 - 163 Rn. 6; HKK/Thier (Fn. 79) §§ 346 - 359 Rn. 7 ff.

[107] 这使得《法国民法典》成为欧洲大陆的先锋。同时期制定的《普鲁士法》仅在例外情况下允许解除合同,而《奥地利民法典》则不允许解除,这是根据 1811 年《奥地利民法典》第 919 条(随着 1916 年的修订版,更改为《奥地利民法典》第 919 条)。因此,可以理解的是,面对这一革命性的步骤,法国立法者以这样一种方式来完成,即只能由法院宣布解除合同。然而,实际上,这一要求非常繁琐,被司法裁判所突破,并由各方通过解决性条款规避。Flessner, ZEuP 5 (1997) 255, 270ff.; Zweigert/ Kötz, Rechtsvergleichung (Fn. 66) 496 f.; Kötz, Europäisches Vertragsrecht (2015) 322f. 法国的改革草案现在遵循《意大利民法典》(第 1454 条,第 1456 条以下),如果存在合同解除条款或债权人预先设定了解除期限,那么还是允许通过当事人的意思表示来解除的。

[108] Schiemann, Pendenz (Fn. 106) 95ff.; HKK/Finkenauer (Fn. 106) §§ 158 - 163 Rn. 9.

[109] 《法国民法典》第 1179 条。《法国民法典》遵循了 Robert-Joseph Pothier, Traite des Obligations (1761) §§ 220 f.; vgl. Schiemann, Pendenz (Fn. 106) 81.

[110] 同样可以在《西班牙民法典》第 1124 条和 1123 条中找到。

[111] 关于历史背景参见 Leser, Rücktritt (Fn. 70) 10 ff.; HKK/Thier (Fn. 79) §§ 346 - 359 Rn. 23ff.

观点,第346条以下是不当得利法的特别法。⑫

  有趣的是,英国法律具有类似的情况。⑬ 由于给付障碍而产生的解除权在普通法中也很晚即在18世纪末期才得以确立。关于条件的构造,在英国也有人支持——更确切地说是,伟大的英国法官曼斯菲尔德勋爵:⑭在双务合同中,一方的给付义务以另一方履行给付义务为条件,因此在没有对待给付的情况下(通过债权人相应的意思表示),合同被解除。与大陆法的条件构造相平行可能并不是偶然,而应当通过在英国长期有效的罗马教会法和曼斯菲尔德勋爵渊博的大陆民法知识来解释。就算在当代,在英国合同法中,仍然对那些能够引起合同解除的条件条款,和那些仅仅产生损害赔偿请求权的保证条款予以区分。⑮ 在英国,最初也假设解除将溯及地消灭合同。"废止"一词同样用于解除和撤销。

  不管是在英国还是在欧洲大陆,解除溯及地消灭合同的观点开始逐渐发生变化。这种变化的原因在英吉利海峡两岸是相似的。首先,它是关于维持特定合同条款。管辖权条款和仲裁约定以及责任的限制、合同罚则约定、损害清算条款或保密义务应该不受到解除的影响。⑯ 在德国同样如此,1929年海因里希·斯托尔试图使得已经产生的损害赔偿请求权继续存在,⑰那时解除仅仅赔偿消

---

 ⑫ Leser, Rücktritt (Fn. 70) 91ff., 154ff.; Hellwege, Rückabwicklung (Fn.65) 28f., 466; HKK/Thier (Fn. 79) §§ 346 - 359 Rn. 33, 35, 38 f.; 参见 RG 11.4.1902 - Rep Ⅱ 407/01, RGZ 50, 255, 266f.; RG 14.7.1923 - Ⅴ 896/22, RGZ 107, 345, 348.

 ⑬ 参见 Zimmermann, AcP 193 (1993) 121, 153ff.

 ⑭ Kingston v Preston (1773), sub Jones v Barkley (1781) 2 Douglas 684, 99 English Reports 434, 437.

 ⑮ 参见 Edwin Peel, in: Treitel, The Law of Contract13 (2011) Rn.18—39ff.; A.G. Guest, in: Chitty on Contracts30, Bd.I: General Principles (2006) Rn.12—019ff. 但是,合同解除越来越多的不再取决于对合同约定的违反,而是取决于违反合同的实质性。参见 Zweigert/ Kötz, Rechtsvergleichung (Fn. 66) 504 ff.; Kötz, Europäisches Vertragsrecht (Fn. 53) 324ff.

 ⑯ 关于英国法参见 Heyman v Darwins Ltd [1942] AC 356, 373f., 379, 398f. (HL); Johnson v Agnew [1980] AC 367, 392ff. (HL); Photo Production Ltd v Securicor Transport Ltd [1980] AC 827 (HL); Treitel/Peel, Law of Contract (vorige Fn.) Rn.18—14; Coen, Vertragsscheitern (Fn. 87) 136ff.; Hellwege, Rückabwicklung (Fn.65) 274; ferner Lando/Beale, PECL (Fn.1) Comment B zu Art. 9:305.

 ⑰ Heinrich Stoll, Rücktritt und Schadensersatz, AcP 131 (1929) 141 ff., insbes. 183f.; 参见 Hellwege, Rückabwicklung (Fn. 65) 467ff.; Thomas Jaeger, Die parallele Anwendung von BGB und Europäischem Kaufrecht beim Rückgewährschuldverhältnis, AcP 213 (2013) 507, 511ff.

极利益,因为根据《德国民法典》解除排除了因不履行导致的损害赔偿权,这一规定通过德国债法现代化才得以改变。

现在,解除的效果被不同地构造。在英国,与撤销合同存在不同,解除合同的时候,合同结束只对将来发生效力。[118] 为了使解除和撤销相区分,现在越来越多地将解除称为终止而不是废止。[119] 在德国和其他法律制度中,解除既不消灭合同,也不结束合同,而是将其转换为返还清算债务关系。[120] 因此,乍一看,解除和撤销的返还清算规则,存在根本不同的法教义学构造。

但是,千万不能过高估计这种不同结构的重要性。首先,即使在合同撤销时,维持管辖权或仲裁条款也许仍有意义。无论如何,撤销后,诸如保密和顾及义务等某些义务在德国法律中仍然存在。它们被认为是保护义务,根据《德国民法典》241条第2款的规定,这不仅来自有效合同,而且来自特殊联系,因此它也可能存在于无效或撤销的合同当事人之间。[121] 因此,无论是瑞士草案,还是法国的改革都规定,合同解除、撤销或无效时,目的在于处理相关争议和合同失败之后关系的那些约定,仍然应当保持效力。[122]

即使人们对解除、撤销和无效有不同的理解,这也不会导致返还清算在教义

---

[118] 证据在第116个引注中;详细参见 Ewan McKendrick, in: Chitty on Contracts30, Bd.Ⅰ: General Principles (2006) Rn.14—001ff. 对这些术语的批评意见参见 Guenter Treitel, Remedies for Breach of Contract, A Comparative Account (1988) 383.

[119] Heyman [1942] AC 356, 398f. (Lord Porter); Johnson [1980] AC 367, 392f. (Lord Wilberforce); Photo Production [1980] AC 827, 844 (Lord Wilberforce), 850 (Lord Diplock); Treitel/Peel, Law of Contract (Fn. 115) Rn. 18—001; Chitty on Contracts/McKendrick Rn. 24—047; Hellwege, Rückabwicklung (Fn.65) 173.

[120] 关于德国法参见 Kaiser, Rückabwicklung (Fn. 70) 111 f.; Kaiser, in: Staudinger, Kommentar zum BGB (2012) § 346 Rn. 69; Florian Faust, in: jurisPK—BGB7 (2014) § 346 Rn.5; 批评的意见参见 Thomas Lobinger, in: Soergel, Bürgerliches Gesetzbuch13, Bd. Ⅲ/3 (2010) vor §346 Rn.15ff.; Jürgen Kohler, Bereicherungshaftung nach Rücktritt-eine verdrängte Verdrängung und ihre Folgen, AcP 208 (2008) 417, 423ff.; 概览如 HKK/Thier (Fn. 79) §§ 346-359 Rn. 40; 关于瑞士法参见 BGer. 16.5.1988, BGE 114 Ⅱ 152, 157f.; 关于荷兰法参见《荷兰民法典》第 6:269, 6:271 条; 关于西班牙法参见 Berg, Rückabwicklung (Fn. 71) 67.

[121] Claus-Wilhelm Canaris, Ansprüche wegen „ positiver Vertragsverletzung " und „Schutzwirkung für Dritte" bei nichtigen Verträgen, JZ 1965, 475ff.; Dirk Olzen, in: Staudinger, Kommentar zum BGB (2015) § 241 Rn. 407 f. Vgl. Hornung, Rückabwicklung (Fn. 52) 367; Soergel/Lobinger (vorige Fn.) vor § 346 BGB Rn. 17; Kohler, AcP 208 (2008) 417, 426f.; Buz, SJZ 111 (2015) 565, 569.

[122] 瑞士《债务法2020》第79条第2款;新《法国民法典》第1230条。

学上的差别。[123] 在合同的解除中,合同中的仲裁条款和损害赔偿要求仍然保持效力,[124]但是排除了具体的给付义务。如果一方已经这样履行了给付,它就履行了嗣后消灭的义务。[125] 这与从一开始就缺少某项义务的情况是没有办法区分的。因此,返还清算也可以在接受合同继续存在的情况下,理解为原因嗣后消灭型不当得利的特殊情况(具体给付义务的不存在)。[126]

五、只有在对待给付落空的情况下才清算?

当然,其前提是,给付义务确实会通过解除消灭。德国法和其他大陆法系以及大多数国际法规都是如此规定的。但是,英国法[127]和《欧洲合同法原则》[128]的规定则不相同,《欧洲合同法原则》以英国法作为蓝本认为,解除,更确切地说是因给付障碍而终止,这只导致面向未来的终止合同,因此只能消灭未来到期的给付义务。如果义务在解除之前已经到期,则并不会排除。只要提供了给付,只有在对待给付落空的情况下才能要求返还,在英语中该术语为:对价的落空。这意味着和撤销的根本区别,在撤销中,返还请求权不需要对价的落空。

与大陆法的方法相比较,这种模式通常并不会导致不同的结论,因为解除的原因通常也是对待给付的落空。但是,从大陆法系的角度来看,这是一个奇怪的构造。如果买方已经付款并且如果他因卖方的迟延而解除,那么这样的解除并不意味着他可以要求退还他的钱,而是对待给付落空时才可以要求返还。如果

---

[123] 参见 Hellwege, Rückabwicklung (Fn.65) 527 ff.

[124] 如此强调的如《联合国国际货物销售合同公约》第 81(1)条第 2 款;《欧洲合同法原则》第 8:102 条,第 9:305(2)条;《欧洲民法典草案》第Ⅲ.—3:509(2)—(3) 条;《国际商事合同通则》第 7.3.5(2)—(3) 条;《可行性研究》第 Art.6(1)—(2) 条;《欧洲共同买卖法草案》第 8 条。

[125] Vgl. Hartmann, Rückabwicklung (Fn.37) Rn. 20.

[126] Vgl. Ernst von Caemmerer, Bereicherung und unerlaubte Handlung, in: FS Ernst Rabel I (1954) 333, 342; Büdenbender, AcP 200 (2000) 627, 634; Soergel/Lobinger (Fn. 120) vor § 346 BGB Rn. 19; Kohler, AcP 208 (2008) 417, 430 f.

[127] Meier, Irrtum (Fn.87) 253 ff.; Hellwege, Rückabwicklung (Fn.65) 275 ff.; Treitel, Remedies (Fn.118) 386f.; Treitel/Peel, Law of Contract (Fn. 115) Rn.18—010ff., 22—003ff.; Andrew Burrows, The Law of Restitution (2011) 341ff.; Graham Virgo, The Principles of the Law of Restitution (2006) 330ff.

[128] 《欧洲合同法原则》第 9:305 条至第 9:309 条;参见 Coen, Vertragsscheitern (Fn. 87) 280ff.; Hellwege, Rückabwicklung (Fn.65) 588 ff.; Zimmermann, Restitutio (Fn. 89) 739 ff.

买方尚未支付,则取决于付款到期的时间。如果到期日仅在解除之后,买方自动获得义务的免除。另一方面,如果付款义务在解除前到期,则解除并不会排除该项义务。但是,如果买方已经付款,那么由于对待给付的落空,可要求返还自己支付的价金,因为他从一开始就无须支付。[129]

终止这种只对未来发生效力的一个原因是英国法律和《欧洲合同法原则》不区分解除和终止:两个都是终止。在持续性债务的情况下,例如劳动合同和租赁合同,认为终止的意思表示只对未来发生效力是有意义的。如果在过去的时间内给付和对待给付已经交换了,通常情况下就继续这么维持。同样,在其他情形中,部分给付也是有意义的,因而已经履行的部分给付,可以以此继续维持。因此,根据对待给付的落空而要求返还的规则并不必要。更确切地说,只要债权人的履行利益没有全部丧失,通过规则也可以防止不必要的返还清算,根据这项规则,持续性债务的解除只产生面向未来的终止效力[130],或者根据部分给付的落空或欠缺,仅产生部分解除的效果[131],必要的时候通过一项规则,根据该规则,鉴于部分给付已经完成交换,返还清算也被排除。[132]

但英国法和《欧洲合同法原则》的规定不仅限于此。例如,如果买方已经支付了价金,但是收到了有瑕疵的标的物,则必须先赋予他拒绝并退还该标的物的权利,以便买方基于对待给付的落空获得一项返还清算请求权。[133] 如果订购者解除承揽合同,则只有当他尚未收到任何给付,或者证明以前的工作对他没有任何价值,以便能够主张对待给付的落空之时,他才可以收回到期已经支付的价款。只有在这两种情况下,他才能免于支付已经到期的价款。尚未到期的价款

---

[129] 参见 Treitel/Peel, The Law of Contract (Fn. 115) Rn. 18 - 11, 18 - 13.

[130] Vgl. Hornung, Rückabwicklung (Fn. 52) 165ff., 172ff., 368f.; IECL/England, Restitution (Fn. 65) Tz. 192; Berg, Rückabwicklung (Fn. 71) 155 f., 158 f.; Hellwege, Rückabwicklung (Fn.65) 589; Kötz, Europäisches Vertragsrecht (Fn. 53) 350;《意大利民法典》第1458条第1款;AP‐CEC 第114(5)条;《国际商事合同通则》第7.3.7条。

[131] 参见《德国民法典》第 323 条;《联合国国际货物销售合同公约》第 51 条,第 73 条;《欧洲合同法原则》第 9:302 条;《欧洲民法典草案》第Ⅲ.—3:506 条;《欧洲共同买卖法草案》第 117 条,第 137 条 APCEC 第114(4)条。Vgl. Hornung, Rückabwicklung (Fn. 52) 178 ff.

[132] 《欧洲民法典草案》第Ⅲ.—3:511条;类似的参见《可行性研究》第176(3)条;《欧洲共同买卖法草案》第 172(3)条。但在部分解除之时存在重叠;Wendehorst, Schadensersatz (Fn.98) Rn.21; dies., Rücktritt (Fn.98) 374 f.; Lorenz, AcP 212 (2012) 702, 778 f.

[133] 参见《欧洲合同法原则》第 9:306 条。

将自动不用支付。[133] 给付义务的到期日对于返还问题至关重要,该规定从大陆法系的角度来看是烦琐的,其他国际法律框架并未刻意采用这一规定。[134]

就事理而言,上述差异并不涉及返还清算本身,而是何时须返还的时间点。当然,在某些情况下将已经交付的给付留给自己是有道理的,而在其他情况下,只有从一开始就全部返还才是合适的。但是即便如此,解除以及终止与撤销和无效之间的区分并不那么明显。

即使在持续性债务的情况下,也可以设想在给付障碍的情况下溯及进行返还清算。[135] 如果租赁的公寓在1月和2月不适合居住,并且租户在2月底终止合同,则可以从1月份开始要求返还,这在英国法中同样是允许的,因为对待给付落空。德国法中的终止只允许面向未来,也就是说只能从3月开始,但是通过将之前两个月(租金)减价到零的方式经济上达到同样的效果。

相反,撤销不一定总是导致完全返还清算。[136] 就此显而易见的是持续性债务关系,如果劳动合同和合伙合同存在错误,通常情况下会排除返还清算。[137]

在法国的改革草案中,返还清算的范围问题,先前是通过一项规则来解决,根据这项规则,如果给付不符合合同或者签订的是一项不利益的合同,那么可以被解除,解除才可以导致返还清算请求权。[138] 这一实际上令人不满意的规则最近被另一项规定所取代,根据这个规定,只要当事人的利益不是仅能通过全部给

---

[133] 批评的意见参见 Coen, Vertragsscheitern (Fn. 87) 281 ff.; Zimmermann, Restitutio (Fn. 89) 740ff.

[134] 《欧洲民法典草案》第Ⅲ.—3:510条;《国际商事合同通则》第7.3.6条. 批评的意见参见 Wendehorst, Rücktritt (Fn.98) 373f.; Schmidt-Kessel/Wendehorst (Fn.98) Art. 8 Rn. 7 ff., Art. 172 Rn. 10f.; Lorenz, AcP 212 (2012) 702, 726f.

[135] 关于德国法参见 Reinhard Gaier, in: Münchener Kommentar zum BGB7, Bd.Ⅱ (2016) § 314 Rn.3;关于法国法参见 Hornung, Rückabwicklung (Fn. 52) 165 ff.;更进一步可参见 Berg, Rückabwicklung (Fn. 71) 158 f., 162.

[136] Zimmermann, Uniform Law Review 16 (2011) 563, 584.

[137] Vgl. Dieter Reuter/Michael Martinek, Ungerechtfertigte Bereicherung (1983) 134ff.; Ernst Kramer, Der Irrtum bei Vertragsschluss (1998) Rn. 106; Hornung, Rückabwicklung (Fn. 52) 169ff.; Schlechtriem, Restitution (Fn. 38) Kap.2 Rn.490f., 502, 506, Kap.3 Rn.56, 81; Berg, Rückabwicklung (Fn. 71) 154 f., 156 f.;《法国民法典》第1844—15条;《意大利民法典》第2126条;AP—CEC 第147(2)条;关于瑞士法参见《瑞士债务法》第320条第3款;BGer. 21.2.2003, BGE 129 Ⅲ 320 E.7.1.1. ff.; BGer. 3.5.2011, BGE 137 Ⅲ 243 E.4.4.4.

[138] 2015年春天的改革草案第1229条第3款。

付达到的,就双方履行的部分给付而言,解除仅产生面向未来的终止效力。[140] 瑞士的草案针对这个问题,旨在通过一个一般性的、能够对所有合同失败情形所适用的条款来解决,根据这个规则,合同清算的时间点,由合同的性质、清算的原因和履行的程度来确定。[141] 这是一个非常灵活的解决方案,但却以牺牲法律的确定性为代价。[142]

六、合同在返还清算中的作用

结论上,撤销和解除教义学构造的差异不会成为解决返还清算统一规则的障碍。前提条件始终是,法律认为它们具有溯及力。这一决定不仅适用于撤销,也适用于解除,这不仅仅对未来产生影响。清算的目的是相同的:纠正错误的财产转移和恢复原状。

因此只留下一个论据支持割裂的返还清算规则:无效和撤销的合同被错误地缔结。因而人们认为,它们在返还清算中并不发挥任何作用。正是因为这个原因,必须借助法定债务关系,诸如不当得利请求权。与此相对应的是,在解除的情况下,所处理的是一个有效缔结的合同,它的价值在返还清算中仍然需要被重视。[143]

一个明显的反对意见是,至少根据德国法,各种不同的合同效力瑕疵并不总符合此种区分。[144] 例如,解除条件的成就并不基于一个错误缔结的合同,但是却导向不当得利请求权。相反,合同签订之时出现问题,根据《德国民法典》第313条第2款主观交易基础的丧失,如果没有办法对合同进行调整,仍然会导致合同解除。在某些情况下,也会出现类别的竞合,例如出卖人就标的物性质恶意欺诈,就此买受人享有撤销合同或者在修复不成功的时候解除合同的选择权。这些问题本来是可以通过明确的类型构造来克服的。

根据我的观点,更重要的是另外两个反对意见,一个法教义学上的和一个更加务实的。在解除后必须考虑合同中的价值,而在撤销和无效的时候则无须考虑,从教义学上来讲这完全不清楚。解除的目的是不再履行原先约定的对待给付。特别是,在一方违约的情况下,他是否可以要求另一方遵守合同所确定的对

---

[140] 新《法国民法典》第1229条第3款。

[141] 瑞士《债务法2020》第80条;参见 Huguenin/Hilty, OR 2020 (Fn. 8) Art. 79 Rn. 2, Art. 80 Rn.2ff.

[142] Buz, SJZ 111 (2015) 565, 571f.

[143] Kaiser, Rückabwicklung (Fn. 70) 240, 322 f., 509 ff.

[144] Hellwege, Rückabwicklung (Fn.65) 522 ff.; Kohler, AcP 208 (2008) 417, 431.

价关系,尤其是在自己违反合同义务的情况下。相反,在不当得利的背景下,我们也尊重当事人将其财产用于特定目的的自由决定[15],不仅在双务合同中,而且在指示关系中。[16] 因此,即使在不当得利法中,也没有忽视当事人表达决定的合同。

倘若,有正当理由对特定单个问题进行不同的评价,根据情况,是在合同无效中存在或者仅在合同解除中存在,那么根据实用主义的观点就是公开解决这些差异,而不是躲在两个不同的返还清算体系之后。在统一制度的框架内,可以根据合同失败的原因对具体的个别问题进行不同的评价,但这些评价必须公开论证。[17] 最重要的单个问题将在下面讨论。

---

[15] Flume, Wegfall (Fn.67) IV.4. ff., IV.11.; Flume, Die Entreicherungsgefahr und die Gefahrtragung bei Rücktritt und Wandlung, NJW 1970, 1161, 1163f.; Flume, Die Saldotheorie und die Rechtsfigur der ungerechtfertigten Bereicherung, AcP 194 (1994) 427, 439 f.

[16] Vgl. MüKo BGB/Schwab (Fn.70) § 812 Rn. 64 ff.; Staudinger/Lorenz (Fn. 70) § 812 Rn.55.

[17] Reinhard Zimmermann, Restitution after Termination for Breach of Contract in German Law, Restitution Law Review 5 (1997) 13, 26; Zimmermann, Restitutio (Fn.89) 746 ff., 753; Zimmermann, Restitution after Termination for Breach of Contract: German Law after the Reform of 2002, in: Mapping the Law-Essays in Memory of Peter Birks (2006) 323, 339ff.; Zimmermann, Perspektiven des künftigen österreichischen und europäischen Zivilrechts, JBl 2012, 1, 12f.; Schlechtriem, Restitution (Fn. 38) und Bereicherungsausgleich in Europa, Bd. I (2000) Kap. 3 Rn. 4 a. E.; Thomas Krebs, Restitution at the Crossroads: A Comparative Perspective (2001) 101 ff., 107 f.; Berg, Rückabwicklung (Fn.71) 220; Hellwege, Rückabwicklung (Fn.65) 391ff., 521ff., 534f.; Hellwege, Ein einheitliches Regelungsmodell für die Rückabwicklung gegenseitiger Verträge, JZ 2005, 337ff.; Hellwege, Rückabwicklung von Verträgen, in: Basedow/Hopt/Zimmermann, Handwörterbuch des Europäischen Privatrechts (2009) 1318ff.; Wendehorst, Leistungskondiktion (Fn.65) 82 f.; Wendehorst, The Draft Principles of European Unjustified Enrichment Law, ERA - Forum 2006, 244, 261; Wendehorst, Ungerechtfertigte Bereicherung, in: Der akademische Entwurf für einen Gemeinsamen Referenzrahmen, hrsg. von Reiner Schulze/Christian von Bar/Hans Schulte-Nölke (2008) 215, 240f.; Daniel Visser, Unjustified Enrichment (2008) 90ff.; Sirena, ERCL 4 (2008) 445, 447ff.;Siren, The Rules about Restitution in the Proposal on a Common European Sales Law, ERPL 2011, 977, 983;参见 Hartmann, Rückabwicklung (Fn.37) Rn. 28 ff. m. w. N., Rn. 937; Looschelders, AcP 212 (2012) 581, 672; Ott, Das Bereicherungsrecht im Draft Common Frame of Reference (DCFR) aus deutscher Sicht (2013) 190ff.; Mörsdorf/Brinkmann, GPR 4 (2013) 190ff.; Jaeger, AcP 213 (2013) 507, 520ff.; Buz, SJZ 111 (2015) 565, 566f.

七、单个法律问题

(一) 原物返还还是价值返还

如果可能,返还原则上必须以原物返还为准。除英国法[148]外,该规则适用于大多数欧洲法律体系,包括解除、无效和撤销。[149] 瑞士的草案和法国的改革并没有改变这一点。[150]

(二) 原物返还不能:排除返还还是价值赔偿?

当原物返还不能之时,就会出现问题,例如,无论是服务型给付还是承揽型给付,从一开始就无法恢复原状,还有标的物已经毁损或者转售的情况。特别是在对毁损灭失可归责之时,通常使用排除的解决方案。根据该解决方案,不能原物返还的一方,将不允许主张解除或撤销的权利。就解除的情形如此操作的,例如在改革之前的《德国民法典》债法,以及《联合国国际货物销售合同公约》[151],关于瑕疵解除,如法国法,以及意大利法和瑞士法;[152]就撤销的情形如此操作的,例

---

[148] Peter Birks, Unjust Enrichment2 (2005) 69f., 168ff.; Charles Mitchell, in: Goff & Jones, The Law of Unjust Enrichment8 (2011) Rn. 36—05 f.; IECL/Englard, Restitution (Fn. 65) Tz.55f., 202; Hellwege, Rückabwicklung (Fn.65) 198; 参见 APCEC 第 160(3)—(4)条。参见 Heß, Rückabwicklung (Fn.63) 144.

[149] 关于无效合同参见《法国民法典》第 1379 条;《意大利民法典》第 2037 条第 1 款;《西班牙民法典》第 1303 条;《德国民法典》第 812 条第 1 款第 1 句;《欧洲合同法原则》第 4:115 条,第 15:104 条;《欧洲民法典草案》第Ⅶ.—5:101 条;《国际商事合同通则》第 3.2.15 条;关于解除和瑕疵解除参见《意大利民法典》第 1493 条第 2 款;《西班牙民法典》第 1123 条;《瑞士债务法》第 208 条;《德国民法典》第 346 条第 1 款;《联合国国际货物销售合同公约》第 81 条以下;《欧洲合同法原则》第 9:308 条;《欧洲民法典草案》第Ⅲ.—3:510(3)条;《国际商事合同通则》第 7.3.6 条;《可行性研究》第 176(1)条;《欧洲合同法既有原则》第 172(1)条;参见 Hornung, Rückabwicklung (Fn. 52) 268 ff.; IECL/Englard, Restitution (Fn. 65) Tz. 57.

[150] 瑞士《债务法 2020》第 81 条;新《法国民法典》第 1352 条。

[151] 1900 年版的《德国民法典》第 351 条;参见 Leser, Rücktritt (Fn. 70) 59 f.; Kaiser, Rückabwicklung (Fn. 70) 245ff.; Hellwege, Rückabwicklung (Fn.65) 24ff.; Art.82 CISG; 参见 Krebs, Rückabwicklung 92ff.; Hellwege, Rückabwicklung (Fn. 65) 576ff.; Heß, Rückabwicklung (Fn.63) 48 ff., 61 f.; Ernst Rabel, Das Recht des Warenkaufs, Bd. II (1958) 247 ff.; von Caemmerer, Mortuus redhibetur (Fn. 70) 629 ff.

[152] 《法国民法典》第 1647 条;《意大利民法典》第 1492 条第 3 款第 2 项;《瑞士债务法》第 207 条第 3 款。

如西班牙法、旧的英国判决。[153]

排除解除的替代方案是价值返还解决方案。就其本身而言,它以两种形式出现。一种解决方案是,受领给付灭失的买方将不承担返还义务,但他必须在自己对出卖人的返还请求权中扣除灭失标的物的价值。这就是德国差额理论在不当得利领域的适用[154],这种做法同时也存在问题,在一方先履行义务之时,也就是说如果只有卖方履行了义务,则没有办法减少买方返还请求权。

因此,另一种解决方案占据了上风,即赋予卖方在出卖标的物灭失时,对买方享有价值偿还请求权,买方不能提出不当得利已经丧失的抗辩。这种解决方案不仅可以在德国的解除法[155]和德国不当得利理论[156]中找到,而且可以在外国法律体系中[157],所有最近的欧洲和国际示范法中找到[158],后来的瑞士草案和法国改革,亦包含上述内容。[159]

(三) 标的物灭失风险的移转

如果返还义务人——在我们的例子中就是买方,对标的物灭失具有可归责

---

[153] 《西班牙民法典》第 1314 条,第 1295 条;参见 Berg, Rückabwicklung (Fn. 71) 103ff., 118ff.关于英国法参见 Hugh Beale, in: Chitty on Contracts, Bd. I: General Principles (2006) Rn.6—115ff.; Burrows, Restitution (Fn.127) 249ff.; Virgo, Principles (Fn.127) 31ff.; Meier, Irrtum (Fn.87) 293 ff.; Hellwege, Rückabwicklung (Fn.65) 184 f., 205 ff. 参见 APCEC 第 148(3)条,参见 Hellwege, Rückabwicklung (Fn.65) 594 f.

[154] 参见 RG 14.3.1903—Rep V 458/02, RGZ 54, 137, 140ff.; BGH 8.1.1970—Ⅶ ZR 130/68, BGHZ 53, 144, 145f.;参见 Flume, AcP 194 (1994) 427ff.; Hellwege, Rückabwicklung (Fn.65) 106 ff.; MüKo BGB/Schwab (Fn.70) § 818 Rn. 210 ff.; BeckOK BGB/Wendehorst (Fn.70)rst § 818 Rn. 104 ff.;类似的参见《西班牙民法典》第 1488 条中瑕疵解除的规定。

[155] 《德国民法典》第 346 条第 2 款。

[156] 参见 Flume, Wegfall (Fn.67) IV.9. ff.; Flume, AcP 194 (1994) 427, 439 ff.; Claus-Wilhelm Canaris, Die Gegenleistungskondiktion, in: FS Werner Lorenz (1991) 19ff.; Larenz/Canaris, Schuldrecht II/2 (Fn. 70) 324 ff.; MüKo BGB/Schwab (Fn.70) § 818 Rn. 235, 254; Staudinger/Lorenz (Fn. 70) § 818 Rn. 41; vgl. Hellwege, Rückabwicklung (Fn.65) 126 ff., 562 ff.

[157] 关于法国法参见 Hornung, Rückabwicklung (Fn. 52) 124 ff.; Schlechtriem, Restitution (Fn. 38) Kap. 3 Rn. 57, 594; Wolgast, Rücktrittsfolgenrecht (Fn. 53) 133 ff.;关于西班牙法参见《西班牙民法典》第 1307 条和 Berg, Rückabwicklung (Fn. 71) 103 ff.

[158] 《欧洲合同法原则》第 4:115 条,第 9:309 条;《欧洲民法典草案》第Ⅲ.—3:512Ⅰ条,第Ⅶ.—5:101(3)条;《国际商事合同通则》第 3.2.15(2)条,第 7.3.6(2)条;《可行性研究》第 177 条;《欧洲共同买卖法草案》第 173 条;vgl. Zimmermann, Uniform Law Review 16 (2011) 563, 574f.

[159] 瑞士《债务法 2020》第 81 条第 2 款;新《法国民法典》第 1352 条。

性,那么就应当承担价值赔偿责任。相反,如果损失是由瑕疵造成的或其他可归责于债权人——也就是说卖方——原因造成的,那么返还义务人无论如何都无须承担任何价值返还。[160] 但是,相对有争议的是意外灭失的风险负担。[161]

通常的解决方案是将风险分配给返还债权人,示例中的买方可以要求返还价金,而无须为灭失的标的物支付价值赔偿。此外[162],只要是关于法定解除权的情形,普通法[163]、《联合国国际货物销售合同公约》[164]、改革之前的《德国民法典》,

---

[160] 关于瑕疵解除和解除,《法国民法典》第 1647 条,《瑞士债务法》第 207 条第 1 款,《西班牙民法典》第 1487 条;《意大利民法典》第 1492 条第 3 款第 1 句;《德国民法典》第 346 条第 3 第 1 项第 2 句;《欧洲民法典草案》第Ⅲ.—3:512(3)条;《国际商事合同通则》第 7.3.6(3)条; Rabel, Warenkauf II (Fn. 151) 246f.; von Caemmerer, Mortuus redhibetur (Fn. 70) 628, 638; Leser, Rücktritt (Fn. 70) 113; Günter Hager, Die Gefahrtragung beim Kauf (1982) 163; Treitel, Remedies 388; Hornung, Rückabwicklung (Fn. 52) 156; 关于不生效合同参见《国际商事合同通则》第 3.2.15(3)条;德国联邦最高法院关于不当得利的观点参见 1980 年 10 月 9 日—Ⅶ ZR 332/79, BGHZ 78, 216, 222; Kaiser, Rückabwicklung (Fn. 70) 307f.; Flume, AcP 194 (1994) 427, 446f.; Staudinger/Lorenz (Fn. 70) § 818 Rn.46; MüKo BGB/Schwab (Fn.70) § 818 Rn. 260; 关于英国法参见 Adam v. Newbigging (1888) 13 App Cas 308; Treitel/Peel, Law of Contract (Fn. 115) Rn. 9—098, 22—005; Hellwege, Rückabwicklung (Fn.65) 219 f.; 关于这一问题的一般性论述,参见 Berg, Rückabwicklung (Fn. 71) 144 f.

[161] 关于解除参见 Rabel, Warenkauf II (Fn. 151) 247 ff.; von Caemmerer, Mortuus redhibetur (Fn. 70) 629ff.; Hager, Gefahrtragung 164ff.; Gerhard Wagner, Mortuus Redhibetur im neuen Schuldrecht? in: FS Ulrich Huber (2006) 591, 596ff.; 关于国际间的法律文本参见 Heß, Rückabwicklung (Fn.63) 215 ff.

[162] 关于瑕疵解除参见《瑞士债务法》第 207 条;关于权利瑕疵的责任参见《法国民法典》第 1631 条,参见 Hornung, Rückabwicklung (Fn. 52) 129;关于解除参见《西班牙民法典》第 1122 条和 1123 条。

[163] Ulpian D.21,1,31,11; D.21,1,38,3; Paulus/Pomponius D.21,1,47,1—D.21,1,48 pr.; Bernhard Windscheid, Lehrbuch des Pandektenrechts9 (1906) § 394.2; Leser, Rücktritt (Fn. 70) 49 ff.; HKK/Thier (Fn. 79) §§ 346—359 Rn. 14 f., 20, 25.

[164]《联合国国际货物销售合同公约》第 82(2)条, vgl. Krebs, Rückabwicklung (Fn. 88) 104f.; Heß, Rückabwicklung (Fn.63) 51ff., 59f.; Michael Martinek, in: Staudinger, Kommentar zum BGB (2013) Art. 82 CISG Rn. 16, 21; Christiana Fountoulakis, in: Schlechtriem/Schwenzer, Kommentar zum Einheitlichen UN-Kaufrecht6 (2013) Art. 82 Rn. 10, 12, 14.

以及改革之后的《德国民法典》[165]确立了一种有利于解除权人的方案。[166]这种风险分配通常是合理的,因为解除通常是由另一方的给付障碍引起的。风险由返还债权人承担,在不当得利法中有时也被认为是正确的。[167]

另一种解决方案是让返还债务人承担风险,所以他在标的物意外灭失之后必须支付赔偿金(或者不退还他的价金)。在德国的不当得利法中[168],法国法[169]和西班牙法[170]相同的关于解除和撤销的规定中,以及意大利法中关于瑕疵解除的规定中,我们可以发现这种评价。[171]它是《欧洲共同买卖法草案》[172]、2010 年国际

---

[165] 1900 年的《德国民法典》第 350 条;参见 Leser, Rücktritt (Fn. 70) 60ff.; Kaiser, Rückabwicklung (Fn. 70) 263 ff.

[166] 《德国民法典》第 346 条第 3 款第 1 项第 3 句;批评的意见参见 Wolgast, Rücktrittsfolgenrecht (Fn. 53) 170 ff., 245ff.; Wagner, Mortuus Redhibetur (Fn. 161) 608f.; Zimmermann, Restitution, in: Essays Birks (Fn. 147) 336.

[167] 参见 von Canaris, Gegenleistungskondiktion (Fn. 156) 26 ff.; Larenz/Canaris, Schuldrecht II/2 (Fn. 70) 327f.; Kaiser, Rückabwicklung (Fn. 70) 329ff.; Büdenbender, AcP 200 (2000) 627, 678 ff.; Konzen, Schuldrechtsreform (Fn. 82) 612 ff.

[168] 关于差额说参见德国联邦最高法院 1970 年 1 月 8 日的 BGHZ 53, 144, 145f.;关于牵连性参见 Leser, Rücktritt (Fn. 70) 121f.; Reuter/Martinek, Bereicherung (Fn.138) 599 ff.;关于财产上的决定说参见 Flume, Wegfall (Fn. 67) IV.9ff.; Flume, AcP 194 (1994) 427, 439 ff.; Hager, Gefahrtragung (Fn. 160) 199 f.

[169] Hornung, Rückabwicklung (Fn. 52) 122 ff.; Schlechtriem, Restitution (Fn. 38) Kap. 3 Rn.57, 594; Wolgast, Rücktrittsfolgenrecht (Fn. 53) 60ff., 71ff., 113ff., 144ff.;瑕疵解除的特殊规定参见《法国民法典》第 1647 条第 2 款;不同的是关于权利瑕疵责任参见《法国民法典》第 1631 条。

[170] 关于无效合同参见《西班牙民法典》第 1307 条[当然,对于这个问题并非没有争议,可参见 Schlechtriem, Restitution (Fn. 38) Kap.3 Rn.133f.; Berg, Rückabwicklung (Fn. 71) 103 ff., 110 ff.],关于瑕疵解除参见《西班牙民法典》第 1488 条; Berg, Rückabwicklung (Fn. 71) 122 f.

[171] 参见《意大利民法典》第 1492 条第 3 款。

[172] 《欧洲共同买卖法草案》第 173(1)条,同样的观点参见《可行性研究》第 177(1)条;批评的意见参见 Lorenz, AcP 212 (2012) 702, 780 f.; Mörsdorf/ Brinkmann, GPR 4 (2013) 190, 201 f.; Schmidt-Kessel/Wendehorst (Fn. 98) Art.173 CESL Rn.3. 关于无效合同,《欧洲民法典草案》中也是采取此意见,参见《欧洲民法典草案》Ⅶ.—5:101(3)条和第 5:102(3) 条,以及第 6:101(2)(c)条;参见 Jan Wilhelm, Rückerstattung nach dem Draft Common Frame of Reference und den nachfolgenden Gesetzgebungsschritten zu einem einheitlichen Europäischen Privatrecht, in: FS Schurig (2012) 301, 313f.; Ott, Bereicherungsrecht (Fn. 94) 157 f., 161 ff.;就解除也采取类似的做法,参见《欧洲民法典草案》Ⅲ.—3:512 条;DC-FR, Official Comment (Fn. 94) Bd. I, Comment A zu Art. Ⅲ.—512; vgl. Heß, Rückabwicklung (Fn.63) 174f., 177f., 189f., 218f.

统一私法协会《国际商事合同通则》[13]、关于远程销售指令的议案[14]以及瑞士的改革草案的解决方案。[15] 我们也可以在法国的改革草案中发现关于意外灭失的赔偿责任。但是该草案也赋予善意的返还义务人特权,也就是说他不对意外灭失承担责任,并且在《欧洲共同买卖法草案》[16]中,如果转售收益低于客观价值的,仅以转售为限承担返还责任。[17]

在我看来,有一个强有力的理由支持让债务人承担风险的解决方案,因为它确立了对标的物控制和风险的一致性、可保险性和风险的一致性。[18] 接下来的问题是,是否必须在某些案例中作出例外的规定,就像法国的改革或德国法"差额说"中关于未成年人或存在欺诈时所采取的方法。[19] 在存在故意欺诈或者在需要返还债务人非常损失的情况下,人们也可以考虑,通过对另一方当事人的损

---

[13] 《国际商事合同通则》第 3.2.15 条,第 7.3.6 条;Zimmermann, Uniform Law Review 16 (2011) 563, 573f.

[14] KOM(2015) 635 endg. (Fn. 7) Art. 13(3)(c);批评的观点参见 Maultzsch, JZ 2016, 236, 244.

[15] 瑞士《债务法 2020》第 81 条第 2 款;vgl. Buz, SJZ 111 (2015) 565, 575.

[16] 《欧洲共同买卖法草案》第 173(5)条第 2 项;同样可参见《可行性研究》第 177(3)条第 2 款。批评的意见参见 Koch, Schadensersatz (Fn. 98) 247; Wendehorst, Schadensersatz (Fn. 98) Rn. 30; Mörsdorf/Brinkmann, GPR 4 (2013) 190, 195. 根据评论者的观点,《欧洲民法典草案》中关于不当得利的规定(第Ⅶ.—5:101(4)(a)条),并不适用于双务合同,只要它可能导致责任的减少。DCFR, Offiical Comment (Fn. 94) Bd. Ⅳ, S. 4109, Comment E zu Art. Ⅶ.—5:101.

[17] 参见《法国民法典》第 1352 条,第 1352 条之一,第 1352 条之二第 2 款。

[18] 参见 von Caemmerer, Mortuus redhibetur (Fn. 70) 631; Leser, Rücktritt (Fn. 70) 121f., 192f., 204; IECL/Englard, Restitution (Fn. 65) Tz. 156ff.; Hornung, Rückabwicklung (Fn. 52) 156ff., 364f.; Lorenz, Lösung (Fn. 79) 344f.; Berg, Rückabwicklung (Fn. 71) 145f.; Hellwege, Rückabwicklung (Fn.65) 392, 538 ff., 548 f.; Zimmermann, Restitutio (Fn. 89) 753f.; Heß, Rückabwicklung (Fn.63) 59f., 218, 221ff.; vgl. Hager, Gefahrtragung (Fn. 160) 69f., 176, 199, 207; 不同的 Kaiser, Rückabwicklung (Fn. 70) 264f.

[19] 关于欺诈参见 1970 年 1 月 8 日德国联邦最高法院的判决,BGHZ 53, 144, 147ff.; 1971 年 10 月 14 日德国联邦最高法院的判决,VII ZR 313/69, BGHZ 57, 137, 149ff.; vgl. Reuter/Martinek, Bereicherung (Fn.138) 604ff.; Canaris, Gegenleistungskondiktion (Fn. 156) 35ff.; Larenz/Canaris, Schuldrecht II/2 (Fn. 70) 329ff.; MüKo BGB/Schwab (Fn.70) § 818 Rn.216, 225ff. 关于每一个例外参见 Hellwege, Rückabwicklung (Fn.65) 109 ff., 554 ff.; 同样可参见 PICC Comment 3 zu Art. 3.2.15, Comment 4 zu 7.3.6; 参见 Zimmermann, Uniform Law Review 16 (2011) 563, 576ff.; 批评的意见参见 Vogenauer/du Plessis (Fn. 100) Art. 3.2.15 PICC Rn. 17ff. 在法国法改革草案中,也可以看到未成年人的例外规定,参见新《法国民法典》第 1325—4 条。

害赔偿请求权来平衡价值返还责任。欧洲示范法和瑞士的改革草案规定了对导致合同不生效可归责的一方的消极利益损害赔偿请求权。[180] 但这是有疑问的,是否可以将意外灭失的价值返还责任,看作归因于另一方当事人的义务违反,或者欺诈的损害。[181] 无论人们就此怎么规定,就此解除、撤销和无效之间并没有明显的差别。

(四) 价值的计算

失败合同的返还清算最困难的问题之一是价值的计算。[182] 关于这一问题,在欧洲可以找到完全不同的解决方案,从主观得利价值,到客观的市场价值,再到合同所确定的主观价值。在这里可以根据合同失败的原因进行区分:在解除案例中,合同价格具有重要意义,因为它体现了当事人所确定的价值,而且合同在解除中并没有错误,而在无效和撤销的情况下,合同价格可能不起作用,因此它只取决于客观价值或主观得利价值。[183]

然而这个观点并不具有强制性。在合同解除的时候,因为对待给付不再继续交换,人们也可以适用客观价值来确定。[184] 这尤其适用于对违约一方有利的时候:如果买方不支付价金并因此导致卖方解除,这很难理解,尽管他完全没有履行合同,为什么他还能援引有利于他的合同价格。同样有疑问的是,为什么违约的卖方能够按照高于市场价值确定合同价格。[185] 另一方面,在无效合同和被撤销合同返还清算之时,合同约定的价格至少在如下情形发挥作用,当约定的价

---

[180] 《欧洲合同法原则》第 4:117 条;《欧洲民法典草案》第 Ⅱ.—7:214 条;《可行性研究》第 Art. 53 条;《欧洲共同买卖法草案》第 55 条;《国际商事合同通则》第 3.2.16 条;瑞士《债务法 2020》第 44 第 1 款。

[181] 如此操作的参见 1971 年 10 月 14 日德国联邦最高法院的判决 BGHZ 57, 137, 138ff.; 相反的操作参见 von Caemmerer, Mortuus redhibetur (Fn. 70) 640ff.; Hornung, Rückabwicklung (Fn. 52) 160.

[182] 参见 Hornung, Rückabwicklung (Fn. 52) 276 ff.; Hellwege, Rückabwicklung (Fn. 65) 566ff.; Thum, Wertberechnung (Fn. 52) passim.

[183] Kaiser, Rückabwicklung (Fn. 70) 323, 510 f.; Lorenz, AcP 212 (2012) 702, 780.

[184] jurisPK-BGB/Faust (Fn. 120) § 346 Rn. 83 m. w. N.; Zimmermann, Restitution, in: Essays Birks (Fn. 147) 335; Jürgen Kohler, Rücktrittsrechtliche Wertersatzbemessung, AcP 213 (2013) 46, 82ff.; Ott, Bereicherungsrecht (Fn. 94) 193ff.; Mörsdorf/Brinkmann, GPR 4 (2013) 190, 199; Buz, SJZ 111 (2015) 565, 573f. m.w.N.

[185] Vgl. IECL/Englard, Restitution (Fn. 65) Tz. 141 f.; Krebs, Restitution (Fn. 147) 126 ff.; Coen, Vertragsscheitern (Fn. 87) 418 f.; 关于德国解除法的讨论参见 Claus-Wilhelm Canaris, Äquivalenzvermutung und Äquivalenzwahrung im Leistungsstörungsrecht, in: FS Herbert Wiedemann (2002) 3, 18ff.; Staudinger/Kaiser (Fn.120) § 346 Rn. 163 f.; MüKo BGB/Gaier (Fn.136) § 346 Rn. 45; Kohler, AcP 213 (2013) 46, 53 ff.

格低于客观价值之时,当人们担心对善意的一方,就自己永远不会购买取得的东西,承担一个较高的价值赔偿责任,此时用合同的价格来限制返还的价值,采用上述方式的如德国不当得利法,以及一些学者就英国法中的返还也采上述观点。[186] 法国改革显然旨在确定所有情况下的市场价值[187],而与之相反,只要不生效的原因与价格评估无关的时候,瑞士草案基本上以合同价格为基础。[188] 这些都是可能的解决方案。

(五)代偿利益,孳息,用益,使用

基于增值而获得的部分,特别是转卖的收益,在国际上规制的选择大不相同。[189] 在德国,债法改革的立法者肯定了这项返还义务。[190] 在法国和意大利,基于不当得利请求权,因而有一项收益返还责任。[191] 在我看来,法国债法改革的方案是恰当的,这其实已经可以在《欧洲民法典草案》和《欧洲共同买卖法草案》中

---

[186] Vgl. IECL/Englard, Restitution (Fn. 65) Tz. 71; Krebs, Restitution (Fn. 147) 94ff.; Schlechtriem, Restitution (Fn. 38) Kap.2 Rn.507; Visser, Enrichment (Fn. 147) 97f.; Virgo, Principles (Fn. 127) 100ff.; Burrows, Restitution (Fn. 127) 52, 347ff.; Paul Mitchell/Stephen Watterson, in: Goff & Jones, The Law of Unjust Enrichment8 (2011) Rn. 3—51ff.;《欧洲民法典草案》第Ⅶ.—5:102(3)—(4)条; Sirena, ERPL 2011, 977, 996; Wilhelm, Rückerstattung (Fn. 172) 303f.; Ott, Bereicherungsrecht (Fn. 94) 151f., 154f.;关于德国不当得利法参见 Flume, Wegfall (Fn. 67) Ⅳ.11.; Flume, NJW 1970, 1161, 1164; Canaris, Gegenleistungskondiktion (Fn. 156) 24f.; Larenz/Canaris, Schuldrecht II/2 (Fn. 70) 332; Bockholdt, AcP 206 (2006) 769, 781f.; vgl. Soergel/Lobinger (Fn. 120) vor § 346 BGB Rn. 16.

[187] 参见新《法国民法典》第1352条,第1352—8条。

[188] 瑞士《债务法2020》第82条。

[189] IECL/Englard, Restitution (Fn. 65) Tz. 207 ff. 收益的返还责任参见《联合国国际货物销售合同公约》第84(2)条,但是主流观点认为应当仅就市场价值进行返还。Staudinger/Martinek (Fn. 164) Art. 84 CISG Rn. 24; Schlechtriem/Schwenzer/Fountoulakis (Fn. 164) Art. 84 CISG Rn. 36 ff.

[190] BT-Drucks. 14/6040, S. 194;主流学说观点参见 Staudinger/Kaiser (Fn. 120) § 346 Rn.221 m.w.N.; MüKo BGB/Gaier (Fn. 136) § 346 Rn.47; jurisPK-BGB/Faust (Fn. 120) § 346 Rn. 123 f.; Stephan Lorenz, Das „Zurückspringen" der Gefahr auf den Verkäufer und seine Folgen, NJW 2015, 1725ff.;这个问题并不是没有争议的, vgl. Georg Caspers, in: Staudinger, Kommentar zum BGB (2014) § 285 Rn. 13; Dimitrios Linardatos/Dominik Rußmann, Der Anspruch auf das stellvertretende commodum bei Rückgewährunmöglichkeit, Jura 2013, 861ff.; Dagmar Kaiser, Anmerkung zu BGH, Urteil v. 25.3.2015—Ⅷ ZR 38/14, JZ 2016, 151, 153f.

[191]《法国民法典》第1380条,《意大利民法典》第2038条,参见 IECL/Englard, Restitution (Fn. 65) Tz. 214.

找到,即如果收益高于价值,则必须仅在恶意转售的情况下才需要返还。[132]

无论合同失败的原因是什么,孳息、用益和利息都可以考虑不同的解决方案。[133]《德国民法典》、《联合国国际货物销售合同公约》、《欧洲民法典草案》和瑞士的草案都规定了相互之间的赔偿义务[134],但是与之相反,《国际商事合同通则》和改革后的《法国民法典》都认为,双方都享有用益和利息,因此彼此平衡了。[135]

无论是瑞士《债务法2020》草案,还是改革后的《法国民法典》,这些都与《欧洲共同买卖法草案》和国际统一私法协会的《国际商事合同通则》保持一致,肯定

---

[132] 新《法国民法典》第1352—2条;参见《欧洲民法典草案》第Ⅶ.—5:101(4)条[无效合同与解除不同,参见第Ⅲ.—3:514(2)条];《可行性研究》第177(3)条;《欧洲共同买卖法草案》第173(5)条。批评的意见参见 Lorenz, AcP 212 (2012) 702, 782 f.; Schulze/Lehmann Art. 173 CESL Rn. 68.

[133] 法律比较的观点参见 IECL/Englard, Restitution (Fn. 65) Tz. 240 ff. (关于不当得利法); Hornung, Rückabwicklung (Fn. 52) 304ff., 376f.; Schlechtriem, Restitution (Fn. 38) Kap. 2 Rn. 384 ff., 562 f. (关于请求返还之诉); Berg, Rückabwicklung (Fn. 71) 175 ff., 208 ff.; Sebastian Martens, Nutzungsherausgabe und Wertersatz beim Rücktritt, AcP 210 (2010) 689, 691ff. (关于解除); Simon Laimer, Nutzungs-und Aufwendungsersatz nach Vertragsaufhebung wegen nachträglicher Erfüllungsstörungen: Die Regelungen des DCFR in rechtsvergleichender Perspektive, ZEuP 20 (2012) 47, 52ff. (关于解除);关于国际法律文本同样可参见 Heß, Rückabwicklung (Fn.63) 238 ff.

[134] 《德国民法典》第346条第1款,第347条,第818条第1款;《联合国国际货物销售合同公约》第84条;《欧洲民法典草案》第Ⅲ.—3:510(5)条,第3:513(1)条和第Ⅶ.—5:104条;参见 Heß, Rückabwicklung (Fn.63) 210 ff., 242 ff. (解除); Ott, Bereicherungsrecht (Fn. 94) 170 ff. (不当得利);瑞士《债务法2020》第83条第1—3款;同样可参见 AP - CEC 第160(5)条。在可行性研究和《欧洲共同买卖法草案》中,赔偿义务取决于返还债务人是否引起了撤销和解除,参见《可行性研究》第176(2)条,第178条;《欧洲共同买卖法草案》第172(2)条,第174条;批评的意见参见 Sirena, ERPL 2011, 977, 998 f.; Schulze/Lehmann Art. 174 CESL Rn.24ff.; Wendehorst, Schadensersatz (Fn. 98) Rn.33f.; Wendehorst, Rücktritt (Fn. 98) 397f.; Lorenz, AcP 212 (2012) 702, 784f.; Mörsdorf/Brinkmann, GPR 4 (2013) 190, 193f.

[135] Vgl. PICC (Fn. 2) Art. 3.2.15 mit Comment 5, Art. 7.3.6 mit Comment 6; Zimmermann, Uniform Law Review 16 (2011) 563, 579ff.; Vogenauer/Huber (Fn. 100) Art.7.3.6 PICC Rn.23;批评的意见如 Heß, Rückabwicklung (Fn.63) 93 f.; Vogenauer/du Plessis Art. 3.2.15 PICC Rn. 4. 反对用益的赔偿参见 Martens, AcP 210 (2010) 689, 710 ff. 根据法国的改革草案,通常应就利息、孳息和用益进行赔偿,参见新《法国民法典》第1352—3条和1352—6条。但是就善意的返还债务人而言,直到被要求返还的时候,才产生上述义务,新《法国民法典》第1352—7条。

了对必要的、有益以及提高价值的使用的赔偿。[196] 在这里不当得利丧失的抗辩规则并不具有正当性,因为实际上经过使用它已经转换为其他替代形态。[197]

(六) 牵连性

在每一个合同失败的情形中,有一项规定非常重要,根据该规定,返还义务之间是相互牵连的。[198] 这个规则在大多数国际规则中能够找到[199],但在《欧洲共同买卖法草案》中却没有,遗憾的是,在改革后的《法国民法典》中同样没有(尽管卡塔拉草案中仍然包括这样的规则)。[200]

八、关于物权的情况

最后,应该关注下物权的情况。众所周知,根据德国法律,只要物的处分行为不存在瑕疵,债权合同的无效并不妨碍所有权的转移。然而,大多数欧洲法律体系并不遵循抽象原则,而是认为转让是需要原因的,例如法国法,采纳了纯粹的合意原则,再例如共同法的交付原则,诸如奥地利、瑞士和西班牙。[201] 债权行为的不生效或撤销,导致卖方仍然保留着所有权。这至少在特定的情况下也适

---

[196] 瑞士《债务法 2020》第 83 条第 3 款;新《法国民法典》第 1352—5 条;《欧洲共同买卖法草案》第 175 条;《可行性研究》第 179 条;《国际商事合同通则》第 7.3.6(4)条;参见 Zimmermann, Uniform Law Review 16 (2011) 563, 583f.; Hornung, Rückabwicklung (Fn. 52) 332ff., 378f.; Berg, Rückabwicklung (Fn. 71) 189 ff., 211f.; Laimer, ZEuP 20 (2012) 47, 64ff.

[197] Hornung, Rückabwicklung (Fn. 52) 353; Berg, Rückabwicklung (Fn. 71) 212; Hellwege, Rückabwicklung (Fn.65) 573f.

[198] von Caemmerer, Mortuus redhibetur (Fn. 70) 635f.; Berg, Rückabwicklung (Fn. 71) 74.关于无效合同参见《西班牙民法典》第 1308 条;关于解除参见《德国民法典》第 348 条。

[199] 关于无效合同参见《欧洲合同法原则》第 4:115 条,第 15:104(1)条;《国际商事合同通则》第 3.2.15(1)条;关于解除参见《联合国国际货物销售合同公约》第 81(2)条第 2 句;《欧洲民法典草案》第Ⅲ.—3:510(1)条第 2 句;《国际商事合同通则》第 7.3.6(1)条;一般性的参见 AP—CEC 第 160(1)条;《可行性研究》第 176(1)条第 2 句。

[200] 卡塔拉草案第 1162(1)条;参见 Serinet, Restitutions (Fn. 63) 45ff. 瑞士《债务法 2020》草案没有明确的规定,但在其评论中提及了保留权,瑞士《债务法 2020》第 101 条;Huguenin/Hilty, OR 2020 (Fn. 8) vor Art. 79 Rn. 51.

[201] Stadler, Gestaltungsfreiheit (Fn. 40) 24 ff.; Schlechtriem, Restitution (Fn. 38) Kap. 2 Rn.339, 345, Kap.3 Rn.242; Franco Ferrari, Eigentumsübergang (beweglicher Sachen), in: Basedow/Hopt/Zimmermann, Handwörterbuch des Europäischen Privatrechts (2009) 367 ff. m. w. N.;西班牙法参见 Berg, Rückabwicklung (Fn. 71) 76f.;关于瑞士法参见 Hartmann, Rückabwicklung (Fn.37) Rn. 130ff.

用于英国法律。㉒ 一些国家，如法国或意大利，甚至在解除的处理上，也采纳了物权性的返还效果。㉓

如果采纳所有权移转不生效，那么会产生许多后果。物的交付人相较于其他债权人，在合同另一方破产之时享有优先权，而给付金钱的一方则不享有此类保护。㉔ 如果买受人将该标的物转卖给第三人，则存在从无处分权人处获取该标的物的风险。但是通常情况下，会通过对善意受领人的取得权来进行保护，通过这个规则，撤销或者解除之后，第三人的法律地位并不会受到影响。㉕

转让的不生效不仅会对第三人产生影响，还会对合同当事人之间的返还清算产生影响。转让人享有的不是债权性的返还清算请求权，而是原物返还请求权。在标的物灭失、损耗和恶化的情况下，根据的是原物返还请求权，以及侵权法规则。在标的物已经被转让的情况下，则援引处分他人之物的规定。除此之外，收益和用益的规则也是不一样的。㉖ 这就像德国法中的，例外情形下移转所有权无效，初步来看适用所有人和占有人的关系，在转卖之时将适用《德国民法典》第 816 条第 1 款。这些规则并不是为双务合同的返还清算设置的，这将会导致重大的体系协调问题。

在德国法律中，在没有所有权转移的情况下，关于占有的不当得利请求权是可以适用的，但是德国法通过不将所有人和占有人的规则应用于给付关系，实现

㉒　Birke Häcker, Das Trennungs-und Abstraktionsprinzip im englischen Recht-dargestellt anhand der Übereignung, ZEuP 19（2011）335ff.

㉓　Leser, Rücktritt（Fn. 70）10；Hornung, Rückabwicklung（Fn. 52）50ff.；Schlechtriem, Restitution（Fn. 38）Kap.2 Rn.347, Kap.3 Rn.590ff., 634；关于西班牙法可参见 Berg, Rückabwicklung（Fn. 71）77ff.

㉔　参见 Stadler, Gestaltungsfreiheit（Fn. 40）427ff.；关于瑞士法详细的内容参见 Hartmann, Rückabwicklung（Fn.37）Rn. 92ff.

㉕　Vgl. IECL/Englard, Restitution（Fn. 65）Tz. 76f., 227；Stadler, Gestaltungsfreiheit（Fn. 40）162ff., 355ff.；Schlechtriem, Restitution（Fn. 38）Kap. 2 Rn. 341, 345f., Kap. 3 Rn. 80, 82, 84, 593, 634；Wolgast, Rücktrittsfolgenrecht（Fn. 53）121ff.；关于法国法参见 Hornung, Rückabwicklung（Fn. 52）53ff.；关于意大利法参见《意大利民法典》第 1445 条，第 1458 条第 2 款，第 2652 条第 1 句；关于英国法参见《货物销售法案》s. 23；Treitel/Peel, Law of Contract（Fn. 115）Rn. 9‑107；Chitty on Contracts/Beale（Fn. 153）Rn. 6‑129.

㉖　参见 Stadler, Gestaltungsfreiheit（Fn. 40）223 ff., 326 ff.；Hornung, Rückabwicklung（Fn. 52）304ff., 313ff., 343ff.；Schlechtriem, Restitution（Fn. 38）Kap.2 Rn.285, 300, 338ff., 513ff., 568；Berg, Rückabwicklung（Fn. 71）175ff., 208；Wendehorst, Leistungskondiktion（Fn.65）71f.；关于德国法参见 Hellwege, Rückabwicklung（Fn. 65）163ff.

了法律体系的一致性。[207] 一些国家的法律通过对原物返还请求权和不当得利请求权提供相同的规则,来避免此问题。[208] 根据其他的规定,例如瑞士法,在原物返还请求权下,不当得利请求权将被完全排除。[209]

在此背景下,改革的草案如何处理这一问题,则显得十分有意思。在法国和瑞士,所有权的移转都是有因的。正如我所理解的那样,法国的改革并不想改变这种状况。如果合同失败,卖方仍然是所有权人。但是,他针对买方的返还请求权则是完全基于新返还清算新规则来安排的。

另一方面,瑞士的改革草案提出了一个彻底的解决方案:合同的不生效或撤销并没有排除转让原因的有效性。买受人成为所有人,因而新的返还清算规则不仅取代了不当得利请求权,还取代了原物返还请求权。[210] 草案的变化不仅涉及清算,而且还涉及破产中当事人利益,以及和第三方买受人之间的关系,还有物权的地位。从德国的观点来看,在某些情况下,所有权是否还应该在出卖人处,例如在出现错误的严重情形、欺诈和非常损失的时候,这是有疑问的。然而,最重要的问题是,如果原因甚至在债务合同不生效的时候还存在,那么根据起草者的理解,原因究竟应该是什么。财产的转让只能是基于当事人的意思表示。这意味着瑞士法在所有权转让方面,实质上放弃了现今的有因原则,开始向德国的抽象原则靠拢。[211]

九、结论

在法国,《法国民法典》的债法总则将在 2016 年 10 月 1 日进行根本修改。在瑞士,瑞士《债务法 2020》学术草案在 2013 年被提出来。这两项改革都为解决所有失败合同情形提供了统一的规则,这是一项重大创新。目前,欧洲法律体

---

[207] 关于德国法上的讨论参见 Reuter/Martinek, Bereicherung(Fn. 138)673ff.; Larenz/Canaris, Schuldrecht II/2(Fn. 70)339ff.; Stadler, Gestaltungsfreiheit(Fn. 40)225ff.; BeckOK BGB/Wendehorst(Fn. 70)§ 812 Rn. 75; Karl-Heinz Gursky, in: Staudinger, Kommentar zum BGB(2012)vor § 987 Rn. 48ff.

[208] 《意大利民法典》第 2040 条和 BW 第 6:275 条;法国法在结果上相类似 vgl. Hornung, Rückabwicklung(Fn. 52)304ff.; Schlechtriem, Restitution(Fn. 38)Kap. 2 Rn. 349, 523.

[209] Stadler, Gestaltungsfreiheit(Fn. 40)235f.; Schlechtriem, Restitution(Fn. 38)Kap. 2 Rn. 515; Hartmann, Rückabwicklung(Fn. 37)Rn. 11.

[210] Huguenin/Hilty, OR 2020(Fn. 8)vor Art. 79 Rn. 59ff., Art. 81 Rn. 11.

[211] Vgl. Kern/Bettinger, ZEuP 22(2014)562, 575. 批判的意见参见 Buz, SJZ 111(2015)565, 570f.

系针对合同不生效和撤销各个国家存在着完全不同的规则。此外,某些法律秩序下,例如在德国,还规定了解除返还清算的特殊规则。解除和不生效彼此之间适用不同的返还清算规则带来的不仅是体系问题,而且这种区分在法教义学上并不是强制的。解除并不废止合同,这在历史上是晚近的观点,这主要是基于维持损害赔偿要求和争议解决条款的需要,但这并没有波及返还清算的方式和方法。从英国法和《欧洲合同法原则》中可以发现,解除时的返还请求权,是以对待给付的落空为前提条件的,这是一个十分复杂的教义学构造,它的目的可以通过一项明确的规则来实现,即在什么时间点、在多大范围内可以对合同进行返还清算,这同样适用于不生效的情形。关于解除的返还清算,必须遵循合同所确定的价值判断,而在不生效和撤销的返还清算则不需要遵循上述价值判断,这种观点并不具有强制性。解除之后,原来计划的给付交换将不会予以实施,就此很难直接理解,尤其是为什么违约的一方还能够援引合同中的对价。相反关于不生效合同的返还清算,合同当事人自由的约定仍然应当被重视,在确定价值返还的价额之时,应当以合同约定的对价作为边界。如果受领的给付已经灭失,那么他不能免除自己的责任,因为他知道给付和对待给付之间是相互交换的。事实上,返还清算中的个别问题在欧洲法律体系中受不同的规则调整,但是在解除、撤销和不生效之间并没有本质区别。倘若在不同的合同失败情形中,涉及不同的价值判断,那么在一个共同的法律框架内公开考量,总比隐藏在不同的教义学构造之后要好。统一的返还清算规则,除了在瑞士债法草案和《法国民法典》改革中,在其他的欧洲法律秩序和被撤回的《欧洲共同买卖法草案》中,也都是受到欢迎的。

Unwinding Failed Contracts: New European Developments

Sonja Meier

Abstract: Two recent European reform projects are the revision of the French Code civil, planned to come into effect on 1 October 2016, and an academic draft of a revised Swiss Law of Obligations, envisioned for the year 2020. Both drafts contain specific chapters on the unwinding of failed contracts. Underlying is the idea that the rules governing restitution for payments and other performances should be uniform, regardless of whether the contract is void, avoided or terminated for breach. A similar tendency can be found in recent European model rules. At present, restitution after failed contracts in Europe is governed by various sets of different rules, depending on the reason why the contract has failed and on whether the object of recovery is money, property or services. The article aims to evaluate whether uniform rules for the unwinding of failed contracts are a welcome development. Looking at this issue from a historical and comparative perspective, it is argued that there are, in this respect, no fundamental differences between invalid contracts and contracts terminated for breach. Regarding specific problems, different cases may require different solutions, but the dividing line is not necessarily the line between termination and avoidance. The question whether solutions should differ in particular cases should be openly discussed and not be hidden behind completely different sets of rules. This can best be done by a uniform restitution regime for failed contracts providing, where necessary, for different rules in detail.

Key words: Failed Contracts; Elimination of Contracts; Unwinding; Unjust Enrichment; Reform of the Obligation Law

惩罚性赔偿金在台湾消费诉讼判决之发展评析
——以台湾地区"消保法"第51条规定之适用为中心

吴从周[*]

[摘　要]　不论从台湾地区"消费者保护法"所继受的比较法上观察(《欧共体1985年商品责任指令》第9条b款、《德国商品责任法》第1条第1项均限于瑕疵商品以外之他物),或者契约责任与侵权责任之制度分际的维持上,避免台湾地区"消保法"之特别法过度肥大而架空民法,商品自伤均无台湾地区"消保法"第51条适用之余地,学者通说及"最高法院"多数判决之见解,足资赞同。又台湾地区"消保法"第51条并未存有规范上之法律漏洞,而有以"目的性扩张""消保法"第51条"消费者"之主体至"第三人",或"类推适用"台湾地区"民法"第192条第1项规定填补间接被害人作为请求权主体之余地。此项工作应属立法形成之范围,应由立法者考虑后进行立法填补,尚非法院得越俎代庖进行填补。

[关键词]　消费诉讼;商品自伤;惩罚性赔偿金;目的性扩张;类推适用

壹　序言

所谓消费诉讼,依台湾地区"消费者保护法"(简称"消保法")第2条第5款之定义系指"因消费关系而向法院提起之诉讼"。在第五章第二节则另有"消费诉讼"章节,规定第47条至第55条之消费诉讼。其中主要包括第50条之消费者损害赔偿诉讼、第51条惩罚性赔偿金诉讼、第54条之消费者团体诉讼。笔者于2018年8月31日以"消费诉讼"为关键词,键入台湾地区的"司法院"数据检索系统,寻得台湾地区"最高法院"之判决10笔,主要均涉及在系争案件是否适用"消保法"第51条惩罚性赔偿金之脉络下,讨论有关"消费诉讼"概念之射程范围问题。

如所周知,台湾地区"消保法"第51条惩罚性赔偿金于2015年6月17日修

---

[*]　台湾大学法律学院教授。

正时,将其修正为:"依本法所提之诉讼,因企业经营者之故意所致之损害,消费者得请求损害额五倍以下之惩罚性赔偿金;但因重大过失所致之损害,得请求三倍以下之惩罚性赔偿金,因过失所致之损害,得请求损害额一倍以下之惩罚性赔偿金。"立法理由为:一、本条之目的在保护消费者不受企业经营者为获利而为恶意侵害,本条文为模仿美国法制之惩罚性赔偿制度,规定企业如故意或过失造成消费者损害,消费者得要求超过所受损害额之赔偿,试图借由跨越民法损害赔偿以填补损害为原则之法理,来为消费者提供更优惠的赔偿并试图以此规定吓阻不肖企业,唯台湾地区法院近年来解释适用本条规定,态度过于谨慎保守,以至于惩罚性赔偿金之请求不易成立,或是酌定数额普遍偏低,不足以充分制裁或发挥吓阻之功效。据台北地方法院101年度消字第16号民事判决:"'消保法'第五十一条所谓过失,应为目的性限缩而限于重大过失,亦即当企业经营者显然欠缺注意,如稍加注意,即得避免损害,有明显应究责之行为时,法院始课以惩罚性赔偿金。虽有注意义务之违反,然尚非达到重大过失之程度,自无'消保法'第五十一条之适用。"类似见解亦见于台湾地区"高等法院"101年度消上字第8号民事判决。从法院判决中不难发现,实务运作上往往将本条之过失限缩解释为重大过失,使现行条文之立意大打折扣。"二、如企业经营者所提供之商品或服务因故意或过失致消费者有损害,而法院于裁量时将过失限缩解释为重大过失,导致消费者纵使透过司法途径,亦不能获得合理之结果,乃援引台湾地区民事、法之责任体系,建立层级化之归责要件,将本条对于故意、重大过失及过失之规定明文化,避免司法裁量空间过于模糊,修改惩罚性赔偿金之惩罚范围,将企业经营者因故意所致之损害赔偿额由三倍以下提高至五倍以下,增订因重大过失所致之损害赔偿额为三倍以下,明确区分故意、重大过失及过失之责任。"

该次修正的重点,似乎仅在处理旧条文规定之该条但书"因过失所致之损害,得请求损害额一倍以下之惩罚性赔偿金"能否将其"目的性限缩"为"重大过失"之争议。但对于修正前曾发生之其余可能争议(包括惩罚性赔偿金之请求权人是否包括作为"直接被害"及作为"间接被害"之"第三人"、计算惩罚性赔偿金之损害额是否包括非财产上损害等疑义),则似未列入该次修法之处理范围。笔者于本文撰写前,同时以"惩罚性赔偿金"为关键词在"司法院"数据检索系统中,查询在该次修法后之相关台湾地区"最高法院"判决,查到的18个判决似亦并未特别表现出修法前后的区别,该条文适用上之实务问题值得提出讨论。故在下文之探讨上,将以"惩罚性赔偿金"为主轴,观察其发展,并评析台湾地区消费诉讼之司法判决中"惩罚性赔偿金"解释适用所发生之问题,不再特别区分该条文修法前后之判决而讨论。

为其明了,兹先图示下文讨论重点:

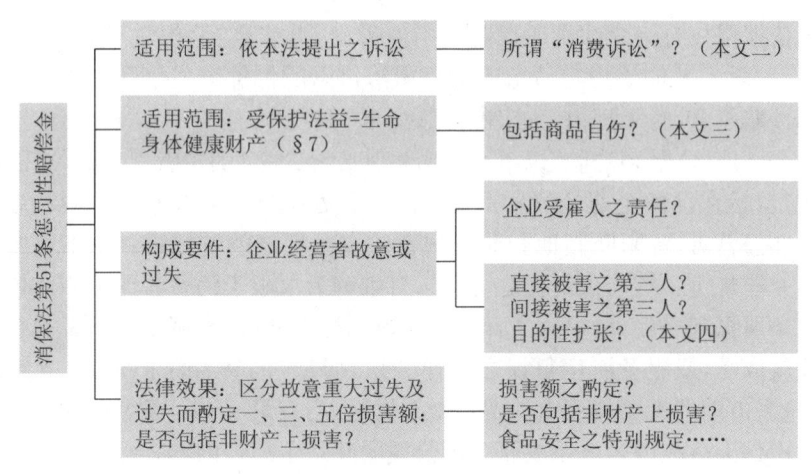

```
                    ┌─ 适用范围：依本法提出之诉讼 ──── 所谓"消费诉讼"？（本文二）
                    │
消                  ├─ 适用范围：受保护法益＝生命      包括商品自伤？（本文三）
保                  │   身体健康财产（§7）
法                  │                                 ┌─ 企业受雇人之责任？
第                  │                                 │
51                  ├─ 构成要件：企业经营者故意或 ────┤   直接被害之第三人？
条                  │   过失                          │   间接被害之第三人？
惩                  │                                 └─ 目的性扩张？（本文四）
罚                  │
性                  │                                 ┌─ 损害额之酌定？
赔                  └─ 法律效果：区分故意重大过失及    │   是否包括非财产上损害？
偿                      过失而酌定一、三、五倍损害额： │   食品安全之特别规定……
金                      是否包括非财产上损害？
```

表1　惩罚性赔偿金本文讨论架构

贰　适用范围一："消费诉讼"与惩罚性赔偿金

有关惩罚性赔偿金于"消费诉讼"之适用范围，下文将之归纳为两种主要案型进行讨论。

一、实务案型一：房屋销售广告不实

在台湾地区"最高法院"97年度台上字第214号判决中，原告以被告建设公司预售屋销售不实（销售不合法之夹层屋）为由，依侵权行为、不当得利及台湾地区"消保法"第22、23条有关广告不实之规定诉请损害赔偿，并且依"消保法"第51条规定请求惩罚性赔偿金。

"高等法院"认为依该条之起诉并非消费诉讼，故无"消保法"第51条惩罚性赔偿金之适用，而谓："'消费者保护法'第五十一条既明定适用于'依本法所提之诉讼'，而非'消费诉讼'，依其文义解释，所称依本法所提之诉讼应系指消保官或消保团体依该法第五十条及第五十三条规定所提之消费诉讼而言，非谓举凡消费者与企业经营者间因就商品或服务发生纷争所提起之消费诉讼均属之[①]。是

[①] 在台湾地区"最高法院"96年度台上字第1495号判决一案，该案之"高等法院"亦认："惩罚性赔偿金部分，按'消费者保护法'第51条所谓'依本法所提之诉讼'，依同法第二条第五款规定，指因消费关系而向法院提起之诉讼，即依'消费者保护法'提起之消费诉讼而言。本件上诉人系提起民法第188条第一项、第227条第二项之一般侵权行为及民事契约争议诉讼，非依'消费者保护法'提起消费诉讼，则上诉人依'消费者保护法'第51条规定请求被上诉人给付惩罚性赔偿金，显无理由。"不同于该97年度台上字第214号判决的是，台湾地区"最高法院"虽以其他理由将该判决废弃，但并未指摘此一见解。

丙××依据侵权行为之法则所提起之本件诉讼,自非属"消保法"第五十一条所定之诉讼,丙××依该规定请求正第公司给付以所付价金一倍即 154 万元计算之惩罚性赔偿金,为无理由,不应准许"。

但台湾地区"最高法院"以下列理由将其废弃:"按'消费者保护法'第五十一条之规定,旨在促使企业经营者重视商品及服务质量,维护消费者利益,惩罚恶性之企业经营者,并阻吓其他企业经营者仿效。且该条系规定:'依本法所提之诉讼',并非规定:'依前条所提之诉讼',自难解为仅限于消费者保护团体依同法第五十条所提之诉,始得为之,以故,当事人提起之诉讼,倘系消费者与企业经营者间就商品,或服务所生争议之法律关系,而依'消费者保护法'之规定起诉者,无论系由消费者团体或由消费者个人提起,均有第五十一条惩罚性赔偿金之适用。本件上诉人丙××系主张正第公司明知系争广告内容,与现场样品屋,均属不合法之夹层屋,竟提供予伊,致其因信赖系争广告内容,而受有给付价金之损害,并依侵权行为、不当得利及'消费者保护法'第二十三条之规定,请求正第公司负赔偿责任(见原审卷一五八页),倘属无讹,则正第公司系销售预售房屋之企业经营者,丙××则为购买房屋之消费者,丙××因正第公司不实之广告而购买不合法之夹层屋,致受有损害,其并依'消费者保护法'第二十三条规定提起本件诉讼而有理由时,是否无'消费者保护法'第五十一条之适用,非无研求之余地。"[②]

[②] 值得附带参考的是,该案一审"台北地院"94 年度台上字第 210 号判决对于此点亦采肯定见解,但判决理由略有不同:"(二)原告得否因被告正第公司之故意或过失所致损害,请求惩罚性赔偿金部分:按……'消保法'第五十一条定有明文。又上开条文中所谓'依本法所提之诉讼',应就提起诉讼之属性观察,即所提起诉讼之法律关系,乃'消费者保护法'所定消费者与企业经营者间就商品或服务所生争议之法律关系,而向法院提起之诉讼均属之,凡此种消费诉讼,无论系由消费者团体提起抑或由消费者个人提起,均有上开第 51 条性质赔偿金之适用('消费者保护法'研讨会之法律问题意见可供参考);另参见'最高法院'91 年度台上字第 1495 号判决载述:'(上诉人)复主张依"消费者保护法"第五十一条规定,向被上诉人请求三倍之惩罚性赔偿金云云,然查该条之适用,系以企业经营者提供之商品或服务,与消费者之损害之间,具有相当因果关系为要件,且其损害系属财产上之损害……'等语。查被告正第公司系以设计、制造房屋之商品为营业之企业经营者,原告系以消费为目的而为交易房屋商品之消费者,被告正第公司于销售系争预售屋之际,应确保广告内容之真实,其明知系争建物面积总和须超过该楼层地板面积 1/3 以上始能达其所宣称之使用效果,已违反相关建筑法规,日后有遭主管机关、拆除或处罚之危险,竟仍于广告中强调夹层屋,并经由被告正第公司销售人员即被告丁××、丙××谎称系合法夹层屋,致原告误认日后可就系争建物为广告内容之施工,不致违反法令,陷于错误而同意购买系争建物,因而受有财产上之损害,核原告基于双方间消费关系所生争议,其向本院提起本件诉讼,依上开说明,原告依'消费者保护法'第 51 条规定,请求被告正第公司给付惩罚性赔偿金,应属正当。本院斟酌:原告因被告正第公司之不实广告,陷于错误因而与被告正第公司签约并交付 154 万元等情,因认原告主张得请求被告正第公司给付之惩罚性赔偿金 154 万元应属适当。"

废弃发回后之"高等法院"更审判决(该院97年度上更(一)字第35号判决),即遵守台湾地区"最高法院"废弃判决宣示之见解,而谓:"按'消保法'第51条所谓依本法所提之诉讼,系指因消费关系而向法院提起之诉讼,故凡属消费者与企业经营者间就商品或服务所生争议之法律关系,而向法院提起之消费诉讼,无论系由消费者团体或消费者个人提起,均有'消保法'第五十一条规定之适用,自不以消费者保护团体依同法第四十九条、第五十条规定提起之诉讼为限。又企业经营者应确保广告内容之真实,其对消费者所负之义务不得低于广告之内容,'消保法'第二十二条定有明文。此系为保护消费者而课企业经营者以特别之义务,不因广告内容是否列入契约而异,否则即无从确保广告内容之真实。本件被上诉人既系以经营住宅及大楼开发销售为业之企业经营者,有公司登记数据查询单附卷足凭。上诉人为购买前开预售屋之消费者,两造订定买卖契约时,既无任何成品可供检视,只能信赖被上诉人之广告,而被上诉人却以不实之广告内容,致上诉人陷于错误而误信广告内容为真,并与被上诉人签订买卖契约,被上诉人显有违反'消保法'第二十二条所课企业经营者应确保广告内容真实之义务。上诉人因而以被上诉人违反'消保法'第二十二条规定为由,向法院提起本件诉讼,自系因消费关系而提起之消费诉讼。则上诉人依同法第五十一条规定,请求被上诉人给付惩罚性赔偿金,核属有据。"此外,并进一步宣示"消保法"第五十一条之惩罚性赔偿请求权性质为侵权行为,消灭时效应为两年:"'消保法'第五十一条引进惩罚性赔偿制度,其目的并非在于规范企业经营者违反契约时,对消费者所负之债务不履行损害赔偿责任,而系在促使企业经营者重视商品及服务质量,维护消费者利益,惩罚恶性之企业经营者,并吓阻其他企业经营者仿效。该条规定责令企业经营者就因不实广告所致消费者之损害负赔偿责任,乃侵权行为之特别形态,主要在维护交易安全,保障填补消费者因信赖广告所受之利益损害。该条规定与民法规范出卖人对买受人所负之契约责任,二者旨趣要属不同。且'消保法'对于请求权时效并未有明文规定,故'消保法'第五十一条惩罚性赔偿金请求权时效,应适用侵权行为损害赔偿请求权之时效即二年。上诉人主张该条惩罚性赔偿金请求权时效应适用债务不履行损害赔偿请求权十五年时效云云,自无足取。"此等见解经上诉后,均由台湾地区"最高法院"97年度台上字第2481号判决以"经核于法并无违背",予以维持。同属于第一种消费诉讼类型而与前述事件情节类似之建设公司房屋销售广告贩卖违法夹层屋,而涉及违反"消保法"第22条,当事人诉请损害赔偿及惩罚性赔偿金者,尚有台湾地区"最高法院"94年度台上字第1028号判决一案。

在该案中,原审"高等法院"亦强调:"被上诉人与展望公司间,基于消费关系所生争议之本件诉讼,其属性系'消保法'第五十一条规定之消费诉讼。审酌被上诉人实际受有交付定金 56 万元之损害,认被上诉人依该'消保法'之规定,请求展望公司给付与上述损害同额之惩罚性赔偿金,应予准许。"但台湾地区"最高法院"以下列理由废弃原判决:"按消费者请求损害额三倍以下之惩罚性赔偿金者,必以其因企业经营者故意所致之损害为限,此观'消保法'第五十一条之规定自明。本件上诉人展望公司否认被上诉人因买卖契约之撤销而受有损害,其一再辩称:依买卖契约所给付之价金,于买卖契约撤销后,虽应依不当得利之法律关系负返还义务,但非可认被上诉人所支付之价金即为其所受之损害等语……,乃攸关被上诉人得否依'消保法'之规定,请求惩罚性赔偿金。"

发回更审后之台湾地区"高等法院"94 年度上更(一)字第 73 号判决以:"……'消保法'第 51 条前段明定,'依本法所提之诉讼,因企业经营者之故意所致之损害,消费者得请求损害额 3 倍以下之惩罚性赔偿金'。所谓'依本法所提之诉讼',系指因消费关系而向法院提起之诉讼,故凡属消费者与企业经营者间就商品或服务所生争议之法律关系,而向法院提起之消费诉讼,均有'消保法'第 51 条规定之适用('消保法'第 2 条第 3 款、第 4 款、第 5 款、第 47 条规定参照),自不以消费者保护团体依'消保法'第 49 条、第 50 条规定提起之诉讼,或以'消保法'之规定为请求权基础者为限。又'公平法'第 32 条第 1 项及'消保法'第 51 条所称之'损害额',乃作为酌定惩罚性赔偿金之依据,系指因事业违反公平法之规定,或因企业经营者之故意行为,所致他人财产之减少而言,虽他人就该损害本身,或得依侵权行为或其他法律关系,请求事业或企业经营者予以填补或返还,唯就其得依该损害额为据,请求酌定惩罚性赔偿金之权利,不生任何影响。经查,……(二)被上诉人既因而支付定金 137255 元予上诉人,致受有财产上之损害,并就该预售屋商品所生争议,提起本件消费诉讼,即与'公平法'第 32 条第 1 项及'消保法'第 51 条之规定,均无不合,且因上开二者乃具有请求权竞合之关系,是被上诉人并依上开规定,择一请求酌定惩罚性赔偿金,自属有据。爰斟酌上诉人故意隐瞒室内夹层违法之事实,诱使被上诉人订立系争房屋及停车位买卖契约之侵害情节,认被上诉人所得请求上诉人给付之惩罚性赔偿金,以损害额 3 倍即 411765 元(其计算式为:137255 元 × 3 倍 = 411765 元)为相当。"因不得上诉而确定。

二、实务案型二:搭乘大众运输工具

除了前述第一种案型外,"消保法"第 51 条惩罚性赔偿金不以依"消保法"第 49 条、第 50 条、第 53 条规定提起之消费诉讼为限,即因搭乘大众运输工具而受损害,实务上亦认可主张惩罚性赔偿金。

在台湾地区"最高法院"97 年度台上字第 2315 号判决中,被告客运公司之受雇人驾驶因疏未注意车前状况,追撞前车,致原告受有骨折、右眼视神经病变、出血等伤害,乃依"民法"第 188 条有关侵权行为、债务不履行之法律关系对被告请求损害赔偿,并依"消保法"第 51 条规定请求惩罚性赔偿金。

原审以"上诉人系提供大众运输服务之企业经营者,被上诉人则系搭乘大众运输工具之消费者,被上诉人因搭乘上诉人提供之交通工具而受害,其所提起之诉讼,自属消费诉讼,应有'消保法'第 51 条规定之适用,被上诉人请求以五十万元为惩罚性赔偿金,亦属正当"为由,准许惩罚性赔偿金之请求[③]。

台湾地区"最高法院"虽以下列理由将其废弃发回[④],但仍以肯定有惩罚性赔偿金之适用为前提:"次按依'消保法'所提之诉讼,因企业经营者之故意所致之损害,消费者得请求损害额三倍以下之惩罚性赔偿金;但因过失所致之损害,得请求损害额一倍以下之惩罚性赔偿金。'消费者保护法'第 51 条定有明文。准此,必须企业经营者经营企业有故意或过失,致消费者受损害,消费者始得依上开法条规定请求惩罚性赔偿金。上诉人公司提供之运输服务,因其受雇人之过失致被上诉人受伤害,固为原判决确定之事实,惟原判决就上诉人公司提供运输服务有何故意或过失,未加任何调查审认,即以被上诉人因上诉人公司受雇人之过失而受害,率认上诉人公司应负惩罚性赔偿责任,为不利于上诉人之判决,自有可议。"[⑤]

其实,关于大众运输服务之争讼属于消保诉讼,台湾地区"最高法院"在更早之 86 年度台上字第 1445 号判决中,"高等法院"即谓:"又上诉人系提供大众运输服务企业经营者,被上诉人则系搭乘大众运输工具之消费者,上诉人自系负有提供安全运输服务义务之企业经营者,被上诉人因搭乘上诉人所提供之交通工具而受害,其所提起之本件诉讼,自属消费诉讼,而应有'消费者保护法'第 51 条、第七条第一项、第三项规定之适用。"台湾地区"最高法院"虽以其他理由废弃原判决,但并未指摘此点。

三、本文评析

从法律解释的观察角度来说,如果从惩罚性赔偿金规定在"消费者保护法"

[③] 属于同一事件之本判决发回更审前的"最高法院"96 年度台上字第 2573 号判决中,其原审台湾地区"高等法院"台中分院,亦宣示相同见解:"上诉人系提供大众运输服务之企业经营者,被上诉人则系搭乘大众运输工具之消费者,被上诉人因搭乘上诉人提供之交通工具而受害,其所提起之诉讼,自属消费诉讼,应有'消保法'第 51 条规定之适用",最高法院虽废弃原判决,但并未否认此点。

[④] 以此种理由废弃发回原判决之处理方式,其实尚可参见"最高法院"96 台上字第 1200 号判决。

[⑤] 本件废弃发回后,在台湾地区"高等法院"台中分院 97 年度消上更(二)字第 3 号更审程序中,原告具状撤回系争惩罚性赔偿金 50 万元之请求后,判决因不得上诉而确定。因此可惜无法进一步见到法院判决如何就最高法院所指摘之雇用人与受雇人间之故意过失为认定。

第 51 条有关消费诉讼之章节,而体系位置前后紧接有第 50 条及第 53 条规定之诉讼,则体系解释上可能仅限于依该两条文所提起之"消费诉讼"(此或可称为狭义说);如果从该条文义规定"依本法所提之诉讼",则文义解释上即可能包括前述实务案型一之"房屋销售广告不实"中依"消保法"第 22、23 条起诉请求赔偿之情形(此或可称为广义说)。但如果仅从"消保法"第 2 条第 5 款"消费诉讼"之定义系指"因消费关系而向法院提起之诉讼"、同条第 3 款"消费关系"系指一切"消费者与企业经营者间就商品或服务所发生之法律关系",而向法院提起之消费诉讼而言,则解释上似又可包括前述实务案型二在内之"搭乘大众运输工具"而依民法侵权行为规定起诉者在内(此或可称为最广义说)。

学者通说多强调,"消保法"第 51 条应限于侵权行为损害赔偿诉讼而依"消保法"规定起诉者(包括"消保法"第 7 条第 3 项、第 8 条第 1 项、第 9 条、第 23 条[6]、22 条[7]),似采广义说。本文认为"消保法"第 2 条第 3 款及第 5 款之解释,尚应综合"消保法"第 51 条之体系位置及"依本法所提之诉讼"等明确文义,相互参引、限制而加以解释,因此广义说在解释方法上应较为可采。因此,学者通说,以及台湾地区"高等法院"89 年度上字第 95 号判决谓:"按'消费者保护法'第 51 条系明文规定,'依本法所提之诉讼……消费者得请求……惩罚性赔偿金',查消费者得依'消保法'提起诉讼之依据法条,计有该法第 7 条第三项、第 8 条第一项、第 9 条、第 20 条第三项、第 23 条第一项、第 49 条、第 50 条等,故'消保法'第 51 条,'依本法所提之诉讼……'显然系指依上开'消保法'规定所提起之诉讼,并不及其他法律规定所提起之诉讼,应无疑义,本件被上诉人系依民法规定而提起本诉,并未依'消费者保护法'提起任何诉讼,其诉状竟请求依该法第 51 条判赔惩罚性赔偿金,应无从准许,原审认'消费诉讼之定义应就其诉讼之属性观察'云云,系于法律文字之外擅自扩张解释,洵有违误",应较为可采,以避免过度"扩大惩罚性赔偿金的适用范围,使具有争议的特别法上制度过度侵入民法领域"[8],前述实

---

[6] 参见王泽鉴:《损害赔偿》,2017 年自版,第 438—440 页。

[7] 综合依"消保法"第 22 条及第 23 条请求损害赔偿,固可依"消保法"第 51 条请求惩罚性赔偿金,但单纯依第 22 条规定是否可构成惩罚性赔偿金适用范围,学说则有争论。参见前注[6],王泽鉴书,第 443—446 页之详细论述及第 446 页注 59 所引文献。

[8] 前注[6],王泽鉴书,第 447 页。又如台湾地区"高等法院"台中分院 103 年度保险上字第 9 号判决亦谓:"按'消费者保护法'第 51 条关于惩罚性赔偿金之规定,旨在促使企业经营者重视商品及服务质量,维护消费者利益,惩罚恶性之企业经营者,并吓阻其他企业经营者仿效。该条所谓依本法所提之诉讼,于当事人提起之诉讼,倘系消费者与企业经营者间,就商品或服务所生争议之法律关系,而依'消费者保护法'之规定起诉者即属之。是以,依'消费者保护法'第 51 条请求惩罚性赔偿金者,以依'消保法'所提之诉讼为限。"依保险契约请求保险金之诉讼不在此限。

务见解扩张惩罚性赔偿金至实务案型二中搭乘大众运输工具（企业受雇人侵权行为）依"民法"提起之诉讼，似难赞同。⑨

参 适用范围二：商品自伤与惩罚性赔偿金

一、实务见解

涉及消费诉讼之范围，在台湾地区法院实务判决上另一个有争论的问题：商品自伤是否包括在"消保法"第7条第二项规定之商品责任赔偿范围内？⑩

对于此一问题，台湾地区"最高法院"在95年度台上字第637号判决（爱的雅筑三期房屋倒塌案）中，南投"爱的雅筑三期"房屋因9·21大地震倒塌，"高等法院"判决强调："'消费者保护法'第七条规定之商品制造人责任，性质上同属侵权责任范畴，故该条所谓之财产，应作限缩解释，不包括具有瑕疵（安全上危险）商品本身的损害及其他纯粹经济上损失"，台湾地区"最高法院"就此一见解并未指摘。

最具代表性的是台湾地区"最高法院"96年度台上字第2139号判决，台湾地区"最高法院"并不否定第二审之判决（二审判决字号为台湾地区"高等法院"93年度重上字第640号判决）见解而强调："台北新家族"小区房屋本身之瑕疵（被公告为危楼），系"安全或卫生上之有危险之商品"房屋本身，不属"消保法"第七条第二项所规定受危害之"财产"，"商品"之范围不包括"商品本身"。该判决理由论述甚详，值得参考：

按"从事设计、生产、制造商品或提供服务之企业经营者，于提供商品流通进入市场，或提供服务时，应确保该商品或服务，符合当时科技或专业水平可合理期待之安全性""商品或服务具有危害消费者生命、身体、健康、财产之可能者，应于明显处为警告标示及紧急处理危险之方法""企业经营者违反前二项规定，致生损害于消费者或第三人时，应负连带赔偿责任。但企业经营者能证明其无过

---

⑨ 学说亦强调，企业受雇人执行职务之侵权责任，"鉴于'民法'第188条雇用人责任与'消保法'惩罚性赔偿规范目的与法律构造不同，应认为'民法'第188条雇用人责任不适用于'消保法'第51条规定，亦不应类推适用"。亦即，"消保法"第51条所指企业经营者之故意过失，指企业经营者自己之过失而言，至于企业经营者为受雇人选任监督之过失而负责时，其惩罚性赔偿金之成立，须受雇人执行职务侵害消费者生命身体健康或财产，且须企业经营者对于受雇人选任监督有过失，此项过失应由请求惩罚性赔偿金之消费者负举证责任。（详见前注⑥，王泽鉴书，第450—451、459页）

⑩ 实务见解之发展与评析，详见曾品杰《论"消费者保护法"上之商品责任——以商品自伤之损害赔偿为中心》，载《月旦民商法杂志》第27期（2010年），第10—23页之详细论述。

失者,法院得减轻其赔偿责任"。"消保法"第七条固有明文规定。核其立法意旨略以:"第一项所称'安全或卫生上之危险',应系指商品或服务欠缺安全性,而所谓'欠缺安全性',指商品于流通进入市场时或服务于提供时,不符合当时科技或专业水平可合理期待之安全性而言,爰参考欧体指令第六条并将本法施行细则第五条第一项及第二项规定修正予以纳入",而欧洲共同体产品责任法指令所称之受危害之"财产"并不包括"安全或卫生上之有危险之商品"本身。从"消保法"之体系观之,"消保法"第二章第一节标题为"健康与安全保障",在"消保法"之规范中,可请求之赔偿范围并不包括商品本身的损害。"商品责任"规范之目的在保护消费者之"健康与安全保障",而商品本身的损害赔偿与消费者之健康与安全保障并无直接关系,商品本身的损害,依民法瑕疵担保责任或债务不履行规定保护即可,无依消费者保护法予以规范之必要,以免导致民法体系之紊乱。故"消费者保护法"第 7 条第二项所称之受危害之"财产"并不包括"商品本身"。查上诉人直接或辗转承购之系争房屋,被上诉人虽系起造人、设计人及承造人,但上诉人请求被上诉人连带赔偿之损害,系"安全或卫生上之有危险之商品"房屋本身,依前述说明,自不属"消保法"第 7 条第二项所规定受危害之"财产",从而,上诉人依"消保法"第 7 条第三项、第 51 条之规定请求被上诉人连带赔偿其损害,于法尚非有据。

但在同样涉及 9·21 大地震损害求偿事件的台湾地区"最高法院"98 年度台上字第 1729 号判决("台中东势王朝第一期大楼倒塌"案)中,则出现肯定之看法。判决要旨略谓:

"'消保法'第七条规定之赔偿责任,本质上系侵权责任,自应依民法第二百十六条之规定填补债权人所受损害及所失利益,解释上,当包括商品本身之损害。故商品制造人生产具有瑕疵之商品,流入市场,成为交易之客体,显已违反交易安全之义务,苟因此致消费者受有损害,自应负包括商品本身损害之侵权行为赔偿责任;又修正前'消保法'第七条第一项所称安全或卫生上之危险,依修正前'消保法'施行细则第五条第一项规定系商品于其流通进入市场或服务于其提供时,未具通常可合理期待之安全性者。而此与民法所谓之瑕疵意义,并不相同。此所称未具通常可合理期待之安全性者,观诸'消保法'施行细则第五条第二项、第一项但书、第六条规定,应就商品或服务之标示说明、商品或服务可期待之合理使用或接受、商品或服务流通进入市场或提供之时期等情事认定之。企业经营者如能证明其无过失,仍得不免除其赔偿责任,仅法院得减轻其赔偿责任。但商品或服务已符合当时科技或专业水平者,不在此限,企业经营者主张其商品于流通进入市场或服务于其提供时,符合当时科技或专业水平者,就其主张之事实负举证责任。"

最近台湾地区"最高法院"106年度台上字第1号判决,亦已明白改采通说之否定见解,判决理由谓:

"原审以,……'消保法'第七条第一项或第二项所规定之商品制造者侵权行为责任,系该法第二章第一节'健康与安全保障'之规定,复参照立法理由谓系参考欧体指令第六条规定,并将九十二年七月八日修正前该法施行细则第五条第一项、第二项规定纳入,可见该规定之'商品责任'规范之目的在消费者之健康与安全保障,其请求之赔偿范围并不包括商品本身的损害。上开地下室一、二楼结构安全瑕疵,如经补强,正常情况使用安全无虞,与'消保法'第七条规定商品安全上之危险无关,况余××等七人亦未举证因此致生其安全危险而受有损害,则其依同法第51条规定,请求结构安全补强费用及未按图施作之价值减损损害三倍惩罚性赔偿,自属无据……经核于法并无违误。按'消保法'第二章第一节'健康与安全保障'九十二年修正前第七条所规定:'从事设计、生产、制造商品或提供服务之企业经营者应确保其提供之商品或服务,无安全或卫生上之危险。'乃商品制造者侵权行为责任,各项为不同请求权,均本诸消费者购买商品或服务,其身体健康不应受到危害之旨,规范商品或服务应具安全性与卫生性。观诸'立法院'审议该法草案条文对照表第七条之说明所载:'(一)消费者购买商品或服务,其身体健康不应受到危害,故应要求商品或服务安全性或卫生性。(二)本条称危险而不称瑕疵,主要避免与民法之瑕疵混淆'等语,可知该规定称危险而不称瑕疵,系为避免与民法之瑕疵混淆。复观九十二年修正为现行'消保法'第七条第一项规定,系以修正前第一项所称'安全或卫生上之危险',指商品或服务欠缺安全性,而所谓'欠缺安全性',指商品于流通进入市场时或服务于提供时,不符合当时科技或专业水平可合理期待之安全性而言,爰参考欧体指令第六条并将本法施行细则第五条第一项及第二项规定修正予以纳入(立法理由参照)。从而该条规定之'商品责任'规范之目的在保障消费者之健康与安全,请求之赔偿范围为消费者因健康与安全受侵害而生之损害,并不包括商品本身瑕疵的损害。是商品本身之瑕疵损害,应依民法瑕疵担保或债务不履行规定保护,而不在上开规定保护范围之列。"

二、本文评析

台湾地区之通说见解多采否定见解,[11]不论从台湾地区"消保法"所继受的比

---

[11] 王泽鉴:《商品制造者责任与纯粹经济上损失》,载《民法学说与判例研究》第八册,1996年自版,第246—273页,详列美国法、德国法、欧盟法、日本法等采相同的否定见解供参;詹森·林:《纯粹经济上损失与"消保法"之商品责任》,载《法令月刊》,60卷7期(2009年7月),第59—60页;郭丽珍:《瑕疵损害、瑕疵结果损害与继续侵蚀性损害》,翰芦图书出版有限公司1999年版,第100页以下。

较法上观察(欧体 1985 年商品责任指令第 9 条 b 款、德国商品责任法第 1 条第 1 项均限于瑕疵商品以外之他物),或者契约责任与侵权责任之制度分际的维持上,避免"消保法"之特别法过度肥大而架空民法,[12]似应以通说之否定见解为是。[13]

综合言之,台湾地区"最高法院"96 年度台上字第 2139 号判决及最近之同院 106 年度台上字第 1 号判决,透过法学方法论上的三个解释方法进行论证,亦即:"消保法"的立法数据与立法目的、比较法(欧体产品责任法)以及体系解释(赔偿范围排除商品本身,避免民法上侵权责任与契约责任体系紊乱),其得出之解释结论,较具有法学论证之科学性,值得赞许。台湾地区"最高法院"98 年度台上字第 1729 号判决纯以:"'消保法'第七条规定之赔偿责任,本质上系侵权责任,自应依'民法'第二百十六条之规定填补债权人所受损害及所失利益,解释上当然包括商品本身之损害",系纯粹从法条文义与形式上的法典外部体系进行推论,尚难具有说服力。商品伤害自己所生之纯粹经济上损失,应属契约法上瑕疵担保责任或债务不履行之问题,不应依商品责任进行求偿,"过度扩大侵权行为法之规范领域,将使契约法淹没于侵权行为法的汪洋大海"![14]

肆　成立要件:间接被害人与惩罚性赔偿金

一、基本事实与判决要旨

关于惩罚性赔偿金之消费诉讼,司法实务上最近发生的争议尚有:消费关系之消费者以外之第三人(消费者之父母、子女或配偶)作为间接被害人,于消费者因消费关系而死亡时,能否主张惩罚性赔偿金？在台湾地区"最高法院"104 年度台上字第 358 号判决中[15],"高等法院"与台湾地区"最高法院"之见解不一,值得分析检讨。

本案原告起诉主张:其子郭×莹参加被告富友旅行社有限公司(下称富友旅行社)举办之菲律宾长滩岛五日旅游行程(下称系争旅游),富友旅行社将系争旅

---

[12] 前注[10],曾品杰文,第 22—24 页;吴瑾瑜,《房屋之商品责任在台湾之发展现况及其挑战》,载《月旦民商法》第 31 期,第 161—163 页。

[13] 详细论证并参见吴从周:《民法与民事诉讼法之对应适用(一)》,载《民事法学与法学方法》第七册,元照出版有限公司 2015 年版,第 92—97 页。

[14] 前注[11],王泽鉴文,第 273 页。

[15] 本判决为指标性判决,迄 2019 年 10 月 12 日笔者截稿时再查询之结果,台湾地区"最高法院"似并未对此问题再有其他的判决表示过相同或不同见解。关于本判决之详细分析检讨,可参见余玮迪:《"消保法"上惩罚性赔偿金之权利主体与损害额计算》,台大法律研究所 106 年第 2 学期"民法方法论专题研究"学期报告及其所附之参考文献。

游行程转由被告新台旅行社股份有限公司（下称新台旅行社）承办。新台旅行社指派之领队带领旅客搭船出海进行浮潜活动时，疏未注意旅客救生衣及浮潜设备等安全事项，致郭×莹被发现落海溺水，应依"民法"第188条第一项前段规定，负侵权行为赔偿责任。原告分别为郭×莹之父、母，因郭×莹之死亡，原告因而为郭×莹支出殡葬费新台币（下同）282500元，并受有扶养费1544056元、慰抚金300万元之损害。另依"消保法"第7条第一项、第三项、第51条规定，被告等亦应负连带赔偿给付原告惩罚性赔偿金100万元等情，爰依民法第184条第一项前段、第185条、第192条、第194条及"消保法"第7条、第51条规定，求为命被告等连带给付原告。

本件主要争点一之在于：关于原告作为消费关系之消费者（本件之死者）以外之第三人（消费者之父母、子女或配偶），且作为间接被害人，对被告有无"消保法"第51条之惩罚性赔偿金请求权。

对此，"高等法院"采取否定见解，认为："消保法"第51条并未直接明文规定直接被害人之"法定扶养权利人，或死者之父母、子女及配偶"等"间接被害人"有"惩罚性赔偿金"之直接请求权，故难认民法第192条规定之被害人以外之间接人被害人，有直接请求权。原审"高等法院"之判决要旨略谓：

"其次，被上诉人均为提供旅游服务为业之人，皆属'消保法'第七条第二项所规定之企业经营者，如有违反'消保法'同条第一项规定情事，固应依同条第三项规定，负连带赔偿责任。唯依上开规定请求损害赔偿者，应限于因企业经营者提供商品、服务，而于损害事故中直接受害之消费者或第三人，直接被害死者之法定扶养权利人，死者之父母、子女及配偶，乃间接被害人，非得依上开规定为请求赔偿之主体。又'消保法'第五十一条规定，系继受自美国法，但扩大惩罚性赔偿金适用范围，而及于行为人出于过失情形，此为英美法所无。为求符合英美惩罚性赔偿制度原始精神，并与台湾地区固有损害赔偿法填补损害本旨相协调，该条所谓'过失'，应为目的性限缩解释而限于'重大过失'，亦即当行为人显然欠缺注意，如稍加注意，即得避免损害时，法院始应课以惩罚性赔偿金。富友旅行社并无过失，新台旅行社依其过失情状，仅为善良管理人注意义务之违反，难认有何重大过失之情，自难依上开规定请求惩罚性赔偿金。且被害人之生命因受侵害而消灭时，其为权利主体之能力即已失去，损害赔偿请求权亦无由成立，参以民法就不法侵害他人致死者，特于第一百九十二条及第一百九十四条定其请求范围，尤应解为被害人如尚生存所应得之利益，并非被害人以外之人所得请求赔偿。本件事故之直接被害人即'消费者'郭×莹纵得依'消保法'第五十一条为惩罚性赔偿金之请求，然因其已因生命权受侵害丧失权利能力，自非得由郭×莹之继承人向被上诉人为主张。⑯"

但台湾地区"最高法院"（104.3.11 民事第二庭）不采此见解,以下列理由将"高院"判决废弃：

"废弃发回部分（即上诉人依'消保法'第七条规定请求被上诉人富友旅行社再给付乙××四十七万八千二百五十元、甲××四十五万元各本息及依同法第五十一条规定请求被上诉人给付惩罚性赔偿金八万四千七百五十元本息部分）按'消保法'第一条第一项揭橥'为保护消费者权益,促进国民消费生活之安全,提升国民消费生活质量,特制定本法'；复于同条第二项规定'有关消费者之保护,依本法之规定,本法未规定者,适用其他法律','消保法'乃属民法之特别法,并以民法为其补充法。故消费者或第三人因消费事故死亡时,'消保法'虽未明定其得依该法第七条第三项规定,请求企业经营者赔偿之主体为何人及所得请求赔偿之范围,然该条系特殊形态之侵权行为类型,同条第二项更明列其保护客体包括生命法益,且于同法第五十条第三项规定,消费者让与消费者保护团体进行诉讼之损害赔偿请求权,包括'民法'第一百九十四条、第一百九十五条第一项非财产上之损害,此依上开同法第一条第二项补充法之规定,自应适用'民法'第一百九十二条第一项、第二项及第一百九十四条规定,即为被害人支出医疗及增加生活上需要之费用或殡葬费（下称医疗等费）之人,得请求企业经营者赔偿该医疗等费；对被害人享有法定扶养权利之第三人,得请求企业经营者赔偿该扶养费；被害人之父、母、子、女及配偶,得请求企业经营者赔偿相当之金额（即慰抚金）。查上诉人之子郭×莹系参加富友旅行社所举办之旅游,富友旅行社将行程转由新台旅行社承办,新台旅行社安排郭×莹等旅客搭乘 HAFTI 公司之螃蟹船出海进行浮潜活动,乃原审确定之事实,则旅游契约之消费关系应存在于郭×莹与富友旅行社间,新台旅行社及 HAFTI 公司系富友旅行社履行旅游契约之履行辅助人,富友旅行社、新台旅行社均为系争旅游服务之企业经营者。而上诉人就此并主张：郭×莹被发现溺水落海,经救起后,船上并无救生员或专业救护人员施行急救,亦无急救设备或通讯器材联络救护车接驳云云（原判决第二页）,原审亦认新台旅行社未要求当地配合旅行社配置合格救生员（原判决第十页）,究竟富友旅行社提供之旅游服务,有无符合当时科技或专业水平可合理期待之安全性？倘其未能提供可合理期待之安全性之旅游,是否无须负'消保法'第七条所定之损害赔偿责任？已有待厘清,并进一步研酌。乃原审未就'消保法'为保护消费者权益,促进国民消费生活安全之制定意旨,详予推究,遽以上诉人为间接被害人,不得依'消保法'第七条第三项规定,请求富友旅行社赔偿慰抚金及

---

⑯ 判决中之不同字体,为笔者所自行强调。

乙××所支出之殡葬费(乙××并未请求医疗及增加生活上需要之费用),亦嫌速断。其次,'消保法'第五十一条固规定:'依本法所提之诉讼,因企业经营者之故意所致之损害,消费者得请求损害额三倍以下之惩罚性赔偿金;但因过失所致之损害,得请求损害额一倍以下之惩罚性赔偿金。'惟于消费者或第三人死亡时,其权利能力已然消灭,究应由何人为此惩罚性赔偿金之请求?计算该赔偿金之损害额又以何者为准?'消保法'均未设其规范。揆诸该条所定惩罚性赔偿金制度,系'为促使企业者重视商品及服务质量,维持消费者利益,惩罚恶性之企业经营者,并吓阻其他企业经营者仿效'而设,规范目的侧重于惩罚恶性之企业经营者,以遏止该企业经营者及其他业者重蹈覆辙,与同法第七条第三项规定目的只在填补被害人所受之损害,未尽相同,被害人是否因企业经营者之违反规定而死亡?对于惩罚性赔偿金之成立,并不生影响;且依'举轻以明重'之法则,被害人因消费事故而受伤害,企业经营者就其故意或过失既须承担支付该赔偿金,于造成死亡之情形,尤不得减免其责任(生命法益之位阶更高于身体、健康或财产法益);另参酌民法第一百九十二条第一项规定之旨趣,乃植基于生命权受侵害之被害人,因该事故所生之医疗等费,系生命权被侵害致生直接财产之损害,被害人之继承人或遗产管理人本得向加害人求偿,倘已由第三人支出,第三人虽得向继承人或遗产管理人求偿,亦因该条项之特别规定,得径向加害人求偿,以避免辗转求偿之烦琐而来,可知'消保法'第五十一条就此原应积极规范而未规定之'公开漏洞',自应从该条之规范意旨,作'目的性扩张'以补充之,而将请求权人之主体,扩及于被害人之继承人或遗产管理人,始符该法之立法本旨,以免造成轻重失衡。因此,企业经营者就其提供之商品或服务,因故意或过失,致消费者或第三人死亡者,被害人之继承人或遗产管理人,即得依'消保法'第五十一条规定,请求企业经营者给付惩罚性赔偿金,并以非专属性且系因该事故应支出之医疗等费,而不超出该消费者或第三人原得请求之基础损害数额,作为计算惩罚性赔偿金之基准。再者,过失有重大过失、具体轻过失、抽象轻过失之分,'消保法'第五十一条但书,既将企业经营者应负'一倍以下惩罚性赔偿金'之责任规定为'过失',而未如九十三年六月三十日制定之证券投资信托顾问法第九条第一项,明定惩罚性赔偿限定以'故意或重大过失'者为限;且该条之立法理由,复明示参酌美国立法例而有惩罚性赔偿金之规定,立法者于制定该条时,显知悉该国之惩罚性赔偿金,着重于重大过失时方克成立,于过失与重大过失之间,在立法政策上已作取舍与抉择,于此情形,自不得再作'目的性限缩',解为限于重大过失者,始有该条但书规定之适用。……原审径以新台旅行社难认有重大过失,且郭×莹已因生命权被侵害丧失权利,上诉人不得依'消保法'第五十一条规定请求惩罚性赔偿金为由,而为不利上诉人之认定,尤有可议。上诉论旨,指摘原判决上开不利于己部分为不当,声明废弃,非无理由。二、其他上诉驳回部分(即上诉人其余请求被上诉人再连带给付乙××4907056元、甲××4908298元各本息部分)按企业经营者就其提供之商品或服务,因故意或过失致消费者或第三人死亡者,被害人之继承人或遗产管理人得依"消保法"第五十一条规定,以医疗等费为计算惩罚性赔偿金之基准,请求企业经营者给付该赔偿金,固如前述,唯'消保法'第五十一条保障之对象限于因消费事故直接被害之消费者或第三人,其因被害人死亡而基于特定身份关系得请求企业经营者赔偿扶养费(台湾地区'民法'第一百九十二条第二项)、慰抚金('民法'第一百九十四条)之人,乃间接被害人,尚不得依该条规定请求惩罚性赔偿金,致被害人当场死亡者,法无得请求精神慰抚金之明文规定,纵然被害人受伤害至死亡间尚有时间间隔,倘未以契约承诺,或已起诉请求精神慰抚金,其精神慰抚金请求权,亦不得让与或继承(台湾地区'民法'第一百九十五条第二项规定参照),被害人之继承人或遗产管理人亦无从以该精神慰抚金为基准,请求惩罚性赔偿金。查原审综据调查所得证据资料之结果,认定上诉人其余请求被上诉人连带给付殡葬费、慰抚金、惩罚性赔偿金部分(乙××部分为4907056元、甲××部分为4908298元各本息),于法无据,因而驳回上诉人该部分之其余上诉,所持理由虽未尽相同,唯该部分于判决结论并无二致,亦仍应维持。"⑰⑱

---

⑰ 本判决发回更审后,"高等法院"104年度消上更(一)字第1号判决,已经采取台湾地区"最高法院"废弃判决中表示之见解,而采取肯定看法。判决要旨如下:"六、次按'依本法所提之诉讼,因企业经营者之故意所致之损害,消费者得请求损害额三倍以下之惩罚性赔偿金;但因过失所致之损害,得请求损害额一倍以下之惩罚性赔偿金','消保法'第51条定有明文。唯于消费者或第三人死亡时,其权利能力已然消灭,究应由何人为此惩罚性赔偿金之请求?计算该赔偿金之损害额又以何者为准?'消保法'均未设其规范。揆诸该条所定惩罚性赔偿金制度,系'为促使企业者重视商品及服务质量,维持消费者利益,惩罚恶性之企业经营者,并吓阻其他企业经营者仿效'而设,规范目的侧重于惩罚恶性之企业经营者,以遏止该企业经营者及其他业者重蹈覆辙,与同法第七条第三项规定目的只在填补被害人所受之损害,未尽相同,被害人是否因企业经营者之违反规定而死亡,对于惩罚性赔偿金之成立,并不生影响;且依'举轻以明重'之法则,被害人因消费事故而受伤害,企业经营者就其故意或过失既须承担支付该赔偿金,于造成死亡之情形,尤不得减免其责任(生命法益之位阶更高于身体、健康或财产法益);另参酌'民法'第一百九十二条第一项规定之旨趣,乃植基于生命权受侵害之被害人,因该事故所生之医疗等费,系生命权被侵害致生直接财产之损害,被害人之继承人或遗产管理人本得向加害人求偿,倘已由第三人支出,第三人虽得向继承人或遗产管理人求偿,亦因该条项之特别规定,得径向加害人求偿,以避免辗转求偿之烦琐而来,可知'消保法'第五十一条就此原应积极规范而未规定之'公开漏洞',自应从该条之规范意旨,作'目的性扩张'以补充之,而将请求权人之主体,扩及被害人之继承人或遗产管理人,始符该法之立法本旨,以免造成轻重失衡。因此,企业经营者就其提供之商品或服务,因故意或过失,(见下页)

(接上页)致消费者或第三人死亡者,被害人之继承人或遗产管理人,即得依'消保法'第五十一条规定,请求企业经营者给付惩罚性赔偿金,并以非专属性且系因该事故应支出之医疗等费,而不超出该消费者或第三人原得请求之基础损害数额,作为计算惩罚性赔偿金之基准。再者,过失有重大过失、具体轻过失、抽象轻过失之分,'消保法'第五十一条但书,既将企业经营者应负'一倍以下惩罚性赔偿金'之责任规定为'过失',而未如九十三年六月三十日制定之证券投资信托顾问法第九条第一项,明定惩罚性赔偿限定以'故意或重大过失'者为限;且该条之立法理由,复明示参酌美国立法例而有惩罚性赔偿金之规定,'立法者'于制定该条时,显知悉该国之惩罚性赔偿金着重于重大过失时方克成立,于过失与重大过失之间,在立法政策上已作取舍与抉择,于此情形,自不得再作'目的性限缩',解为限于重大过失者,始有该条但书规定之适用('最高法院'104年度台上字第358号判决意旨参照)。经查郭×莹为上诉人之次男,有户籍誊本在卷可证(见原审卷第20—21页),尚未结婚,亦无子女,其死亡后,应由上诉人为其继承人,而被上诉人提供之系争旅游服务违反'消保法'第七条第一项、第二项之规定,且具有过失,则郭×钦为郭×莹支付之殡葬费282500元,自得依同法第五十一条规定,请求被上诉人就郭×莹应负70%责任计算惩罚性赔偿金即84750元(计算式:282500×30%=84750),故上诉人此部分请求,核属有据。"本判决因不得上诉而全案确定。

⑮ 此一台湾地区"最高法院"104台上字第358号判决对下级法院有着重要影响,此再比较台湾地区高等法院花莲分院105原重上2号判决,一再引述该判决意旨而采取相同见解即可得知:"(一)被上诉人得否依'消保法'第51条规定,请求上诉人易游网公司给付惩罚性赔偿金9533715元? 1.消费者因消费事故死亡,不影响企业经营者应依'消保法'第51条负惩罚性赔偿金责任之成立:按'消保法'第51条固规定:'依本法所提之诉讼,因企业经营者之故意所致之损害,消费者得请求损害额三倍以下之惩罚性赔偿金;但因过失所致之损害,得请求损害额一倍以下之惩罚性赔偿金。'唯于消费者或第三人死亡时,其权利能力已然消灭,究应由何人为此惩罚性赔偿金之请求? 计算该赔偿金之损害额又以何者为准?'消保法'均未设其规范。揆诸该条所定惩罚性赔偿金制度,系'为促使企业者重视商品及服务质量,维持消费者利益,惩罚恶性之企业经营者,并吓阻其他企业经营者仿效'而设,规范目的侧重于惩罚恶性之企业经营者,以遏止该企业经营者及其他业者重蹈覆辙,与同法第7条第3项规定目的只在填补被害人所受之损害,未尽同,被害人是否因企业经营者之违反规定而死亡,对于惩罚性赔偿金之成立,并不生影响;且依'举轻以明重'之法则,被害人因消费事故而受伤害,企业经营者就其故意或过失既须承担支付该赔偿金,于造成死亡之情形,尤不得减免其责任(生命法益之位阶更高于身体、健康或财产法益),台湾地区'最高法院'以104年度台上字第358号有民事判决要旨可参。查被上诉人乙×为兴邦公司之员工,其与妻子黄×慧共同参加由上诉人易游网公司所提供之系争旅游行程期间,于103年8月16日下午参与行程中排定之溯溪活动时,因曾×文等4人之过失,致黄×慧不幸发生意外死亡,乃两造所不争执,复有上开刑事判决可参。可认被害人黄×慧乃以消费为目的,接受上诉人易游网公司所提供系争旅游行程服务之消费者。被害人黄×慧既因消费事故而造成死亡,依前述说明,上诉人易游网公司因本案溯溪意外事故所应负之赔偿责任范围,自包括'消保法'第51条惩罚性赔偿金……4.上诉人易游网公司应赔偿被上诉人乙× 505200元之惩罚性赔偿金:按参酌'民法'第192条第1项规定之旨趣,乃植基于生命权受侵害之被害人,因该事故所生之医疗等(见下页)

二、本文评析:"漏洞认定"概念之再提醒

整理台湾地区"最高法院"之见解重点,主要有以下命题可供讨论:

命题一,原告乃消费者以外之第三人,其作为间接被害人,依"消保法"第 1 条第 2 项规定补充援引台湾地区"民法"第 192 条及第 194 条(其实已将其规定为直接被害人),本得主张其所支出之医疗费、殡葬费、扶养费及精神慰抚金。

命题二,第三人作为"直接被害人"得对"消保法"第 51 条作目的性扩张,而主张惩罚性赔偿金。

命题三,第三人作为间接被害人得将"殡葬费及医疗等费用"部分,对"消保法"第 51 条作目的性扩张,而主张惩罚性赔偿金。

命题四,但第三人作为间接被害人不得将"扶养费及慰抚金"部分,对"消保法"第 51 条作目的性扩张,而主张惩罚性赔偿金。

为期明了,兹将上述命题与问题略图示如下(见下页):

(一) 关于命题一及二

关于命题一,透过"消保法"第 1 条第 2 项"有关消费者之保护,依本法之规定,本法未规定者,适用其他法律"之规定,进而援引"民法"第 192 条及第 194 条之规定,作为得向企业经营者请求医药费、殡葬费等支出,应无疑义。

(接上页)费,系生命权被侵害致生直接财产之损害,被害人之继承人或遗产管理人本得向加害人求偿,倘已由第三人支出,第三人虽得向继承人或遗产管理人求偿,亦因该条项之特别规定,得径向加害人求偿,以避免辗转求偿之烦琐而来,可知'消保法'第 51 条就此原应积极规范而未规定之'公开漏洞',自应从该条之规范意旨,作'目的性扩张'以补充之,而将请求权人之主体,扩及于被害人之继承人或遗产管理人,始符该法之立法本旨,以免造成轻重失衡。因此,企业经营者就其提供之商品或服务,因故意或过失,致消费者或第三人死亡者,被害人之继承人或遗产管理人,即得依'消保法'第 51 条规定,请求企业经营者给付惩罚性赔偿金,并以非专属性且系因该事故应支出之医疗及增加生活上需要之费用或殡葬费,而不超出该消费者或第三人原得请求之基础损害数额,作为计算惩罚性赔偿金之基准。另'消保法'第 51 条保障之对象限于因消费事故直接被害之消费者或第三人,其因被害人死亡而基于特定身份关系得请求企业经营者赔偿扶养费('民法'第 192 条第 2 项)、慰抚金('民法'第 194 条)之人,乃间接被害人,尚不得依该条规定请求惩罚性赔偿金。至被害人当场死亡者,尚无被害人得请求精神慰抚金之明文规定,纵然被害人受伤害至死亡间尚有时间间隔,倘未以契约承诺,或已起诉请求精神慰抚金,其精神慰抚金请求权,亦不得让与或继承('民法'第 195 条第 2 项规定参照),被害人之继承人或遗产管理人亦无从以该精神慰抚金为基准,请求惩罚性赔偿金(台湾地区'最高法院'104 年度台上字第 358 号民事判决要旨参照)。查被上诉人乙×乃被害人黄×慧之夫,为被害人之继承人,其因被害人死亡支出殡葬费 505200 元,自得以此为基准,请求上诉人易游网公司支付一倍之惩罚性赔偿金。逾此部分,应无理由。至被上诉人请求以扶养费、慰抚金为惩罚性赔偿金计算基准,核与前述说明不符,应无理由。"(但此判决仍上诉在"最高法院"审理中)

```
"消保法"第51条与间接被害人
├─ 消费者 ─┐
│          ├─ 直接被害人 ─┬─ 命题一：请求精神慰抚金等
└─ 第三人？─┘              └─ 命题二：请求惩罚性赔偿金？ ── 目的性扩张？
           └─ 间接被害人 ─── 命题三、四：请求惩罚性赔偿金 ── 目的性扩张？
```

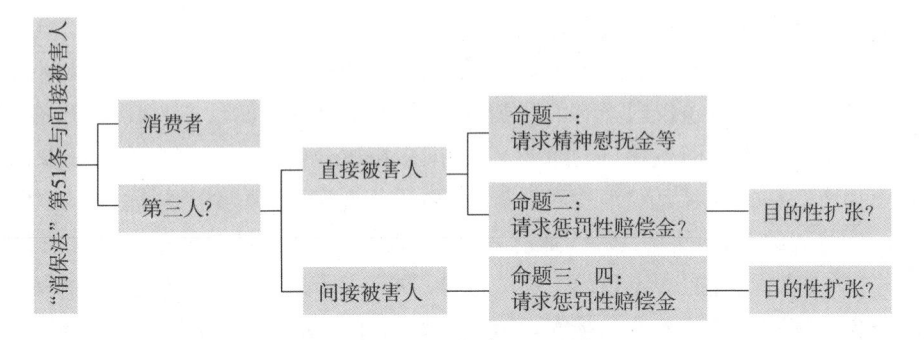

图 2　惩罚性赔偿金之目的性扩张

关于命题二，台湾地区"高等法院"98 年度消上更（一）字 1 号判决曾采取肯定见解，认为："消保法"第 7 条第 3 项所称之"第三人"与消费者并行列举，盖消费者与第三人皆应为"消保法"商品责任规定之保护对象，消费者或"第三人本身"因上述商品或服务而直接受到生命、身体、健康、财产损害者，均有"消保法"第 51 条之适用。故应将"消保法"第 51 条"目的性扩张解释以填补漏洞"，包括第三人本身之权利受侵害者在内。[19] 此项见解从"消保法"第 7 条及第 10 条之一

---

[19] 其判决理由主要为："按'消费者保护法'第 51 条规定……其立法理由则为：'为促使企业经营者重视商品及服务质量，维持消费者利益，惩罚恶性之企业经营者仿效，并吓阻其他企业经营者，参酌美国、韩国立法例而有惩罚性赔偿金之规定。'是据此足见立法目的在于促使企业经营者注意商品及服务质量，维护消费者利益，惩罚恶性之企业经营者，并吓阻其他企业经营者仿效。因此该规定虽未将同法第 7 条第 3 项所称之'第三人'与消费者并行列举，惟消费者与第三人皆应为'消费者保护法'商品责任规定之保护对象，以免减损该条规定之惩罚及吓阻效用。且在因同一商品或服务而导致既有消费者与第三人受损害之情形，如仅消费者得请求惩罚性赔偿金，而排除第三人之请求权，显然违背……之平等原则。从而'消费者保护法'所谓之'消费者'，应系指商品或服务之通常使用或消费而言，与台湾地区'民法'第 191 条之'1'规定并无特殊不同［参见约翰逊·林教授著《民事法理与判决研究（四）》'消费者保护法'专论（二），第 5、31 页，2006 年初版］。从而本院认为就'消费者保护法'第 51 条规定之立法目的观察，所谓'消费者'之涵义不明而存在法律漏洞，应为目的性扩张解释以填补漏洞，故**第三人本身**之权利，如系因企业经营者所提供之商品或服务而致生损害者，仍为'消费者保护法'第 51 条规定之保护对象。2. 次按企业经营者所提供之商品或服务，违反'消费者保护法'第 7 条第 1 项、第 2 项规定，而导致消费者或第三人受到损害时，固应依同条第 3 项规定负损害赔偿责任；且企业经营者有故意或过失时，并应依同法第 51 条规定给付惩罚性赔偿金。惟得请求惩罚性赔偿金之主体，**应以消费者或第三人本身**因上述商品或服务而受有生命、身体、健康、财产损害者为限，并不包括因'民法'第 192 条规定取得殡葬费或扶养费给付请求权之情形。盖被害人已死亡之情形，其权利主体已消灭，则被害人如尚生存所应得之利益，本非被害人以外之第三人所得请求赔偿。然第三人支出殡葬费或第三人对被害人享有扶养权利者，第三人本得依无因管理或其他法律关系，请求被害人之继承人或其遗产管理人偿还；（见下页）

之体系解释及立法意旨以观,应可赞同。

但其实该判决发回前之台湾地区"最高法院"98 年度台上字第 252 号判决,似更狭义地认为该条仅限于有消费契约关系之"消费者"而已:"废弃部分:查原审系认定上诉人与柯×伟订立旅游契约,因未提供合于安全标准之旅游服务,就其死亡所造成之损害,依'消费者保护法'第 7 条规定,应负赔偿责任。唯与上诉人订旅游契约者,既非乙××,则乙××与上诉人间并无消费关系,其何以得依上开'消费者保护法'规定请求上诉人赔偿,原审未予说明,即谓其就柯×伟死亡所受支出殡葬费及扶养费之损害,得依'消费者保护法'第 51 条规定请求上诉人给付惩罚性赔偿金一百万元,不无可议。上诉论旨,指摘原判决此部分违背法令,求予废弃,为有理由。"

(二)关于命题三及四

有疑问者在于本判决中(似乎是)首次对此表示之命题三及命题四。对此,台湾地区"最高法院"主要细部论点可再整理为:1."消保法"第 51 条惩罚性赔偿金具有惩罚性质,与"消保法"第 7 条填补损害性质不同,故虽然消费者或第三人死亡时,其权利能力已然消灭,但对于惩罚性赔偿金之成立不受影响,究应由何人为此"消保法"第 51 条之请求,"消保法"未设规定。2.参酌"民法"第 192 条第 1 项规定之旨趣,乃植基于生命权受侵害之被害人之继承人或遗产管理人,得径向加害人求偿,以避免辗转求偿之烦琐而来,故"消保法"第 51 条就此原应积极

(接上页)但此项损害,原应由加害人负最后赔偿责任,立法者为免辗转求偿之烦琐,乃于'民法'第 192 条承认第三人得以间接被害人之地位,直接向加害人行使权利。惟'消费者保护法'第 51 条规定之立法目的,在于惩罚及吓阻因故意或过失违反同法第 7 条第 1 项、第 2 项规定之企业经营者,并不在于免除第三人辗转求偿之烦琐而得以直接求偿,因此'消费者保护法'第 51 条规定所谓'损害'者,应以消费者或第三人本身因上述商品或服务而受有生命、身体、健康、财产损害者为限。被上诉人主张应就该条规定为目的性扩张解释,使因'民法'第 192 条规定取得殡葬费或扶养费给付请求权之人亦得请求惩罚性赔偿金云云,并不可采 3.经查上诉人提供团体旅游行程,其内容包括行程规划、餐旅、食宿及交通之安排,固应依'消费者保护法'第 7 条第 1 项规定,确保其提供之服务符合当时科技或专业水平可合理期待之安全性。而被害人柯×伟固与上诉人订立旅游契约,以消费为目的,接受上诉人所提供之服务而前往澳洲旅游,固为'消费者保护法'所称之消费者,而为'消费者保护法'第 51 条之保护对象。惟柯×伟既已因本件车祸而死亡,其权利主体业已消灭而不存在,因此即无从依该条规定请求上诉人给付惩罚性赔偿金。至于被上诉人虽另因'民法'第 192 条第 1 项、第 2 项规定,得请求上诉人赔偿被上诉人为柯×伟支出之殡葬费,以及柯×伟应给付被上诉人之法定扶养费之纯粹经济上损失,**但被上诉人本身**并未因本件车祸而受有生命、身体、健康或财产之损害,非属'消费者保护法'第 7 条第 3 项所称'第三人',从而依上说明,被上诉人即不得依'消费者保护法'第 51 条规定请求上诉人给付惩罚性赔偿金。是被上诉人此部分请求,即属无据。"

规范而未规定之"公开漏洞",自应从该条之规范意旨,作"目的性扩张"以补充之,而将请求权人之主体,扩及于被害人之继承人或遗产管理人,始符该法之立法本旨[20]。3.但上开目的性扩张,仅限于因被害人死亡而依"民法"第192条第1项"直接被害人"可请求之"医疗等费"与"殡葬费"。4.至于"民法"第192条第2项及第194条基于特定身份关系得请求企业经营者赔偿之"扶养费"及"慰抚金",乃"间接被害人",尚不得依该条规定请求惩罚性赔偿金[21]。

对于台湾地区"最高法院"1—3点针对"直接被害人"可以"举轻以明重"(即当然推论)、"目的性扩张"或类推适用(基本上台湾地区"最高法院"在判决中明显呈现将此三者混用之状态[22])之结论,本文认为在法律漏洞之认定与填补上,容有再思考余地。

按惩罚性赔偿金在我国台湾地区乃是一个以德、日、法等国法典体系与损害填补原则之民事法架构下,立法政策上兼采继受英美法准刑罚性质之赔偿金制度,均在特别法中加以规范而具有"特殊例外性质[23]",主要目的在于使"消费者得要求超过所受损害额之赔偿,试图借由跨越民法损害赔偿以填补损害为原则之法理,来为消费者提供更优惠的赔偿,并试图以此规定吓阻不肖企业"(参见前述"消保法"第51条之立法理由),可见立法者主要是希望在台湾地区规定之损害填补原则之欧陆架构下,加上"惩罚与吓阻"功能之惩罚性赔偿金,使被害之消费者取得"超过其损害额之更优惠赔偿额之赔偿",最终虽仍难谓其不能融入并具备台湾法上部分填补损害之功能,但其适用上则应该相应地考虑例外适用之严格性质。准此以解,则何以"消费者或第三人死亡时,其权利能力已然消灭"时,就如台湾地区"最高法院"所说:"惩罚性赔偿金之成立"可以完全不受影响,即难费解。况如果以台湾地区"最高法院"之逻辑,认为二者并不相同,则似更难以"民法"第192条之逻辑,认为与其性质不同之"消保法"第51条具有应为相同规定之"法律漏洞",而有加以填补之必要。

因此,本文认为,对此二命题疑问之思考关键仍在于:在消费者死亡之情形

---

[20] 王泽鉴:《法律思维与案例研习——请求权基础理论体系》,2019年9月增订新版,自版,第271页似亦对结论采取肯定见解,仅在法学方法上强调应系"类推适用"而非"目的性扩张""消保法"第51条。

[21] 关于"间接被害人"不得请求之部分,前注⑥,王泽鉴书,第455页似亦倾向认为"死亡"本身不应成立惩罚性赔偿金,"消保法"未明定"间接被害人"惩罚性赔偿性。问题只是在于:是否存在一个须借助目的性扩张或类推适用'民法'第192条规定以填补法律漏洞。

[22] 关于此三者关系之详细讨论与法院裁判整理,参见吴从周:《论民法第一条之"法理"》,载《民事法学与法学方法》第一册,2007年自版,第85页以下。

[23] 前注⑥,王泽鉴书,第426页,正确强调此点。

中,消费者因被害死亡而丧失权利能力,在台湾采取"被害人因死亡而丧失权利能力,就死亡本身不生损害赔偿请求权"之前提下[24],"消保法"第51条惩罚性赔偿金之规定,在未如"民法"第192条般地明文规定间接被害人有惩罚性赔偿金请求权之情形下,是否存有应填补之法律漏洞而得由法院为"目的性扩张"或"类推适用"之方式?对此,如何认定"消保法"第51条存有法律漏洞,仍属关键。"漏洞认定"(Lückenfeststellung)为漏洞填补之前提,诚如Bernd Rüthers所说的:"漏洞概念是法官造法的入口"(Lückenbegriff als Eingangstor zur richterlichen Gesetzgebung)[25]。但漏洞之认定仍须借助文义、立法史、体系、目的论等诸多法律解释之方法,始得竟其功[26]。

从文义与体系上观察,经查:台湾地区"消保法"中出现有"消费者"字样者,将近49个条文(第1—5,7,10—14,17—23,25—33,35—37,39—45,49—54,60条等,占"消保法"条文的将近5/4),但将"消费者"与"第三人"并列之条文规定,仅发现两条,且集中规定在该法第二章"消费者权益"第一节"健康与安全保障"中之两个条文,亦即:第7条第3项"(第一项)从事设计、生产、制造商品或提供服务之企业经营者,于提供商品流通进入市场,或提供服务时,应确保该商品或服务,符合当时科技或专业水平可合理期待之安全性。(第二项)商品或服务具有危害消费者生命、身体、健康、财产之可能者,应于明显处为警告标示及紧急处理危险之方法。(第三项)企业经营者违反前二项规定,致生损害于消费者或第三人时,应负连带赔偿责任。但企业经营者能证明其无过失者,法院得减轻其赔偿责任。"及第10条之一:"本节所定企业经营者对消费者或第三人之损害赔偿责任,不得预先约定限制或免除。"

此项法典体系规定之搜寻结果与解释,值得注意者有二:第一,紧接于第7条第3项将"消费者与第三人"并列规定前之第二项,仅规定保障主体为"消费者",并无"第三人"。同样地,紧接于第10条之一将"消费者与第三人"并列规定前之第10条,亦仅规定保障主体为"消费者",并无"第三人"。第二,此二条文将"消费者与第三人"并列为请求权人,均系将二者作为消费关系中发生损害之"直接被害人"加以保护,应无疑义。准此以解,从"消保法"第7条及第51条之文义解释仅限于"消费者",与体系解释上立法者仅在极度例外始加上"第三人"来看,

---

[24] 此应为台湾地区通说及实务之定论,参见前注⑥,王泽鉴书,第453页。
[25] B. Rüthers, Rechtstheorie, 2.Aufl., 2005., Rn.839.
[26] Rüthers特别强调:应从"文义"及"立法史"出发,以确定拟适用的法律本身之规范目的。参见Rüthers/Fischer/Birk, Rechtstheorie mit Juristischer Methodenlehre, 9. Aufl., 2016., Rn.873.

实难认定立法者于第51条是无意疏漏而未加上"第三人",否则实在是一个理想立法者的重大疏漏,殊难想象。

除此之外,目的论思考在确定(或确认/认定)法律漏洞是否存在时,更是扮演关键性角色。当然,一旦目的论思考成为角色,则解释论上所谓主观解释论与客观解释论之论争,势必须再考虑:到底是要依据哪一个时点的立法者目的来判断制定法是否存在违反计划的不圆满性?究竟是法律制定时历史的立法者的意思,还是法官适用法律当时的立法者意思呢㉗?在本案中,可以先认定其漏洞之种类者为:系争漏洞应属于"无意的漏洞"(立法者立法当时就忽略了已经存在、而且从规范目的上应该加以规定的法律问题)、"自始的(第一次的)漏洞"(法律一公布时就已经存在)㉘。而认定无意的、第一次的法律漏洞时,应该如同法律解释一样,先探求原本的立法者之规范意图,但在本件情形显然难以发现。至于台湾地区"最高法院"引用针对"民法"第192条之立法意旨所说:"'民法'第一百九十二条第一项规定之旨趣,乃植基于生命权受侵害之被害人,因该事故所生之医疗等费,系生命权被侵害致生直接财产之损害,被害人之继承人或遗产管理人本得向加害人求偿,倘已由第三人支出,第三人虽得向继承人或遗产管理人求偿,亦因该条项之特别规定,得径向加害人求偿,以避免辗转求偿之烦琐而来",此项"民法"本为针对支出"医疗费用"之第三人有直接请求权之规定,乃系后来所增订,则"消保法"第51条之立法者是否有援用此等立法,而进一步扩大"消保法"第51条适用之意图,若非有立法明文,实在据以推论符合历史的立法者或当今立法者之意思!

倘再搜寻"消保法"该条之立法过程(立法史),可以发现立法者关于惩罚性赔偿金之讨论,主要多仅集中在两个问题之意见沟通与讨论上:第一,有无必要增设惩罚性赔偿金的规定?第二,惩罚性赔偿金主观要件与损害额的倍率。但似从未曾如同第7条第3项及第10条之1之规定,考虑加入"第三人"成为该条保护之主体,更证明"消保法"第51条之规定并未疏漏有将作为间接被害人之"第三人"规范成为权利主体之意图。笔者臆测,此殆因立法之初引入英美法体系之惩罚性赔偿制度,如同大陆法系之"异体物"㉙,仅系例外规范性质,不应扩大适用故也!

准此以解,本文毋宁保留认为"消保法"第51条并未存有规范上之法律漏

㉗ Rüthers/Fischer/Birk(Fn. 26),Rn.868.

㉘ 关于漏洞之分类,可参见吴从周:《民法上之法律漏洞、类推适用与目的性限缩》,载前注㉒,吴从周书,第136页以下。

㉙ 王泽鉴:《损害赔偿》,2017年3月出版,第459页。

洞,而有以"目的性扩张""消保法"第 51 条"消费者"之主体至"第三人",或"类推适用""民法"第 192 条第 1 项规定填补间接被害人作为请求权主体之余地。申言之,如制定者认为随着惩罚性赔偿金在台湾"消保法"上实务适用之娴熟与稳妥,而价值变迁,认为有加以明文规范之必要,则应属"立法"形成之工作,尚非法院得进行填补。

行文至此,笔者拟借用德国当代重要的方法论学者 Bernd Rüthers 曾提出的警告与读者分享:"历史的经验显示,在进行漏洞概念认定与填补之论证时,应该充分警告法官:不可过度天真地处理漏洞这个概念……漏洞概念可能会被法院滥用而破坏法律"。[30] 总之,系争问题之结论,不论是采取漏洞否定说之见解(原审"高等法院")或漏洞肯定说之结论(台湾地区"最高法院"),都属于司法者价值判断之行为,不是对错之认识问题,而是评价决定之结果,本有不同,固均应予以尊重。但认真对待"漏洞概念"存否之认定与探求,作为漏洞填补之前提,才是吾人在本件判决争议中所应该学习者!

伍　结论

本文就最近有关消费诉讼涉及"消保法"第 51 条惩罚性赔偿金适用范围及成立要件之争议的相关司法判决,进行分析检讨,提出下列结论供参考:

一、"消保法"第 51 条所谓"依本法所提之诉讼"或"消费诉讼",应以学者通说之广义说在解释方法上应较为可采。亦即,仅限于消费者得依"消保法"提起诉讼,不及其他法律规定所提起者,故依"民法"或"保险法"等规定而提起之消费诉讼,尚无该条适用之余地。

二、不论从台湾地区"消费者保护法"所继受的比较法上观察(欧盟 1985 年《产品责任指令》第 9 条 b 款、《德国商品责任法》第 1 条第 1 项均限于瑕疵商品以外之他物),或者契约责任与侵权责任之制度分际的维持上,避免"消保法"之特别法过度肥大而架空民法,商品自伤均无"消保法"第 51 条适用之余地,学者通说及台湾地区"最高法院"多数判决之见解,足资赞同。

三、"消保法"第 51 条并未存有规范上之法律漏洞,而有以"目的性扩张""消保法"第 51 条"消费者"之主体至"第三人",或"类推适用""民法"第 192 条第 1 项规定填补间接被害人作为请求权主体之余地。此项工作应属立法形成之范围,应由立法者考虑后进行立法填补,尚非法院得越俎代庖进行填补。

---

[30]　Rüthers/Fischer/Birk(Fn. 26),Rn.876 - 877.

Analysis on the Development of Punitive Damages in Consumer Lawsuit Judgments in Taiwan
—Taking the Application of Article 51 of "Law on Protection of Consumer" of Taiwan as the Center

Wu Congzhou

Abstract: Regardless of the observation from the comparative law inherited by the "Law on Protection of Consumer" of Taiwan (Article 9(b) of the European Communities Commodity Liability Directive 1985, Article 1 of the German Commodity Liability Act, in which properties are limited to other things except defective commodities), or the maintenance of the system division of contractual liability and tort liability so as to avoid the overcrowding of the "Law on Protection of Consumer" as special law in Taiwan to overrun the "civil law", Article 51 of "Law on Protection of Consumer" of Taiwan applies not to the case of self-harm of commodity. The opinions of most scholars and the majority of judgments by the "Supreme Court" of Taiwan are fully endorsed. In addition, Article 51 of "Law on Protection of Consumer" of Taiwan does not contain any legal loopholes, so it is unnecessary to teleologically extend the "consumer" in articles 51 of "Law on Protection of Consumer" to "the third party" or analogically apply Article 192 (1) of the "Civil Law" of Taiwan in order to make the indirect victim the subject of the right of claim. This work should be within the scope of the formation of legislation, and it should be filled by legislators after consideration. It is not possible for the court to fill it out instead.

Key words: Consumer Lawsuits; Self-harm of Commodity; Punitive Damages; Teleological Extension; Analogy

(责任编辑：尚连杰)

资产收益权信托之法律定性的三维度

缪因知*

[摘　要]　昆山纯高案号称"资产收益权信托诉讼第一案",法院对在建工程收益权设置的信托关系及附属抵押关系的创造性处理,并未平复学界对此等资产上设置的信托关系之效力的不小争议,故其法理值得全面检讨。从物之维度看,在建工程等资产的收益虽然在商业上有较大波动性和不确定性,但相应的资产收益权在法律上确定存在,可以成为信托财产。然而,从人之维度看,收益权信托委托人若在实践中代替受托人实质控制信托财产,将不契合信托的基本设定,也会带来道德风险和违约风险。这个因素加上收益权难以被有效转移的特性,会导致信托财产与委托人无法破产隔离。受托人破产导致信托关系断裂的风险同样不可低估。从合同维度看,在"纯高案"涉及的阴阳合同中,法院根据外部投资者的认知选择了信托合同,是正确的,但这种财产交易关系被定性为贷款同样具有可能性。面对收益权信托实践的兴起,法律制度的回应可以是建立起有效的债权让与登记,并逐步实现对不同类别的收益权资产的可对抗登记。

[关键词]　昆山纯高;资产收益权;信托受益权;将来/未来债权

一、选题说明与文献回顾

2013年判决的安信信托诉昆山纯高案(简称"纯高案")被业内称之为"资产收益权信托第一案",凸显了收益权信托中的诸多法律疑难。一审判决书则颇有法律理念上的突破性,在二审判决前,两审法院的参与法官和学界、实务界人士就开始纷纷对此发表评论,争议至今尚未平息,值得结合此案后续理论和判决的发展再做讨论,以对整个收益权信托法制予以深入思考。

(一)涉案法律关系的司法构建

2009年9月,江苏昆山纯高投资开发公司为筹措项目开发资金,与其实际

---

* 中央财经大学法学院副教授。本文受司法部"国家法治与法学理论研究项目"(18SFB3033)资助。

控制人和安信信托投资股份公司签订了《资产收益财产权信托合同》，昆山纯高交付一项土地使用权和在建工程作为基础资产，信托财产是"委托人对基础资产依法享有取得收益的权利及因对其管理、使用、处分或其他情形而取得的财产"。"基础资产收益的权利是指权利人享有的获得对基础资产预售、销售或以其他形式使用和处分所形成现金收入（扣除基础资产预售、销售税费等支出）的权利"。

昆山纯高借此实现信托目的即"实现基础资产财产价值的流动化"的方式是将基础资产收益权全部转化为价值 6.3 亿元的信托受益权，并在其中区隔出优先受益权和一般受益权，安信信托对不超过 199 名公众投资人发行信托优先受益权份额。优先受益权对价资金用于基础资产的继续开发，实际上返还给了纯高。纯高"钱财两得"，不仅获得了融资，还继续管理、经营、销售原有资产。安信实际上成了债权人，并要求纯高按照时间表将基础资产建成后的销售款存入信托专户。

纯高的此项优越地位并非没有代价。作为商业上的信用增强措施，纯高担任了信托的一般受益人。合同约定：如果优先级受益人的预期收益无法得到满足，一般受益人有义务予以补足。委托人回购的优先受益权也会变成一般受益权。但这些回款保障措施实际上还是只能依靠纯高的承诺，所以双方又约定将基础资产和纯高关联方的房地产抵押给受托人。本案基础资产价值 6.3 亿元，融资金额只有 2.15 亿元，看似是超额担保，但基础资产价值是否真能在未来充分或方便地用于投资者收回融资，显然还是存在风险。故交易延及了第三方财产为担保，表明受托人既担心基础财产收益的实现程度、资金回馈度不足等财务风险，又担心信托财产不能过户、信托受益权不能登记在房地产权利证书等法律风险和与之相伴的用资方信用风险。

与资金信托购买资产时可以为资产出让方设定回购义务、产生债权不同，资产信托的受益权切割和出让后，信托财产并未发生变化，受益权出售人难称有还款义务。如下文解释，受益权人受让就信托财产受益的权利（获得投资回报）其实依靠的是受托人及其代理人（服务商）的管理活动（详见第三部分）。受托人向受益权受让人支付收益，是后者受益权的实现，不会产生债权转让、让受托人取得对受益权出让人之债权的法律效果。而劣后受益人对优先受益人的收益保证承诺只能视为对受托人兑现收益的义务添加了一项保证，不能反过来成为劣后受益人与受托人之间的债权关系。

所以为了有效保障受托人的权益，将交易的真正承压者从受托人转回为劣后受益人/用资人，双方必须构建抵押关系，从而又必须先行构建一个主债权关系。在资产信托架构下，这个主债权无法像资金信托那样通过为资产委托人/用资人设置收益权资产回购义务的形式出现（详见第三（四）部分）。故安信和纯高在前述《信托合同》签订当日又签订了一份《信托贷款合同》,约定在安信信托从公众处获得基础资产的对价后,以信托贷款的形式发放给纯高。贷款期限与信托周期相同。贷款利息从收益权信托成立之日起计算,年利率10%,并设置了较高的违约责任。同时将基础资产和关联方房地产作了抵押登记。款项支付的银行凭证载明的用途为信托优先受益权转让款。

2009年9月24日该信托成立并实际募集资金2.15亿元,由安信转账给纯高。但由于房产销售情况远远不如预期,昆山纯高很快就未能依约维持信托专户最低现金余额。2012年9月18日安信信托宣布由于昆山纯高自2009年11月起开始延迟支付贷款还款准备金,[①]故合同提前到期,要求昆山纯高承担违约责任、归还剩余本息。昆山纯高辩称该合同以合法形式掩盖了非法目的,实际上是资产收益权信托纠纷,贷款合同及其中规定的违约责任、抵押合同应当无效。

本案一审判决[(2012)沪二中民六(商)初字第7号]于2013年6月作出。法庭认为:信托合同和信托贷款合同存在冲突。案外公众投资人提供的同一笔款项不能既用来购买信托资产受益权,又成为贷款。根据约定,发放贷款的原因是信托法律关系的存在,贷款合同依附于信托合同。而且信托资金源于案外投资者,不应以贷款方式发放。案外投资者亦对信托贷款合同不知情。故认定本案属于营业信托纠纷。

由于"信托合同结构复杂,权利义务不清晰,难以用于办理抵押登记",而缺乏抵押权,原告信托公司将无法为被告招徕足够多的案外投资人,故通过贷款合同实现抵押权登记"情有可原",且双方具有合意。"应认定《信托贷款合同》仅作为表面形式,其实质在于实现信托合同中所约定的抵押登记"(第32页)。但贷款合同中的高额违约责任(同时适用的罚息、违约金、复利等占本金40%)不应支持,应以信托合同为准。抵押合同符合当事人真实意思、不违反强制性规定,属合法有效(第36页)。被告及关联人做出的抵押担保,既经过了登记,相应的文书也明确提及为信托合同义务做担保,故认定有效。

故法院维持了信托合同的效力,判决纯高偿还剩余的优先受益权本金、[②]根据信托合同而定的罚息(以赔偿原告向案外投资人垫付资金的损失)、原告律师费(债权实现费用)。如被告不履行,则原告可行使抵押权。但法院拒绝按贷款合同约定将部分前期还款认定为违约金而非本金。

换言之,出于交易安全和投资者保护目的,法官容忍了这种双重合同安排,认为这是信托合同债权难以附着抵押登记的现实困难所致,不能归咎于受托人。

---

① 不过被告直到2012年7月仍然在提供补充抵押。
② 确切地说,是数额不低于投资者购买优先受益权的本金之信托受益权收益款。

法官并未视贷款合同为无效,而是视之为"形式上的合同"。因为这最多涉嫌规避部委通知中的强制性管理规定,不足以动摇信托合同效力。③

二审上诉中,昆山纯高提出,安信信托已于 2012 年 9 月 24 日刚性兑付该项目,因此无权要求纯高补足最低限额或主张罚息。

2013 年 12 月上海高级法院二审维持原判[(2013)沪高民五(商)终字第 11 号],确认本案"实质是以贷款合同为形式,来保障安信信托对信托财产的控制权,实际上安信信托对贷款本身并不享有权利",贷款合同"实质在于实现信托合同中所约定的抵押登记",属于"形式上的合同"。依附于信托贷款合同上的抵押措施并不因此无效。安信信托是否或何时对案外投资人进行刚性兑付,与纯高履行最低限额补足义务无关。

(二)业界与学界回应:信托与借款的定性之争

学界一向呼吁通过诉讼推进信托制度细节处的完善。④本案判决的做出,首先就难能可贵。信托实务界自然总体上赞赏该判决结果。不过争议仍然存在。二审判决做出前,一审参与法官即撰文阐述本方立场,强调如此判决对投资者保护的意义,认为"只要能通过配套制度保障资产收益权作为信托财产的独立性,特定资产所有权本身是否转给信托公司并无意义"。⑤二审宣判后,与判决持不同意见的参与法官则以个人名义撰文认为:作为不断变化的物权,在建工程产生的收益权属于应收账款、未来债权,存在相当的不确定性。从资产证券化的标准看,此资产的控制权和风险均未曾转移到受托人处,故信托应无效,此交易应为借款合同。⑥

其后学界也对此颇有讨论。戚云辉同样提出收益权属于未实现的期待利益,缺乏确定性,不宜作为信托财产;而在交易设计上,其名为财产信托,实为资金信托;他认为资金信托和信托贷款的组合在实践中成熟常见,但本案出于规避信托公司净资本和房地产政策监管目的,而令合同复杂混乱,偏离了信托法律关

---

③ 高长久、符望、吴峻雪:《信托法律关系的司法认定:以资产收益权信托的纠纷与困境为例》,载《证券法苑》第十一卷,法律出版社 2014 年版,第 100 页。符望为纯高案一审合议庭审判长。其他两人也是上海第二中级人民法院法官。该文脚注称写于二审判决前,此文后又刊载于范健主编的《中国信托法论坛(2014)》(法律出版社,2015 年版)。

④ 夏小雄:《"得形"、"忘意"与"返本":中国信托法的理念调整和制度转型》,载《河北法学》2016 年第 6 期,第 93 页。

⑤ 前注③,高长久、符望、吴峻雪文,第 100 页。

⑥ 董庶:《试论信托财产的确定》,载《法律适用》2014 年第 7 期,第 79—80 页。该论文并未明确指明当事方名称,但交易结构、交易金额雷同。

系的基本构造,应被再定性为借款合同。[7] 张玉海则认为,虽然收益权是未来债权,也存在最终不能受让的风险,但这种风险是当事人自愿承担的,法律不必干涉。[8]

高凌云认为:本案这样的交易实质是结构性融资即资产证券化,但名为信托、实为担保贷款,可能受到监管部门禁止。本案信托财产实际上还包括基础资产本身,从而克服了房地产项目收益本身的不确定性。但纯高作为基础资产服务商和安信代理人的地位不明确,从而引发了法律关系混乱。法院若能正确确认受托人取得的信托财产所有权,抵押担保安排就不需要了,交易也不会被认定为担保贷款或变相担保贷款。本案两审法院未对收益权信托合法性做出明确结论,对规范性的贡献不足。[9]类似地,王奕、李安安批评本案法院只是"和稀泥",没有厘清该信托的交易构造与法律性质。[10] 不过,王建文、张莉莉认为对商事信托的司法干预必须控制在合理范围内,法院默认收益权信托这种私人自治的合法性,体现了审慎性,并主张对当事人意思表示不真实予以宽容。[11] 张玉海认为法院有权依据"不告不理"的原则技术性回避收益权信托的定性难题。[12] 何宝玉也表扬了该判决"实质重于形式"、"为通过司法裁决规范新型金融活动展示出更大空间"。[13]

中信信托公司的张笑滔主张信托关系成立,理由是信托财产的法律确定性之关键是财产的可区别性。他赞赏本案法院通过尊重当事人意思自治间接创设了新物权,弥补了中国大陆物权法定规定过于严苛之弊,以合理的司法推理方式保持了物权数量的最优;并认为信托提供了物权放松的合理分析框架。不过张笑滔强调收益权信托不能无节制地脱离基础资产。[14]

---

[7] 戚云辉:《信托创新的法律风险及其规避:以安信信托与昆山纯高信托纠纷为例》,载《金融法苑》2013年第2期(总第八十七辑),第162—170页。

[8] 张玉海:《收益权信托融资合法性检视》,载《证券法苑》第十六卷,法律出版社2015年版,第174—175页。

[9] 高凌云:《收益权信托之合法性分析:兼析我国首例信托诉讼判决之得失》,载《法学》2015年第7期。

[10] 王奕、李安安:《法院如何发展金融法》,载《证券法苑》第十八卷,法律出版社2016年版,第213页。

[11] 王建文、张莉莉:《商事信托的司法裁判:理念与规则》,载范健主编《中国信托法论坛(2014)》,法律出版社2015年版,第30页。

[12] 前注[8],张玉海文,第165页。

[13] 何宝玉:《信托法案例评析》,中国法制出版社2016年版,第290—297页。

[14] 张笑滔:《非典型物权类型松绑的功能分析——以昆山纯高案为例》,载《政法论坛》2016年第6期。

资产管理法律领域的总体经验表明,交易人、监管者或立法者在形式上把特定的融资关系或资产管理关系视为信托,要求"符合标准",并不会带来现实法律关系的实质改变。[15]不过,收益权作为商事博弈实践出现的自然结果,有其内在的合理性,有必要结合本案案情和此领域的后续判决继续深入分析其中未被充分阐述的关系、探索未来的制度完善途径。在第二部分分析了资产收益权信托的基本特质后,第三部分从物之维度论述了在建工程等收益权资产的法律属性,指出收益虽然在财务上有较大波动性和不确定性,但法律上相应的资产收益权确定存在。我国信托法灵活的框架也有助于如此认定。第四部分从当事人的关系角度考察了能否将资产收益权信托关系定性为信托的三大维度,指出:委托人代替受托人实质控制信托财产,并非资产收益权信托的必备要素;此等情形不符合信托的基本设定,也会带来委托人的道德风险和违约风险。此等因素加上收益权难以被有效转移,会导致信托财产与委托人无法实行破产隔离。而受托人破产导致信托关系断裂之风险同样不可低估。第五部分从合同维度分析了纯高案这样的阴阳合同中,贷款合同并非绝对无效,信托合同也并非无效。在二者不可同时成立时,法院根据外部投资者的认知选择了信托合同,是正确的,但本案贷款合同过高的违约责任可能会对结果有所影响。第六部分指出面对收益权信托实践的兴起,法律制度的回应可以是建立起有效的债权让与登记,并逐步实现对不同类别的收益权资产的可对抗登记。

二、资产收益权信托的运作模式分析

广义的资产收益权信托包括以集合资金信托形式购买房地产等项目的资产收益权的信托形式。而狭义的资产收益权信托仅指相反流程,即将项目资产收益权设定为信托财产,再以受益权凭证的形式发行给投资者。

具体来说,广义模式包括"钱找项目"的资金信托。信托公司从委托人/投资者处募集资金后,投给特定项目。投资收益往往由投资对象"予以承诺支付或者通过回购计划实现,类似于贷款架构"。[16]我国第一支集合资金信托计划是2002年上海爱建信托投资公司将信托资金用于购买上海外环隧道建设公司的股权,这种模式更为常见。

狭义模式是"项目找钱"的资产信托,在融资方提供的特定资产收益权上设

---

[15] 参见缪因知:《资产管理内部法律关系的定性:回顾与前瞻》,载《法学家》2018年第3期。

[16] 前注⑤,高长久、符望、吴峻雪文,第95页。

置受益权,再通过转让受益权凭证销售给投资者。这实际上是一个资产证券化的过程,在我国的第一例是 2003 年华融资产管理公司的不良信托贷款信托分层项目。

收益权与受益权的法律含义有所不同。受益权是从信托受益人的角度界定的,每个受益人各有一个受益权;而收益权是从财产的角度界定的。一个资产收益权被设置信托后,可以演化出不同主体持有的多个信托资产受益权。

本案交易属于狭义模式。在建工程是资产收益权信托的主流产品。这是由于房地产业存在严格监管,土地使用权和在建工程资产难以在法律上直接转让给未必具有房地产经营资质的受托人。且即便法律上可行,商业上也会产生高额税费,因而显得不经济。

但纯高选择的此具体模式并非主流。在通常模式下,房地产开发商会设立项目公司来营运在建工程、设置信托。这是因为房地产在建工程的各种债务如土地税费、原料和人工费用等中,只有工程承包费是法定的物上债务,[17]别的其实并不必然该归工程本身负担,而是由债务人来概括负担。通过设立项目公司,债务人主体和在建工程形成了紧密对应关系,人的担保变成了物的担保。在建工程的物上债务和人的债务合二为一,法律权利义务更为清楚。[18]

在信托模式下,房地产公司将其主要资产即在建工程收益权设定为信托、创设信托受益权后,在其中区隔出优先受益权并予以出让,以便换取资金。一般来说,基础资产的价值会高于优先受益权的价值,即委托人实际上只是出让部分权益以便盘活资金继续运作基础资产。在商业上,这能实现超额担保,提高融资成功概率。

当事方选择资产信托模式,而非直接谋求信托贷款,或成为资金信托的投资对象,很大程度上是为了规避监管要求,如银监会 2010 年《关于加强信托公司房地产信托业务监管有关问题的通知》设定的"432 限制"(房地产开发项目四证齐全、项目资本金比例达到 30%、开发商或控股股东具备二级资质)。[19] 此外,在净资本和风险资本管理上,信托公司向房地产项目发放贷款属于融资信托,但受托人若购买资产后并不承担项目实际决策运营责任、仅以报酬的名义获得回报,则

---

[17] 《合同法》第二百八十六条:发包人逾期不支付的,除按照建设工程的性质不宜折价、拍卖的以外,承包人可以与发包人协议将该工程折价,也可以申请法院将该工程依法拍卖。建设工程的价款就该工程折价或者拍卖的价款优先受偿。

[18] 实践中,项目公司的股权一并用于质押。从指向的基础资产看,其与工程抵押和土地使用权抵押的实质相同。

[19] 昆山纯高无二级资质,见秦颖:《"纯高案"咬出信托"潜规则"》,载《证券市场周刊》2013 年第 9 期。

可被定性为事务管理型信托,[20]需要付出的风险保证担保和资产抵押资本更少。

但如果排除银监会对贷款风险控制的宏观考虑,仅就商业交易模式而言,"钱找项目"和"项目找钱"的风险类似,即信托财产或信托财产所购物不能产生财务回报、"无钱可还"的商业风险,与受托人不能有效控制信托财产、"有钱不还"的法律风险。后一种风险本来是信托这一法律构造所意图克服的,而当实践中的收益权信托模式由于其信托财产特质方面的因素而难以克服这一法律风险时,其信托定性就会受到质疑。

三、物之维度考察:资产收益权的混合属性与信托财产适格性

(一)收益权的混合属性和指向权益的广泛性

《物权法》第三十九条规定所有权人享有占有、使用、收益和处分物的权利。而实务中的收益权是一个较为弹性的概念,外延既包括对物的一般性收益即对物收取租金或使用费的权利,也包括收取对物处分所获对价的权利。这可以涉及所有针对基础资产产生的利益。物权、债权、[21]智慧财产权/知识产权,甚至具体内容和义务人尚不确定的未来权利都可归入收益权的概念内。如纯高案中的合同约定"资产收益权是指权利人享有的获得对基础资产预售、销售或以其他形式使用和处分所形成现金收入的权利"。实践中,收益权的基础资产除了房地产工程外,还有股权(股利、分红)、矿权、基础设施BT(建造—转让)项目收益、BT项目政府补贴、高速公路收费权、公共事业收费权、物业收益权、其他应收账款等多种收益权形式。

这种混合权利模式作为商事实践自发产生的结果也得到了国家权力部门的支持。在上位法律概念不明晰的背景下,自20世纪90年代以来,法律法规规章都不同程度地肯认了收益权有相对独立的财产权属性。总体上看,早期的收益权提法似乎只是物权的收益权能的别称,而随着收益权成为适格的质押标的,就具有了可转让性和融资担保功能,再后来所依附的主体权利亦不限于物权,甚至出现了收益权之收益权。

1993年《农业法》规定了农业承包方的生产经营决策权、产品处分权和收益

---

[20] 具体比例指标等详见戚云辉:《信托创新的法律风险及其规避:以安信信托与昆山纯高信托纠纷为例》,第165页。信托分类方式见周小明:《信托制度:法理与实务》,中国法制出版社2012年版,第396页。

[21] 物的收益权和债权本身即具有重叠性,如出租人获取租金的权利,既是对承租人的债权,也是对物的收益权。

权。2002年《农业法》修订时删除此条,但《农村土地承包法》又规定了承包人享有承包地使用、收益和经营权流转的权利。1995年《民用航空法》规定了航空器融资租赁承租人的占有、使用、收益权。不过,这两类收益均未成为金融市场中的主流收益权资产。

主流收益权资产是基础设施收益权。国家发展计划委员会1999年《关于加强国有基础设施资产权益转让管理的通知》规定国有公路、桥梁、隧道、港口、码头和城市市政公用基础设施的收益权,与基础设施经营权、使用权、股权等并列作为基础设施资产权益。

收益权能转让自然也能质押。2000年3月国家计划委员会和中国人民银行颁布了《农村电网建设与改造工程电费收益权质押贷款管理办法》。2000年10月《国务院关于实施西部大开发若干政策措施的通知》提出扩大以基础设施项目收费权或收益权为质押发放贷款的范围。2001年国务院西部开发办公室《关于西部大开发若干政策措施的实施意见》细化为:"继续办好农村电网收益权质押贷款业务,开展公路收费权质押贷款业务,创造条件逐步将收费权质押贷款范围扩大到城市供水、供热、公交、电信等城市基础设施项目。对具有一定还贷能力的水利开发项目和城市环保项目(如城市污水处理和垃圾处理等),探索逐步开办以项目收益权或收费权为质押发放贷款的业务。"

但对法律实务来说更重要的是2000年9月最高法院《关于适用担保法若干问题的解释》把公路桥梁、公路隧道或公路渡口等基础设施的收费性权利定义为"不动产收益权"并可以质押。[22]这意味可质押收益权的种类从一一列举上升到了具有弹性的不动产收益权的类概念。

在金融领域,为了"推动固定收益类产品创新",证监会2004年发布的《关于证券公司开展资产证券化业务试点有关问题的通知》指出,资产证券化是将能够产生可预期稳定现金流的特定基础资产的收益分配给受益凭证持有人的专项资产管理业务活动。基础资产应当为能够产生未来现金流的可以合法转让的财产权利,可以是单项财产权利,也可以是多项财产权利构成的资产组合。基础资产为收益权的,收益权的来源应符合法律、行政法规规定,收益权应当有独立、真实、稳定的现金流量历史记录,未来现金流量保持稳定或稳定增长趋势并能够合理预测和评估;基础资产为债权的,有关交易行为应当真实、合法,预期收益金额能够基本确定。从而明确了非债权的收益权可以成为证券化资产,并默认了"收益权的收益"的范畴。

成文法中密集出现收益权概念,已经是2013年后,并且多出现在金融监管

---

[22] 1999年《国务院关于收费公路项目贷款担保问题的批复》已经同意收费权可质押。

规章中,成为一般性概念。换言之,不再限于自不动产基础资产衍生出。其动因可能来自应收账款质押制度对收益权质押和转让的类比意义。中国人民银行2007年根据《物权法》的应收账款可质押条款制定了《应收账款质押登记办法》,规定应收账款是指权利人因提供一定的货物、服务或设施而获得的要求义务人付款的权利,包括现有的和未来的金钱债权及其产生的收益,但不包括因票据或其他有价证券而产生的付款请求权。一项应收账款还可以被同时设置多个质押权,并无限次展期。应收账款具体包括:销售产生的债权,包括销售货物,供应水、电、气、暖,知识产权的许可使用等;出租产生的债权,包括出租动产或不动产;提供服务产生的债权;公路、桥梁、隧道、渡口等不动产收费权;提供贷款或其他信用产生的债权。这一概念兼容物债,可谓包罗万象,只是把法律已经可质押的票据和证券上的支付请求权排除在外。

诚然,一项收益权财产能被合法质押,不等于也能被设定为信托财产。如最高法院2015年指导案例"长乐污水案"判决将污水处理项目收益权定性为基于服务产生的将来债权和应收账款,同时又指出此收益权被质押后,只是意味着应收账款优先支付给债权人,污水处理公司仍然保留特许经营权、承担经营维护义务,并可预留经营的必要合理费用。㉓但人们仍然可以把特许经营权和特许经营权上的应收账款收益权分离,将后者视为可转让的财产。2017年《民法总则》第一百二十六条规定:"民事主体享有法律规定的其他民事权利和利益",进一步为多种财产权利和非权型利益提供了想象空间。而且比起银行金融业语境下的应收账款,信托财产概念容纳进"因票据或其他有价证券而产生的付款请求权"和未被质押登记的财产,并无认识上的困难。

2013年后,金融监管规章多次对资产管理现实中已经大量出现资产收益权概念的产品予以追认。由于这些规则的行文可能有些随意,未必精确地界定和区分了概念的内涵与外延,故本文不对之予以简化归纳,而罗列以保原貌。

2013年银监会《关于规范商业银行理财业务投资运作有关问题的通知》将"各类受(收)益权"作为非标准化债权资产内容,以加强非标准化债权的管理。

2013年浙江证监局《关于加强证券公司资产管理业务监管有关事项的通知》把信托计划、资产收益权、项目收益权等并列为证券交易场外的非标准投资品种,强调应当认真进行尽职调查,充分评估投资风险。

2014年科技部、金融"一行三会"《关于大力推进体制机制创新扎实做好科技金融服务的意见》把股权、债权类资产、收益权并列为科技企业的"实体资产",

---

㉓ 福建海峡银行福州五一支行诉长乐亚新污水处理公司、福建市政工程公司案,(2013)闽民终字第870号,最高人民法院指导案例53号,2015年发布。

可供证券公司直投子公司、另类投资子公司、基金管理公司专业子公司等投资。

2014 年证监会《证券公司及基金管理公司子公司资产证券化业务管理规定》规定证券化"基础资产可以是企业应收款、租赁债权、信贷资产、信托受益权等财产权利,基础设施、商业物业等不动产财产或不动产收益权,以及中国证监会认可的其他财产或财产权利",此处虽然只把收益权概念用于不动产领域,但由于同时采纳了泛化的财产权利概念,所以可实际运用的基础资产无明显范围限制。

2016 年 4 月,银监会《关于规范银行业金融机构信贷资产收益权转让业务的通知》首次使用"信贷资产收益权"概念,肯定其在盘活信贷存量、加快资金周转方面的积极作用,要求信贷资产收益权转让遵守"报备办法、报告产品和登记交易"的流程;转让后按照原信贷资产全额计提资本、按照会计处理和风险实际承担情况计提拨备。出让方银行不得通过本行理财资金直接或间接投资本行信贷资产收益权,不得以任何方式承担显性或者隐性回购义务。同年 6 月,被银监会赋予市场监督职责的银行业信贷资产登记流转中心《信贷资产收益权转让业务规则(试行)》和《信贷资产收益权转让业务信息披露细则(试行)》将信贷资产收益权定位为"获取信贷资产所对应的本金、利息和其他约定款项的权利"。可见,监管者认可了银行通过收益权制度将原信贷资产上的权利义务转让出去。

2017 年 6 月财政部、中国人民银行、证监会《关于规范开展政府和社会资本合作项目资产证券化有关事宜的通知》鼓励项目公司将合同债权、收益权等基础资产证券化。

2017 年 10 月《应收账款质押登记办法》修订后,应收账款的定义增加了"依法享有的其他付款请求权"和不包括"法律、行政法规禁止转让的付款请求权"的负面条件,在金钱债权处删除了"及其产生的收益",但列举项增加了"提供医疗、教育、旅游等服务或劳务产生的债权;能源、交通运输、水利、环境保护、市政工程等基础设施和公用事业项目收益权;其他以合同为基础的具有金钱给付内容的债权",总体上是扩大了可质押应收账款的类别,令这个概念变得更具包容性,而且将原来的收益概念升华为了"收益权"。

2017 年 12 月银监会《关于规范银信类业务的通知》允许商业银行作为委托人,将包括收益权在内的表内外资产委托给信托公司,投资或设立财产权信托。

2018 年 4 月四部委《关于规范金融机构资产管理业务的指导意见》(下称"《资管新规》")规定,私募产品的投资范围包括债权类资产、上市或挂牌交易的股票、未上市企业股权(含债转股)和受(收)益权以及符合法律法规规定的其他资产。这个投资范围实际上是没有限制的。在资金端上,资产管理产品直接或者间接投资于未上市企业股权及其受(收)益权的,应当为封闭式资产管理产品,并明确股权及其受(收)益权的退出安排。在资产端上,未上市企业股权及其受(收)益权的退出日不得晚于封闭式资产管理产品的到期日。

2018年8月银保监《商业银行理财业务监督管理办法》规定私募理财产品的投资范围是债权类资产和权益类资产,后者包括上市交易的股票、未上市企业股权及其受(收)益权。在资产端上,额外禁止银行理财产品投资本行的信贷资产受(收)益权。

2018年10月证监会发布《证券期货经营机构私募资产管理业务管理办法》和《证券期货经营机构私募资产管理计划运作管理规定》(以下简称《运作规定》)。《运作规定》相对于资管新规将收益权限制在非上市公司股权收益权,扩大收益权投资范围包括法律依据充分的"不动产、特许收费权、经营权等基础资产的收(受)益权的,应当以基础资产产生的独立、持续、可预测的现金流实现收(受)益权。"但资产管理计划不得接受收(受)益权、特殊目的机构股权作为抵押、质押标的资产。

表 国家机关对收益权的认知

年份	发文单位	收益权资产指向范围	与其他财产权的关系
1999年	国家计委	基础设施收益权可转让	
2000年	国务院(西部开发)	农村电网收益权可质押	基础设施领域称为收费权
2000年	最高法院	不动产收益权可质押	实为公路等基础设施收费权
2004年	证监会(资产证券化)	符合法律、行政法规规定,收益权应当有独立、真实、稳定的现金流	与债权区分
2007年	人民银行(应收账款)	金钱债权及其产生的收益	
2013年	银监会(银行理财业务)	非标准化债权	不与受益权区分
2013年	浙江证监局(券商资管)	非标准投资品种、与信托计划区别	
2014年	金融四部委(科技金融服务)	非股权、非债权资产	
2014年	证监会(资产证券化)	不动产收益权	与信托受益权区分
2016年	银监会	信贷资产收益权	
2017年6月	财政部、人行、证监会(政府和社会资本合作项目)	PPP项目带来现金流的收益权包括未来收益权,可用于证券化	与债权区分

续 表

年份	发文单位	收益权资产指向范围	与其他财产权的关系
2017年10月	人民银行（应收账款）	能源、交通运输、水利、环境保护、市政工程等基础设施和公用事业项目收益权	与服务债权区分
2018年4月	金融四行委（私募资管投资对象）	股权收益权	与债权区分、不与受益权区分
2018年8月	银保监（银行理财产品投资对象）	股权收益权	
2018年10月	证监会（私募资管投资对象）	不动产、特许收费权、经营权等基础资产收益权	

从上表可知，法律规范性文件对收益权的认知存在着一定的不统一性、混乱性，不同文件"各话"，未严格界定，范围较弹性，其核心是公路等基础设施的收费性权利。债权、收益权、受益权的概念并存。这或许在形式上可认为有意把收益权区别于债权、受益权，但也可能法条制定者只是为了尽量扩大概念外延，而不介意其内涵重叠。事实上，上述受益权也不一定专指信托受益权。[24]

不过，这既符合了收益权作为新兴资产和权利形态的现实，也有一定的益处。在学理上看，多样化的资产收益权信托颇有英美法中"权利束"的实质效果。[25]所谓"权利束"，就是说一项财产所有权可以通过立法和司法机构的努力被分割为无限数量的子权利，并对应着相应的人与人关系（而非人与物的关系）。[26]可以被创设的财产权类型有无限可能，不限于既有法律已经承认的类型。[27]"在不考虑其他经济因素的情况下，只要各子权利之间能够得到清晰的界定，它们就可以和谐共存。"[28]

---

[24] 在学界，朱晓喆教授指出"企业资产证券化中的基础资产主要为债权、信托受益权和收益权"，并引用赵廉慧的观点指出"信托受益权的很多问题，尤其是转让问题可准用债权的规则"（赵廉慧：《信托法解释论》，中国法制出版社2015年版，第446页）；朱晓喆：《资产证券化中的权利让与"将来债权"让与》，载《财经法学》2019年第4期，第147页；朱晓喆同时也认为收益权是债权：第158—159页。

[25] J. E. Penner, *The "Bundle Of Rights" Picture of Property*, 43 UCLA L. Rev. 711 (1996).

[26] Bruce A. Ackerman, *Private Property and the Constitution*, Yale University Press, 1977, pp. 26-27.

[27] Henry E. Smith, *Property as the Law of Things*, 125 Harv. L. Rev. 1969 (2012). Thomas W. Merrill, *Property as Modularity*, 125 Harv. L. Rev. 153(2012).

[28] 熊丙万：《实用主义能走多远？——美国财产法学引领的私法新思维》，载《清华法学》2018年第1期，第133页。

收益信托的兴起可谓信托业对我国商事活动的一大贡献,并影响了仿信托构造的其他资管产品的基础资产范围界定。但凡是能对应某种财产收益的权利,就能被归为收益权,就有望被设定为可证券化的基础资产。[29]非信托监管部门的收益权资产证券化规章反过来又间接支持了信托业实践的合法性、合理性。

不过实务中惯常的相安无事甚至监管合规,不能掩盖资产收益权能否作为信托财产的民事法律拷问。一旦"较真",收益权的实践能否安然渡过法律范畴之形式理性的审核,仍然有待确定。纯高案之所以广受关注,正由于其凸显了法律标准和实务操作之间潜在的紧张关系,其间的争议依然会影响后续案件。这需要我们进一步考察收益权的法律属性。

(二) 收益权的将来债权属性及可让与性

传统上对收益权的定性,有(不动产)用益权/用益物权说、非典型物权说、一般债权说、应收账款说、新型/特殊财产权说、权能说等几种。[30]将来债权或应收账款说是目前最主流的观点。[31]

由于原被告均不质疑信托合同的效力,纯高案两审法院技巧性地回避了对收益权的定性,未对收益权信托合法性做出明确结论。但纯高案二审合议庭的一位法官认为,本案在建工程收益权界定为未来应收账款或未来/将来债权,从而不具有确定性。鉴于较之物权说,将收益权定性为债权或应收账款的话,会涉及其作为将来债权的可让与性的问题,而值得详加展开。

前述法官在论文中指出:"根据信托合同的约定,委托人仍继续保有所有权,由其继续占有、建筑、处分、销售,信托转让的只是销售所得的款项","将来对外签订买卖、租赁的合同主体仍是委托人"[32]即委托人只不过是承诺将来售楼产生所得时,将之支付给受托人和优先受益人。需要注意,将来债权不同于履行期未到的自有债权,而是指尚在他人(本案中为信托委托人)支配下的债权。其在客

---

[29] 中国证券投资基金业协会2014年《资产证券化业务基础资产负面清单指引》排除了矿产资源开采收益权、土地出让收益权等现金流有较大不确定性的资产;不能产生稳定现金流的不动产租金债权,待开发或在建占比超过10%的不动产或相关不动产收益权,当地政府证明已列入国家保障房计划并已开工建设的项目除外。在建工程项目可能不符合。但这显然是从现金流强弱的商业风险角度予以的评估,而不是对此等财产的法律适格性作出的区分。所以信托公司愿意接受在建占比较大的项目,并不应该有法律障碍。

[30] 文献回顾见前注⑧,张玉海文,第166页;前注⑬,何宝玉书,第290—291页;前注㉔,朱晓喆文,第158页。

[31] 雷继平、余学文:《"收益权"的法律性质分析》,载《金融法苑》2019年第1期(总第九十九辑),第50页。但该文认为应收账款在外延上不能涵盖实务中的收益权类型,主张以宣言信托来理解收益权。

[32] 前注⑥,董庶文,第78页。

体上指向未来利益,在主体上指向其他主体,所以存在原债权人破产或将债权转让给他人的风险。

比较法上,英国法在 1862 年 Holroyd v. Marshal 案判决后认为:债权受让人在支付对价后,可以在出让人获得对债权的支配之际自动获得标的债权。[33]此"自动转让说"的立场不仅影响了普通法系,也影响了国际法。1995 年生效的《国际保付代理公约》第 5 条规定:"转让未来应收账款(receivables)的保付代理合同的约定,在未来应收账款出现(come into existence)时,不需要任何新的转让行为即转让给保付代理人(factor)。"[34] 2001 年《联合国国际贸易中应收款转让公约》第 8 条规定未来应收款"在原始合同订立时,可被认明是与该转让相关的应收款",对转让双方、账款债务人、竞合求偿人(包括转让人的债权人、破产管理人)"并非无效"。[35]可能受国际条约影响,大陆法系的《日本民法典》2017 年(平成二十九年)修改后也规定"债权被让与之情形,债权于其意思表示之时未现实发生时,受让人当然取得已发生之债权"。[36]

而欧陆大陆法系主流观点是:于让与合同成立时尚不存在之未来债权可作为现时合同之标的;但需在让与人对将来新生之债权取得支配时,才可有效发出让与通知、转移债务,受让人才可取得该债权。具言之,《法国民法典》第四编债法总则(2015 年修订)规定"将来债权的转让须俟债权产生之日生效,该转移即在当事人间也对第三人发生效力。"[37]

德国合同法把将来债权的处分行为视为附条件生效的行为,受让人在将来债权产生时取得债权,且此时该债权之内容须符合合同对让与标的之描述、足够确定或至少在产生时是可识别的。[38]将来债权的债务人、债权额不确定,不影响让与合同之效力。但如果标的物事后无法确定,让与不发生效力。[39]《欧洲合同法原则》第 102 条、第 202 条规定:将来债权之转让从当事人达成协议、同意转让

---

[33] 前注⑥,董庶文,第 79 页。

[34] 中英文本见北大法宝 http://en.pkulaw.cn/display.aspx? cgid = 100668965&lib = tax。

[35] 中文文本见联合国网站 https://www.un.org/chinese/documents/decl-con/docs/10-17.htm。

[36] 王融擎编译:《日本民法条文与判例》,中国法制出版社 2018 年版,第 387 页。

[37] 秦立崴等译:《〈法国民法典:合同法、债法总则和债之证据〉法律条文及评注》,载《北航法律评论》第 7 辑,第 234 页。

[38] [德]海因·克茨:《欧洲合同法》(上册),周忠海等译,法律出版社 2001 年版,第 393—394 页。

[39] [德]迪特尔·梅迪库斯:《德国债法总论》,杜景林等译,法律出版社 2004 年版,第 546 页。

时生效,但自债权成为既得(vested)债权时才转移。㊵

在我国台湾地区,法院和学者一般均认可将来债权之可让与性。㊶非属法律上不得让与者均可让与,只不过须对该债权做出明确说明、描述,以便在其成立时可以确定地予以辨识。㊷但为了避免债权双重让与引发的纠纷,㊸中国台湾"最高法院"多个司法判决均认定:将来债权发生移转效力,须待实际债权发生时发出的通知。如在2008年的一起判决中,台湾地区法院指出:债权让与契约"属于处分行为,债权让与契约发生效力时,债权即行移转于相对人,为准物权契约"。但附停止条件或附始期之债权让与属于将来债权,"何时能发生移转效力,自须于实际债权发生时再为通知"。㊹

中国的法律承认未来债权的可质押性。《应收账款质押登记办法》规定应收账款包括"现有的和未来的金钱债权"。最高人民法院判决也认为"可以质押的应收账款范围不仅包含了现有债权,还包含了未来将会产生或者可能产生的债权。应收账款不以设质时已存的财产为界,亦可以是未来预期的收益,且不以是否已届履行期限为限"。㊺

在以应收账款转让、催收和管理为基本内容的保理业务中,将来债权受到了一定的限制。《商业银行保理业务管理暂行办法》在保理融资中排除了未来应收账款即"卖方义务未履行完毕的预期应收账款",以避免卖方不完全履行义务导致应收账款也发生相应扣减。但法院一般认为此条不足以影响保理合同的效力,㊻只是保理合同转让的应收账款对应的权利并不真实,或仅就将来债权期间作了约定,而未约定交易对手、标的等债之要素时,法院可能会否认案涉将来债

㊵ 董庶:《试论信托财产的确定》,载《法律适用》2014年第7期,第79页。
㊶ 参见林诚二:《将来债权让与与通知之时点》,载《台湾法学杂志》2009年第120期,第183页。
㊷ 黄立:《民法债编总论》,中国政法大学出版社2002年版,第615—616页。
㊸ 王文宇:《从资产证券化论将来债权之让与——兼评九十年台上字第一四三八号判决》,载《法令月刊》2002年第10期。
㊹ 2008年台上字第一二一三号判决(债务人按债权出让人指示,将应收账货款汇给后者,向债权受让人抗辩称债权让与通知时,系争债权尚未发生、尚未达成让与合意)。类似的见2001年"台上字"第一四三八号判决。
㊺ (2016)最高法民申3454号民事裁定书。
㊻ 广东兴发铝业(江西)有限公司与中国建设银行潜江分行案,(2017)鄂96民终300号民事判决书,另参见李超编:《保理合同纠纷裁判规则与典型案例》,中国法制出版社2017年版,第122页。

权具备合理期待利益和可转让性。[47]而从发展的角度看,2018年12月《民法典合同编(草案)》(二审稿)已然明确规定保理合同的应收账款"包括已经发生的和将来发生的债权"。

不过,无追索权的保理交易本质是保理商通过折扣购买债权并清收以便通过差价获利。[48]即具有鲜明的债权资产特征,兼之保理融资服务的主要提供者是对风险敏感的商业银行间接融资,故更强调资产的确定性和安全性。而资产信托融资和资产证券化是对基于特定封闭资产池的证券市场直接融资,故可以接受更高的风险,对将来债权财产的容忍度更高。

总体上,"将来的债权能否成为让与对象,在理论上不无争论"。[49] 崔建远教授认为:在债权让与的原因行为成立之时,债权不必已经特定,在债权让与的效力发生时债权特定即可。债权让与非准物权行为,乃事实行为;德、日及我国台湾地区的原因行为(基础行为)就相当于中国大陆法下的债权让与合同订立,不以标的物特定为原则。但崔建远同时指出,将来债权具有较大不确定性、风险性,因此除非有明确约定,否则不应承认其为让与合同标的物。[50]赵廉慧认为,未来债权是否具有确定性,应考察所涉及的资产、债务人、债权合同类型、债权范围、收取方式等多种因素。[51]

朱晓喆教授基于对德国法的解读,区分了有基础和无基础的将来债权。有基础的将来债权指债权让与合意形成时已经存在的债权,例如基于持续性债之关系的债权,如发电企业未来5年从电力公司处取得的电费等现金收入债权,[52]故当将来债权实际产生时,法律基础仍存在,从而发生"直接取得",溯及到处分行为合意之时发生债权让与的效果。受让人作为将来债权人可以(直接)针对债务人提起将来债权的给付之诉或确认之诉;债权预先让与后,最终权利实现前,若让与人发生支付不能,受让人可得的债权"期待"原则上不落入让与人清算财产中;[53]让与人如果在预先让与后再次处分,原则上不影响债权在原受让人处

---

[47] (2015)沪一中民六(商)终字第640号民事判决书、(2016)沪民申2374号民事裁定书维持。对此的异议,见庄加园:《〈合同法〉第79条(债权让与)评注》,载《法学家》2017年第3期,第163页。

[48] 前注㉔,朱晓喆文,第153页。

[49] 韩世远:《合同法总论》,法律出版社2008年版,第417页。

[50] 崔建远:《合同法总论》(中卷),中国人民大学出版社2012年版,第425页。

[51] 前注㉔,赵廉慧书,第190页。

[52] (2018)皖01民初533号民事裁定书,朱晓喆文即围绕此执行异议裁决展开。

[53] 类似观点参见张谷:《论债权让与契约与债务人保护原则》,载《中外法学》2003年第1期,第22页;董京波:《资产证券化中的将来债权转让制度研究》,载《中国政法大学学报》2009年第2期,第119页。

产生。

无基础的"纯粹将来债权"指"没有合同基础,须待以后生产经营、提供服务或许可而产生的收益,确属难以定性的收益权","实质上是将来可获得的许可使用费或特许经营费(license or franchise fees)",例如基于将来订立的买卖、承揽、租赁所生之债权、路桥收费、公用事业收费等,朱晓喆认为此等将来债权通过让与人而发生"间接取得",不具有溯及力,直到(未来的)合同订立时才发生,根据显名原则,让与人还是合同的当事人。受让人只能作为让与人的权利继受者取得权利,从而也须承受在此期间可能发生的第三人权利。受让人在对于让与人财产的支付不能程序开启后,是不受保护的。

故朱晓喆认为前者实际上是债权,可作为资产证券化或资产信托的基础资产,可确保风险隔离,后者则不然。[54]换言之,此种观点认为有基础的债权的债务人是能提前在合同中确定的,如向发电企业支付费用的电力公司,而无基础的债权的债务人是不确定的,如交电费的终端用户。不过,本人认为此说尚可再大胆些,会在特定时段和地域内交电费的用户虽然无法提前确定,但按照一般理性不难推断此类人的存在,相关现金流的组成与强弱虽然不确定,现金流的存在却无可置疑(更多讨论见第(三)部分)。

前述思考还可以与美国 2003 年信托法第三次重述第 40 条和 41 条互相参照。第 40 条规定:或然的将来利益(contingent future interest)、须经诉讼取得的财产权(choses in action)、设定信托时尚未取得的财产,均可成为信托财产,包括未取得收益的著作权、商标权、未获得专利权的发明创造等。第 41 条则规定未来获取财产的期待或希望(an expectation or hope of receiving property)、尚不存在或已不存在(has not come into existence or has cease to exist)的利益,均不能用来设定(held in)信托。

二者区别何在? 不易界分明晰,但大体而言,前者在法律上已经确定,或有合理根据、理由认为能够取得该财产利益,即便信托受益人能获得多大收益尚不确定;而后者的收益在法律上尚不确定。例如,继承发生即被继承人死亡前,基于遗嘱或法定关系的继承权只是期待权而非既得权,因为被继承人可以将遗产另做处分。但对于已经去世的被继承人的后位继承权(在前位继承权人死亡后,继承被继承人的剩余遗产的权利)的拥有者可以将后位继承权设定信托,即便届时遗产已经被前位继承人消耗殆尽。

小结之,若将收益权界定为将来债权,可能意味着财产的委托或信托行为发

---

[54] 前注㉔,朱晓喆文,第 155—156、158—159 页。

生效力须等待债权真实产生,如房地产工程的真实销售收入产生。这种认定会颠覆整个收益权信托设立的逻辑,带来一定的法律不确定性和风险。该风险主要源于原债权人即基础资产原始权益人/信托委托人可能在债权合同订立后、实际债权发生前,另行缔结一项债权合同,而在实际债权发生时,并不通知债权转移给原定的债权受让人或通知转移给善意第三方,导致原定的债权受让人的权利落空,动摇信托效力。

即便是在前述有无基础、直接或间接取得的债权二分法中,债权出让人(如电力公司)截留、再处分债权资金(如用户所交电费)的风险虽然存在,但这与直接取得的情形中,原债权人将自身应用于支付给债权受让人的资金予以截留、再处分的风险是一样的。尽管纯粹将来债权的转让不能对抗让与人的破产管理人、已经实施扣押的债权人及善意的第二次受让人,[55]但在缺乏对抗效力的债权让与登记时,所谓的直接取得债权虽然在理论上能起到从受让原债权人的破产资产中隔离的效果,依然无法实现对相应债权内容如资金的支配,结果依然是不无争议的。

故而赵廉慧等信托学者批评收益权资产信托规避了资产证券化下对投资资产的特定化要求、真实出售要求。[56]还有研究者则认为:证券化的金融资产是作为持续发生的将来债权而存在的,一般只具有可预期性而不具有确定性,信托财产成立存疑的原因在于我国《信托法》的组织法程度不足,"有关信托财产确定的规定限制了信托在资本市场发挥作用"。[57]

不过,这本质上是将来债权出让人的信用风险,即出让人不守信用、恶意违规带来的风险,而非交易流程本身的法律风险。行政监管可以至少部分化解此风险,如实务中房产管理部门对未建成的期房买房人款项的支付有严格的监管,房产开发商并不能轻易将此资金改为他用。在没有监管时,当事人也可以通过民事安排来保障债权让与交易的安全,如事前通知债务人债务履行对象不会变更、与债权出让人的账户开立银行订立账户监管的三方约定、避免资金挪用风险,在债权出让人处派驻管理人员等。要求债权出让人另行提供担保,虽然是本法律关系之外的安排,却也能起到降低本法律关系之信用风险的作用。

---

[55] [美]E·艾伦·范斯沃思:《美国合同法》,葛云松等译,中国政法大学出版社2004年版,第716页,这主要指《统一商法典》第9编调整范围以外的权利。

[56] 赵廉慧:《信托财产确定性和信托的效力——简评世欣荣和诉长安信托案》,载《交大法学》2018年第2期,第170页。

[57] 何正荣:《现代商事信托的组织法基础》,载《政法论坛》2006年第2期,第146页。

而更为积极的观点则主张承认将来债权符合信托设立时的现存性和特定性要求，[58]或认为尽管将来债权具有一定的不确定性，但不宜过度坚守传统信托法的信托财产确定性要求。[59]

此外，如果我们仔细观察收益权资产的内容，我们会发现，也可以说其并非只是纯粹的、无坚实基础的将来债权，这意味着收益权资产的内容变得更为确定。

（三）收益权的确定性疑问及其破解

我国《信托法》第七条规定"确定的信托财产"是信托财产成立的一大要件。信托财产的确定性无须做僵化理解。但财产在成立时不确定，"依据信托条款足以在将来对之予以确定，则该信托不会因不确定性而导致无效。"[60]

但在建工程这样的基础资产的特殊性可能较强，其会因不断建设而增值，建成后又会被陆续出售，所以财产的物理形态和财产上权益始终处于不断的变动状态，具有明显的商业上的不确定性。故董庶认为在建工程及其收益权必须变成既得债权，并经通知债务人转让事实后才具备信托财产的确定性，本案这样的资产信托应当无效。[61]更有研究者认为在建工程收益权信托是"一种在表面上符合信托法律特征，但在法律效果上却违反成文法禁止性规定的'规避型'信托，这种信托产品唯一的意义就是借着金融创新之名践行违法之实"。[62]

高凌云同样认为若坚持狭义的收益权范畴即针对基础资产取得收益的权利，则在建房产项目将来能否实现收益无法预知。像昆山纯高当时尚未获得任何房产预售合同，在英美法系，这会因没有既得收益权可以合法转移，而令信托不成立。我国虽不要求信托财产转移，此等财产也会因为不确定而令信托不成立。她认为这是由于自益信托盛行、对信托原物和收益未精细区分的结果，[63]故

---

[58] ［日］新井诚：《信托法》，刘华译，中国政法大学出版社2017年版，第283页。

[59] 王文宇、黄金泽、邱荣辉：《金融资产证券化》，中国人民大学出版社2006年版，第91页。赞成此说的有朱晓喆：《资产证券化中的权利让与与"将来债权"让与》，载《财经法学》2019年第4期，第154页。

[60] ［英］格雷厄姆·弗戈：《衡平法与信托的原理》（上），葛伟军等译，法律出版社2018年版，第131页。

[61] 前注⑥，董庶文，第78—79页。

[62] 孙义刚、郑阙：《信托制度异化论——对我国现行信托产品法律结构之评判》，载《法律科学》2009年第4期（该文整体上认为我国现实中的信托产品并不具备信托所应具备的法律特征，并重点批评了收益权信托）。

[63] 参见高凌云：《被误读的信托——信托法原论》，复旦大学出版社2010年版，第134—140页。

本案合同中的资产收益权的定义不仅囊括了原物的增值,还包含了原物本身,这种信托应被定性为(基础资产+收益)信托,从而实现了财产确定性。[64] 另外,还可认为收益权的本质是在基础资产上设置了一项权利负担。

但本人认为,如果以更具商业逻辑的眼光来审视的话,可以把资产收益权理解为一种宽泛的无名权利。在本案中其内涵是获取标的房地产工程建成出售等处分之对价的权利,重要的是从基础资产的获利可能性。尽管房产建成和出售有待未来发生,但由于双方约定收益权包括"对基础资产预售、销售或以其他形式使用和处分",已经兜底概括了基础资产的所有回报形式。一个具有独立性的、不会与他人的权利范围相混淆的特定目的财团已经确定性地形成,构成了独立的信托财产。[65]附加的不动产抵押权的增信设置,更是与善意第三人的权利范围作了有效区隔。

如果信托标的财产只有一项将来债权,那债权将来生效时并未按约定通知转移,会使得信托标的财产落空。但本案这样的设计并不只针对一项将来债权,而是有诸多将来债权。如果售房的将来债权只有部分未发生效力,部分仍然发生了效力。那只是收益的减少,而非收益权的丧失。以最极端的情形而言,假设项目成为烂尾楼,毫无售房所生收入,其资产价值仍然存在,通过贱价拍卖房地产残值和转让土地使用权仍然能有部分收益(特别是在地价高企的今日)。最终收益的大小虽然存在高度的商业不确定性,收益权在法律上的存在却十分确定。事实上,几乎所有的信托财产本身都可能遭遇大幅贬值或灭失危险,但这并不影响信托财产权的存在。

换言之,与高凌云前述观点有所不同的是,本文不主张严格区分基础资产和作为"财富之增加"的收益。因为实务中通行的资产收益权定义极具弹性,可以容纳对基础资产的所有衍生利益,而明显不只是物之所有权四权能之一的收益,混合权利属性明显。从尽量使信托关系有效、促使信托受益权具有流通价值的角度看,将信托财产设定为收益权这一纯获利的积极财产,而非权利义务均附着于其上的基础资产,更为有利。

(四)我国《信托法》弹性的框架有利于对信托财产做灵活解释

从我国信托法律制度设计上看,其弹性的框架有利于对信托财产做灵活解

---

[64] 前注⑨,高凌云文,第152—154页。
[65] 财团理论详见李清池:《作为财团的信托》,载《北京大学学报·哲学社科版》2006年第4期;李清池:《商事组织的法律结构》,法律出版社2008年版,第119—122页。

释。2001年《信托法》刻意用"委托给"用语代替了"转移给"来描述信托财产的成立。[66]这与大部分法域的信托立法有所不同,例如《日本信托法》第1条"信托,指将财产权移转或者为其他处分,使他人依一定之目的而管理或处分其财产",台湾地区1996年有关信托的规定(2009年最新修正)第1条:"信托者,谓委托人将财产权移转或为其他处分,使受托人依信托本旨,为受益人之利益或为特定之目的,管理或处分信托财产之关系。"

2001年《信托法》此条的写法一直有争议。肯定者多着眼于其灵活性。"委托给"不必然指委托代理关系,[67]而可以有多种解释,包括已向受托人转移所有权、未转移和转移与否尚不确定。换言之,信托关系的有效不必以信托财产确定转移为前提。如楼建波认为,在委托人保留信托财产权属时,只要法律上对委托人义务责任有明确规定、信托财产可辨识,信托财产独立性仍可实现。[68]这意味着对尚不能有效转移的未来债权的信托处分也就更具法律操作空间。高凌云即认为,本案信托合同约定"基础资产所产生的全部收益系本信托项下的信托财产,不属于委托人的资产""可以看出昆山纯高已经不拥有基础资产及其收益的所有权",主张判定安信信托具有信托财产所有权。[69]

这种对信托财产转移性的灵活认识,特别有利于安置收益权信托财产的概念。进可以通过契约实现信托财产的转移,退可以令尚未发生、尚不能转移的未来债权财产成为信托财产。故而实务先于理论把各类收益权资产作为信托财产而构建交易关系,也就有了法理基础。

若广义理解的"资产收益权"概念能明确被信托法接纳,信托基础资产产生的收益就能更明确地被归至信托受益人名下。我国法律下的信托财产独立性存在先天的脆弱性。这种弱联系本来可能是为了令大陆法系的民众更容易接受信托这一源于英美法的概念,[70]现在却可能令基础资产所有权在法律或经济成本

---

[66] 《信托法草案》第二稿用"委托给"取代了第一稿中的"转移",卣纪华、张桂龙主编:《中华人民共和国信托法条文释义》,人民法院出版社2001年版,第20页。2005年《信贷资产证券化试点管理办法》第2条则表述为"信托给"。不过该表述被学者批评为"更加纠缠不清",参见楼建波、刘燕:《信托型资产证券化中的破产隔离:真理还是幻象》,载《金融法苑》2005年第11期(总第七十辑),第11页。

[67] 黄来纪:《试论我国信托法的特点》,载《政治与法律》2002年第1期,第49页。

[68] 参见楼建波:《信托财产的独立性与信托财产归属的关系——兼论中国〈信托法〉第2条的解释与应用》,载《广东社会科学》2012年第2期,第242页。

[69] 前注⑨,高凌云文,第157页。

[70] 参见卞耀武主编:《中华人民共和国信托法释义》,法律出版社2002年版,第3—4页;何宝玉:《信托法原理研究》,中国政法大学出版社2005年版,第11页。

上不宜转移[71]的资产收益权信托有了更多的发展契机，形成了较为稳定的博弈均衡和可观的市场规模。大量"死"资产由此变"活"，对于我国这样贷款和证券市场尚不成熟的经济发展中国家，大有裨益。[72]江平教授曾称《信托法》的"这种模糊写法，没准儿会被历史证明是正确的"[73]竟成了一个预言。

横向比较而言，英美法下设置信托财产的障碍较少，司法机关也不太受当事人用语的拘束，而能灵活根据契约表达和当事人意愿来解释信托之成立，比较重视经济实质。[74]未来取得的财产成为信托财产的障碍不大。而大陆法重视权利的形式性（如物权法定）、推行信托制的障碍首先便较多。[75]信托法巨擘梅特兰曾悲观地认为信托不太可能诞生于将对人权和对世权的明确区分作为"法律体系的总体框架"的民族。[76]而对未来取得财产的可转让性的争议，更是增加了一些形式的收益权财产被信托化的困难。

所幸随着经济全球化的加深，法系之间的概念藩篱大大获得了消解。梅特兰的预言也不尽然符合今日之现实，作为秉持"拿来主义"、不墨守大陆法系陈规的法律后发国家，我国当事人尤为积极地寻求了各种手段来实现多种财产的信托化，并维持其收益获取的安全性。[77]这种努力尽管有时候不尽符合法律，却也值得观察和同情，并且，正可谓商法演进的方向。

在此宏观背景下，纯高案司法机构对实务努力的灵活认可、不细究涉案法律关系的性质，有值得肯定之处。资产收益权信托作为一个产业蔚然兴起，有其商业逻辑，可以说是商人们自我衡量法律风险后的博弈产物，司法者不必草率否定之。

---

[71] 如受托人不具有房地产经营资质、过户导致的税收和交易费用，受托人被迫承担实业销售义务等。

[72] 许多落后国家的共性不在于缺乏资本，而在于资本难以被运用。Hernando De Soto, *The Mystery of Capital: Why Capitalism Triumphs in the West and Fails Everywhere Else*, Basic Books, 2000.

[73] 江平口述，陈夏红整理：《沉浮与枯荣：八十自述》，法律出版社 2010 年版，第 415 页。

[74] Richard Edwards & Nigel Stockwell: *Trust and Equity*，法律出版社 2003 年影印版，第 91 页。[美]斯蒂芬·芒泽：《财产理论》，彭诚信译，北京大学出版社 2006 年版，第 13—20 页。对普通法系和大陆法系司法机构在金融案件上的能动性差异，见缪因知：《法律如何影响金融：自法系渊源的视角》，载《华东政法大学学报》2015 年第 1 期，第 95—97 页。

[75] 参见陈雪萍、豆景俊：《信托关系中受托人权利与衡平机制研究》，法律出版社 2008 年版，第 56 页。

[76] [英]梅特兰：《国家、信托与法人》，樊安译，北京大学出版社 2008 年版，第 98 页。

[77] 例如各类新型增信措施的运用，参见马荣伟：《融资类信托中的非法定担保类增信措施性质研究》，载《财经法学》2017 年第 1 期。

中国并非判例法国家,纯高案判决即使在上海司法界也并无普遍拘束力,后续法制发展仍然值得观察。但近年实务中,收益权信托的概念已经得到了稳步的发展,附带担保关系的资金信托关系已经颇为常见,并基本获得了司法机关的认可。信托公司等资金融出方可以要求融入方概括承诺回购所出售或委托的资产收益权,并在回购请求权之上设置抵押权,[78]或由委托人/服务商向受托人承担管理处分收益的补足义务,并为此主债权设置担保权,从而避免通过阴阳合同设置形式的贷款关系来建立主债权关系的麻烦。

不过,如赵廉慧指出,类似本案的收益权资产信托判决还很少,大部分判决实际上是资金信托成立后再收购收益权。尽管最高人民法院在2016年世欣荣和案判决中论证了作为信托所购买资产的收益权之确定性对信托的意义,但资金信托的成立确定性既然没问题,就无须讨论后续转化资产的确定性对信托成立与否的影响。[79]

笔者赞同此说。以资金信托的形式收购资产收益权,再安排回购义务和担保,将用资方的资产出售回购义务定性为借款关系,并不影响原信托即资金信托的本体有效性。在2015年西部信托公司诉东胜三联汽车维修公司案中,最高人民法院二审判决已经指出:信托是否成立,主要依据委托人和受托人是否就订立信托合同形成一致意思表示。该案信托公司提交了与委托方开源证券公司签订的《三联汽修单—资金信托项目资金信托合同》、银行对账单,资金信托已经成立并实际募集信托资金并支付给东胜三联维修。东胜三联维修按约定要转让给信托公司并溢价回购的土地使用权收益权虽因土地并未转让、开发和处置,而导致收益权并未实现,不是主张信托未成立、拒绝溢价回购的合法理由。信托委托人和受托人直接依据信托合同签订的《债权确认及债务清偿合同》和抵押合同有效,一二审法院均认可信托公司可行使抵押权。

换言之,此类资金信托法律关系比纯高案的法律关系简单,是自益债权融资信托,不足以解决资产信托的财产不确定性所带来的法律疑问。即使纯高案的模式并未被广泛复制,其三方错综的资金流转和显性隐性担保关系、阴阳合同关系的存在,仍然激发着学理性的智识探索。特别是如王文宇教授等学者强调的,信托毕竟是较为成熟的商事组织范畴。如果像纯高案这样,信托财产在确定性方面不无争议,受托人和委托人的关系也并不符合信托的标准模式,则此种较复

---

[78] 例如新华信托诉江峰房地产案判决[(2014)渝高法民初字第00010号]将项目资产收益权转让+回购的交易安排认定为有效的借款合同,类似的是新华信托诉中治案判决[(2016)渝民初23号];新华信托诉强人置业等案判决[(2014)渝高法民初字第00045号]指出《股权收益权转让合同》是《信托融资合同》的附件,应以主合同确定双方法律关系。

[79] 前注56,赵廉慧文,第167—175页。

杂的三方法律关系是否一定需要被定性为信托,仍然值得继续予以探究。

四、人之维度考察:委托人受托人的实际权利义务配置对法律关系定性之影响

资产收益权与可一次性转移的有体财产不同,价值实现高度依赖于后续收取收益的行为,其在被设置为信托财产时通常不能一次性转移,而形成了原始权益人/委托人在信托设立后继续扮演重要甚至主导性角色的法律架构。这种模式在大量场合下运作有年,总体未引发争议,甚至可谓构成了一种商事惯例。但纯高案争议最终以对簿公堂结局,凸显了当双方合作破局时,收益权信托关系合法性的内在脆弱性。故有必要从人之维度即法律主体的地位角度考察资产收益权能否有效成为当事人行使信托权利义务的对象。

(一)资产和风险的转移标准/受托人对信托财产的控制程度

1. 委托人代替受托人实质控制信托财产,不符合信托的基本设定

"项目找钱"的资产信托有着鲜明的资产证券化属性。资产证券化的法律框架的一般场景正是委托人(证券化发起人)凭借管理运营特定基础资产的专业特长成为受托人的代理人/服务商、直接占有基础资产之余,承担向受托人(证券发行人)按期支付现金回报的义务。

高凌云注意到了纯高的服务商角色,并指出两个导致本案法律关系混乱的因素:一是服务商不能被替换,二是纯高作为实际管理人自负保管基础资产的开支,并向信托公司支付资金。[30]

本人认为,由于服务商同时是委托人,所以其自负保管费用和不从信托公司取酬,只是反映了双方对融资成本承担的计算结果。要在形式上由信托公司向服务商纯高支付保管费和利益并不难,只不过"羊毛出在羊身上",融资成本也会水涨船高罢了。

但纯高作为服务商的身份不可动摇,的确违反了委托代理关系的法律原理。从资产证券化原理看,在委托人担任服务商时,为认定受托人地位独立、证券化成立,除了资产所有权须已转移外,受托人也应当具有管理处分财产的权利,包括:应收款收取权、信息获取权、更换服务商的权利、财产剩余索取权等。[31]

可在本案信托合同中,双方约定仅以交付权利证明文件(基础资产的产权证

---

[30] 前注⑨,高凌云文,第150页。
[31] [美]斯蒂文·L.西瓦兹:《结构金融:资产证券化原理指南》,李传全、龚磊、杨明秋译,清华大学出版社2003年版,第55页。

明、财产保险证明等)为交付信托财产的象征性标志。纯高除了每月向特定账户存入约定金额的资金外,无须及时转移销售纪录和账册,甚至连销售情况都无须加以通知。受托人也无权撤换纯高、不能直接向购房者请求支付房款,基础资产超出约定金额(优先受益权金额)以外的剩余收益归属于发起人/一般受益人。

总之,受托人未曾实质获得应收账款的所有权或控制权,实为受益权凭证的发行"通道"而已。而纯高牢牢占据了服务商的角色,实际控制着信托财产、掌握着收益现金流;在此法律关系中,其并非只是受信托公司之托在管理,而是比信托公司占据着更主导的地位。信托公司实际上直接对案外投资者承担债务,而纯高相当于信托公司的债务人。若服务商怠于或不履行义务,优先受益人和受托人便会处于极为不利的地位。纯高不依约移交资金的信用风险无法在法律关系中排除,受托人只能通过抵押权在事后追究其违约责任。受托人甚至很难解除这个实质服务商的地位而代为切实履行管理职能,而只可诉诸法院要求其承担合同义务。

这实际上是前述关于将来债权的风险成为一个重大命题之原因所在。即信托受托人受让债权后,不能确保信托委托人是否如约转移将来债权。当然,在信托架构中,受托人本来并无确保信托财产移转的资格,而只是在信托财产被移转或被委托后开始管理处分。但资产证券化式的信托中,受托人本来能对身兼其代理人身份的委托人保持控制力,若其未能如此行事,就减损了信托公司的权能,违反了信托关系立足于委托人基于对受托人之财产管理处分能力的信任的基本设定。[82]故前引不少研究者认为此等不以受托人管理处分能力为核心的信托无效,应定性为借款合同。

实践中,后来出现的结构性增强受托人控制力的模式主要是让收益权信托受托人获得委托人/服务商/项目公司的控制性股份,甚至派驻执行董事、控制印章,但法院一般仍然视之为"名股实债"并以借款合同对待。

2015年9月最高人民法院二审的新华信托诉北京时光房地产公司案中,集合资金信托募集资金后增持目标房地产公司的股权和收购原股东的股权,信托公司成为目标公司唯一股东。双方约定到期以房地产公司的原股东时光公司收购信托受益权或目标公司股权的形式归还信托融资资金。法院认为这属于有效的"名股实债"交易。[83]

2015年3月重庆高级法院判决的江峰房地产案涉及阴阳合同,信托公司以

---

[82] 委托人受托人关系错位的问题在商事信托中并不罕见,如证券投资信托,见缪因知:《证券投资信托的法律构造与监管流变》,载《当代法学》2017年第2期。

[83] 最高法院(2014)民二终字第261号。

1元受让项目公司90%的股权,并约定派委托执行董事、实行印信和资金监管,但法院认为这"显然与该股权的实际市场价值不符,也不符合常理",只认可了借款合同。[84]

2017年三华园房地产案中,新华信托公司通过集合资金信托向杭州馨华园房地产公司融资。三华园房地产公司等将馨华园公司100%股权转让给新华信托。后来新华信托将馨华园100%股份以0元转让给他人,而遭起诉。新华信托指出馨华园股权投资集合资金信托计划合作协议允许其以减资、股权转让等方式退出信托资金,故应当根据协议管辖约定由合同签订地重庆的法院审理。浙江省高级人民法院接受管辖权异议,认为这一股权转让纠纷确实属于信托协议履行过程中的争议而移送管辖。[85]即法院认定这里的股权转让关系只是融资债务关系里的从属关系。

类似的是2017年江苏的汇鑫案,信托公司作为股东,退则不需要向项目公司债权人承担责任,进则可以处分项目公司股权。该案中,无锡金谷信托公司从汇鑫置业公司取得了房地产项目的资产收益权,汇鑫公司负有分期向金谷信托支付特定资产收益的义务;汇鑫公司为担保履行义务,以其所有的土地使用权和在建工程向金谷信托提供抵押,同时汇鑫公司股东将汇鑫公司100%股权无偿转让给金谷信托,约定若汇鑫发生违约,金谷有权处分其股权;待信托合同履行完毕,金谷信托将股权按照原比例无偿转让给原股东或股东指定的第三方。融资实现的方式则包括汇鑫公司将信托受益权转让给信达公司,由信达支付2亿元给汇鑫公司的控股股东新华信托。江苏宜兴市人民法院一审认为:通过让与财产所有权的方式担保债务的履行,系合同双方当事人真实意思合意,并未违反法律及行政法规关于合同效力性的强制性规定,应认定有效。

该案本身的起因是汇鑫公司的债权人起诉要求汇鑫及其股东偿还债务,所以法院还认定金谷信托因为担保目的成为汇鑫的形式股东,"所有权转移只是外观的、暂时的、可回转的",实为债权人,无须对其债务承担责任;但新华信托得款后未办理减资,构成抽逃出资。二审无锡市中级人民法院判决予以维持。[86] 虽然本案争点不涉及收益权信托的有效性,但法院反映出来的立场是从实质目的考察,尽管受托人取得了委托人/服务商的股权,并依约定能在债务人违约时处分股权、实现担保,也不能改变二者直接的借款关系本质。

---

[84] 重庆高级法院(2014)渝高法民初字第00010号。

[85] 浙江高级法院(2017)浙民初15号。新华信托的此种转让受让或受质目标公司全部股权的模式早已有之,如江峰房地产公司案[(2014)渝高法民初字第00010号判决],只不过那个案子并未进行到处分股权的阶段。

[86] 无锡中级法院(2017)苏02民终825号。

然而，金谷基于股权让与的担保权和处分权其实并非虚幻，后因汇鑫公司陷入偿债困难，金谷信托将汇鑫的股权拍卖，汇鑫原股东华汇公司以股权让与担保违背物权法定原则为由，起诉金谷要求确认股权，无锡市中级人民法院认为让与担保不违反法律而予以驳回。[87]

回到本案，在写作讨论中，纪海龙提出：在否认纯高案形式上的贷款关系之余，由于双方在信托合同中规定了固定收益支付，所以应将信托关系重新定性为贷款关系，并使抵押关系有所依附。此说有一定道理。虽然这不符合提供资金的公众投资人的认知，但可视为双方重新调整了权利义务，甚至可以说是"挪用"了信托资金用于发放贷款。从根本上言，贷款关系是一个不可或缺的内容。

在此还值得探讨的是，优先受益权转让资金交由纯高使用的法律意义为何？有研究者称受益人支付的对价应当给委托人纯高。[88] 事实上，有不少学者直接把委托人取得对价的有偿性、对价性视为商事信托的特征。[89] 本人对此持不同看法。虽然本案中的信托合同确有投资资金支付给委托人的表述，最后资金实际流向亦是如此，但依照信托原理，即便是商事委托人也无获得对价一说，其委托财产后，通过成为唯一受益人实现了"回馈"。唯一受益人把部分受益权转让后收取的对价款是基于信托受益权财产处分的外部关系而产生。若没有案外投资者"接盘"，受托人并不会给委托人货币对价。

显然在此等资产信托中，唯一受益人在转让受益权后，亦无获得转让款的真正所有权即任意使用资金的权利。受益权出让人须与受让人即优先受益人约定，必须将受让款用于信托财产管理处分，出让人真正获得的对价是外部资金注入后，信托财产增值带来的剩余利益。若无此等资金使用合意，外部投资者不会有"购买"此受益权的意愿。

事实上，纯高转化为一般受益人后，明确承诺对优先受益人的收益予以担保。一二审判决亦指出：按期向信托专户足额支付最低现金余额，是信托合同约定的义务；系争的欠付本金应为信托优先受益权本金。纯高只是作为受托人的代理人、服务商，才有理由实际占有、使用受益权转让款。为了更深入地理解这一点，我们可以对比委托人不成为服务商时的情境。

---

[87] 无锡中级人民法院（2018）苏02民终954号。

[88] 戚云辉：《信托创新的法律风险及其规避：以安信信托与昆山纯高信托纠纷为例》，载《金融法苑》2013年第2期（总第八十七辑），第162页，2013年。

[89] 高凌云：《被误读的信托》，复旦大学出版社2010年版，第45页。季奎明：《组织法视角下的商事信托法律问题研究》，法律出版社2014年版，第33页。沈朝晖：《企业资产证券化法律结构的脆弱性》，载《清华法学》2017年第6期，第63页。

2. 委托人控制信托财产并非资产收益权信托的必备要素

从一般性的角度而言,在资产收益权信托中,委托人并非一定需要成为服务商。基础资产所有人可以直接出售财产,不成为信托受益人,即受托人买下此资产,向投资者融资后予以运营增值。基础资产所有人也可以成为真正的信托受益人,仰赖受托人的资产运营技能来实现基于基础资产的受益。即便在委托担任了服务商后,其由于主客观原因无力、无意继续负责运营基础财产时,受托人亦可以另行聘请服务商。[90]通过另外为服务商付费,委托人可变成坐享其成的一般受益人,这将是更为典型的信托模式。

本案实际交易架构的发生,与其说是法律权利义务设定上的形格势禁,不如讲是为了利润最大化的商业上的务实考虑。即信托公司囿于专业分工,没有运营房地产工程资产的能力;而委托人也希望有效继续利用自身的专业能力,其只需要借入一笔资金来使得工程可以继续开发。故委托人担任了服务商的角色,将优先受益人支付的对价资金投入基础资产运营。本案信托合同的法律瑕疵是受托人基于实现各方利益最大化的商业判断,而自行放弃了对服务商的控制权,但它的法律权利本来并未被减损。值得一提的是,据调研了解,安信信托目前已经大幅度提高了实质参与管理房地产信托的能力,证明了信托公司行使真实的管理处分的制度空间并非虚幻。

可以对比的是2016年广发证券公司替换南方水泥资产支持证券(ABS)服务机构的例子。这项交易的基础资产是量通租赁公司收取的租金,量通租赁同时担任服务机构。后由于量通租赁陷入司法纠纷,管理人广发证券公司先是将收款账户从服务机构账户转为自身的账户,又将原始权益人兼任服务商即租金收取机构任务予以解除。这事虽然不易办理,历时近一年才完成,本身又有特殊的便利如承租人即现金流来源方较少,[91]但在法律上可行,也能通过事前约定来保障。

所以,像本案这样受托人过度让渡权利给委托人,更可被界定为个案化的操作不当带来的风险。只有当这成为行业普遍惯例时,才构成资产收益权信托的普遍性缺陷。反之,若受托人能保持对委托人/服务商的合理控制,就像证券投资信托中信托公司有权撤销委托人/投资顾问/劣后受益人的交易权限那样,此等信托的效力就可以维持。

---

[90] 当然,由于房地产业这个具体行业的高度管制,在纯高保有相关证照许可的情况下,能否允许另一家房地产商作为代理人从事实际管理运营,值得讨论。

[91] 详见刘焕礼等:《论管理人履职对资产证券化风险防范的作用》,载《金融法苑》2017年第2期(总第九十五辑)。作者为广发证券支持证券部人员。

（二）财产与委托人和受托人的破产隔离程度

作为一种特殊的财产运营方式，信托的基本功能是独立出一部分财产用于专门目的。为保障受益人利益或特定信托目的，该财产需要与委托人、受托人的财产实现隔离。除了防止委托人、受托人不当处分信托财产外，还包括破产隔离要求，即委托人、受托人的债权人不能在此二者破产时向信托财产提出权利主张。如一项信托不能实现此等构造，实际上就不是一个真正合格的信托。

前文已述及由于收益权难以被有效转移，委托人又通过担任服务商控制着基础资产，故信托财产与纯高并无破产隔离。如果纯高破产，基础资产存在被纯高的债权人取走之虞。委托人作为房地产项目开发商，破产风险更是不容小觑。这是未有效转移财产的资产信托或类似资管产品中的普遍困境。前述广发证券更换服务机构的案例中，管理人同样认识到了以租金为证券化资产时，专项计划的收款账户不足以真正独立，基础资产租赁权无法与原始权益人的破产风险隔离。[92]

即便受托人委托第三方（如其他房地产公司）代替委托人管理基础资产在建工程，从而消除了委托人方面的道德风险和违约风险，仍然难以阻止委托人的债权人对基础资产提出权利主张。信托优先受益人的优先地位是通过委托人和受托人在合同中的保证来实现的，不具有对抗性。

另一方面，由于收益权未确定性地转移给受托人，所以对受托人的破产隔离反而因此得以实现。如果信托公司破产，显然其债权人不能对基础资产提出主张。但受托人破产会导致信托关系断裂，优先受益人由于与委托人并无直接的法律关系，难以要求委托人承担责任。只有在委托人实际担任受托人的代理人/服务商而管理基础资产和优先受益权出让款时，可令其承担责任。

按照原来的信托约定，投资者认购优先受益权后，资金由受益权出让方用于信托财产的管理处分，但信托收益的支付义务人仍然是受托人。在受托人不能履约时，若持信托说，则按《信托法》第四十条"受托人职责终止的，依照信托文件规定选任新受托人；信托文件未规定的，由委托人选任；委托人不指定或者无能力指定的，由受益人选任"。若否定信托关系而持借款合同说，则优先受益人须对信托公司申报破产债权，信托公司的破产管理人向委托人/服务商/一般受益人主张债权。但这两个路径显然都较为麻烦和存在不确定性。较理想的情形是事前约定：若受托人不能履行向优先受益人的支付义务，则由服务商直接履行此义务，并把服务商设定为第二位的债务人，而非设定为履行义务的非合同当事人。

---

[92] 前注[91]，刘焕礼等文，第75页。

总之,从委托人和受托人两方面的破产隔离看,资产收益权信托的投资人均面临着不低的风险。沈朝晖曾论证了信贷资产证券化的财产权信托的法律结构是稳固的,但建立在委托代理合同上的企业资产证券化由于无法实现破产隔离,而具有脆弱性。[93] 本案表明,若财产权信托架构不那么名副其实,也会有破产隔离疑问方面的脆弱性。

五、合同维度考察:阴阳合同对资产收益权信托定性的影响

(一) 资产收益权信托中双重合同存在的盖然性

资金信托受托人购买资产时,可以通过合同为资产出让方设定回购义务、产生债权,资产信托的受益权切割和出让后,信托财产并未发生变化,实际用款人即受益权出让人难称有回款义务。受益权受让人就信托财产受益的权利(获得投资回报)其实依靠的是受托人及其代理人(服务商)的管理活动(详见第三部分)。受托人向受益权受让人的兑付,是后者受益权的实现,不会产生债权转让、令受托人取得对受益权出让人之债权的法律效果。

而劣后受益人对优先受益人的收益保证承诺只能视为对受托人兑现收益的义务添加了一项保证,不能反过来形成受托人对劣后受益人的债权。

所以,在受托人往往不能有效占有信托财产、控制现金流的资产收益权信托中,受托人为了有效保障自身权益,将交易的真正承压者从受托人转回为劣后受益人/委托人,双方必须构建抵押关系,从而必须先行构建一个主债权关系。在资产收益权信托中出现阴阳合同,若不说是必然的,也是盖然的。

(二) 阴阳合同如何"二选一"

资产收益权信托合同本身即可能会被定性为借款关系,那与贷款合同同时出现的资产收益权信托合同是更可能、还是更不可能被定性为借款关系? 其效力是更容易被承认,还是更容易被否定?

本案受托人和委托人几乎同时签订了两份合同,列举了两笔相同的从受托人流向委托人的资金,但是实际资金支付、银行支付凭证和发票只有一份。在围绕抵押关系效力的攻防战中,原告以贷款关系为诉请基础,而被告选择否认了贷款关系,辩称贷款并未实际发放。一二审法院指出:同一笔资金不能既作为公众投资人购买信托受益权份额的款项,又作为信托公司的财产而用于放贷,否则会产生"冲突";并强调贷款合同文义上表明其产生于信托合同,是以信托资金发放

---

[93] 前注⑧,沈朝晖文,第61页。

贷款,具有依附性。

由于资金流动的一维性,正确的处理方式的确应如法院所做的,将其中一项法律关系剥离不问。问题是剥离哪一层法律关系的答案是否绝对?这可以从几个维度予以考察。

1. 贷款合同是否绝对无效

如果本案这样的情形中的信托贷款合同绝对无效,那就必须围绕收益权信托合同予以分析,包括考虑将其重新定性为贷款关系。本案被告即主张贷款合同属于以合法形式掩盖非法目的,应当无效。

以合法形式掩盖非法目的的一般情形是:公开的"阳合同"是合法的,而被掩盖的实际履行的实质性的"阴合同"是非法的。例如,实质上是违规提供贷款,但表面上为财产买卖关系。如银监会办公厅2010年《关于信托公司房地产信托业务风险提示的通知》要求"对以受让债权等方式变相提供贷款的情况,要按照实质重于形式的原则予以甄别",即信托公司不能通过受让债权来对不符合风险控制要求的房地产企业发放贷款。这也是本案采取较复杂的交易模式的原因所在。然而,本案法院显然无意认定贷款合同是本案实质性的阴合同。

此外,值得注意的是,2017年《民法总则》不再采用合法的形式掩盖非法的目的的模糊表述,第一百四十六条规定:"行为人与相对人以虚假的意思表示实施的民事法律行为无效。以虚假的意思表示隐藏的民事法律行为的效力,依照有关法律规定处理。"即司法的发展方向是尽量不再笼统地以"合法形式掩盖非法目的"来认定合同无效。

与之相关的是,涉案合同即便认定为构成违规贷款,也只违反了监管部门的管理性规定,而非效力性规定,同样不构成合同无效的理由。故本案贷款合同未必绝对无效。这也是有论者主张定性为贷款合同关系的原因所在。

2. 信托合同是否因此无效

与《合同法》第五十二条对无效合同之规定类似,《信托法》第十一条规定"信托目的违反法律、行政法规或者损害社会公共利益"的才应当认定信托无效。本交易安排实现抵押登记的方式具有一定的规避性,即人为创造了一个本可不必有的贷款关系,但"贷款—抵押"关系之外的收益权信托并不违法,只是受托人的权益保障较为脆弱,故为了增强对委托人即基础资产控制人的约束,而加上了抵押贷款的法律形式枷锁。

尽管这客观上可能令不符合"432标准"的房地产公司实现融资,但432标准的目的不是保护房地产公司,而是保护信托公司和投资者。交易架构本身对融资回款有相当的保障(超额抵押担保安排、信托专户和指定账户内的动态最低现金余额、关联方担保、部分竣工房屋补充抵押登记),所以不见得会诱发大的金融风险、损害社会公共利益等而使得该民事交易应当无效。一审本案的上海第二中级人民法院的法官也不讳言"逃避监管是创新的动力之一"。⑭

当然,在认定合同仍然有效的同时,监管者可以对逃避监管的信托公司做出行政处罚。如果有权部门认为其中蕴含的外部风险过大,则可以通过适格的高层级立法来实现。

本案缺乏否认贷款合同或信托合同效力之依据,但是贷款合同与信托合同并存的问题确实需要解决。

3. 外部投资者对信托关系的认知是否影响阴阳合同的择一结果

本案法院强调应优先考虑外部关系。投资者签订的合同和收到的各种材料,展现的都是信托关系,具有公示效力,而且他们是无辜的,应该得到保护。"司法应首先站在公众投资者的角度看待这一问题。"⑮这在理论上是正确的,但在刚性兑付的信托行业背景下意义不大。因为外部投资者并非基于信托资产能产生足够的收益而投资。事实上,该信托资产的收益最后也没有实现投资者期待的收益,而是由受托人自行兑付。

这种选择信托关系的逻辑也没有被其他法院所接受。如 2014 年新华信托诉强人置业案同样出现了收益权转让和《强人置业股权收益权投资集合资金信托计划融资合同》两份合同,重庆高级人民法院判决认为:《信托融资合同》实为借款合同,是抵押质押合同所依据的主合同,《股权收益权转让合同》只是附件,其性质不应影响《信托融资合同》的性质。双方约定的股权收益权转让期间与融资期间完全一致,又约定了到期无条件回购义务,表明各《股权收益权转让合同》并非为实际转让股权收益权,而是为了保障《信托融资合同》的履行。同时,《信托融资合同》关于本金偿还和利息支付的约定中每期回购款及溢价款的计算方式明确固定,并未以股权收益权为计算基础或依据,亦表明回购款本金及利息支付与股权收益权转让并无直接关联。最后,法院支持了被告的借款关系定性。⑯

类似地,2017 年新华信托诉申华置业案中,同时出现了履行期限和金额一致的《特定资产收益权转让合同》及《补充协议》。该合同特别约定,《冠城国际金融街信托融资合同》为运用"新华信托·冠城国际特定资产收益权投资集合资金信托计划"项下信托资金的主合同,双方的权利义务以《信托融资合同》为准,资金以收益权转让款的形式划付,以实际募集的信托资金总额为准。双方基于《信托融资合同》签订了抵押合同。后申华置业主张是信托关系,新华信托主张是信

---

⑭ 前注③,高长久、符望、吴峻雪文,第 99 页。

⑮ 前注③,高长久、符望、吴峻雪文,第 102 页。

⑯ 重庆市高级人民法院(2014)渝高法民初字第 00045 号。

托融资关系,要求返还收益权回购本金和溢价款。

一审法院判决认为:新华信托公司和申华置业公司的权利义务,与合同法规定的借款人和贷款人的权利义务性质相同。虽然款项来源是信托筹集资金,但资金来源并不影响二者之间系借款法律关系。支付的各类信托资金应为借款本金,信托收益为期内利息。

最高人民法院2017年二审维持原判,认为:双方除了特别约定《信托融资合同》为运用信托资金的主合同外,又多次就《信托融资合同补充协议》做补充约定。双方的主要权利义务是支付收取收益权转让款即融资金额,再收取支付融资本金和融资成本。虽然双方约定的融资成本包括信托收益、信托报酬、保管费等,并不完全按照利息计算,但与借款合同并无本质不同。[57]

这两个案件与其他信托融资类型中投资对象公司的股权过户让与担保不同,与纯高案类似,股权收益权和房地产工程收益权转让一样,只是一个(将来)债权转让关系,缺乏切实的担保力。担保力在于附着在借款融资合同上的担保合同。其交易架构都是"一笔资金,两种关系",同属于"阴阳合同",最后法院择一认定有效力时,却都认定了借款关系。

这两个案子与纯高案的区别,亦不能用资产信托和资金信托的区别来解释。若资产收益权信托受益权的认购人可以合理信赖其投资回报来源于收益权信托财产之经营,那资金信托委托人/受益人同样可以合理信赖其投资回报来源于货币性信托财产计划收购的特定收益权资产之经营。如其名称显示的,资金信托在募集时已然向外部投资者注明资金的专属去向。两种信托在商业实质上是一样的。投资者认购资金信托受益权时,未必是完全盲目的,实践中不无指向收益权资产的资金信托所募集的资金严重不足。[58]这证明了纯高案的判法并非必然的结果。

4. 依附性抵押关系的处理方式

本案中,上海第二中级人民法院剥离了信托贷款关系,却保留了抵押登记的效力,实现了要素重整。虽然抵押合同本来是贷款合同的从合同,但法院明确指出这只是在欠缺信托登记制度的环境下作的合意性变通,功能在于保护投资者。毕竟,优先受益人签署信托合同时的认知是抵押关系存在以保障受托人行使权利,而这种安排也不损害公共利益或其他人利益。

形式主义地说,法院的这一处置并无明确的法律依据和严格的法律推理,而

---

[57] 最高人民法院(2017)最高法民终30号。

[58] 如新华信托诉中冶案,重庆市高级人民法院(2016)渝民初23号。

只是一种结果导向的裁断,即不让被告通过否认贷款关系来连带否认附属的抵押关系。尽管这种司法能动不十分符合立法,[99]但符合交易目的和双方缔约时的真实意思,即通过抵押担保确保纯高按时向安信返款、维护投资者利益,从而使得受益权转让的融资方式一开始就得以实现。这也可谓灵活地适应了信托登记制度不完善的无奈现实。

《物权法》第一百七十一条规定:"债权人在借贷、买卖等民事活动中,为保障实现其债权,需要担保的,可以依照本法和其他法律的规定设立担保物权。"这里的"民事活动"自然包括信托。从资产信托和证券化学说的角度看,抵押能被解释为信用增级措施。虽然现在这么判决看似不利于委托人,但正如该院法官指出的,如果认为包括抵押登记的受益权信托不合法,则这样的信托一开始就不会实现,委托人一开始就不可能实现融资。[100] 作为融资方的纯高不能向投资人实现承诺的收益,自然应当承担违约责任。被告在诉讼中屡屡以被误导、意思表示错误等为由否认己方多次作出的对贷款关系的认可,也显得不诚信。

本案判决结果被广泛认为符合实质公正,亦体现了近年来司法对新型担保合同的宽容。有研究者分析了2014—2016年间一百多份关于缴纳保证金、房屋及股权让与合同等形式的非典型担保的法院判决,发现绝大部分判决都支持了当事人的担保意图,尽管回避了对相关担保权利的法律定性。[101]在后来的信托诉讼如前引强人置业案、申华置业案中,当事人依据信托融资/贷款合同设定担保关系,由于法院认可的是融资/贷款关系为主合同,担保关系自然一并认为有效。最高法院2017年《关于进一步加强金融审判工作的若干意见》亦表示要"丰富和拓展中小微企业的融资担保方式,除符合合同法第五十二条规定的合同无效情形外,应当依法认定新类型担保合同有效;符合物权法有关担保物权的规定的,还应当依法认定其物权效力"。

此外,值得注意的是,本案信托财产已经通过昆山国土资源和建设局做了抵押登记(关联方于2012年提供的房产也在上海两个区的房地产登记处做了登记)。贷款合同、抵押合同等都做了有强制执行力的公证。这或许降低了法院认定抵押合同无效的可能。

但如本文第一部分所指出,囿于资产信托的特性,即便我国有完善的信托财

---

[99] 《担保法》第五条曾规定:"担保合同是主合同的从合同,主合同无效,担保合同无效。担保合同另有约定的,按照约定。"但2007年《物权法》不再允许当事人对此做约定,一百七十二条规定"主债权债务合同无效,担保合同无效,但法律另有规定的除外。"

[100] 前注③,高长久、符望、吴峻雪文,第102页。

[101] 前注⑭,张笑滔文,第75页。

产登记制度,本案投资人仍然缺乏明确的债权。受益权的本质更接近于对受托人的、非固定收益性的"股权"。而当事人约定的劣后受益人对优先受益人的固定收益承诺所产生的债权即便有效,也不能成为受托人不履行兑付的理由,亦难以转变为受托人对劣后受益人的债权。

5. 违约责任设置的轻重是否有影响

本案信托合同中设置的违约责任较低,贷款合同违约责任较高。贷款本金分三期偿还,任何一期如有延误,都须按全部贷款期限(3年)计收利息,并自逾期支付日起征收罚息、复利和违约金,根据一审法院计算相当于年利率40%。

违约金的设置依法不能过高。《合同法》第一百十四条规定:约定的违约金过分高于造成的损失的,当事人可以请求法院或者仲裁机构予以适当减少。从逻辑上讲,这当然不应与贷款合同被否定有直接关系。但一审法院明确指出,违约责任"显然过高,对于整个信托市场将会产生不利影响"。可能是与信托合同"势不两立"的贷款合同被否认的理由之一。

这里值得进一步思考的是:由于客观上也存在认定信托无效的理由(信托财产不确定),如果案情反转,当初的约定变成是贷款合同违约责任低,信托合同违约责任高,则法院立场是否会受影响?当然,此时法院也可以只是适用《合同法》予以责任减轻。

不过,金融监管可能使得贷款利率过高的情形不会出现。前引强人置业案、申华置业案中,法院均以《中国人民银行关于人民币贷款利率有关问题的通知》规定的上限(即逾期贷款罚息利率为在原约定贷款利率水平上加收30%至50%)为计算依据限制了债务人的赔偿范围。申华置业案一审判决亦明确指出,对逾期利息可按对应本金的罚息标准征收复利,对其他未支付的收益权回购款(包括信托资金本金、信托报酬、保管费)不支付复利。这亦可能是为何信托公司总在信托相关合同中约定较高的债权实现费用的原因。

与此相关的是,纯高案一审法院相当注意不令信托公司获利过巨,其指出一些审计任务本可由律师承担,故在支持令被告承担原告"高额的律师费"后,不再令其承担原告支出的审计费用。约定的贷款利率高于对案外信托优先受益人兑付的收益率,也被法院批评为试图违法获取报酬(判决书第31页)。法院还认为高额的违约责任所获利益归信托公司所有而不是归案外投资人所有,属于违反《信托法》第二十六条的私自谋利的行为,违反诚实信用原则,法院不予支持(判决书第32页)。

但此说有一个问题,贷款合同和信托合同的直接主要当事人只有安信信托和昆山纯高,即便说这是为第三人(公众投资人)利益而设定的合同,也没有令第三人成为违约责任承担对象之理。而且,非违约方因此可能的获利是被动发生的,信托公司无法主动令融资人违约而牟利。所以,指责这是私自谋利,过于苛刻。

此外,信托优先受益人的回报是事前约定的,其并不承担风险,也不应享有违约责任相关的风险溢价(高标准的违约责任即便被法院支持,也可能由于违约方资产不足等原因,不一定能被成功执行)。违约责任范围是受托人和融资人经过谈判才得以实现的。而且当时的行业惯例是刚性兑付,在一审判决前本案受托人也已经对公众投资人刚性兑付。作为刚性兑付的对价,责任风险溢价由受托人承接,亦是投资者可以合理预期和接受的。

六、对收益权信托的制度回应:债权让与登记及扩充

收益权信托在商事博弈的实践中兴起,其在物之维度可以容纳较宽的客体范围,在人之维度和合同维度则展现出了独特的面貌。无须否认的是,收益权信托与现行法律和监管规则存在一定的紧张关系,但应当做出调整的恐怕是后者。总体而言,收益权信托符合公平与效率的基本判断,因此,如何发挥其功效、减少其风险点,正是商事法律发展的使命所在。

具言之,收益权信托的核心法律风险仍然是收益权资产不能确定、完整地用于信托目的的风险。故法律的对策应当是强化其财产的安全性,同时减少当事人用复杂的人际关系来对冲财产安全性风险的必要性。

相关的制度革新方式可以不断探索,包括更完善的账户监管机制。但更灵活的收益权财产转让登记制度或许是尤其值得重视的一端(尽管并不代表制度回应方向的全部)。随着商事活动的发达化,市场主体对拓宽融资渠道的需求越来越高涨,主要法域的法律也日趋宽松。

作为各州商法的示范法的《美国统一商法典》(UCC)第九篇"担保交易"不再严格区分债权让与和债权质押、动产担保和权利担保,而采取功能主义方式,统一规定货物(动产)、票证和无形财产三类客体,并采取登记(filing)、占有、控制、自动完善等方式判断权利人是否享有担保权益(security interest)。502(a)条规定登记公示是判断债权受让人的优先权及顺位的依据。[102]不过 2008 年金融

---

[102] 参见《美国统一商法典》(中英双语),法律出版社 2018 年版。对此担保交易规则的研究见[美]斯蒂尔·L.施瓦茨:《结构金融:资产证券化基本原则》,倪受彬、李晓珊译,中国法制出版社 2018 年版,第 70—77 页。Steven L. Schwarcz, *The Impact on Securitization of Revised UCC Article 9*, 74 Chi.-Kent L. Rev. 947 (1999). 李宇:《债权让与的优先顺序与公示制度》,载《法学研究》2012 年第 6 期,第 102 页。高圣平:《统一动产融资登记公示制度的建构》,载《环球法律评论》2017 年第 6 期,第 78 页。朱晓喆:《资产证券化中的权利让与与"将来债权"让与》,载《财经法学》2019 年第 4 期,第 153 页。

危机后,美国也开始有学者批评债权让与导致基础资产质量的披露不足,主张重新把证券化定性为担保融资。[103]

日本1998年《债权让渡特例法》建立了具有对抗效力的债权让与登记制度;如欲对抗债务人,须交付债权让与登记证明书之通知,或取得债务人之承诺。[104]中国台湾《金融资产证券化条例》(2014年最新修订)第5条规定:创始机构应于主管机关核准或申报生效后,资产被信托或让与前,将信托与受托机构或让与特殊目的公司之主要资产之种类、数量及内容,于其本机构所在地日报或依主管机关规定之方式连续公告三日。不为公告或公告不符主管机关之规定者,不得以该资产信托或让与对抗第三人。

相比之下,中国大陆仅有一些合规性的规定。如证监会《资产证券化业务管理规定》第23条仅提倡性地要求基础资产转让应办理登记;债权转让应通知债务人。《资产证券化业务风险控制指引》第5条规定:"基础资产为债权的,管理人在转让环节应当关注转让登记、通知债务人、附属担保权益转让等相关安排。"2017年修订的《应收账款质押登记办法》第33条规定:"权利人在登记公示系统办理以融资为目的的应收账款转让登记,参照本办法的规定。"但债权或收益权让与登记或通知债务人并不发生财产让与的生效或对抗效力。[105]所以尽管不会同时产生法律效力,实践中仍然有对同一应收账款在中国人民银行征信中心既做转让登记又做质押登记的"双保险"办法。

前瞻地看,2018年9月、12月的《民法典合同编(草案)》"一审稿""二审稿"均规定如发生债权重复让与,则先进行转让登记的受让人可优先受偿,表明民法学界已经对债权让与登记对抗效力产生初步共识。[106]在此基础上,我们也可以通过不断个别类型化的确认方式将收益权资产纳入可对抗的登记范围,逐步实现

---

[103] 缪因知、朱晓峰整理:《合金论坛笔谈:物权法定的利与弊》,载《财经法学》2016年第6期,第120页。

[104] 王志诚:《金融资产证券化——立法原理与比较法制》,北京大学出版社2005年版,第226页。

[105] 学界一般多如此看待,司法判决也明确指出"债权转让登记于央行登记系统不发生强制性排他对抗效力",(2012)沪二中民六(商)终字第147号。

[106] 前注㉔,朱晓喆文,第157—158页。

债权、收益权、信托受益权等多种认定和划分标准下的财产登记体系。[107]虽然比起债权类资产,收益权等非实体、带有债权色彩的信托资产更具多样性,具体的财产形式可能会不断变化,实现财产登记的难度更大,[108]但通过不断类型化来探索实现之,仍然是一条可行的思路。

Three Perspectives of Legal Characterization of Asset Usufruct Trust

Miao Yinzhi

Abstract: KunshanChungao case, the first case of asset usufruct trust litigation, was handled in an innovative way by the court on the relationship of the trust and the pledge, but the academic disputes over the effectiveness of the trust relationship on such assets continued. We may review the suit and the trust on income over asset from three perspectives. From the perspective of property, income over assets such as returns from an unfinished construction project is volatile and uncertain in value, but the right of such income over asset truly exists in law and thus could be set as a trust property. From the perspective of person, in practices donors of trust on income over asset may replace the role of trustees to actually control the trust property. This contradicts to the basic rationale of trust, may bring moral hazard and default risk. This factor, in addition to the fact that usually income over asset is hard to be transferred, may result in an ineffective insolvency isolation of trust property from donors. The insolvency risk of trustee which may disrupt trust relationship also deserves attention. From the perspective of contract, a dual contract arrangement like the couple in Chungao Suit will require the court to choose

---

[107] 按照美国部分法律经济学家的观点,财产性(proprietary)利益都能以公共登记下的通知(notice)为对抗要件,至于财产权益采取何种形式无关紧要,自然也谈不上物权法定原则。市场力量的自发调整会令实际通行的财产形式仅有有限的种类。See Richard Epstein, *Notice and Freedom of Contract in the Law of Servitudes*, 55 S. Cal. L. Rev.1353, 1353—1368 (1982); Alfred Conard, *Easement Novelties*, 30 Cal. L. Rev. 125, 131—133 (1942); Richard A. Epstein, *Past and Future: The Temporal Dimension in the Law of Property*, 64 Wash.U. L. Q. 667,705 - 707 (1986).

[108] 更多讨论见季奎明:《中国式信托登记的困境与出路:以私法功能为中心》,载《政治与法律》2019 年第 5 期。

one from the two. It is correct to select the trust contract for the sake of outside investors, but the asset exchange is possible to be regarded as a loan too. A legal institutional response to the trust on income over asset may be setting up a valid registration system of creditor right transferring, and gradually realizing the registration of various kinds of assets in the form of incomes that is capable of binding all the market participants.

Keywords:Kunshan Chungao; Asset Usufruct; Beneficial Right of Trust; Future Right for Creditor

（责任编辑：尚连杰）

侵权法中相当因果关系的再定位[*]

王 磊[**]

[摘 要] 相当因果关系在侵权法中虽仍处于通说地位,但否认相当因果关系的观点亦有之,侵权法中如何评价相当因果关系因而处于褒贬不一的状态,对其进行再评价仍属必要。反观刑法学领域,相当因果关系论的弊端使得客观归属论得以兴起,在向客观归属论转向的过程中,相当因果关系从本体论到方法论上都得到了广泛而深入的讨论,为侵权领域相当因果关系的再评价提供了充分的素材。回到侵权领域,从相当因果关系到法规目的说与保护范围论的变迁中,均已经显现出民法学界对相当因果关系的自觉反省意识。鉴于此,从因果关系论的本质出发,为了明确区分"归因"与"归责"的层次性,在侵权法的责任范围领域应使因果关系论中的评价要素予以独立化,实现对因果关系论的"减负",抛弃责任范围内的相当因果关系论,将影响责任范围的规范性要素在因果关系之外进行独立的理论构造。在侵权法的责任成立领域,保留本源意义的相当因果关系论,并采纳客观说,结合违法性与有责性的构成要件共同实现加害行为的归责。

[关键词] 相当因果关系;客观归属论;规范目的;保护范围论;损害赔偿

一、问题的提出

目前无论在理论研究中还是在司法实务中,在侵权领域论及因果关系时,多以相当因果关系论为中心。相当性的判断一直是一个无法绕开的命题,与之相伴的则是褒贬不一的评价。在理论层面上,学者多认为侵权法中的因果关系承担了两种功能,一者可以确定责任主体,二者可以确定损害赔偿的范围和分配。[①] 与此

---

[*] 本文受贵州大学引进人才项目资助,项目编号:贵大人基合字(2019)024。
[**] 贵州大学法学院副教授。
[①] 参见高圣平、管洪彦:《侵权责任法典型判例研究》,中国法制出版社 2010 年版,第 115 页;李琦主编:《民事侵权法实证分析》,中国法制出版社 2005 年版,第 5 页。

相应,作为承载归责功能的技术性手段,相当因果关系基本上得到了赞成。[2] 就相当因果关系的判断而言,除传统理论以社会一般观念为基础判断是否存在通常的"引起"与"被引起"关联之外,也有学者提出了更为精致化的构造,比如叶金强教授认为相当因果关系理论具有旺盛的生命力,"相当性"之表达已足以彰显其法律判断之属性,具有足够的弹性以应对实践的复杂性,能容纳复数的价值判断。所以担任相当因果关系理论的一般性因果关系标准是可能存在的,即可采取一般性因果关系标准加上解决特殊因果关系问题的补充规则模式。[3]

当然,对相当因果关系予以批判的观点亦有之。张玉敏教授认为因果关系之所以如此困扰学者与法官,其原因一方面在于作为客观事实的因果关系与具有社会性的侵权法是存在内在冲突的,另一方面则在于因果关系理论研究割裂了因果关系与其他责任构成要件的联系,赋予了因果关系太多的使命。[4] 换言之,法官通过相当因果关系理论解决责任的归结与责任的分配实质上已经渗入了规范归责的问题,一定程度上"相当性"只是为其判决寻求正当化的说明而已,与其说是法律上的因果关系,还不如说是从法的角度进行归责。规范性的归责是事实的、客观的因果关系理论本身所不能解决的,但相当因果关系理论又强行将蕴含了法律政策的归责任务借用因果关系之名来解决,使得因果关系理论承受了原本不应由其承受的任务,进而导致了相当因果关系理论的混乱。作为解决的手段不得不对因果关系理论进行"减负",还因果关系以本来面目,将因果关系局限于事实认定领域,仅仅在事实认定领域考察因果关系即可,在法律领域则排除因果关系的考察,以达致"返璞归真"的效果。[5]

司法实践中,"常用的判断因果关系的方法是相当因果关系",[6]但相当因果关系的具体运用却混乱不一。关于相当因果关系的定位,有法院在责任成立领域运用相当因果关系判断加害行为与结果的"引起与被引起"关系,[7]有法院在

---

[2] 参见杨立新:《侵权损害赔偿》,法律出版社2010年版,第100—101页;王利明:《侵权责任法研究(上)》,中国人民大学出版2010年版,第378—386页。

[3] 参见叶金强:《相当因果关系理论的展开》,载《中国法学》2008年第1期,第45—47页。

[4] 参见张玉敏、李益松:《侵权法上因果关系理论的反思》,载《云南大学学报(法学版)》2005年第6期,第2页。

[5] 参见左传卫:《质疑侵权法中因果关系的二分法》,载《法学》2007年第4期,第88页。

[6] 高圣平、管洪彦:《侵权责任法典型判例研究》,中国法制出版社2010年版,第110页。

[7] 参见"扬州市第一人民医院与毛红等人身损害赔偿案",2006年苏民终字第0033号判决书。

责任范围领域适用相当因果关系,[8]也有法院在责任成立领域与责任范围领域同时适用相当因果关系来解决因果关系的判定问题。[9] 就相当因果关系的判断而言,有法院认为被告方应有义务证明权益受损与加害行为之间"无此行为,必不生损失,且有此行为,通常即足以产生该损失"的相当性关联,[10]或者明确指出"侵权行为与损害后果的多样化决定了两者的关联性不能仅凭发生时间判断,而应当以相当因果关系作为认定标准。相当因果关系是指依据社会基本经验,侵权行为的事实与损害结果之间的引起与被引起关系"。[11] 然而,与此不同的是,也有相当一部分法院将相当因果关系的成立诉诸其他因素,比如因结果不属于当事人应当预见的范围而否认相当因果关系;[12]因行为人怠于履行其作为义务而肯定相当因果关系;[13]有法院则明确将相当因果关系的判断与过错的判断相关联。[14] 此外尚存在先以成立民事责任为基础,再以此倒推成立相当因果关系的判断模式。[15] 以此观之,针对理论上的争论与实务中的混乱,深入研究相当因果关系论,明确其理论定位,明晰其判断方法,实属必要。

我国民法学界对于相当因果关系的讨论既非深入,也非繁荣,远未达到刑法学界之昌炽。反观刑法学界,鉴于相当因果关系论的缺陷,德国刑法学提出了客观归属论,对相当因果关系论形成了猛烈的冲击,甚至有取代之势,现客观归属论已成为德国刑法学的通说。日本刑法学在客观归属论的影响下,以日本本土的司法判例为契机产生了"相当因果关系论的危机"。受德日的影响,我国刑法学在讨论客观归属论之际,相当因果关系论之优劣也得到了深入的讨论,使相当因果关系在刑法学中的问题点得以澄清,有助于因果关系的理论再建构。鉴于

---

[8] 参见"赵子武与江山市淤头中心卫生院医疗损害责任案",2015年浙民申字第1858号民事裁定书。

[9] 参见"某财产保险股份有限公司支公司与某企业管理有限公司保险人代位求偿权案",2011年沪高民五(商)初字第1号判决书。

[10] 参见"陈雨田与海通证券股份有限公司证券欺诈责任案",2010年沪高民五终字第59号判决书。

[11] 参见"吴中坠、吴中来与张迎龙、张树春机动车交通事故责任案",2016年苏民申3236号裁定书。

[12] 参见"栖霞市绿源果蔬有限公司、中国银行股份有限公司北京市分行信用证转让案",2013年民申字第1296号裁定书。

[13] 参见"丁启章诉江苏京沪高速公路有限公司等人身损害赔偿案",载《最高人民法院公报》2016年第10期。

[14] 参见"佐迪艾克有限公司与阿波罗公司案",2009年浙海终字第140号判决书;2013年桂民申字第20号判决书、2013年粤高法审监民提字第75号判决书。

[15] 参见"海口南青集装箱班轮公司与宝供物流企业集团有限公司、海南江海货物运输有限公司水路货物运输合同案",2009年粤高法民四终字第263号判决书。

此，基于民法学界对相当因果关系讨论之匮乏，又乘刑法学界深入审视相当因果关系之"东风"，本文首先对刑法学中从相当因果关系到客观归属论的变迁予以简要考察，以明晰刑法学中相当因果关系的检讨思路，为侵权法中相当因果关系之审视提供方法论上的指引。其后从民法学出发观察侵权领域中从相当因果关系到规范目的说与保护范围论的自觉发展，得出刑法学与民法学中相当因果关系的变迁呈现出类似的轨迹。最后结合因果关系论的应然功能与相当因果关系论的实然功能，对相当因果关系在侵权法领域的取舍问题予以再建构。

二、来自刑法学的启示：从相当因果关系论到客观归属论

（一）相当因果关系的问题点

在结果犯的情况下，刑法予以评价的首要前提是行为的某一结果应归属于谁，即客观层面上结果的归属问题。相当因果关系论一般存在两个阶段，第一阶段是以条件关系为基础判断行为与结果之间是否存在"没有前者，就没有后者"的关系；第二阶段是在此基础上进一步判断是否存在相当因果关系。[16] 其中，条件关系强调以原因与结果之间"引起"与"被引起"的因果律关系，据我国学者的考察，条件说认为"哲学上的因果关系与刑法中的因果关系没有什么区别，没有区分原因与条件之必要。凡是惹起结果发生的一切条件，都是刑法上的原因"。[17] 若以条件说作为确定因果关系的手段的话，就会造成责任范围的确认牵连过广，在这种无止境的关联之中刑法不可能对所有条件行为都进行逐一评价，结果归属范围之限定实属必要。鉴于条件说评价范围过广之缺陷，[18]在条件关系之上增加了"相当性"的判断作为限制条件说的工具得以提出。

相当因果关系论认为刑法中的因果关系，应在条件关系之上以一般人的常识和经验为标准引入"相当性"的判断，以明确某一"行为"是否增加了结果发生的可能性从而使结果得以一般性地发生。鉴于条件说的评价范围过广，相当因果关系论以限制条件关系为目标，从社会学出发在"引起"与"被引起"之间提出了可能性的要求，即以数学中的概率原理为基础，依据"生活经验法则"来判断某

---

[16] 参见[日]西田典之：《日本刑法总论》，刘明祥、王昭武译，中国人民大学出版社2007年版，第68页。

[17] 张文：《刑法因果关系若干理论问题研究》，载刘生荣、黄丁全主编《刑法基础理论研究》，法律出版社2001年版，第189页。

[18] 张明楷教授认为条件说的不足并非在于其运作机理本身，而是因为对实行行为的判断缺乏定型性。倘若能确定符合构成要件的定型行为，条件说也不会产生评价范围过宽的缺陷，参见张明楷：《也谈客观归责理论》，载《中外法学》2013年第2期，第305页。

一行为是否一般性地产生了结果。"相当性"之实质就是行为与结果之间"引起"与"被引起"的概率性判断,[19]从这个层面来看,相当因果关系秉承了因果关系"存在论"的特质,仍然是在事实论之上进行因果律判断,通过概率的大小来限定条件关系的不足。

然而,本源上的相当因果关系论以概率论为基础进行经验性的判断,性质上仍是"事实论""存在论"的判断,在个案中并非总能通过经验上的概率判断来妥善解决结果的归属问题,[20]特别是在介入因素场合。传统刑法因果关系理论关于相当性的判断多集中于行为时的探讨,而如今因果关系的讨论焦点已转移到行为后的介入因素之上,问题似乎变成到底哪个行为和结果之间的因果关系具有实质的归责意义。前者被称为行为的"相当性"或广义的相当性,后者被称为因果过程的"相当性"或狭义的相当性。详言之,传统相当因果关系以行为时作为预测可能性的基准进行相当性判断,但对行为后因果关系的具体流变过程却无能为力,[21]在狭义的相当性判断中,一般情况下当事人并非总能根据经验法则预见行为后的介入因素,在不能预见介入因素的情形下相当性是无法成立的。但这种相当性的不成立是否就当然地能否认行为的归责可能性呢,答案并非没有疑问。在日本著名的"大阪南港事件"中,被害人被行为人殴打失去了意识,后来被害人在昏迷期间又被未知的第三人打击头部,加剧了颅内出血而提前了被害人的死亡时间。日本最高裁针对此案认为"当犯人的暴行造成了足以形成被害人死因的伤害时,就算假设因第三者的暴行使得死期提早了,仍然可以肯定犯人的暴行与被害人的死亡之间存在因果关系"。[22] 此案中相当因果关系的内在缺陷在于其仅仅抽象地确定实行行为的危险性,在具体地、个别地考察因果关系的时候,则并未对行为与结果之间因果关系的寄与度及具体样态进行严密分析。[23] 实务上以行为对结果的奉献程度为中心的判断机制与背离因果过程通常性的相当性基准,完全属于两种不同的思考方法,进而引发了"相当因果关系说

---

[19] 参见张小宁:《相当因果关系说的兴盛与危机》,载《东岳论丛》2014年第8期,第158页。

[20] 周光权教授曾举例说,高尔夫球手在练习击球的时候打到远处的球童,导致其重伤,从相当因果关系说出发是能够得出因果关系存在的,如果将这个击球行为都作为违法行为进行评价的话,显然是不妥当的。

[21] 参见井上祐司「行為後の事情と相当性説:刑法における因果経過の相当性について」法政研究1号(1984年),7页以下。

[22] [日]安达光治:《日本刑法中客观归属论的意义》,孙文译,载《国家检察官学院学报》2017年第1期,第163页。

[23] 参见林陽一「刑法における相当因果関係2」法學協會雜誌9号(1986年)147页。

的危机"。㉔

再者,相当因果关系论完全以概率论为基础的"存在论"判断,与刑法的规范性相脱节,无法应对个案的复杂性。为了理论上的逻辑性或完满性而舍弃结论的妥当性固不可采,相当因果关系论不得不在"相当性"的外壳下内在地进行实质性判断。比如在介入因素场合"相当性"的判断杂糅了"行为导致结果发生的可能性""介入因素的异常性""介入因素对结果发生的影响力"等因素,我国有学者据此认为"相当因果关系说的实质,并不是以决定结果的'原因力'的条件范围为关注点,而是为了确定在刑法上要把'账算到谁头上'、把结果归属于谁的'可归责性',或者说把结果看成是谁的'杰作'的问题,所以,在逻辑上属于结果责任范围的判断,而不是传统意义上的因果理论"。㉕ 可见,相当因果关系论的症结点在于,一方面,传统因果关系理论从自然科学出发,即使在条件说上增加了"相当性"的限定,也是以概率论为基础未溢出客观的范畴。另一方面,因果关系作为犯罪构成的客观构成要件之一,欲解决结果的归属问题不得不进行规范的评价。相当因果关系论虽然从社会学的角度对条件说做出了限定,却未从规范意义的角度对条件关系予以评价。针对此一矛盾,在理论上如不寻求新的构成,就只能将这种规范性评价纳入"相当性"判断之中,当然会出现以客观概率论为基础的相当因果关系去融合主观的规范性评价之趋势,相当因果关系相应地产生了"变异"。换句话说,虽然本质意义上的相当因果关系将概率论作为出发点,具有事实上、经验上的特点,但如果用"目的论"置换本来的、事实的相当因果关系,则"相当性"的判断成为"掩饰实际的判决理由的技能",或者成为"掩藏具有整体概念的法的政策"。现代因果关系理论虽在形式上还维持着对"相当性"的判断,但是其本质意义上的关注点已经有所变更,与传统因果关系理论旨趣大不相同。㉖ 有学者就此批判道:"相当因果关系理论事实上是根据所预设有无因果关系的答案来设定所谓'一般情形'的内容,换句话说,整个论证过程是一个循环论证。当相当因果关系理论有意要肯定相当因果关系存在的时候,经常使用的手法是把外在的条件直接理解为行为内容的一部分。"㉗

㉔ 参见福永俊辅「因果関係の認定」法学論集 1 號(2014 年)62 頁。我国亦存在类似的司法案例,在"韦国主、韦华居故意伤害案"中,被害人遭受加害人伤害之后经过两年才死亡,虽没有介入因素,但距离加害行为两年后才发生死亡结果,因果关系的判断已经具有了不确定性。法院最后判决肯定两者之间因果关系的相当性,被告应承担故意伤害致死的刑事责任;参见 2015 年河市刑一终字第 47 号判决书。

㉕ 周光权:《客观归责理论的方法论意义》,载《中外法学》2012 年第 2 期,第 230 页。

㉖ 参见童德华:《规范刑法原理》,中国人民公安大学出版社 2005 年版,第 152—153 页。

㉗ 黄荣坚:《基础刑法学》(上),中国人民大学出版社 2008 年版,第 128 页。

（二）客观归属论：从归因到归责

如前所述，相当因果理论在某种程度上已经不是单纯地探究行为与结果的事实关系，而具有客观归责的性质，如果严格区分因果关系与规范归责的理论层次，则因果理论仅仅是归责的基础，"相当性"一定程度上是一种归责的判断。[28] 从行为到构成要件中结果的相当性，也可以转换成"实行行为具有引起构成要件结果的充分的危险性"与"该危险性实现为构成要件结果"。[29] 即相当性理论虽然名义上仍位于刑法上的因果理论之下，但实质上已经是一种归责理论，"这里的相当性存在一个从事实上的相当性到评价上的相当性的转变过程"。[30] 然而，因果理论从本质层面来看是一种存在论的事物，其解决的关键在于"归因"问题，若强行将规范性的"归责"判断掩盖在因果关系之名下，方法论上实不可取。[31]

为了避免相当因果关系以因果之名行归责之实的方法论误区，使掩藏在"相当性"中的规范性评价回归到"归责"的正确轨道上来，作为补足或者替代相当因果关系论的客观归属论应运而生。根据客观归属论的逻辑，在行为与结果的条件关系之上应跳过相当因果关系论直接以"不被允许的危险"为中心进行归责判断。换言之，结果归属的判断应"先采取条件关系，从存在论的角度肯定与伤亡结果之间具有因果关系的行为是杀人、伤害行为，再通过规范评价，得出能否将该结果归责于该行为的结论"。[32]

就客观归属论的构成而言，在行为与犯罪结果之上，如果行为产生了"不被允许的"危险（危险的创造），同时该不被允许的危险被转化为构成要件之中的现实结果（危险的现实化），该行为就应对其产生的后果进行归责。详言之，客观归属论的判断包括了"行为制造了不被容许的危险""该危险实现为了具体的现实结果""该结果位于构成要件的效力范围之内"三个层面。其中，"不被允许的危险"是行为所导致的危险超出"法律所容许"的界限。如果行为所制造的危险属于被允许的范围之内，则该行为即使制造了危险也不存在归责的可能性。"该危险实现为了具体的现实结果"则在于判断"不被允许的危险"在后续的发展过程

---

[28] 参见林山田：《刑法通论》（上），北京大学出版社 2012 年版，第 138 页。

[29] ［日］山口厚：《刑法总论》，付立庆译，中国人民大学出版社 2011 年版，第 58 页。

[30] 陈兴良：《从归因到归责：客观归责理论研究》，载《法学研究》2006 年第 2 期，第 74 页。

[31] 当然，有学者认为相当因果关系论本身也是一种归责理论，客观归属论只是相当性判断的另一种说法而已，因此相当因果关系并未混淆"归因"与"归责"的关系；参见刘艳红：《客观归属论：质疑与反思》，载《中外法学》2011 年第 6 期，第 1218—1221 页。

[32] 张明楷：《也谈客观归责理论》，载《中外法学》2013 年第 2 期，第 303 页。

中是否转化为现实的结果。③ 如果"行为人虽然对受保护的法益创设了一种危险,但是,这个结果不是作为这种危险所发生的影响,而是仅仅在偶然的关系中与其一起出现的时候,归责就被首先排除了"。㉞"该结果位于构成要件的效力范围之内""构成要件的效力范围"就是禁止规范本身的范围,也即构成要件的规范目的,因为法律规范并非将与行为制造之危险相关的所有结果都纳入保护范围,只有处于构成要件规范目的范围内的结果才存在保护的必要性。

在客观归属论之中,无论是"不被允许的危险"的判断,还是危险结果是否处于构成要件的效力范围内,都带有规范性评价的特质,强调目的性解释,秉承的是一种目的论的思考方法。因果关系理论作为判断"引起"与"被引起"关系的理论,相当性理论在其之上从社会学角度出发进行了一种"概率论"的限缩,并没有涉及刑法的实质性评价。客观归属论则明确区分了因果问题和归责问题,在因果问题上进行条件关系的判断,并以此为基础根据客观归属论进行归责判定。客观归属论虽然与"变异"的相当因果关系论在一定程度上具有相同的目的与功能,但就其作用领域来看,相当因果理论意图在因果关系论之内解决归责性问题,而客观归属论则在因果理论的外部来解决归责问题。㉟ 也就是说,客观归责论"以是否违反行为规范而制造出不被允许之危险作为议题,且于判断危险之实现上,亦考虑规范之保护目的,系带有浓厚的规范性、价值论色彩之理论,而与相当因果关系论有基本的差异"。㊱ 这样,客观归属论不仅明确区分了相当因果关系论中被混淆了的事实判断与规范判断,而且对于实行行为的判断、犯罪成立体系中"位阶性"的区分都具有积极的意义。

刑法学中相当因果关系论到客观归属论的嬗变,不仅是因果关系本体论认识的深化,同样也是方法论认识的发展。刑法因果关系理论最开始受到实证主义科学观的影响,以自然科学意义上的因果关系作为基础进行理论建构,其后"相当性"的限定也是通过数学上的概率论为基础,自始至终没有溢出客观范畴。然而,从自然因果关系(条件说)到相当因果关系(条件说+相当性判断),再到客观归属论(条件说+相当性判断+规范判断)的过程,则体现出了从"自然·物

㉝ 比如在"大阪南港事件"中,若该行为人的行为对被害人制造了不被允许的危险,即使后续由于第三人的介入行为导致相当因果关系的进程遭到阻断,只要该危险促成了现实的结果,也能对行为人的行为进行归责。

㉞ [德]克劳斯·罗克辛:《德国刑法学总论》(第1卷),王世洲译,法律出版社2005年版,第253页。

㉟ 参见[日]曾根威彦:《刑法学基础》,黎宏译,法律出版社2005年版,第191页。

㊱ 陈子平:《刑法总论》,中国人民大学出版社2009年版,第125页。

理"思维到"社会·经验"思维再到"规范·政策"思维的转变。㊲ 客观的因果关系理论属于归因问题,其至多也就具有"社会·经验"思维的属性,绝不会附带"规范·政策"思维的属性。若在相当因果关系论之中纳入规范要素去承载归责的功能,实际上背离了因果关系的逻辑起点。因果关系只是解决了某一行为被刑法评价的可能性问题,而确定性地排除不值得评价的行为这一任务仍在于客观归属论的归责评价。换言之,因果联系与责任归结应处于两个位阶,相对于归责理论,因果关系其实只是确定了结果归属问题的最外部的边界,也就是解决原因是否存在的问题,相当因果关系也只是通过概率论的判断在因果关系的基础上相对性地缩小结果最终归属的边界而已。然而,即使经过相当因果关系确定了的界限范围,对归责的论题而言也只不过是结果责任归属的起点,它为结果归责奠定了生活经验基础,但并不是责任归属本身。㊳

可见,从相当因果关系论到客观归属论的嬗变实质上是从事实判断的本质层面出发,在功能区分的基础上呈现出的理论变迁过程。然而,值得诘问的是,客观归属论虽然相较相当因果关系论踏出了重要的一步,但一般情况下,为何相当因果关系论在个案中仍然可以导出妥当的法结论呢? 实际上,传统相当因果关系论是以行为时为中心来进行判断,然而随着社会的发展由于介入因素情形的激增导致以行为后介入因素为中心的类型相应出现,也就是前述的"广义的相当性"与"狭义的相当性",而"狭义的相当性"判断更多的蕴涵了规范的内容。这样相当因果关系实质上已经超出了其原有的规范范围,异化为一种囊括了新增规范对象的理论综合体。这就是为何相当因果关系论在事实上仍能"妥当地"解决新型案件的原因。但是,从实质层面来看,相当因果关系论从"广义的相当性"扩展到了"狭义的相当性",这个"变异"的相当因果理论已经掺杂了本质意义上的相当因果关系理论以外的其他主观要素或规范性要素,超出了其原有的功能转而具备了归责的意义,为此有学者认为,相当因果关系说其实就是一种归责理论,与客观归属论之间更多的是共同点或重复部分。㊴ 然而,从传统因果关系理论的使命出发,归责并不是其应然目的,相反,由于"概率论"的判断无法作为归责的途径,若强行通过相当因果关系实现归责的功能,其结果就不得不导致事先

㊲ 参见李波:《规范保护目的理论》,载《中国刑事法杂志》2015 年第 1 期,第 32—34 页。

㊳ 参见孙运梁:《客观归责理论的引入与因果关系的功能回归》,载《现代法学》2013 年第 1 期,第 143 页。

㊴ 参见井田良「因果関係の『相当性』に関する一試論」法学研究 11 号(1991 年)18 頁;周光权教授也指出,若不考虑方法论上的意义,从个案处理的角度看,客观归责理论和相当因果关系说的结论基本没有差异,所以选择客观归属理论或者相当因果关系论来进行归责判断,从判案的结局上看,可能是无关紧要的。参见前注㉕,周光权文,第 233 页。

得出"归责"与否的结论,再用相当因果关系去说明结论的正当性,将相当因果关系作为一种形式上的"借口",相当因果关系争论的缘起无疑应归咎于此。所以,相当因果关系之所以能在某些案件中得出"妥当的"结果,实则源于其吸纳了新的理论内容,但从实质上来看,这些新的内容与本源的相当因果关系理论是相互排斥的。若强行将其作为相当因果关系理论,那么也仅仅是在形式上维持了相当因果关系,事实上相当因果关系仅仅是一个外在的空壳而已。

三、侵权法视角:相当因果关系的反省

(一) 从相当因果关系到规范目的说

按照通说之观点,侵权法可分为责任成立法与责任范围法,相应地因果关系被分为责任成立的因果关系与责任范围的因果关系。所谓责任成立的因果关系,指可归责的行为与权利受侵害之间具有的因果关系,所谓责任范围的因果关系,指权利受侵害与损害之间的因果关系。[40] 在责任成立领域,条件关系的适用通常导致责任主体的范围过广,存在责任主体的不特定化倾向。在责任范围领域,自近代以来西欧的自然法学者持"不法行为者必须赔偿其行为所生的全部损害"这一原则,学者莫姆森(Friedrich Mommsen)在此基础上提出"全关联说"的提言。[41] 即将受害人的损害作为决定损害赔偿的基准,一律不考虑损害以外的其他因素,实现对受害人的全额赔偿主义,[42]此无疑会导致出现责任负担过重的危险。与刑法学上的发展路径相似,为了限定条件说的弊端,相当因果关系作为修正手段随之被提出,在条件说之上增加"相当性"的限制,以"一定结果的客观可能性因所发生的结果的种类而得到提高或变得有利"为要件,以此裁剪不特定的因果联系。[43] 这样无论是理论学说还是司法实务,为了实现结论的妥当性,纵使在事实上进行着变更制定法的法解释,甚至是反制定法的法解释,条件关系之上的"相当性"要求得以被接受。[44] 从这个角度来看,相当因果关系论作为一种弥补条件说弊端的理论,对实现法效果妥当性的积极意义是毋庸置疑的。

---

[40] 参见张新宝:《侵权责任构成要件》,法律出版社 2007 年版,第 305—306 页。

[41] 参见笹倉秀夫「平井宜雄『損害賠償法の理論』考:法解釈学と法の基礎研究」早稲田法学 3 號(2010 年)499—500 頁。

[42] 参见加藤雅之「損害要件の再定位(1)—フランス法における賠償原理と損害概念の関係—」神戸学院法学 3・4 號(2009 年)414—415 頁。

[43] 参见[德]迪特尔・梅迪库斯:《德国债法总论》,杜景林、卢谌译,法律出版社 2003 年版,第 442 页。

[44] 参见前注[41],笹倉秀夫文,第 502 頁。

然而，与刑法领域中相当因果关系遭遇的诘难类似，民法领域责任的归结在性质上仍无法溢出规范评价的范畴，既然刑法学中出现了"相当因果关系的危机"，那么侵权法中似乎应同样地遭受着类似的异议。比如在判断标准上，von Kries 认为应以行为人在行为当时的情况来进行判断；Traeger 则认为应当以一个有经验的人或一个最谨慎的人在行为当时所应当获悉的因素为基础，而 Rumelin 则更宽泛地认为判断基准还包括"客观上存在的，或者本来已经为众所周知的事实"，到底该以何者为准才能导出妥当的结果，就产生了相当性判断标准宽严不一之局面。[45] 更为致命的是，某个损害是否应该由行为人负责，并非在主观评价之外通过概率式的统计计算就可以简单获得结论，"H. Mayer 认为，因果关系的判断标准是可归责性，而不是客观概然性，因为如果不这样认为的话，行为人对特殊情况的特别认识就不能予以考虑，因为它'根本不是事件本身的问题'"。[46] 实际上，相当因果关系的司法适用由于混入了侵权责任的其他标准，导致其具有很浓厚的主观价值判断色彩，相当因果关系的判断已异化为实现法律政策的工具。有观点就认为，在德国法的战后期间，案例已经开始显示出相当性以外的其他因素决定着民事责任的范围，联邦法院也开始使用"公正性"或"对形势的控制"等理由来修正或补充相当因果关系，由于相当因果理论内涵的实质性变更，在以前被称为"相当原因"理论的用语，在新近更多地被称为"相当性"理论。[47]

当然，这种通过改变相当因果关系内涵来满足实践需求的解决之道，实质上仍是在相当因果关系的内部来寻求答案，并没有对相当因果关系进行"质"的突破。与此不同的，鉴于相当因果关系的不足，规范目的说则从相当因果关系的外部提供解决路径。Caemmerer 认为一方面相当因果关系论并没有充分发挥限定损害赔偿法范围的技能，另一方面在适用相当因果关系的事例中，真正的解决之道其实与因果关系并无关系，而在于通过法的保护目的、保护范围来处理赔偿范围。[48] 详言之，Caemmerer 认为法学上并不需要一个特别的"因果关系概念"，因为德国民法学上建构的这一特殊因果关系概念（即相当因果关系）对于损害赔偿范围实施合理限制的做法已经失败，在损害赔偿范围的划定上应转向更深层面的"规范的保护目的及保护范围"，而不是因果关系，保护目的与保护范

---

[45] 参见山田晟、来栖三郎「損害賠償の範囲および方法に関する日独両法の比較研究」川島武宜編代『損害賠償責任の研究：我妻先生還暦記念』（有斐閣，1957 年）174—180 頁。

[46] 参见 H. L. A. 哈特、托尼·奥诺尔：《法律中的因果关系》，张绍谦、孙战国译，中国政法大学出版社 2005 年版，第 438 页。

[47] 参见前注[46]，H. L. A. 哈特、托尼·奥诺尔书，第 429 页。

[48] 参见笹倉秀夫「平井宜雄『損害賠償法の理論』考：法解釈学と法の基礎研究」早稲田法学 3 號（2010 年）508 頁。

围的获取在终极意义上被归结为公平问题。[49] 规范目的论认为,"规范不能并且也不应提供对损害事件的一般性保护;相反。总是涉及的是对特定的法益侵害与损害的保护。哪些法益侵害与损害被保护目的所包括,必须通过解释具体规范来确定","所涉及的规范是否是保护人们免遭所发生的法益侵害或损害合适、必要与合理的手段的问题可以作为控制所考虑的内容"。[50] 可见,规范目的说对损害赔偿范围的划定已经深入到责任的规范评价层面去探讨结论的公平问题,而不是仅在事实层面进行是非的判断。

就规范目的说与相当因果关系的关系而言,哈伯(Huber)认为规范目的说应当取代相当因果关系说,另外有学者则认为相当因果关系说仍有主要的适用余地,若相当因果关系中所造成的损害处在规范目的保护范围之内,规范目的说应辅助相当因果关系理论。[51] 当然有学者认为二者可以并存,损害应否赔偿,首先须认定其有无相当因果关系,其次再探究其是否符合规范目的,如果损害之发生虽具相当因果关系,但在规范目的之外者,仍不得请求损害赔偿。德国联邦法院即采此见解,德国联邦法院认为应先肯定其条件关系,再肯定其因果关系的相当性,最后再结合民法第823条第1项等法规的保护范围进行过滤。[52] 从这个角度观之,规范目的说之功能在于对相当因果关系形成一种补足作用,即在具体情形下探讨受损权益是否属于规范的保护范围,通过此一判断来对相当因果关系的判断结果形成支撑或否认的补足。这样,规范目的说就将那部分本来就不属于相当因果关系的功能划归到自己的规范领域,留下相当因果关系去规范其本来的范畴,从而实现相当因果关系的"解放"。

由此可见,按照规范目的说之思维,一方面可以在"相当性"之外再添加一道规范保护范围的检验程序,以对通过相当性判断的行为实现第二次限缩。另一方面,对于未通过相当性判断而已经被排除了的原因,因其处于规范的保护范围而存在被重新作为可归责原因的可能性。这样使得结果的判断必须与被违反法规的保护范围或规范目的相结合起来才得以进行,如果没有规范目的的释明,那么这一部分判断机制将不得不隐藏在相当因果关系的名义之下。所以,规范目的说实际上是一个独立于因果关系认定的"归责"判断过程,其与刑法学中客观归属论所欲解决的问题点是共通的,相当因果关系试图在因果关系理论中解决

---

[49] 参见顾祝轩:《民法概念史——债权》,法律出版社2016年版,第237页。

[50] [德]迪尔克·罗歇尔德斯:《德国债法总论》,沈小军、张金海译,中国人民大学出版社2014年版,第326页。

[51] 参见朱岩:《当代德国侵权法上因果关系理论和实务中的主要问题》,载《外国法与比较法》2004年第6期,第149页。

[52] 参见王泽鉴:《侵权行为法》(第1册),中国政法大学出版社2001年版,第221、227页。

责任的归结与划定问题,导致因果关系理论的负担过重,规范目的说正是观察到这一弊端,将规范目的的考察从因果关系中独立出来,强调法规范在考察责任问题时的独立性,使因果关系理论实现返璞归真的效果,具有相当的合理性。

(二)从相当因果关系到保护范围论

日本法上,以民法第416条为基础,伴随着德国相当因果关系的理论继受,损害赔偿的法解释论之中已融入相当因果关系的思维模式,最终随着"富喜丸事件"在判例上的确立,相当因果关系的通说地位得以确立。

然而,相当因果关系虽然作为判定损害赔偿的通说,但其所蕴涵的内容则并非单一的。泽井裕教授指出,首先,以盖然性为基础的相当关系在行为后介入偶然情事时,该偶然性由于没有被包含在法规范所抑制的危险性之中,当然可以将其排除在赔偿范围之外;但是,在加害行为之外,若介入被害人自身行为、第三人行为导致损害的发生时,即使盖然性很低,该偶然性在规范层面上是具有意义的,此时就不再通过盖然性的手段来认定相当性,而一律以法的价值判断来认定。这样,相当因果关系论就超越了盖然性的判断而要求进行法的价值判断,其判断标准在于特别危险与日常危险,从而将危险关联说的思想嵌入到相当因果关系说中。[53] 实务上,有观点也指出相当因果关系的判断"从公平的角度来看对于被认定为加害者应该赔偿的损害,将特别情形导致的损害拟制为通常产生的损害或者将没有预见或没有预见可能性的拟制为预见可能,不如说在侵权行为场合根据各场合的具体情形探求实际的损害,对照损害赔偿制度的基本理念的公平观念令加害者承担相当的损害","结果,须对照公平的理念先行判断令行为者赔偿损害是否妥当,以此为前提对第416条的规定做出解释",[54] 这里基于概率论的盖然性判断早已面目全非,相当因果关系的判断更多的只是归责判断后的一个载体而已。可见,相当因果关系就是一个囊括了规范评价的理论综合体,加藤雅信教授据此指出归责性判断实际上就是相当因果关系的一部分,这里的相当因果关系应该转换为"相当·因果关系"的规范构造,归责判断应由事实上的因果关系与归责的相当性构成,归责的相当性判断具有多样化的机能,即赔偿范围的限定机能、因果关系的否认机能及因果关系的扩大机能,从而实现损害赔偿的妥当判定。[55] 因此,日本法上相当因果关系的着眼点最终指向以法政策为

---

[53] 参见曽根威彦「不法行為法における相当因果関係論の帰趨——刑法学の立場から」早稲田法学3號(2009年)139頁。

[54] [日]圆谷峻:《判例形成的日本新侵权行为法》,赵莉译,法律出版社2008年版,第182页。

[55] 参见加藤雅信『事務管理・不当利得・不法行為』(有斐閣,2005年)235—244頁。

导向适当地导出损害赔偿的范围,也可以称为"相当"因果关系,某种程度上来说其也只是一个惯用的名称而已,至于相当因果关系原有的理论构成,已非关注的重点。㊱

平井宜雄教授基于相当因果关系的上述特质指出相当因果关系一般发挥着三种功能:第一是事实因果关系的认定机能;第二是赔偿范围的划定机能;第三是通过相当性对赔偿额的算定发挥着限制的机能。㊲所以相当因果关系无论是事实认定上还是"相当性"的规范评价上都发挥着规范作用,两个方面呈现出论理上的矛盾。鉴于此,围绕着相当因果关系的论争又出现了批判性的论点并开始寻求替代相当因果关系的理论构建。当然,也有见解认为即使相当因果关系论应该予以批评,但也不应对其完全抛弃而是予以改造。此后,平井宜雄教授在损害赔偿法的建构过程中以实现损害赔偿法的"柔软化"、从德国法的束缚中解放出来、构建影响实务的法理论该三者为目标,㊳认为德国法的相当因果关系论对"损害发生的可能性"判断既非主观的也非客观的预见可能性,而是一个以丰富的知识为基础具有洞察力的人作为基准,可以说其具有"超人的"(スパーマン)预见力,基本上可以预见发生的所有损害,并没有起到限定损害赔偿范围的作用,并进一步认为"相当因果关系论是德国法为了支撑完全赔偿原则而特有的法技术"。㊴但是,日本作为一个没有采纳完全赔偿原则的国家(民法第416条是一种责任原因与责任范围相结合的模式),通过相当因果关系说来规范损害赔偿法实则是一种误用。同时,"相当性"判断仍然是建立在"一般的、通常的"空洞概念定式之上,为了实现损害赔偿法的"柔软化"构造,应放弃这种僵化的理论,转而采用其他理论构成。

平井认为在判例和实务中长期支配损害赔偿范围的相当因果关系概念是多义的甚至是不明确的,第416条作为与预见可能性相关联的契约责任,不应在不法行为责任领域类推适用,第416条的关注点在于债务人的预见可能性,将其作

㊱ 参见铃木禄弥『債権法講義』(創文社1995年)35頁。
㊲ 参见平井宜雄『損害賠償法の理論』(東京大学出版会,1971年)474頁以下。
㊳ 参见笹倉秀夫「平井宜雄『損害賠償法の理論』考:法解釈学と法の基礎研究」早稲田法学3號(2010年)494頁。
㊴ 参见前注㊲,平井宜雄书,第26、27页;笹倉秀夫认为相当因果关系说作为限制完全赔偿原则的手段应无疑义,而平井说则认为相当因果关系是支撑完全赔偿原则的法技术。其原因应与平井教授希望从德国法的理论束缚中解放出来的"独立战争"有关,相当因果关系说作为德国法克服完全赔偿原则的通说,也能克服完全赔偿原则的弊端,但若不抛弃相当因果关系说,那么日本损害赔偿法并未从德国法的束缚中完全独立出来。因此将相当因果关系说作为支撑完全赔偿原则的学说,对完全赔偿原则的抛弃必然意味着相当因果关系说的崩塌,进而有利于构造新的理论学说,实现日本损害赔偿理论的独立性。

为处理不法行为者之间法律关系的技术概念是不妥当的。于是,不法行为法应放弃对第416条的适用,转而从正面去探索相应的对策。平井说的对策即是将相当因果关系做出事实因果关系与保护范围的分解,提出了损害赔偿法之事实因果关系、保护范围、金钱评价的三分法构造。针对保护范围的确定,平井说认为随着权利范围的扩大,作为不法行为成立限定机能的"权利侵害"要件在理论上失去了独立的地位,同时过失从强调心理状态的主观要件转换成为判断侵权责任成立与否的高度规范化概念,所以过失与违法性的要件关系应采取一元化的"过失一元论",这样不法行为的成立要件只包括过失、损害、因果关系。基于责任原因与责任范围相结合的理念,过失理所当然地成为划定保护范围的决定性标准,侵权损害赔偿范围的确定也就依赖于第709条中过失要件的解释。[60]即通过判断过失基准的行为义务所辐射的范围来确定赔偿范围,也就是说,如果被害人与应该赔偿的损害处于义务射程之内,那么就应当承担赔偿责任。而损害回避义务的程度由损害发生的盖然性与被侵害利益的重大性决定,所以赔偿责任就取决于该两个因子的关系,如果被侵害利益的重大性高到一定的程度,行为所生危险性大到一定的程度,损害的赔偿性就越应该处于义务射程的范围。[61]

可见,平井教授欲通过"义务射程说"来划定保护范围以取代相当因果关系,而保护范围的划定就是一种规范性的价值评价过程,由于保护范围是在事实因果关系之上所做出的评判,所以在寻找归责问题的答案时其已突破了因果关系的束缚,转而将目光聚集于独立的价值评判,"实际上与刑法中客观归属论同样具有共通的理论构造"。[62]从刑法和民法共同的动向来看,因果关系是对过去事实的认定问题,对原因行为并不含有规范性的评价,以此为前提,就应将相当因果关系论中作为规范评价的"相当性"判断从事实因果关系中割裂出来。以此,刑法中的客观归属说与保护范围论的发展轨迹是类似的,其均是在条件关系之外寻求另外的规范性评价基准去实现责任的判定,将因果关系从规范评价中予以剥离,避免因果关系理论负载过重的规范负担,最终实现归因判断与归责判断的独立化。

---

[60] 参见前注[57],平井宜雄书,第122页。
[61] 参见前注[53],曾根威彦文,第125页。
[62] 今井麻絢「法的因果関係—シネ・クワ・ノンと相当性を中心に—」立命館法政論集14號(2016年)6頁。

四、相当因果关系的"舍"与"留"

民法学中从相当因果关系到规范目的说，抑或从相当因果关系到保护范围论，都已经显现出相当因果关系论的贫困，然而，我国民法学并未充分注意到这个嬗变的过程，导致对相当因果关系论未做出如刑法学般全面且深入的讨论与批判。刑法学中从相当因果关系论到客观归属论的变迁，无论从本体论上还是方法论上都为相当因果关系的反思提供了素材。本源意义上的相当因果关系以概率论为基础从社会学的角度出发建立限制责任范围的筛选机制，然而随着相当因果关系评价复杂多变社会事实的弊端的显露，导致其从一种存在论的理论构造逐渐地向规范论过渡，承担了本不应由其承担的功能，进而发生理论上与实务上的混用甚至滥用。本文认为，修正这一问题的有效手段只能追根溯源，从本源意义上去理解相当因果关系，还原其本应该承担的功能，对现有的相当因果关系理论进行减负。与此同时，将原来掩饰在"相当性"判断之下的价值判断或政策考量以明示化，避免法学上的概念假象问题，为学者或法官对实质的规范判断提供认知可能性与论证可能性。

（一）责任范围领域：舍弃相当因果关系[63]

所谓责任范围的因果关系，是指权益受侵害与损害之间的因果关系。目前，相当因果关系仍是判定责任范围因果关系的主流理论。[64] 值得注意的是，刑事责任与民事责任存在区别，刑事责任中多在犯罪论中考察因果关系，而进入刑罚论之后因果关系理论则失去了独立的作用，而在民事责任中，于责任成立领域考察了因果关系理论之后，在责任范围领域仍然需要因果关系理论这一法技术来发挥其规范作用。然而，本源意义之上的相当因果关系论是否能妥善规范责任的范围呢？对于此问题，从前述相当因果关系论的变迁来看答案应是否定的。因为相当因果关系论简单地以概率论为手段去推导损害的可赔偿性，忽略了事

---

[63] 本文认为责任范围领域应舍弃相当因果关系论，转而直接进行规范层面的理论建构，主要在于强调相当因果关系论在方法论上的缺陷而应予以抛弃。至于抛弃相当因果关系论后应采纳何种理论构成，非本文主要所探讨的范围。

[64] 参见程啸：《侵权责任法》，法律出版社2011年版，第180页；判例可参见"武汉市西昌房地产开发有限责任公司、武汉市城市建设投资开发集团有限公司侵权责任纠纷案"，2016年鄂民终1314号判决书，"李正安、伊犁哈萨克自治州中医医院医疗纠纷案"，2014年伊州民申字第35号裁定书。

实性之外的规范性因素,导致无法合理界定责任范围。[65] 若仅仅是通过相当因果关系来说明结论,那么其已经不是本源意义上的相当因果关系论了,只不过是"相当性"为了导出妥当结论而体现出扩张或限缩因果关系的功能而已。

面对相当因果关系论的贫困,规范目的说之本质特色在于其抛弃了相当因果关系从事实层面或社会学层面去限定损害赔偿范围的思维,转而从法之判断层面出发,结合"法"的规范目的从内在的视角而非外在的视角去确定赔偿范围的边界。与此相应,保护范围论对相当因果关系说的取缔虽然是建立在责任原因与责任范围相结合的基础上,但事实因果关系与保护范围论的明确区分亦体现了事实判断与规范判断的二元并立,强调判断损害赔偿范围时规范性与因果关系的独立性。由此可见,在民法领域已经开始认识到因果关系与法判断的独立性,但却仍然无法绕开相当因果关系说的束缚,做出"返璞归真"之决断。与此相似,英美法上虽然没有相当因果关系论的理论学说,但事实上因果关系与法律上因果关系的区分,与相当性理论同样具有类似的理论构造。法律上因果关系的缘起建立在不断发展的工业化进程之中,为了限定过分宽泛的责任以保护阶级利益不得不对事实因果关系进行限缩,在事实因果关系之上增加"近因"的限制,顺理成章地导出了法律上的因果关系。[66] 然而,最近赔偿范围领域内"法律上因果关系"的概念也开始受到越来越多的批判,《欧洲侵权法原则》第3:201条开始用"责任范围"(scope of liability)这一术语来表述赔偿范围的概念,与此类似,美国《侵权法重述(三)》亦采纳了这一术语。我国有学者认为这一术语并非否认了"法律上因果关系"所指涉的内容,而只是说明责任范围领域所涉及的内容并非"法律上因果关系"所涵盖,"责任范围"这一表述越过了因果关系理论的迷雾,直指问题的核心。[67] 从赔偿范围的判断标准来看,《重述(三)》采纳了风险标准说,认为损害必须处于风险范围才得以赔偿,所以损害赔偿范围的判断也就依赖于行为所导致的过度风险(excess risks)与正常的风险(innocent risks)之判断,[68] 与因果关系理论全然无涉。

---

[65] 比如律师费用的赔偿问题,显然律师费用与加害行为是存在相当因果关系的,但有时却因律师费用并不在规范保护的目的范围之内而得不到赔偿。再比如前述高尔夫球手练球导致球童受伤的情况,相当因果关系也是存在的,但如果责令高尔夫球手承担赔偿责任的话,结论显然不妥当。

[66] Mari Matsuda, *On Causation*, 100 Columbia L. Rev. Issue 8, 2201 (2000).

[67] 参见刘海安:《法律上因果关系的反思与重构》,载《华东政法大学》2010年第4期,第37页。

[68] Jane Stapleton, *The Risk Architecture Of The Restatement(Third)Of Torts*, 44 Wake Forest L. Rev. 1325 (2009).

就责任范围的划定而言，森岛昭夫认为："向抽象的概念寻求决定赔偿范围的标准，是徒劳的，根本就不可能从那里得出任何结论，而只能综合上述那样的各种要素，从所谓'公平'的观念导出结论来"。[69] 从实质层面观之，责任范围的确定是由多元的影响要素所决定的，而非诉诸某一个形式的概念。最近奥地利损害赔偿法改革草案就对 ABGB1293 条增加了第二款，认为被保障的法益应根据它们的序列（人格、财产、其他利益）和价值、明确性、公知性，另外在自由发展与权利行使中衡量他人利益与公共利益等这些因素来决定，也就是通过不同法律原理的协动作用结果来正当化法律效果，以此实现损害赔偿法的再构筑。[70] 我国有学者也认为应从责任原因与责任范围相结合的模式出发，违法性要件能确定法律所保护的利益范围，为责任的划定确定了外在的界限，过错要件为了保障行为自由则将责任范围限制在自我控制的范围内，这样违法性要件与法益的边界相契合，在确定法益边界后再通过过错要件在法益范围内对损害进行进一步的限制，从而实现责任的合理限制。[71] 可见，责任范围的确定实质上依赖于多重要素的综合评价，在理论构筑上也应该是多元化的，采取哪一个概念证成结论，究其本质而言并没有实质性的差异，一定程度上只是语言上的差异而已，[72] 共同目标应在于通过妥当的理论构成实现结论的正当化，最终达致权益保障与行为自由的平衡。

因果关系理论作为一种判断自然意义上"引起"与"被引起"的理论，其仅仅可以在自然意义上限定责任的边界而已，希冀其去实现更多的评价功能，显然是不现实的，特别是在诸如纯粹经济损失、生存机会丧失等极端复杂的案件中尤为如此。如果强行将法的规范性评价纳入因果关系理论中去，使其承载本源意义之外的其他功能，那么其已经不是本源意义上的因果理论，只是在称呼上仍当作"因果理论"而已，掩盖了思考问题的实质，这一点在客观归属论、规范目的说、保护范围论的发展进程中已经充分地被论及。基于此，何不如还原因果关系理论的真实面目，将其归位于归因判断的事实考察，在判断责任范围时则直面问题的本质，抛弃相当因果关系论的假象问题，从规范性评价的角度出发直接对可赔偿损害的范围进行考察。因为这种蕴含了多元法律评价的判断机制并非客观的概率判断所能囊括，"相当性"概念没有办法去承载权益保障与行为自由的平衡功

---

[69] 于敏：《日本侵权行为法》，法律出版社 1998 年版，第 207 页。

[70] 参见若林三奈「オーストリア損害賠償法改革の現状—2011 年折衷草案の概要—」社会科学研究年报 44 卷（2013 年）195 页。

[71] 参见叶金强：《相当因果关系理论的展开》，载《中国法学》2008 年第 1 期，第 43—44 页。

[72] 参见森岛昭夫『不法行為法講義』（有斐閣，1987 年）307 页以下。

能。若强行通过相当因果关系予以说明,掩盖了其中法律评价的实质过程,在法律论证上也就只能通过"相当性"的形式性倒推来证成结论的妥当性。反之,若剔除相当因果关系的名义性理由,转而像客观归属论那样实现"归因"与"归责"的明确区分,从而在"归责"过程中去关注责任范围领域的实质性规范评价,不仅能为新的理论构成提供广阔的空间,防止形式性束缚对其他理论构成的压缩,而且能向第三人明示此过程中的评价性因素,展示其中的规范性评价过程,为结论的论证提供了明确的架构,实现了价值判断与法律论证的结合,在方法论上更具优越性。所以按照客观归属论的发展路径来看,责任范围领域内的相当关系说实际上抑制了其他规范理论的发展,使得责任范围的划定陷入了僵化,如若欲将其他规范理论解放出来,那么就不得不抛弃相当因果关系论。

更进一步言之,责任成立的因果关系与责任范围的因果关系之二元区分是否必然合理,并非全无疑问。哲学上的因果关系强调事物之间的联系,然侵权法上的因果关系强调的是"行为与损害事实之间的前因后果的联系"。[73] 责任范围的因果关系强调权益侵害与损害之间的因果关系,将"权益"作为加害行为与损害之间的中转站,建立起"加害行为——权益受损——损害"的结构,与"加害行为—损害"模式下判断行为与损害之间因果关系的过程实属不同。[74] 所以,责任范围的因果关系并非我们通常所理解的以行为为中心的因果关系理论,其所欲解决的问题是损害应否得到赔偿的问题。但是,赔偿与否应根据损害的性质、可预见性、违法性程度、社会普遍观念等要素综合决定,并不是由因果关系本身来确定。因为"一旦进入责任判断领域,即表明因果关系问题已经解决了,更无必要再将因果关系区分为责任成立与责任范围"。[75] 基于此,有学者指出责任成立与责任范围的二分法并不一定意味着"因果关系"的二分法,所谓"因果关系"的二分法就是"侵权责任成立上的因果关系"和"损害赔偿范围确定的因果关系"的双重构造。换言之,责任成立与责任范围的侵权法构架可能是合理的,但并不能因此就说"责任成立的因果关系与责任范围的因果关系"的划分是合理的,进而出现了"责任成立内的相当因果关系与责任范围内的相当因果关系",使得相当因果关系名正言顺地成为责任范围的判断基准。所以,一定程度上应放弃将因

---

[73] 王利明:《侵权责任法研究(上)》,中国人民大学出版社 2010 年版,第 373 页。

[74] 此分别反映了德国法的权利中心模式与法国法上"主体—客体"行为控制模式之间的思维差异;参见梅夏英:《从"权利"到"行为"》,载《长江大学学报(社会科学版)》2015 年第 1 期,第 46—47 页。

[75] 参见左传卫:《质疑侵权法中因果关系的二分法》,载《法学》2007 年第 4 期,第 84 页。

果关系概念作为赔偿范围确定的基准,而将其限制在责任成立要件上。[76] 由此可见,在责任范围领域,因果关系是否真正地可以成为判断标准是存在疑问的,退一步讲,即使采纳了因果关系理论,也仅仅是事实因果关系。责任范围的确定只有在事实因果关系之上进行综合的规范性评价才能够妥当地导出,相当因果关系论无法担此重任。

(二)责任成立领域:保留相当因果关系

就责任成立领域的因果关系而言,目前尚存在一定的争议。大多数学者认为无论是责任范围领域还是责任成立领域,都需要先认定条件关系的存在,再进行相当因果关系的判断;若采纳了规范目的说,则还要通过规范目的进行考察。[77] 然而,部分观点认为对于责任成立的因果关系则不需要再进行"相当因果关系"的判断。[78] 林诚二教授认为因果关系的新说"将旧说(相当因果关系)之因果关系分为事实关系与相当关系,前者为决定是否构成侵权行为责任之关系,即现行所称之因果关系;而后者则为决定应负损害之赔偿范围之关系,必在相当可期待损失之范围内"。[79] 可见,责任成立领域到底应采取何种因果关系理论仍需做出选择。

就条件说或事实因果关系说而言,虽然其能将一部分不相关的行为排除在考察范围之外从而发挥一定的作用,但意义却极其有限。因为条件说存在无止境性关联的弊端,"引起构成要件结果发生的行为,通常都具有违法性。将偶然或者经异常途径发生的结果视为法律所禁止的违法行为所导致的结果,在法律上对该结果给予否定,似乎并不妥当"。[80] 详言之,在现代社会的飞速发展下,损害类型的复杂化导致事物之间的条件性关联进一步被扩大,如果以条件关系来

---

[76] 参见周江洪:《日本侵权法中的因果关系理论述评》,载《厦大法律评论》2004年第8辑,第219页。张玉敏教授亦持此种观点,参见张玉敏、李益松:《侵权法上因果关系理论的反思》,载《云南大学学报(法学版)》2005年第6期,第5—7页。

[77] 参见王泽鉴:《侵权行为法》(第1册),中国政法大学出版社2001年版,第206—225页。

[78] 参见周友军:《侵权法学》,中国人民大学出版社2011年版,第137页;此种观点虽然在德国法上也有探讨,但也有学者认为这主要是英美法上直接以行为与损害之条件关联的特征,与大陆法上行为与权益侵害之因果关系、权益侵害与损害之因果关系的模式存在区别。参见郑永宽:《论责任范围限定中的侵权过失与因果关系》,载《法律科学》2016年第2期,第103页。

[79] 林诚二:《民法债编总论——体系化解说》,中国人民大学出版社2003年版,第150页。

[80] 前注[25],周光权文,第229页。

确定行为的评价范围,那么就会导致过多的因果联系会被纳入评价范围之内。若将与结果相关性极小或条件关联过于遥远的行为作为违法行为来进行法律上的负面评价,基本上违背了正常人的法感情。因此,纯粹的条件说或事实因果关系作为责任成立的因果理论并非恰当,在责任成立时,虽然不能将过多的因果联系排除在评价范围之外,但也不能将过多的因果联系纳入评价范围之内,在条件关系之上予以一定程度的限制仍然是有必要的。从这个角度来看,相当因果关系存在其合理性。通过相当因果关系的筛选,起码能将那些因果关系过于遥远的行为排除在评价范围之外,进而确定后续法律评价的行为范围,这样在构成要件符合性领域就将某一部分非重要的行为予以排除,而不用再通过违法性或有责性的判断否认其责任构成,在法律评价的体系性上存在合理性。

然而,纵然相当因果关系在限定行为的评价范围上存在合理性,但仍然存在的问题是如何理解"相当性"这一术语,以及相当性的判断到底应采何种标准,此关涉到责任成立领域采纳相当因果关系的合理性。首先,就判断标准而言,主观说以行为人行为时所能认识到的事实为基础,折中说则以一般人在通常情况下能预见的情事为判断基础,若在此基础上存在经验上的通常性时,就存在相当的因果关系。[31] 然主观说存在过度保护加害人之嫌,折中说则将行为者的认识情况作为相当性的判断因素,背离了因果关系理论之实质,使本来应当属于客观存在的因果关系主观化。若采纳主观说或折中说,则又会陷入"归因"与"归责"不加以区分的危险,方法论上实不足取。更为重要的是,由于因果关系易摄入主观性、规范性的因素,致使其与其他构成要件存在混淆的可能。比如,规范目的说虽然旨在通过规范目的对因果关系的范围进行限缩,但若将其纳入因果关系理论,则是在因果关系之下解决违法性问题,导致因果关系要件与违法性要件出现功能上的重合或混淆。有学者即指出法规目的说并非一种因果关系理论,其实际上解决的是违法性问题。[32] 所以,在责任成立领域,不同构成要件承担了独立的规范功能,以实现不同的法政策,从法体系的角度观之,为了避免要件功能的混淆,责任成立领域的因果关系应抛弃规范目的说。与之同理,对于相当因果关系而言,"相当性"判断若背离客观性特质注入主观要素或规范要素,就存在侵入违法性、有责性层面的可能性,同样应该予以舍弃。从这个层面上来看,主观说

---

[31] 参见平野龙一『犯罪論の諸問題上』(有斐阁,1981年)35页。
[32] 参见前注③,叶金强文,第37页;与此类似,刑法学中客观归属论同样面临着混淆违法性与有责性的批判;参见刘艳红:《客观归属论:质疑与反思》,载《中外法学》2011年第6期,第1222—1223页。

与折中说都不可取。

另一方面,客观说从客观层面出发去理解因果关系理论,符合因果关系理论的本质,然而在判断标准上其以"客观后视法"为手段,"根据案件审理时人类已知的经验知识对行为人当时所处的环境条件可获得的知识为基础进行考察,这种视角是对事件发生时的场景和事件发生后的场景进行客观区分,认为即使是在实践发生时不能了解的情况,如果它能在事后被发现,也应该纳入据以判断的基础"。[83] 这种判断方式假设以一个知悉一切事实背景的全能人来进行事后的相当因果关系判断,可以预知相当因果关系在此条件下似应总能成立,这与条件关系说并无多大差异,存在扩大责任范围的弊端。然而,不可忽视的是,侵权法之构成要件具有体系上的对策,若奢望通过因果关系单一要件就解决责任的限定问题,显然不现实。因为在纳入法律评价范围之后,尚存在后续阶段的违法性与有责性审查,通过违法性与有责性的筛选,那些不应归责的因果关联同样能得到排除,并不会造成结论实质层面的非妥当性。[84] 由此可见,若在责任成立领域采纳相当因果关系说,客观说应是妥当的选择,因为其从客观层面来理解因果关系,符合因果关系论的应然属性。即使面对评价范围过宽的弊端,但其只需要将那些过于遥远的行为排除即可,其他的行为则可以在违法性阶段或有责性阶段进行筛选,保证结论的妥当性。退一步言之,从民事责任的功能上来看,民事责任的主要目的在于被侵害权益的救济,补偿功能作为民事责任的主要功能,要求在责任成立的判断上不能把控得过严,否则将无益于民事责任补偿功能的发挥。客观说相较于条件说而言,限制了条件说过于宽泛的弊端,将明显无须法律负面评价的行为排除于规范评价之外,而相较于主观说或折中说而言,却又放宽了责任评价的范围,与民事责任宽泛的救济功能更加契合。

五、结语

刑法学中在客观归属论对相当因果关系的检讨过程中,相当因果关系的理论缺陷是一目了然的,虽然可以采取广义的或"变异的"相当因果关系论对客观归属论的批驳进行回避甚至反击,但正如周光权教授所言:"理论的发展不仅仅是为了实用,还要考虑自身是否圆满的问题,这也是理论研究和司法实务应有的

---

[83] 参见前注[40],张新宝书,第353页。
[84] 黄荣坚:《基础刑法学》(上),中国人民大学出版社2008年版,第175页。

差别。在这个意义上,刑法学方法论的正确运用,可能对司法实践者而言并不特别要紧,但却是刑法学研究者无法绕开的问题。"[66]回顾民法领域,与德日理论更新的循序渐进相比,我国侵权责任领域对相当因果关系长期持一种"简化论"的思维,导致相当因果关系的理解基本上出于一种模棱两可的状态,损害赔偿法的理论更新也停滞不前,严重阻碍了责任范围领域的理论发展。为了克服此种弊端,相当因果关系的定性必须回到其本源意义上来,唯有如此,在"存在论"的因果关系之上才能有的放矢地进行规范性的理论建构,实现研究方法的圆满性。当然,本文对相当因果关系的检讨与再定位更多的是方法论层面的切入,在特定领域尚未涉及规范性理论构造的本身,这也将是在解放相当因果关系之后的下一步实质性工作。

The Relocation of Adequate Causation in Tort Law

Wang Lei

Abstract: Although Adequate Causation Theory is the general doctrine in tort law, the opposing viewpoint also exists. So how to evaluate Adequate Causation Theory in tort is always accompanying the approval and criticism and revaluation is necessary. Reviewing the criminal jurisprudence, as Objective Imputation is rising to make up Adequate Causation Theory's malpractice, Adequate Causation Theory is discussed extensively in methodology and ontology with the diversion to Objective Imputation, which provides sufficient materials to revaluation of Adequate Causation Theory. Back to tort, Civil law academic has already exhibited the self-reflection awareness to Adequate Causation Theory in the transition of Adequate Causation to regulatory purpose and Adequate Causation to protection domain. Given Adequate Causation Theory's essence, in order to distinguish attribution from imputation, we need to differentiate the evaluative factors in tort liability's scope and discard Adequate Causation Theory, thus constructing independent theory about the normative elements affecting liability's scope out of causa-

---

[66] 前注[25],周光权文,第248页。

tion. In the tort liability's establishment, the theory of objectiveness should be adopted in the base of reserving initial Adequate Causation Theory, which realizes imputation to tortious action combining illegality and Liability.

Key words: Adequate Causation Theory; Objective Imputation; Regulatory Purpose; Protective Domain; Compensation for Damages

描述知识的困境与规范路径
——以新型商标为模型

胡 骋[*]

[摘 要] 知识作为原型范畴无法被精准地界定。对知识产权对象的描述为趋近于精确,经历了在中心定义/周边定义和特征描述/典型实例两个维度不同选项之上的演进与变迁。传统的文字与图形商标采中心定义加典型实例的描述路径,而不能以原本构成符号来展现的新型商标,借助文字说明,采特征描述的路径。然而实践中,文字说明与图示的关系不清,文字说明是否采取周边定义存有争议,模糊的文字说明的法律后果不明。规范化的描述制度能完善权利公示、限制权利扩张以及维护市场秩序。破解新型商标描述困局的规范性对策有:第一,扩大文字说明的适用范围,明确图示解释效力优先于文字说明,但文字说明限定商标范围;第二,借助文字说明,对新型商标采取周边定义方式;第三,对文字说明模糊的商标拒绝注册,但在司法审判中亦可重新界定权利范围予以保护。

[关键词] 商标注册;描述制度;周边定义;文字说明

一、界定权利对象的语言学:知识作为范畴的困境

知识产权的对象不像物权,是拥有四至边界的唯一实体,知识是无体、非直观的。"法律保护及于被描述的表现,不延及所描述的思想或情感……这是知识产权法律制度的基石之一。"[①]对知识产权进行保护的必要前提,是描述所欲保护的对象,以明确权利范围,实现权利公示,规范与对象有关的行为。为明晰权利的边界,知识产权制度将财产主张转换为可被受众理解的辅助符号,通过注册程序固定下来。[②]依据这套更易理解的辅助符号,对知识产权对象的观察,实现

---

[*] 中国人民大学法学院知识产权法专业博士研究生。
[①] 刘春田:《知识财产权解析》,载《中国社会科学》2003年第4期,第114页。
[②] 参见[美]卡罗尔·M.罗斯:《财产权的起源与占有》,李慧译,载《私法》2011年第9辑第2卷,华中科技大学出版社,第252页。

了从法律上的概念空间，到图形、文字、数字格式文件等直观实体的转换，判断知识财产边界的思维重负得以减轻。③ 对知识产权对象进行描述的工作首先需要由权利人完成。"知识产权权利人永远比非权利人/观察者更了解自己的权利范围……非权利人/观察者只有认识到足够的信息才能理解权利的边界……判断如何作为才能避免侵权。"④ 以商标为例，现代商标注册取得制度要求申请人提交符合法律规定的材料，对所保护的商标进行全面展现。规范化的描述制度能让商标为注册机关所保存固定，并以易于理解的方式公开以供广大受众检索利用，以使受众清晰地了解商标的本质。⑤ 可是，以一种符号（辅助符号）去描述另一种符号（知识），势必是不精确的。

以近期具有广泛影响的 Christine Louboutin S.A.（克里斯蒂安·鲁布托公司）"红底鞋"案为例。克里斯蒂安·鲁布托公司申请在中国领土内延伸保护其商标，在世界知识产权组织国际注册商标公告上，争议商标的文字描述载明："该商标由图样显示的红色的鞋底（潘通号 18.1663TP）构成（高跟鞋的外形不属于商标的一部分，仅用于指示商标的位置）"。这一看似清晰的图示与文字描述说明，不同部门对其存有截然不同的解读。商标局和商评委认为，商标为高跟鞋图样的图形商标，以缺乏显著性为由驳回注册申请。北京知识产权法院一审认为商标标志应当属于"红底鞋"，即由"虚线表示了高跟鞋商品本身的外形，并在局部部位填涂红色"的三维立体标志。⑥ 北京市高级人民法院二审判决认为"使用在鞋底位置的红色"商标不包括虚线标识的立体形状，因此不应属于"红底鞋"三维标志，而是限定使用位置的单一颜色商标，即"鞋底红"。⑦ 在美国专利商标局，拥有同样图示说明的商标被记载为"指定颜色的特定位置"即"红鞋底"。⑧ 对商标的不同描述将导致差异化的保护范围，甚至直接影响商标能否获得注册。当商标标识被认定为图形商标或立体商标时，标识图样构成的主要部分是呈现为高跟鞋造型的图样，鞋底的红色只是次要部分，商标与商品重合，显著性的认定难度陡然提升。"红鞋底"与"鞋底红"这两种描述排除了商品本身的造型，商标与商品类别不再合二为一，提高了获得注册的概率。但位置与颜色作为商标

---

③ 参见谢晓尧、吴楚敏：《转换的范式》，载《知识产权》2016 年第 7 期，第 9 页。
④ See Clarisa Long, *Information Costs in Patent and Copyright*, 90 Va. L. Rev. 468 (2004).
⑤ See WIPO, Methods of Representation and Description of New Types of Marks, WIPO Doc. SCT/17/2(2007).
⑥ 参见北京知识产权法院(2015)京知行初字第 3648 号行政判决书。
⑦ 参见北京市高级人民法院(2018)京行终 2631 号行政判决书。
⑧ See Design Mark, Christine Louboutin S.A., Registration No. 3376197.

构成要素被放置于定语与主语的不同位置，将影响权利覆盖范围。"鞋底红"的商标显著部分是红色，在显著性判断与商标近似认定时，审查比对的判断要点在于颜色；而"红鞋底"其显著部分是高跟鞋的鞋底，鞋底位置是显著性判断时的要点，而商标近似认定时也应当以是否在鞋底这个位置要素上近似为判断基准。

对注册商标申请中图示的解读、对文字描述说明的定位以及对商标构成元素细微的认识差异，引发了争议商标可注册性的"一波三折"。就传统的文字与图形商标而言，商标的描述是直观、清晰的，随着商业实践将位置、颜色、动作等新型符号作为商标进行使用，商标的图示不再直观地对应权利范围，文字描述说明在一定程度上能帮助勾勒更清晰的商标，却也因语言本身的模糊性带来新的问题。这套辅助符号与无体的权利对象之间必然存在的间隙，在实践中被利益诉求放大，细微的描述差别导致的天壤之别的权利射程，让商业主体在追求权利扩张的征程中步步为营，让裁判者在利益平衡的权量里不遑宁处。

描述知识产权的对象，是保护知识产权的第一步，却是困难的一步，其根本原因在于，知识产权的对象并非唯一存在，而是一个范畴。亚里士多德建立的经典范畴理论认为，范畴是由具有共同属性的成员所组成的，比如数学上的素数具有只能被1和它自己整除的特征，它即为典型的特征范畴。[9] 然而特征范畴理论适用性有限，在科学概念之外，特征范畴无法解释日常交流所涉之语义范畴。法律恰是关乎日常事务的，尽管追求法律语言的精确化是实现法律科学化的重要途径[10]，但法律存在的基本目乃是"定纷止争"，这决定了法律的语言不能离生活太远，故而它具有生活语言的特性，势必无法做到如同数学一般精确。特征范畴理论在后续学说发展中被超越，维特根斯坦在《哲学研究》一书中提出了原型范畴理论。他以"游戏"为例，指出人类认知为"游戏"的各个对象尽管都属于同一范畴，却缺乏统摄所有成员的共同特征，颠覆了传统的以共同性为基础的特征范畴理论。他认为人类所建立的语义范畴的基础是相似性而不是共同性，各成员之间具有的是"家族相似性"，一种错综复杂的相互重叠交叉的相似关系的网络。[11]"知识"是人类智力创造的产物，是由人类所建构的符号及其组合，它存在于波普尔所称的"世界三"[12]，其来源于生活，也存在于生活之中，属于原型范

---

[9] 参见袁毓林：《词类范畴的家族相似性》，载《中国社会科学》1995年第1期，第157页。

[10] 参见[英]边沁：《道德与立法原理导论》，时殷弘译，商务印书馆2000年版，第8页、第249页。

[11] 参见[奥]维特根斯坦：《哲学研究》，李步楼译，商务印书馆1996年版，第47—48页。

[12] 参见[英]卡尔·波普尔：《客观知识——一个进化论的研究》，舒炜光等译，上海译文出版社2001年版，第114页。

畴。他人对"知识"的具体实例做出程度不等的"改头换面"之所得，比如对文字作品进行局部细微的调整，必须为知识的权利范围所辐射，才能实现法律保护的效果。若否，较低的行为成本会鼓励对知识具体实例的稍加改动，而不是再创造，知识创造与传播的投资激励将因此削弱。以"家族相似性"为基础的范畴化，消解了知识产权法的上述顾虑。通过将特定知识的各种具体体现（embodiments）依据"家族相似性"进行归类形成范畴[13]，落入这个范畴内的实例成为权利对象的不同实例，受知识产权法调整。范畴化的特征与法律调整世俗生活的双重需求吻合，一面以范畴内成员的家族相似性保证了法律适用的稳定与可预见性，一面边缘成员的动态存在保证了法律的适应度。然而，知识产权对象的保护受到范畴化的荫庇，也同样受其约束。一方面，范畴的边界是模糊的、开放的，这样才能保证具有"家族相似性"的新成员可以较为容易地进入范畴，成为边缘成员，而不必改变整个语义结构。[14]另一方面，范畴内成员越多，典型实例与边缘成员之间的共性越少，"家族相似性"的模糊性为范畴的精确描述设置了根本性障碍。特定"知识"同样是基于相似性所构建的，"知识"的边界是不清晰的，与范畴内的典型实例有着程度不等差异性的变体们，比如对一副绘画作品的线条颜色构图等不同方面分别进行改动所形成的复制品们，尽管拥有"家族相似性"，却难以提炼共同具备的特征。知识产权的对象，因其作为原型范畴的本质特性，无法被完备、周延地描述。

二、描述权利对象的路径：两个维度选项的组合

尽管权利对象与非权利对象边界的模糊性已然是知识产权的宿命，出于对理性化的追求，知识产权制度从两个维度出发，在相对确定性层面展开范畴描述的工作，尽力趋向于精确刻画权利对象。一是根据是否需要通过描述展示范畴内的所有实例，将描述对象的方式分为周边定义（peripheral claiming）和中心定义（central claiming）。[15]周边定义意味着在权利取得之时需要将知识产权对象范畴所包含的所有实例都描述出来，权利范围不能超出这一范畴。而中心定义意味着权利人只需要描述知识产权对象范畴内的部分实例，权利范围是待定的。

---

[13] 参见曾凤辰：《商标美学功能性的重构》，载《判解研究》2016 年第 2 辑，第 176—182 页。

[14] 参见吴世雄、陈维振：《范畴理论的发展及其对认知语言学的贡献》，载《外国语》2004 年第 4 期，第 35 页。

[15] See Jeanne C. Fromer, *Claiming Intellectual Property*, 76 U. Chi. L. Rev. 719, 721 (2009).

"在中心定义路径下,对范畴的描述宛如原始部落对其领地的划定,指出其独占领地的中心,但没有明确的边界。"[16]二是根据采用的描述的具体方式,将描述对象的方式分为典型实例描述(claiming by exemplar)和特征描述(claiming by characteristic)[17],典型实例描述意味着权利人需要将作为特定知识范畴内最为典型的实例的全貌展现出来,而对范畴内的其他变体不进行描述,而特征描述意味着权利人需要提炼对象范畴内所有实例的充分必要的共同特征。在两个维度下,四种方式可以两两组合成为不同的描述路径,根据限定越多则范畴越具体的逻辑,中心定义加特征描述的路径其确定性是最低的,而周边定义加典型实例的路径确定性是最高的。作为知识产权对象的发明、作品和商标有着完全不同的描述路径。

专利法偏向周边定义的特征描述,权利人需要在权利取得之时,以提炼特征的方式,描述所有权利所覆盖的实例。发明(含实用新型)专利采用这种描述路径,在侵权时被控侵权发明必须完全落入被特征描述所覆盖的范畴之内,这种确定特征覆盖即可推导侵权的认定方式,确定性是较强的。著作权法偏向中心定义的典型实例描述,权利人不需要在权利取得之时就列举所有实例,确定权利的清晰边界,而只需要展现必然在范畴内的部分典型实例即可,作品采用这种描述路径。著作权人实际创造的是受保护作品范畴的典型实例,而与典型实例构成实质性相似的侵权作品则是典型实例的变体,与其具有"家族相似性",为权利范围所覆盖。

在商标法领域,情况并不如专利法和著作权法那样明朗,在国际范围也缺乏普遍共识。当然,就传统的文字、图形商标而言,因其拥有较为直观的视觉展现,在申请注册时,图样的展示即可作为商标的描述,该实际提交申请的商标图样就是受保护商标范畴的典型实例。但在实际侵权时,"混淆可能性"的认定会使得商标的辐射范围大于典型实例,商标权所覆盖的标识并不局限于典型实例,因此传统商标的描述路径是类似于作品的中心定义加上典型实例的描述方式,申请注册与实际使用的商标就是典型实例的表现形式,而商标范畴所包含的变体,需要等到侵权认定时经过法官的事实与价值判断浮出水面。然而对目前商业实践中渐受青睐的颜色、三维立体造型、位置、动作等不那么直观的新型商标,描述商标并非易事,对采取中心定义还是周边定义,特征描述抑或典型实例,实践中尚

---

[16] See J. Dennis Malone and Richard L. Schmalz, *Peripheral Definition Theory v. Central Definition Theory in Patent Claim Interpretation: A Survey of the Federal Circuits*, 32 Geo. Wash. L. Rev. 609, 610 (1963—1963).

[17] See Jeanne C. Fromer, *Claiming Intellectual Property*, 76 U. Chi. L. Rev. 719, 722 (2009).

未达成共识。

三、描述路径的历史变迁：以新型商标为例

如今，知识产权对象各自都有倾向采用的描述方式，但在周边或中心定义、特征或典型实例描述两个维度上并非自始如此，其历史演进并非直线。专利的描述路径经历了从宽到严——中心定义到周边定义的过程，在专利法诞生之初，以美国为例，采取的是中心定义配上典型实例或者特征描述的方式，且没有专利的实质审查制度。[18] 申请人只需宽泛地描述发明的范围，并举一实例或者指出与现有设计的区别特征即可。该种方式给法院的侵权认定带来许多障碍，权利的二次界定成本高、效率低，遭到最高法院的批判。[19] 美国因此筹划建立专利实质审查制度，预先划定权利边界，不允许超越权利要求的扩张，以最大化地减少二次界定权利范围的负担，将专利的描述路径从中心定义推至周边定义。直到1870年，经国会立法，美国专利实践所采的中心定义正式变更为更严谨和严密的周边定义。[20] 当然，而后又发展出了对严苛的周边定义的修正，以维持专利制度的适应度，包括等同侵权等，但周边定义的总体路径不曾改变。对于作品的描述，历史的发展路径则恰恰相反，作品的描述路径是从严到宽——周边定义到中心定义的。在美国版权法运行之初法律采周边定义方式，直至1870年侵犯版权的行为只包括复制与发行，改编甚至翻译作品都不被认为是侵犯专有权的行为，意味着改编作品和翻译作品不被法律认为是具有"家族相似性"的范畴内的变体。[21] 版权法发展到现在，实质性相似这一司法裁量工具，将周边定义推向了更为合理的中心定义。

就商标而言，在早期实践中商标主要的类别为文字与图形商标，作为平面可视标识，其典型实例的清晰确定性让审查工作非常直观，采取中心定义不会像早期的专利描述方式那样制造侵权时二次界定上的难题，描述商标在最初不是一个难题。然而，对文字、图形以外的新型商标，其描述路径经历了从特征描述到

---

[18] See Karl B. Lutz, *Evolution of the Claims of U.S. Patents*, 20 J. Patent Office Socy. 134, 140—142 (1938).

[19] See Evans v Eaton, 20 US (7 Wheat) 356, 434 (1822). Cf. Jeanne C. Fromer, *Claiming Intellectual Property*, 76 U. Chi. L. Rev. 732 (2009).

[20] See Jeanne C. Fromer, *Claiming Intellectual Property*, 76 U. Chi. L. Rev. 732—734 (2009).

[21] See Paul Goldstein, *Derivative Rights and Derivative Works in Copyright*, 30 J. Copyright Socy. USA 209, 211—213 (1983).

典型实例的演进。以欧盟为例，早期实践采取宽松的中心定义加特征描述的商标取得方式，简单的文字描述即可满足注册商标的要求，如"刚除过草的草坪的味道"注册在网球上，"蔓越莓的味道"注册在汽油上[22]，中心定义加特征描述，其确定性是最低的。特征描述的宽松程度如早期的专利申请一样，过于宽松的描述要求造成了对象范畴的扩张，过于简短的说明模糊了权利与非权利的边界。

通过欧盟法院审理的"肉桂酸甲酯"气味商标注册纠纷 Sieckmann 案件[23]，法院确立了严格的"图形表示"制度，后经 2009 年《欧盟商标条例》第四条固定为法律条文，要求所有注册商标满足标识能以图像形式展现（graphic representation)[24]这一形式要件。"图形表示"是商标注册的绝对要件，意味着即使商标经过使用获得显著性，若不能满足可视化表达的要求，那么该商标依然会被挡在注册商标的队列之外。法律通过图示表达制度希望促使申请人刻画出一个典型实例，使新型商标的描述制度与传统商标保持一致，维系商标法内部的一致性。"图形表示"制度不无争议，在具备显著性的前提下，"图形表示"制度人为提高了特定商标的注册门槛，造成了对商标的注册"只识罗裳不识人"的局面，引发法律内部各商标构成元素间可注册性与保护范围的标准不统一的问题。对于占据商标申请量主要部分的静态、平面、可视商标，商标行政管理机关依靠视觉可感知的文档进行审查与公示，自然契合图示表达制度的要求。但是若符号的要素构成含有抽象元素或非视觉元素，在目前的科技条件下无法实现典型实例的展现，它们的"图形表示"——以一种符号（图形）来描述另一种符号（商标构成元素)——只是特征点更多的特征描述。经过商标法改革，2016 年生效的《欧盟商标条例》第四条取消了商标注册"图形表示"的形式要求，被实务届称为商标法改革中最为重要的改变。[25]

尽管不再死板地采取"图形表示"制度，商标描述制度对刻画典型实例的追求依然是欧盟追求的。欧盟对声音商标、多媒体商标、动作商标、连续图案商标、立体商标、全息图商标、位置商标都接受其实际使用中的符号表现形式作为商标

---

[22] See Carmel Corcoran, *Scope and Validity of Nontraditional Trademarks in the EU: Some Recent Developments*, INTA Bulletin May 15, 2015 Vol. 70 No. 9, http://t.cn/AilhNfXC, last visited on 07/08/2019.

[23] See Judgments of the Court of 12 December 2002, Sieckmann v. Deutsches Patent und Markenamt, C—273/00, EU:C:2002:748, paragraph 18, 55.

[24] See Council Regulation [EC] No 207/2009 of 26 February 2009 on the Community trade mark.

[25] See Karine Disdier-Mikusm, Dr Ulrike Gruebler, Désirée Fields, *EU Trademark Reforms: further changes applying from 1 October 2017*, http://t.cn/Ailh0Vg2, last visited on 07/02/2019.

申请时的描述,以上商标都转变为中心定义加典型实例描述路径。在欧盟商标法实施条例列举的新型商标里,唯独颜色组合商标因其使用方式的无边界性,难以用图形展示明确,而改革后的欧盟法也不要求颜色组合商标配以文字说明以解释商标使用方式。为了明确权利的边界,欧盟要求申请人必须在图示中描述出颜色组合的所有体系性安排,这种安排是预制的。[26] 欧盟对颜色组合商标设定的描述门槛是较高的,颜色组合的体系性安排的描述,类似于专利的权利要求用文字对权利范围进行预先的界定,只是颜色商标采取的是图示的方式。故而颜色组合商标自成一派,在欧盟成为周边定义加典型实例的范例。

法律实践"对于立体商标、全息图商标、颜色及其组合商标、动作商标、位置商标和声音商标,已经形成了一定的共识。但对于更为特殊的商标,需要个案判断"。[27] 若商标构成元素过于抽象、无法通过可感知的形式全面表达,比如店铺设计商标,文字说明就成了必要的描述特征的途径。随之而来的是由文字本身的模糊性以及文字与实例并存时两者关系所带来的新问题。

四、失序的商标描述制度:文字说明的定位与错位

(一) 文字说明的定位

商标描述制度存在的重要意义,是让受众通过描述商标的图样和文字等符号,得以清晰地理解商标的构成元素与权利范围。传统的文字和图形商标是平面可视的,其构成元素与范围易于展现。而位置商标、动作商标等新型商标的构成要素较传统商标复杂,对于仅凭直观感受无法明确界定商标权边界的,各国都有引入文字说明的相关实践。"在必须的图形表示要求之外补充以文字描述,可以增加(可供理解)的语境信息。"[28] 文字说明的存在有清晰化权利范围的重要作用。为了削弱权利对象的抽象性,现代知识产权法在理性化运动的驱动下,将权利转换为更具观察和度量可能性的精雕细琢的语言。权利的空间因而转变为语言覆盖的射程。现代知识产权所强调的该种物化手法与财产制度的对物维度,

---

[26] See Commission Implementing Regulation (EU) 2018/626 of 5 March 2018.

[27] See Denis Croze, *Making a Large Universe Visually Perceptible: The Development of Non-Traditional Trademarks in WIPO Treaties*, in *The Protection of Non-Traditional Trademarks*, Oxford University Press(2018), p. 13—16.

[28] See Dev S. Gangjee, *Paying the Price for Admission: Non-Traditional Marks across Registration and Enforcement*, in *The Protection of Non-Traditional Trademarks*, Oxford University Press(2018), p. 59—88.

能够减少施加给第三人的信息成本,厘定人际利益关系。㉙ 然而,额外信息并不总是让权利边界更为清晰。在商标确权过程中,语言文字与图示、声音等其他描述方式相比,需要经过更复杂的大脑认知处理,且其语义有着天然的模糊性,具有劣势。美国的描述制度区分可视与不可视标识,对于可视标识,一个清晰的图形表示是取得商标申请日的前提,而对于不可视标识,法律不需要申请人提交图形表示,而要求提供描述商标的详细文字说明。㉚ 文字说明往往和可视性标识的视觉展示(图示、多媒体展示等)和声音商标的听觉展示(录音)一同出现对商标权范围进行描述界定,但目前各国包括我国在内的司法实践,对文字说明的作用尚存有认识上的分歧。

(二) 文字说明与图示:优先级与限制性

就文字说明与图示的关系,法律应当作出具体说明,如文字说明能否限缩、扩大或解释商标权范围。与美国强调文字说明的解释作用不同,欧盟在对文字说明做减法,依改革前的欧盟商标法,位置商标、颜色组合商标和动作商标的文字说明描述是必须提交的,如今上述商标再加上新增加的连续图案商标的文字说明可以作为辅助说明提交㉛,而对于感官可直接感知的商标,不再需要文字说明,就是为了避免在本足够清晰的对象范围内增加模糊度,进而人为地造成界权负担。欧盟法对"可以"和"不"的刻意区分说明在不同类别商标申请中提交文字说明会产生不一样的效果。我们可以合理地推测,对于不需要提交文字说明的商标,若是提交了文字说明,会被排除出权利界定的参考依据,而对于可以提交文字说明的商标,若提交了会对权利界定产生解释作用。对于这种解释能产生何种效力,欧盟普通法院判决先例已有说明,对于可以提交文字说明的商标类别,"一旦申请人提交了文字说明,就必须要对其所指范围进行考虑"㉜,且根据欧盟商标法实施细则,"当商标申请附有文字说明时,文字说明不能扩张商标申请中权利的范围"㉝,因此法院的对文字说明的考虑往往是对图形表示所指示范围的限缩。

反观我国,《商标法实施条例》第十三条要求立体商标、颜色组合商标和声音

㉙ 参见谢晓尧、吴楚敏:《转换的范式》,载《知识产权》2016 年第 7 期,第 9 页。

㉚ See USPTO Trademark Manual of Examining Procedure (Oct.2017) § 807.01.

㉛ See EUIPO, Graphical Representation-Types of mark, http://t.cn/AilhNC2S, last visited on 07/08/2019.

㉜ Case T—307/17, adidas AG v. European Union Intellectual Property Office (EUIPO) and Shoe Branding Europe BVBA, Judgment ECLI:EU:T:2019:427(2019), paragraph 31.

㉝ Commission Implementing Regulation (EU) 2018/626 of 5 March 2018.

商标这三类商标的申请人必须在申请书中附以文字说明,与图示一同确定商标使用方式。然而,我国目前实践中存在着即使依照《商标法实施细则》的要求,在申请中提交了规范的文字说明,也在商标确权环节中被商标行政机构无视的现象。[34] 同时,我国法院对文字说明的规范性作用的认识存在分歧。在阿迪达斯诉商标评审委员会的行政诉讼案件中,法院就阿迪达斯申请的位置商标,否定了申请书中文字说明的功能,认为商标的范围应当以图样为准。该案中,阿迪达斯异议商标的标识图样表现为,在由虚线勾勒的上衣与裤子图形内,贯穿该图形左衣袖与裤缝外侧的三道纵向平行分布的黑杠,指定使用在服装等商品上。在行政诉讼中,阿迪达斯、商标评审委员会和异议第三人纺织协会分别就异议商标的类别归属提出了位置商标、图形商标、立体商标三种不同的主张,最后一审二审法院一致否定了位置商标和立体商标的主张,认定该标识在我国现有法律体系中归属于图形商标。[35] 二审法院予以司法裁量时一个重要的依据是,"商标标志应当以向商标局提交的商标图样为准,商标设计说明并不是确定商标标志的法定依据,不能以商标设计说明替代或限定商标图样中的商标标志,否则,注册商标标志将丧失其确定性和唯一性……本案被异议商标应当以其商标注册申请书中的商标图样为准,而并非以其设计说明为准。"[36] 然而在涉及颜色组合商标时,法院否定了以商标图样为据的标准,强调了文字说明的决定性作用。在烙克赛克公司诉商标评审委员会商标注册纠纷案件中,原告申请蓝黑组合的颜色商标,商标的图案表现为左蓝右黑的长方形,文字说明声明为:"本商标为颜色组合商标,由蓝色(国际标准色卡色号:2925)和黑色(国际标准色卡色号:黑色)组合而成,且本颜色组合商标在实际使用中有一定的图形限制:蓝色和黑色以同心圆的形式使用在指定商品上,黑色圆圈位于中心位置,四周环绕蓝框。"法院对文字说明的决定性作用态度十分明确,"颜色组合商标是一种较为特殊的商标类型,其使用方式与传统类型的图形商标不同,颜色组合商标的保护并不限定具体的形状,而是随着商品本身形状的变化而不同",因此"其商标保护范围一般以其申请注册时声明的使用方式为依据"。[37]

---

[34] 参见最高人民法院(2018)最高法行再 26 号行政判决书,北京高级人民法院(2016)京行终字第 5654 号行政判决书。

[35] 参见北京市第一中级人民法院(2009)一中行初字第 1716 号行政判决书,北京市高级人民法院(2010)高行终字第 188 号行政判决书。

[36] 周波:《"位置商标"注册申请的司法审查》,载《人民司法·案例》2001 年第 24 期,第 32—36 页。

[37] 北京市高级人民法院(2016)京行终字第 55 号行政判决书。

（三）采"中心定义"的文字说明

由于文字存在模糊性，商标申请人很可能在策略上利用这种模糊性寻求权利的扩张。我国行政与司法尚未意识到文字说明的规范作用，以至于模糊的文字说明可以未经审视得合法存在。新型商标的抽象性为商标的描述制造了难度，中心定义加特征描述路径带来了权利扩张的风险。如在全国首例颜色商标侵权诉讼案件——迪尔公司诉九方泰禾国际重工有限公司侵犯商标权民事案件中，原告申请注册了在农业机械上使用"绿色用于车身、黄色用于车轮"的颜色组合商标[38]，文字描述简单，并没有体现颜色具体的排布方式，权利边界是模糊的。加之涉案商标在公告上的图样体现为上黄下绿两个色块组成的长方形，完全没有进一步体现颜色组合的使用方式，反而让受众对商标的构成与权利范围的认知愈发模糊。对比欧盟近期审理的红牛颜色商标案，描述过于简短的红牛就惨遭被拒绝注册的命运。红牛就其功能饮料罐上的蓝色和银色颜色组合申请商标，图示表现为左蓝右银的两个并置的长方形，并附上"本商标由蓝色和银色组成，对等地并列排布在产品上（applied in equal proportions and juxtaposed to each other）"的文字说明。欧盟法院判决商标无效，法院援引"西克曼标准"和欧盟商标法实施条例对颜色组合商标必须对颜色组合的所有体系性安排进行预制描述的要求[39]，认为"红牛的商标申请的文字说明没有提供关于颜色组合商标预先设定的体系性安排的增益信息……商标的特征描述仅仅列出了两种颜色的比例，而没有空间上的具体安排的信息……这允许了多个不同的颜色设计方式的存在……不满足上述法律的规定。"[40]类案不同判的背后是商标制度所采描述路径的差异。我国对颜色商标的描述要求依然偏向中心定义，在此文字说明的背景下，这会造成任何比例、排布、花样的两种颜色组合都为申请人所拥有，权利范围极为宽泛。可见，我国目前对颜色商标描述的要求较低，不像欧盟商标法所规定的那样，要求权利人事先对所有可能的使用方案进行详细展示，并未严格到周边定义的程度。

（四）模糊文字说明的法律后果

对文字说明的模糊性有不同的法律应对立场，或使得整个商标申请归于无效，或容忍一定程度的模糊性，不同法院存在不同的理解。英国商标法对通过商

---

[38] 参见北京市高级人民法院（2014）高民终字第382号民事判决书。

[39] See Commission Implementing Regulation (EU) 2018/626 of 5 March 2018.

[40] See Judgment of the Court of 30 November 2017, Red Bull GmbH v. European Union Intellectual Property Office (EUIPO), In Joined Cases T—101/15 and T—102/15, ECLI:EU:T:2017:852.

标注册扩张权利范围的形式较为敏锐,英国知识产权局明确拒绝那些文字说明可能会覆盖多个标识的商标申请,商标会因为文字描述的模糊性而整体归于无效。比如"该商标包含了一个由皮革制成的酒器",或者"该商标是一个橄榄球主题的餐厅,参见照片",[41]对商标提出了类似于专利权利要求的周边定义的描述路径,在注册时就划定权利的边界。在戴森(Dyson)诉英国商标注册局的案件中,戴森申请注册吸尘器中透明真空垃圾容器的立体商标,并在文字描述中表示该立体商标可以指向所有可感知的透明真空垃圾容器的造型(all conceivable shapes of a transparent bin or collection chamber forming part of the external surface of a vacuum cleaner),法院在咨询过欧洲法院(CJEU)的初步裁决意见后,指出戴森的文字说明所展现的商标不够清晰和准确,不满足欧盟法院在Sieckmann案件中确立的商标描述的"西克曼标准"[42],并且一旦包含诸多变体的商标申请获得注册,会给予戴森公司以排除竞争者使用任何透明真空垃圾容器造型的极大竞争优势,这不是商标法所能允许的。[43]

在欧盟,文字说明指向的多个变体并不必然带来商标无效的后果,以近期欧盟法院裁决苹果直营店装潢设计商标案件为例。苹果公司就其直营店的装潢设计在欧盟多国申请注册为商标[44],申请中的描述由一副装潢设计的黑白示意图以及对设计的说明构成。苹果公司的文字说明长达六段话,涉及对店铺门面的玻璃门、嵌壁式天花板照明灯、长木桌展示台、悬臂展示柜的设计说明。英国拒绝对其进行注册,德国商标局与德国联邦专利法院都对其文字描述所包含的变体过多,尤其是其文字说明指向了所有可能的比例、大小、颜色组合这一点表示担忧。[45]案件来到欧盟法院后,普通法院回应认为"一个没有指明直营店设计的

---

[41] See UKIPO Work Manual, Chapter 1, paragraph 2.

[42] "西克曼标准"(Sieckmann Criteria),清晰、准确、独立自足、易于检索、易于理解、持久和客观(clear, precise, self-contained, easily accessible, intelligible, durable and objective)。

[43] See Dyson Ltd. v. Registrar of Trade Marks, C—321/03. CJEU, EU:C:2007:51 (Reference for a preliminary ruling from the High Court of Justice of England and Wales, Chancery Division)。

[44] 该注册号为 G1060320 的商标在我国于 2010 年获得延伸保护,注册类别为立体商标。

[45] See Nicholas Hohn-Hein, *Registering Store Design as a Trademark in the United States and Germany: A Comparative Analysis*, 105(6) Trademark Reporter 1295, 1297 (2015).

比例、大小的标识,可以在欧盟商标法的规定下被注册为商标"[46]。我国司法实践并未对文字说明可能指向多个变体的法律后果进行深入探讨,与此相反,模糊的文字说明在我国注册商标中广泛存在,如我国实践中简单的描述如葛兰素史克公司的"申请商标为颜色组合商标,由深紫色和浅紫色组合而成,使用在其指定商品'吸入器'的表面"[47]的颜色组合商标被认定满足注册要求。葛兰素史克的颜色组合商标甚至没有说明颜色使用的比例,文字说明十分简洁,欠缺限定。依据该说明,任何比例与排布方式的深紫色和浅紫色颜色组合都归属于权利人,权利范围过于宽泛。若都要等到侵权诉讼中,再结合商标的文字说明与图示对权利范围进行二次界定,修正过于宽泛的权利范围,会加重司法审判的负担,削弱权利公示的效力。

五、新型商标描述制度的规范化

如前文所述,我国目前采取的商标描述制度,特别是在对待新型商标的描述上是规范性不足的。具体而言:首先,对文字说明与图示的关系尚未予以明确;其次,对颜色商标等新型商标的描述并未提出周边定义的要求,增加权利扩张的风险;此外,对过于模糊的文字说明的法律后果未曾进行考量。与之对应,我国应当在商标审查中从三方面对商标的描述进行规范化。

第一,明确文字说明的地位以及与图示的关系。首先应扩大《商标法实施条例》第十三条的适用范围,要求立体商标、颜色组合商标、声音商标以外的新型商标也要提供文字说明。其次,明确文字说明的地位,图示或数字格式文件等直观描述应当优先于文字说明。最后,明确文字说明不可扩张图示的商标范围,参照欧盟法的实践,规定一旦申请人提交文字说明,就会一同考虑,且文字只能起到限定作用。

第二,对必须借助其他符号(文字、图示)、无法以商标构成符号本身的可感知形式进行描述的新型商标,如颜色、位置、动作商标等,应当参照欧盟做法,要求申请人列明使用新型商标的体系性安排,包括详细的使用方式、商标元素排布方式、构成比例等,采取类似专利权利要求的周边定义方式,最大限度地在注册公告环节做到权利边界的清晰化。欧盟法要求申请人列明使用颜色商标的体系性安排等做法,在立法层面将中心定义推向了周边定义,在英国等国的实践中,

---

[46] See Judgment of the Court of 10 July 2014, Apple Inc. v Deutsches Patent-und Markenamt, C—421/13, ECLI:EU:C:2014:2070.

[47] 北京市高级人民法院(2016)京行终字第 211 号行政判决书。

对文字说明不能覆盖多个变体的要求，将周边定义的要求固定在了司法实践中，颜色商标与其他类型的商标可以列举典型实例不同，其可延展、无轮廓的抽象性让其必然只能采取特征描述方式，那么在中心定义与周边定义之中采取周边定义的方式，才能让权利范围趋于确定化，实现不同类别商标描述路径标准的一致性。

第三，规定文字说明不能覆盖多个变体，指向多个商标，防范商标权范围的扩张。允许过于简单甚至是模糊不清的文字成为商标描述的文本，将极大扩张商标权的范围，通过商标注册制度的公示，增加其他市场主体的符号利用的行为成本，助长申请人利用商标注册制度获得额外利益的不当风气。值得一提的是，司法的终局性使得法院能对商标范围的描述进行解释，通过司法裁量二次界权。我国法院不一定需要效仿英国对拥有模糊文字说明的商标一概判决不予注册。特别是针对拥有过于宽泛权利范围的已经获得注册的商标，法院可以对其描述范围进行剪裁。以克里斯提·鲁布托公司在美国起诉伊夫圣罗兰公司，诉圣罗兰生产销售的拥有红色鞋身和鞋底的女士高跟鞋侵犯了其红鞋底商标权的案件为例。二审法院并未直面红鞋底的美学功能性的棘手问题，而是通过限缩红鞋底商标权的范围在鞋底鞋身不同色的商品领域，来认定侵权不成立。[48] 该判决取得了良好的社会效果，原被告在庭后均声称自己取得了案件的胜利。[49] 在欧洲，西班牙的司法实践也有类似的做法，西班牙最高法院在审理一起在拖把产品上的侵犯立体商标的案件中，认定原告所拥有的商标权不能延伸至禁止他人生产销售相同颜色的拖把头，而必须在其他能区别商品来源的部分也足够相似。[50] 通过限缩构成立体商标一部分的指定颜色的独占权射程，法院对商标权范围进行了再次界定，并依据重新界定的权利范围做出了不侵权的裁定。

"商标注册兼具公示之效，将商标注册的信息予以公开，形成一个统一、权威、有效的商标信息资源库"[51]，若这种公示本身的确定性不足，那么商标注册制度的权利公示目的就无法实现，公众丧失了对自身权责的合理预期，不利于市场秩序的稳固。只有通过清晰、明了的公示，才能明确绝对权保护的商标权范围，

---

[48] See Christian Louboutin S.A. v. Yves Saint Laurent Am. Holding, Inc., 696 F.3d 206 (2d Cir. 2012).

[49] See Gorman D E, *Revisiting Single Color Trademarks in Fashion After Louboutin*, 31 Cardozo Arts & Ent. LJ 209 (2012).

[50] See Dev S. Gangjee, *Paying the Price for Admission: Non-Traditional Marks across Registration and Enforcement*, in *The Protection of Non-Traditional Trademarks*, Oxford University Press(2018), pp. 59-88.

[51] 余俊：《商标注册制度功能的体系化思考》，载《知识产权》2011年第8期，第54页。

提醒潜在市场主体规避使用相同或近似的商标,防范不必要的法律风险,进而维护市场运行的规范经营秩序。

The Dilemma and Normative Path to Claiming Intellectual Property: A Non-Traditional Trademark Model

Hu Cheng

Abstract: Knowledge as a prototype category cannot be defined precisely. The description of intellectual property objects tends to be accurate, and has undergone evolution and changes on different options in the two dimensions of central/peripheral claiming and illustration of character and exemplar. Traditional text and graphic trademark adopts central claiming by exemplar, while non-traditional trademark that cannot be represented by the original symbol, adopts the illustration of character. But in practice, the character description path causes the unclear relationship between verbal description and graphic representation, the dispute on the feasibility of adopting peripheral claiming for verbal description, and uncertain legal consequences of vague verbal description. Claiming system could optimize the publication of right, restrict the expansion of right, and maintain market order. Three measures should be paid attention to in order to solve the new trademark description dilemma, firstly, expand the use of verbal description, and make it clear that the scope of trademark should be defined by graphic representation, but verbal description could narrow down the scope; secondly, adopt peripheral claiming in defining non-traditional trademark; thirdly, reject the registration of trademark with vague verbal description, while allowing judicial redefinition of the scope of right.

Key words: Trademark Registration; Claiming System; Peripheral Claiming; Verbal Description

(责任编辑:吕炳斌)

数字贸易中的知识产权议题

孙益武[*]

[摘　要]　随着国际贸易便利化和数字产品大众化的推进,国际贸易中的数字化趋势不可避免。数字贸易超越了电子商务的狭隘界定,改变了国际贸易的方式和对象。知识产权议题在数字贸易中发挥更加重要的推动作用,数字盗版、平台责任过重和知识产权执法不力将成为数字贸易的真正壁垒。面对数字产品界定、源代码与算法保护、数据权益和平台责任等数字贸易知识产权议题的新发展,中国应当在贸易规则和知识产权规则两方面都有所准备,在立法层面充分利用知识产权的限制和例外制度,在执法层面关注海关执法和新技术的应用,提前应对数字贸易的区域主义和贸易保护措施。

[关键词]　数字贸易;知识产权;贸易壁垒;数据跨境流动;平台责任

现行世界贸易组织(WTO)贸易规则议定时,电子商务和数字贸易还处于襁褓之中,似乎用"技术中立"掩盖了需要新规则来协调数字贸易新形式的需求。如今,数字贸易正在如火如荼地展开,已经改变了国际贸易的方式和对象,WTO的传统规则难以充分有效地规制数字产品的跨境交易。在此背景下,传统国际贸易中需要协调的知识产权保护规则和执法措施仍然是数字贸易秩序构建中优先考虑的问题。

知识产权保护是数字贸易全球治理中的重要议题之一,已日益成为共识。但对于具体议题涉及哪些内容、议题如何嵌入到贸易协定中,WTO 主要贸易伙伴对此有不同看法。中国与美国在数字贸易知识产权保护上的分歧主要围绕"数字版权保护不力"、"强制开放源代码以及技术转让要求"、"非法网络入侵及窃取商业秘密"等议题展开。[①]以《美国墨西哥加拿大协定》(USMCA)为代表的

---

[*]　杭州师范大学沈钧儒法学院副教授。本文系浙江省高校重大人文社会科学项目攻关计划规划重点项目"跨境电子商务法律法规建设研究——基于国际比较的视角"(2014GH007)和司法部国家法治与法学理论研究项目"跨境贸易电子商务知识产权纠纷解决机制研究"(16SFB5033)的研究成果之一。

①　周念利、李玉昊:《数字知识产权保护问题上中美的矛盾分歧、升级趋向及应对策略》,载《理论学刊》2019 年第 4 期。

区域贸易协定涵盖了美国政府在数字贸易知识产权议题上的最新诉求。

由于网络的无国界，数字贸易的知识产权规则需要跨国协调和国际回应，讨论的重点从国际协调层面展开。本文将首先介绍数字贸易知识产权议题国际协调兴起的基本背景。其次，在讨论数字贸易知识产权议题特性的基础上，指出相关议题的协调需要在知识产权地域性与数字贸易无国界之间作好平衡、在现有WTO框架下准确界定数字产品，在TRIPS协定和WIPO互联网条约的基础上统一知识产权数字规则，同时防止数字贸易知识产权保护措施成为新的贸易壁垒。再次，本文将讨论数字贸易知识产权议题的协调重点，包括数字产品中的知识产权、数字贸易中的源代码与算法保护、数据与知识产权的关系，以及网络平台在数字贸易知识产权保护中的作用。最后，本文对中国如何应对数字贸易知识产权议题的国际协调提出建议。

一、数字贸易知识产权议题的兴起

（一）概念演变：从电子商务到数字贸易

相较于数字贸易，电子商务并不是一个新概念。[②] WTO认为"电子商务"是指以电子方式进行的商品和服务之生产、分配、市场营销、销售或交付。[③] 具体而言，电子商务可以分成两种方式，即直接购买和间接购买。前者是指整个交易都是在网上进行，交易全流程通过电子传输完成，又称"在线交易"或"直接电子商务"；后者指交易双方在网上要约、承诺、付费，但交易商品由卖方通过传统运送方式交付买方，又称"离线交易"或"间接电子商务"。[④] 随着数字产品、在线消费与服务的增多，直接电子商务的比重得到进一步提升；即便是仍然通过线下物流运输货物，随着无纸化贸易的发展，交易记录完全电子化已经实现。[⑤] 因此，电子商务中的数据流动，将成为人员流动、现金流、物流之后最重要的要素流动形式。在我国，阿里巴巴创始人马云提出全球电子商务平台（eWTP）的设想并

[②] Kristi L. Bergemann, *A Digital Free Trade Zone and Necessarily-Regulated Self-Governance for Electronic Commerce: The World Trade Organization, International Law, and Classical Liberalism in Cyberspace*, 20 J. Marshall J. Computer & Info. L. 595 (2002).

[③] WTO, *Work Programme on Electronic Commerce*, Adopted by the General Council on 25 September 1998, WT/L/274.

[④] 张乃根：《论全球电子商务中的知识产权》，载《中国法学》1999年第2期。

[⑤] Duval, Y. and K. Mengjing, *Digital Trade Facilitation: Paperless Trade in Regional Trade Agreements*. ADBI Working Paper 747. Tokyo: Asian Development Bank Institute, 2017, at https://www.adb.org/publications/digital-trade-facilitation-paperless-trade-regionaltrade-agreements.

已经付诸实践，⑥商业世界的市场主体倒推数字贸易和电子商务规则的国际协调是形势所迫，这项被写入 G20 杭州峰会公报的倡议得到 WTO 的支持。⑦

　　目前，"数字贸易"（Digital Trade）并没有统一而权威的界定。数字贸易常指通过在线零售网站和平台跨境销售货物或跨境提供电子服务。数字贸易相关主体涉及消费者、企业和政府，交易对象包括货物和服务或者可通过数字或物理方式交付的数字产品。⑧

　　美国政府非常重视数字贸易。早在 2013 年，美国国际贸易委员会（ITC）便开始就"美国和全球经济中的数字贸易"这一主题进行听证和政策梳理。2013 年，ITC 将"数字贸易"界定为"通过固定线路或无线数字网络交付产品或服务"。⑨因此，数字贸易既包括美国国内的商业活动，也包括国际贸易；它排除了大部分纯粹实物的贸易，例如通过网络订购的货物以及同时拥有数字部分的实物，即通过 CD 或 DVD 销售的书籍、软件、音乐和电影。2014 年 8 月，ITC 又将"数字贸易"定义为"互联网以及基于互联网的技术在产品和服务的订购、生产或交付中扮演重要角色的国内和国际贸易"。⑩通过对比发现，2014 年 ITC"数字贸易"的定义更加宽泛，将美国整个数字密集型产业包括进来，包括软件、数字出版、音乐、娱乐等内容产业。

　　由于数字贸易在概念界定上并不周延，实践中"数字贸易"在不同场景中与"互联网经济"（Internet economy）、"数字经济"（Digital economy）、"电子商务"（E-commerce）等词语互换使用。

（二）内涵解析：数字贸易的对象和方式

　　首先，数字贸易导致国际贸易不再是大宗货物或服务交易的指代，数字贸易催生了新的贸易对象。产品和服务的交易数量单元变小，部分国际贸易从

---

　　⑥　Electronic World Trade Platform（eWTP）：https：//www.ewtp.org/，Last visited on 6 Sep.，2019.

　　⑦　WTO.DG Azevêdo，*We Must Deliver a Vision of More Inclusive Trade*，at https：//www.wto.org/english/news_e/news16_e/dgra_06sep16_e.htm#，Last visited on 6 March，2019.

　　⑧　López González，J. and J. Ferencz（2018），*Digital Trade and Market Openness*，OECD Trade Policy Papers，No. 217，OECD Publishing，Paris. http：//dx.doi.org/10.1787/1bd89c9a-en，Last visited on 6 March，2019.

　　⑨　USITC，*Digital Trade in the U.S. and Global Economies*，Part 1，at https：//www.usitc.gov/publications/332/pub4415.pdf，Last visited on 6 March，2019.

　　⑩　USITC，*Digital Trade in the U.S. and Global Economies*，Part 2，at https：//www.usitc.gov/publications/332/pub4485.pdf，Last visited on 6 March，2019.

"B2B"(商家到商家)变成了"C2C"(客户到客户),国际贸易的买方和卖方直接是消费者和生产者。跨境电子商务(网购)中,大量、小型、低价值的物理货物以及跨境服务交易越来越普遍;数字平台逐渐取代了连接供需双方的物理中介,线上市场和平台帮助中小企业和消费者直接从事国际贸易。

国际贸易的对象可能不单是货物或服务,而是二者的结合。货物越来越与服务绑定在一起;以前不能贸易的服务现在也变得可贸易,新技术改变了服务产出与供应。流媒体音乐、电子书和在线游戏等服务于个体的低价值服务越发流行。

产品和服务相互捆绑包括生产层面中物联网(IOT)的使用,产品制造中体现着服务元素的输入。设计、研发和市场服务在产品增加值中的占比增加,例如,智能网联汽车和智能手机表面上看是产品贸易和消费,实际上,这些产品已成为提供和交付服务的载体,其背后是不断更新的网络和软件服务。再如,当消费者根据跨境传输3D打印文件打印成品时,很难界定其为国际货物贸易还是服务贸易。

数字贸易的科学基础是二进制字节的跨境传输。数字贸易中的数据可以连接商业、机器和个体。数据本身可以产生重要的收入,促进了以前被认为不可交易的货物贸易和服务提供,并且使货物与服务的交付模式变得更模糊。而且,数据流动不再是贸易的附属产品,而是主要贸易对象。例如,大数据、云计算等跨境贸易中,数据本身成为买卖双方的交易对象。

其次,数字贸易改变了国际贸易的交易模式。通过转移数据和信息,共享理念和想法的成本大大降低,直接交付电子格式的信息,省略了物理交付的生产、存储和运输成本。例如,通过在线欣赏音乐,免去卡带等磁质载体的生产和运输;再如3D打印文件的分享,消费方可直接在本地"生产"货物,省去产品存储和运输的巨大物流成本。贸易便利化所倡导的无纸化贸易在数字贸易中完全可以实现,贸易全程只有数据的流动,没有纸质贸易文书的打印和传递,官方审核许可的"红章"也被电子签章所替代。

大量运用区块链技术的项目已经在国际贸易的诸多领域开展试点,区块链技术有望进一步便利数字贸易。[11] 跨国交易涉及两方主体之间数据和文件的交换:一方面是进口商、出口商、银行和运输以及物流公司为代表的企业(B端);另一端是政府当局(G端)。电子单一窗口越来越多地用于促进国家层面的进程(G2G)和企业与政府的流程(B2G)。而对数据和文件(文书)的标准化和透明化

---

[11] Emmanuelle Ganne, *Can Blockchain Revolutionize International Trade*? at https://www.wto.org/english/res_e/publications_e/blockchainrev18_e.htm, Last visited on 6 March, 2019.

改造正是区块链的强项。可以预见,区块链技术将改善数字贸易参与者的体验;同时,区块链技术本身可能成为新的服务贸易类型。

最后,数字贸易也改变了传统的投资与贸易的关系。数字贸易提供了一个简单且低成本进入外国市场的方式,比传统对外直接投资(FDI)流程更加简便。在利用国外比较优势时,甚至都不用再设立公司等经营实体,可以通过网络吸引当地劳动力资源或生产资料。

数字贸易不仅包括消费产品在互联网上的销售以及在线服务的提供,还包括实现全球价值链的数据流、实现智能制造的服务以及无数其他平台和应用接入网络。如此,数字贸易规则比传统的货物和服务贸易要更加广泛、更加复杂、更加不确定。

早在 USMCA 谈判之初,美国贸易代表办公室(USTR)已将数字环境下知识产权保护与利用作为重点议题列入其中。鉴于美国一直在推动 WTO 成员全面实施《TRIPS 协定》以及美式自由贸易协定中的"TRIPS+"条款,美国自然不会放弃在新的贸易协定中升级知识产权保护和执法规则的机会。USMCA 的规则升级以推动合法数字贸易为名,确保新规则为新技术和新产品涉及的知识产权提供强大的保护和执法,防止或消除影响数字贸易有关知识产权的有效性、授权、保护范围、维持、使用和执法相关的歧视或壁垒。

二、数字贸易知识产权议题的特性

在数字贸易环境中,知识产权保护与国际贸易自由化、便利化之间存在的冲突更加明显。国际贸易中的知识产权保护和执法问题主要有以下几类:一是知识产权地域性造成的,例如,平行进口、权利穷竭等;二是知识产权与物权的冲突,例如,附有知识产权的货物或物品在目标国受到禁止或管控;三是不同法域知识产权保护水平和执法标准存在差异,导致法律适用的不统一或执法"洼地"。

(一) 数字环境中的知识产权地域性

首先,在数字贸易环境中,知识产权的地域性将被进一步冲淡。数字产品的跨境交易无时不在,无处不在。有些数字产品本身是跨国生产和存在,甚至很难去界定其"国籍"。以受著作权保护的文化产品为例,《伯尔尼公约》中规定的"作品首次在本联盟一成员国出版或在本联盟一成员国和一非本联盟成员国内同时出版"等作品出版国的界限在数字环境中将变得十分模糊,数字作品一旦在网络上发布,可能惠及自由连接互联网的任何国家。换言之,无论作者国籍或惯常居住地,作品获得《伯尔尼公约》和《TRIPS 协定》保护的机会大大增加。

其次,数字环境中的知识产权通过网络传播获得某种"超地域性"保护。网络使得版权作品和品牌产品的传播和流通更为简便和快捷。即便是尚未来得及在他国注册的商标,也可通过数字贸易迅速在他国获得良好商誉,消费者更快地将商标(品牌)与供应商建立稳定联系,并获得未注册商标甚至是未注册驰名商标所享有的法律保护。

最后,在数字环境中,传统地域管辖的连接点因新技术的发展遭到极大挑战。"侵权行为地"因网络环境的虚拟性变得难以捉摸。网络侵权行为地和结果发生地可能因服务器、客户端、路由器等物理硬件处在不同法域而难以确定,云计算更是因其自身跨越国境的计算效率而著称。因此,确定网络知识产权侵权行为的管辖和法律适用更加需要法律规则的跨国协调。

(二) 数字产品的财产权争议

在数字环境下,有关数字产品财产权的概念和规则并不清晰。关于数字产品能否模拟现实环境中的财产形态,能否将以数字化形式存在、具有独立价值和独占性的财产利益视为物权或准物权而得到法律保护,并没有定论。"数字财产"的提法最初仅仅指以腾讯 QQ 为代表的各类社交账号、邮箱、游戏装备和点券等虚拟财产。目前,网络虚拟财产已经写入《民法总则》,但其他法律并未对其作出特殊规定。[12]争论的焦点在于网络虚拟财产是否构成《物权法》上的"物",以及构成何种类型的"物"。如果认为物权本质上是法律保护的一种利益,那么凡是具有一定价值且具有表现其的外观,就可以纳入物权法保护。[13] 也有人认为,不应拘泥于抽象概念层面的讨论,应以民事上的实定法规则设计和适用的结论为前提;如将网络虚拟财产作为特殊的物权加以解释,在规则适用上逻辑更加融贯和简练。[14]

另外,从著作权保护数字作品的实践来看,技术保护措施的应用使得数字作品权利人可以对作品进行控制和保护,实现私力救济,数字作品被当作有体物对待的趋势十分明显。[15] 数字作品的技术保护措施包括控制接触作品、控制对作品的特定使用、保护作品的完整性、记录接触或者使用作品的信息等。如果数字作品技术保护措施在制度设计上更进一步,数字作品有可能不受版权制度的制约,至少是不受版权作品的合理使用和保护期限等制度的限制,甚至可使已经进

---

[12] 杨立新、王中合:《论网络虚拟财产的物权属性及其基本规则》,载《国家检察官学院学报》2004 年第 6 期。

[13] 高富平:《从实物本位到价值本位——对物权客体的历史考察和法理分析》,载《华东政法大学学报》2003 年第 5 期。

[14] 沈健州:《从概念到规则:网络虚拟财产权利的解释选择》,载《现代法学》2018 年第 6 期。

[15] 吴伟光:《数字作品版权保护的物权化趋势分析——技术保护措施对传统版权理念的改变》,载《网络法律评论》第 9 卷,北京大学出版社 2008 年版。

入公有领域或没有可版权性的材料被私人控制而客观上"据为己有"。综上,数字产品的权利取得、行使和消灭,以及权利的变动都可能在技术层面上实现与一般财产权同等的法律效果。

物权和知识产权保护客体之间的重要区别之一是有体物与无体物的区分,这一区分也使得知识产权成为民法体系中与物权相对独立的一类权利。但是,只要权利人能对客体进行合法控制,不论其是有体或无体,也不介意其载体是何种形式,数字产品可能在客观上能够享受一般财产权的法律保障。

(三)知识产权数字规则的统一

随着《TRIPS协定》对世界主要国家和地区的知识产权法律制度的"同一化",贸易有关的知识产权规则比《伯尔尼公约》和《巴黎公约》所期望的规则一致性更进一步。在数字贸易中,对知识产权保护客体和标准的统一更加迫切。

就争议较大的人工智能生成内容能否享受著作权保护而言,且不论学者的争论,新技术带来的理论争议根据已有国际条约无法得出结论,只能依据国内法进行解释和确立。由于不同国家人工智能技术发展水平、法律制度和执法环境差异较大,人工智能创作物或生成内容的作品定性及其版权保护规则也存在较大差异。如果人工智能生成物在一国受到版权保护,在另一国不受保护,那么其跨国交易或数字贸易会受到一定程度的不利影响;受版权保护的作品权利人担心作品输出到不受保护的法域,抄袭复制等侵权行为可能影响人工智能作品的国际传播和市场利益。

另外,如果一国的法律对于知识产权的保护薄弱,或者执法不力,都可能导致大范围的盗版数字产品的产生;如此,网络内容服务商便很难从其合法销售渠道获利。因此,内容供应商和知识产权密集型企业都支持互联网中间商(平台)承担更大的责任。然而,在网络平台看来,承担更大责任将提高其运营成本,降低其提供优质内容的能力,并且限制他们打击盗版和假冒的方式。

目前,传统线下的知识产权执法规则和最佳实践已经得到确立,并在主要贸易伙伴的倡议下,多数国家均已参照适用。对于线上执法规则和平台责任,各国法律仍存在较大差距;如何协调并统一网络执法规则成为知识产权资源密集型经济体正在探索的方向。

(四)数字贸易规则与知识产权壁垒

数字贸易同传统国际贸易一样,面临关税壁垒和非关税壁垒;如果知识产权保护措施运用不当,可能构成数字贸易的新型非关税壁垒。

在国际贸易中,知识产权保护被视为海关的非传统职能,但随着WTO规则的深入实施,知识产权保护已经成为海关部门的常规职能。除了促进技术革新、技术转让与传播之外,《TRIPS 协定》的立法宗旨还包括防止不合理地贸易限制行为和制止知识产权滥用。在数字贸易环境下,知识产权保护对于数字贸易和经济发展具有重要意义。因此,美国将知识产权保护水平低下和执法不力视为数字贸易的主要障碍之一,其中包括强制技术转移和商业秘密网络窃取等问题。[16]

数字贸易规则及贸易壁垒议题包括数字产品免征关税、数字产品的非歧视待遇、数据跨境流动、禁止计算设施本地化等措施。2017 年 3 月,USTR 将数字贸易壁垒分为:数据本地化障碍、技术障碍、网络服务障碍和其他障碍等 4 个类型。[17] 2017 年 8 月,ITC 将限制数字贸易发展的主要贸易监管措施归纳为:数据保护及隐私(包括数据本地化)、网络安全、知识产权、内容审查、市场准入及投资限制等 6 个方面。[18] 其中,知识产权壁垒问题包括:数字盗版(Digital Piracy)对内容产业的负面影响,让平台承担不成比例的知识产权侵权责任阻碍网络经济发展,以及附加义务的版权法规则给平台增加了过重的义务。例如,欧盟《数字单一市场版权指令》中要求网络平台承担"上传审查"义务,被认为将阻碍数字贸易和数字市场的良性竞争。

三、数字贸易知识产权议题的协调重点

数字贸易知识产权议题的国际协调首先涉及数字产品的统一界定,这既影响到国际贸易分类与统计,也影响传统的知识产权执法模式;其次是源代码与算法保护问题,它们既是保障数字贸易安全有序开展的基础,也是数字版权和商业秘密保护的关键;再者是知识产权保护与数据跨境流动的冲突与协调;最后是网络平台的合规义务与知识产权侵权责任,平台的知识产权保护能力可以有效弥补数字贸易监管能力的不足。

(一) 数字贸易知识产权保护的核心概念:数字产品

数字产品一般是指计算机程序、文本、视频、图像、声音记录或其他产品,它

---

[16] Congressional Research Service, *Digital Trade and U.S. Trade Policy*. May 11, 2018, at https://fas.org/sgp/crs/misc/R44565.pdf, Last visited on 6 March, 2019.

[17] USTR, *Key Barriers to Digital Trade*, March 2017, at https://ustr.gov/about-us/policy-offices/press-office/fact-sheets/2017/march/key-barriers-digital-trade, Last visited on 6 March, 2019.

[18] The U.S. International Trade Commission, *Global Digital Trade I: Market Opportunities and Key Foreign Trade Restrictions*, USITC Publication 4716, at https://www.usitc.gov/publications/332/pub4716_0.pdf, Last visited on 6 March, 2019.

们被数字化编码(生产)和电子化传输(销售)。[19] 那么,相较于传统大宗贸易中的工业制成品,这些数字产品很难界定为货物或服务,但往往是受到版权保护的内容。[20] 因此,版权保护客体的覆盖范围,以及版权网络保护水平的高低,将直接影响数字产品的在线贸易。

数字产品的表达核心是一种文化和理念,价值观也可通过数字化的文化产品进行国际传播和输出。著作权的核心功能是保护思想和观念的表达形式,而和著作权相关的邻接权则保护作品及衍生品的制作与传播。著作权制度在客观上促进价值观的输出,发达国家纷纷通过版权贸易的方式输出本国的优势文化资源和价值观。

从 1886 年开始,《伯尔尼公约》历经七次修订,其主要目的是应对新技术发展(如录音技术、摄影技术、无线电广播技术、电影技术、电视技术、计算机技术),扩大著作权的保护客体。虽然自 20 世纪 90 年代以来并没有修订《伯尔尼公约》,但针对互联网技术的发展,世界知识产权组织(WIPO)专门制定了两个"互联网条约",即 1996 年《世界知识产权组织版权条约》(WCT)和《世界知识产权组织表演和录音制品条约》(WPPT)。21 世纪以来,WIPO 和 WTO 都未在条约层面对版权保护客体上进行扩张,但许多版权相关保护客体通过双边和区域自由贸易协定或国内法不断扩张,其中包括虚拟人物的法律保护、反不正当竞争形式保护数据产品等。

此外,随着数字产品在线贸易的发展,WIPO"互联网条约"中所确立的技术保护措施和权利管理信息更加重要。对于没有实物载体且不进行强制著作权登记的数字产品来说,权利管理信息是权利人告知公众和宣示版权的有效方式。技术保护措施是权利人通过设置技术措施进行自我保护的重要手段,也是应对网络传播对著作权挑战的自力救济模式。网络技术发展彻底颠覆了传统对作品的利用和传播方式,知识产权权利人的自力救济措施需要适应数字经济的发展。

(二)数字贸易知识产权保护的关键基础:源代码与算法

无论是在线直接交易数字产品,还是通过网站、移动互联网应用程序(App)开展跨境电子商务交易,图形用户界面的基础都是软件设计中的源代码和算法。根据 TRIPS 协定,源程序或源代码作为软件一部分受到著作权法的特别保护;但对于源代码及程序算法的披露和保密并未作明确规定。

计算机软件著作权的保护不延及开发软件所用的思想、处理过程、操作方法

---

[19] See, USMCA Article 19.1: Definitions.

[20] Sam Fleuter, *The Role of Digital Products Under The WTO: A New Framework for GATT and GATS Classification*, 17 Chi. J. Int'l L. 153(2016).

或者数学概念。代码将程序的内容、组成、设计和功能规格等通过计算机程序语句形式加以表达,即使实现同一程序目标,语句表达的结构和写法却有多种方式。因此,有独创性的代码化指令序列是受到版权法或商业秘密制度保护。

根据 USMCA 的数字贸易规范,贸易伙伴不得将强制披露代码或算法作为在其领土内进口、分销、销售或使用软件或含有软件的产品的条件,否则构成典型的数字贸易壁垒。因此,贸易伙伴之间不得要求转移或访问由另一方个体所拥有的软件源代码,或源代码中所使用的算法。同时,在遵守防止未授权披露等保障措施的前提下,也不得阻止一方的监管机构或司法机关要求特定主体保存并提供软件的源代码或源代码中的算法。

因此,无论是软件本身或含有软件的产品进口、分销、销售或使用,都不应设定披露源代码和算法作为前提条件。但是,在软件委托开发合同中,委托方往往会要求程序设计方在完成项目验收后向委托方提交软件的源代码。因此,私有主体之间通过协议的方式来约定源代码的提供或披露不应被视为法律或政府强制要求披露源代码。

算法是计算机程序设计的核心或灵魂,算法的好坏很大程度上决定了程序的效率。一个好的算法可以降低程序运行的时间和空间复杂度;不断优化算法,再配合以适宜的数据结构,程序的效率将大大提高。因此,不得要求披露代码必然要求不得披露算法。换言之,对代码的完全披露将导致对核心算法的泄露。反之,对核心算法的披露虽然不至于使源代码完全公开,但也实质性影响了源代码的保护。

实践中,开放源代码(Open Source)提供了一种在软件的出品和开发中提供最终源程序代码的做法。有些软件的作者会将原始代码公开,但这并不一定符合"开放源代码"的定义及条件,因为作者可能会设定公开源代码的条件限制,例如限制可阅读源代码的对象、限制衍生品等。

总之,源代码和算法的公开应基于个体自愿或协议约定,而不适于通过法律、法规或行政规章等立法或政府措施加以限定。

(三) 数字贸易中数据权益保护:知识产权客体之争

2016 年 6 月《民法总则(草案)》初审稿曾经将"数据信息"视为知识产权的客体,后在正式文本中又将其删除,只是在条文中另行声明:法律对数据、网络虚拟财产的保护有规定的,从其规定。在数字环境中,数据与知识产权的关系比较微妙,数据是否是一项新的知识产权保护客体,具体的人身权和财产权包括哪些范畴并不清晰。如果数据本身构成一项知识产权,其认定和权属标准同样需要国际协调加以确立。假定这些数据并不是法律保护的数据库或汇编作品,个人或企业在多大程度上能够通过什么方式拥有数据的知识产权?这些问题目前没有通行的答案,但并不妨碍国际贸易条约中将数据流动作为与知识产权有关的重要贸易议题加以协调。[21]

从知识产权保护角度,保护数据主要方式有三种:专利、著作权和商业秘密。首先,大多数数据不具备专利法上的新颖性,因此专利并不是数据保护的有效手段。此外,有些数据属于"自然产物"或"公知常识",无法获得专利授权。对于人类创造的而非从自然界中发现的数据,如机器生成的数据,数据本身有可能具有新颖性,但创建数据的创造性程度判断存在困难。实践中,创建数据花费的努力和成本相对较小,甚至大多数数据是不特定的公众用户所创建和汇集,即所谓的用户产生内容(UGC);将他人创建或生成的数据据为己有在法律上存在许多挑战。总之,对于绝大多数这样的数据,申请专利权保护既存在障碍,又没有意义。

其次,著作权也不能为大多数的数据提供最佳知识产权保护模式,至少对独创性不足的数据而言,不能作为其受著作权保护的对象。对于具有创意的数字内容,如电子书、数字照片、MP3文件等数据,都应该受到著作权保护;但在作品对应类型上,可归结为文字作品、摄影作品、音乐作品或数据库作品,而非自成体系(Sui generis)的"数据作品"。

最后,鉴于商业秘密的特性,它可能是最适合的数据保护方式。即使一家公司拥有与其他公司相同的数据,只要数据是自己收集或创建的,那么将数据作为商业秘密保护并不侵犯他人的数据权益。尽管商业秘密保护是保护数据的有效方式,但也需要《网络安全法》《反不正当竞争法》和《刑法》等相关法律法规提供补充保护。

相对于传统的商业秘密,数字化存储的秘密信息更容易受到网络攻击的威胁。因此,严惩黑客攻击、实施反黑客和反非法入侵的法律法规,将能有效激励数据的收集、利用和开发。除了法定的网络安全等级保护要求,市场主体一般可采用数据加密的技术手段来保护数据。当数据被有效加密,数据控制者能确保对数据的有效控制,增加数据的商业价值。如果作为一项商业秘密,那么数据控制者在遵守个人信息保护和网络安全等合规义务前提下,有权出售或出租其合法收集的数据,即对数据实施转让或许可行为。数据的出租或许可应理解为协议安排下的使用权,例如,数据公司利用Open API方式收集和使用另一公司的数据,这种数据使用行为经过司法的肯定性评价后被广泛认可。[22]

总之,如果网络平台收集的数据构成企业的商业秘密,那么可能难以限制这

---

[21] Mira Burri. *The Regulation Of Data Flows Through Trade Agreements*,48 Geo. J. Int'l L. 407 (2017).

[22] 北京知识产权法院(2016)京73民终588号民事判决书。

部分作为知识产权得到保护的数据的跨境流动,否则就有构成强制知识产权转让或许可的嫌疑,有违权利人自由处置合法财产的本意和 WTO 所确立的自由贸易规则。尽管美国、欧盟诉中国强制技术转让的 WTO 争端尚没有得到最终裁决,㉓但中国已经删除了《技术进出口管理条例》中的相关表述,并且于 2019 年 3 月通过《外商投资法》进一步确立:技术转让和许可基于自愿原则和商业规则开展技术合作,而行政机关及其工作人员不得利用行政手段强制转让技术。然而,如果数据的知识产权属性得以确立,数据跨境流动可以因知识产权保护之名而被合理限制,且不论数据是否包括个人信息、商业秘密或事关国家安全。

(四)数字贸易知识产权保护的执法代理:平台责任

在以信息网络传播权为核心的数字经济时代,网络中间商(平台)的知识产权侵权责任是难以回避的话题。随着各类网络平台的崛起,平台经济对数字贸易的增长实为关键。中国的实践也证明,网络平台为中小企业发展和解决就业发挥了重要作用。自美国 1998 年《千禧年数字版权法》(DMCA)以来,平台的版权责任与避风港规则逐渐成为版权立法中的重中之重。在 USMCA 中,美、加、墨三方也专门规定了交互式电脑服务提供者作为中间商的法律责任及其对避风港原则的适用。

在美国立法中,网络平台或网络中间商被"交互式电脑服务"所取代,它是指任何允许多用户对电脑服务器进行电子访问的系统或服务。为实现平台的责任豁免,任何成员方在决定信息存储、处理、传输或提供服务相关的损害责任时,不得将交互式电脑服务供应商或使用者视为信息内容供应商,除非由供应商或使用者整体或部分创建或开发该信息。

根据 USMCA 规则,贸易伙伴不得要求交互式电脑服务供应商或使用者因下列原因承担责任:(1)由供应商或用户出于善意自愿采取行动,限制通过交互式电脑服务提供或使用的材料的可用性或访问,并且供应商或用户认为材料内容是有害的或令人反感的;(2)为使信息内容提供者或其他人能够限制对其认为有害或令人反感的材料的访问而采取的任何行动。㉔

然而,USMCA 规则中关于平台责任的任何措施不得解释为增加或减轻成员方保护或实施知识产权的能力,平台责任的措施不影响一方采取的关于知识产权保护的措施,包括确定知识产权侵权责任的法律法规。

平台版权侵权抗辩中的"安全港原则"可追溯到 1996 年美国《通讯规范法》(Communications Decency Act)第 230 条第 2 款。美国当时的立法及政策应当

㉓ 张乃根:《试析美欧诉中国技术转让案》,载《法治研究》2019 年第 1 期。
㉔ See USMCA Article 19.17: Interactive Computer Services.

促进互联网、交互式电脑服务以及其他交互式媒体的发展。关于具体的网络服务供应商的分类,《通讯规范法》第 230 条只提到"信息内容供应商"(Information Content Provider)和"访问软件供应商"(Access Software Provider)。而根据 DMCA 第 512 条,网络服务包括:"暂时数字网络通讯"(Transitory Digital Network Communications)、"系统缓存"(System Caching)、"根据用户指示在系统或网络中存储信息"(Information Residing on Systems or Networks at Direction of Users)和"信息定位工具"(Information Location Tools)。

显然,早期关于网络服务供应商(ISP)和网络内容供应商(ICP)的分类,难以符合实践发展需要;如果不对网络服务供应商作细分就难以回应技术发展带来的规则挑战,简单利用避风港或通知删除规则并不能准确厘清不同服务供应商的注意义务和法律责任。

USMCA 在规则上借鉴了美国《通讯规范法》第 230 条的表述,其立法目的正是该条款标题"对于私人阻断和审查有害材料的保护"的应有之意思,这在客观上推动了网络产业和平台经济的发展。《通讯规范法》是防止网络服务供应商因害怕承担责任,不敢轻易审核或删除任何用户上传信息,即便这些信息是违法的、侵权的、猥亵的或色情的。因此,《通讯规范法》是鼓励平台积极审查和阻断有害材料,不得将其视为传统媒体中的出版者(Publisher)或发言人(Speaker)。因此,平台对有害材料的"私人执法"恰恰是国家合理的网络管理措施。

我国《信息网络传播权保护条例》将网络服务提供商分为"提供信息存储空间的服务提供者""提供搜索、链接服务的网络服务提供者""提供自动接入服务的网络服务提供者"和"提供自动传输服务的网络服务提供者"。其中,对于对提供信息存储空间或者提供搜索、链接服务的网络服务提供者,接受"通知删除规则"的约束,适用避风港原则。

如果平台根据服务对象的指令提供网络自动接入服务,或者提供自动传输服务,未选择并且未改变所传输的作品、表演、录音录像制品,并且向指定的服务对象提供该作品、表演、录音录像制品,并防止指定的服务对象以外的其他人获得,那么平台不承担赔偿责任。同样,平台为提高网络传输效率,自动存储从其他网络服务提供者获得的作品、表演、录音录像制品,根据技术安排自动向服务对象提供,并具备一定条件的,也不承担赔偿责任。

欧盟《电子商务指令》对网络服务中间商(平台)的责任也做了大致相同的规定,该指令第 12 条、第 13 条、第 14 条分别规定了"纯粹传输服务"、"缓存服务"、"宿主服务"三种类型,前两种类型的网络服务提供商不承担投诉处理义务,只有第三种类型的网络服务提供商承担"通知删除"义务。并且,欧盟《电子商务指令》第 15 条规定,成员国不得规定网络服务提供商负有监控其传输或存储的信息,以及积极发现相关侵权事实的义务。

2019年3月欧盟《数字单一市场版权指令》(Directive on Copyright in the Digital Single Market)对平台的版权责任引入"链接税"和"上传过滤器"条款。其中,第15条"链接税"条款允许媒体出版商向信息社会服务提供者(Information Society Service Providers)显示新闻出版作品的行为而收费,但不适用于设置超链接行为,也不适用于新闻出版作品中单个词语或简短摘录。著作权法应该允许出版者对其出版物设置订阅费,禁止未经授权复制其内容,若被非法复制则应该获得适当补偿。第17条赋予"在线内容共享服务提供者"(Online Content-sharing Service Provider)履行阻止用户上传受版权保护内容的新职责。反对者担心第17条可能导致起到内容审查作用的"上传过滤器"的引入,该过滤器对上传至网站的所有用户内容进行"准入"扫描,从而删除或过滤受版权保护的内容。虽然法律并没有明确要求设定这样的过滤器,但内容共享平台可能试图避免处罚而"超前"合规。

由此可见,美欧对知识产权侵权的平台责任的态度存在一定差异。以美国为主导的数字经济强国,主张适当设定平台的责任。一方面,不能简单地将提供信息存储、处理、传输或提供服务的平台视为信息内容供应商,从而加重他们的知识产权合规责任;另一方面,如果这些平台为了净化网络环境,主动实施限制或过滤有害信息内容时,不得追究平台侵犯知识产权、侵害言论自由等法律责任。而欧盟的态度则发生了变化,在《电子商务指令》中,平台没有监控其传输或存储的信息的义务,但在《数字单一市场版权指令》中却加重了平台的经济成本和版权信息合规义务。

另外,如今网络服务供应商的类型难以简单地以提供接入服务或提供内容服务来加以区分。在具体信息服务类型上,也不再是单纯地提供检索、存储或传输,平台提供的服务可能是一种新的服务类型,也可能是多种类型服务的结合体,即一种综合应用服务。

在我国第一起云服务提供商版权侵权案中,北京知识产权法院否定一审法院关于云服务提供商承担侵权责任的认定,[25]指出:从适用法律来看,云服务器租赁不属于《信息网络传播权保护条例》规定的具体网络技术服务类型,因此不适用该条例。[26] 在微信小程序著作权侵权案中,杭州互联网法院认定:腾讯提供小程序接入服务属于基础性网络服务,而基础性网络服务提供者无法审查用户上传内容、对侵权内容的判断识别能力很弱,甚至无法准确地删除侵权内容或者

---

[25] 北京市石景山区人民法院(2015)石民(知)初字第8279号民事判决书。
[26] 北京知识产权法院(2017)京73民终1194号民事判决书。

切断与侵权内容有关的网络服务。㉗尽管因此，基础性网络服务可不适用"通知删除"规则，但却需要遵守《侵权责任法》第36条所设定采取其他"必要措施"的法定义务。㉘

综上，面对纷繁复杂的网络服务类型，加之不同国家对网络服务提供商（平台）设定的义务和责任不同，需要准确界定其服务行为的特质，兼顾版权保护和信息传播的利益平衡；这就使得这一议题的国际协调和达成共识更加困难。

四、中国对数字贸易知识产权议题的应对

以 USMCA 为代表的促进数字贸易和保护知识产权的国际贸易新规则，对 WTO 成员方以及美国主要贸易伙伴施加了许多无形的压力，美方也将许多议题输出到正在进行的中美经贸对话中。美国内部对数字贸易规制已经形成较为系统的法律方案，㉙甚至提出"数字贸易区"（Digital Trade Zone）来应对数字贸易壁垒。㉚

加入 WTO 近 20 年来，中国知识产权保护水平和执法标准达到前所未有的高度，但来自美国的指责从未停止，每年有不少线下和线上市场进入 USTR《臭名市场》(Notorious Market)名录。同时，中国跨境电子商务的迅猛发展也引起贸易伙伴对我国网络知识产权保护的高度关注。中国更需要理性看待数字贸易中的知识产权议题。

中国已经通过修订知识产权法律法规，完善知识产权审判机制，制定《外商投资法》等多种形式对部分相关知识产权议题作出回应，甚至也不得不对与数字贸易知识产权保护相关的大数据保护、数据跨境流动、源代码与网络安全等议题提出中国对策。解决方案既要符合现有贸易规则，同时应兼顾本国产业发展的实际和国际协调的方向。在具体的数字贸易知识产权议题设定和贸易谈判中，中国需要在以下方面作更多的探索和思考。

（一）数字贸易环境下，更需关注知识产权的限制与例外制度

在数字环境下，知识产权的垄断性质并未减弱，反而传导至整个线上和线下环境，传统知识产权的权利例外和限制制度需要进一步充实和拓展。例如，自动

㉗ 杭州互联网法院（2018）浙 0192 民初 7184 号民事判决书。
㉘ 王迁：《"通知与移除"规则的界限》，载《中国版权》2019 年第 4 期。
㉙ Sapna Kumar, *Regulating Digital Trade*, 67 Fla. L. Rev. 1909 (2015).
㉚ Sam Mulopulos, *Digital Trade Zones: Answering Impediments to International Trade in Information*, 21 Chap. L. Rev. 443 (2018).

化文本和数据挖掘系统可以更有效地收集和解析数据,但面临着版权合规的现实压力,英国等通过立法允许研究机构对合法获取的受著作权保护的数据进行文本和数据挖掘来促进科学研究和创新。

无论是《伯尔尼公约》第 9 条还是《TRIPS 协定》第 13 条,版权例外的"三步测试法"要求限制和例外符合某些特殊情形,不与作品的正常使用相冲突,不得不合理地损害权利人的合法利益。在数字环境中,网络中的数字复制与线下纸质复制不可同日而语,网络复制具有质量不损耗、源头难追溯、侵权行为难制止等诸多特点,技术的发展使得私人行为与商业行为的界限难以区分;互联网"流量为王"使得是否"以营利为目的"也难以认定,例如,粉丝或陌生人的打赏也许不是行为人所主动追求的。数字环境中"合理使用"的边界同线下有何不同,并没有明确指引。

以开放源代码运动和知识共享(CC)许可协议机制为代表的版权反思,为数字贸易环境下知识产权例外制度的完善提供些许启发,数字作品的开放获取和文本挖掘著作权例外可能在更多法域得到普遍承认。

(二)数字贸易环境下,知识产权保护与新技术发展密不可分

目前,大数据、区块链和人工智能等新技术并未对法律基础理论、法学基本教义提出挑战,但传统知识如何适用于新的场景、新技术如何更好地服务于权利保护值得关注。[31]

传统知识产权确权很少用电子证据来加以固定,作品主要依靠纸质书籍、期刊和音像出版物等。如今,作品完成后第一时间通过网络发表成为数字作品出版的常态。目前,作品完成后,著作权更多通过时间戳、区块链等新技术加以确权认证。同样,在维权和证据固定环节,运用于知识产权确权和交易中的区块链与智能合约等创新技术,极大简化了知识产权确权和交易的过程,提高了效率,降低了成本。[32]

(三)数字贸易环境下,知识产权海关(边境)执法存在困难

即使所有的国际贸易通过数字化进行,但并不是所有数字贸易都可通过数字产品在线交付。因此,根据交易对象(货物或服务)的交付方式,电子商务可分为间接电子商务和直接电子商务;对于需要物理交付的货物仍需要通过海关进出境,而对于直接在线跨境交付的数字产品来说,海关监管存在巨大障碍。

盗版数字作品或假冒商标的数字产品通过互联网跨越关境,海关部门束

---

[31] 刘艳红:《人工智能法学研究中的反智化批判》,载《东方法学》2019 年第 5 期。

[32] 华劼:《区块链技术与智能合约在知识产权确权和交易中的运用及其法律规制》,载《知识产权》2018 年第 2 期。

手无策。这种"执法不能"就如同1998年WTO《全球电子商务宣言》宣布对电子传输暂不予征收关税的做法。虽然电子传输免征关税可能有损于税收平等原则,但也是无奈之举,因为监管技术无法跟进每一笔电子交易,特别是当支付行为通过比特币等虚拟货币等完成时,海关、税收和外汇等监管部门都是有心无力。为了实现平等地对待有形传输和电子传输产品这一目标,美国倡导以更加自由的行为方式来降低有形运输产品的关税,而不是对电子传输行为进行征税。

从《TRIPS协定》第51条的规则来看,对于涉嫌假冒商标的或盗版进口货物,成员方在符合条件的情形下应当采取措施,要求海关中止放行此类货物进入流通领域。因此,成员方有义务在进口环节提供接受权利人申请保护的执法程序来保护权利人的知识产权。《TRIPS协定》脚注14对假冒商标货物(Counterfeit Trademark Goods)和盗版货物(Pirated Copyright Goods)都作出详细界定,包括未经权利人同意擅自使用商标标识和复制作品形成复制件的"任何货物"。虽然"任何货物"的字面意思可能包括数字产品,但从与"货物"搭配的"中止放行"、"查扣"等动作和行为可以看出,海关执法实质难以涵盖和适用于数字产品。"货物"通常是指有形的对象,而不是以字节形式通过网络传播的无形信息。况且,数字产品国际贸易可能归结为一种服务贸易,而非货物贸易;交易涉及知识产权的许可,而非有形货物的转让。因此,《TRIPS协定》边境措施难以对涉嫌假冒或盗版的数字产品跨境传输进行有效规制。

(四)数字贸易环境下,知识产权保护与不正当竞争联系紧密

在数字经济中,新型不正当竞争类型层出不穷,特别是当流量成为经营主体竞相追逐的对象时。经营者不断地追求用户数量、用户注意力与用户活跃度的提高。传统的"日活"或"月活"已经被"用户停留时间"和"热度"等更加细致的指标所替代。只要能提高经营者曝光度和交易量,他们可能会不择手段地去选择刷单、炒信、流量转移和误导,特别是对新入的市场经营者,网络市场竞争的白热化使得他们在"死亡"和"违法"之间不得不做出看似"理性的"选择。因此,网络环境中的"搭便车""攀附商誉""作品换皮"等侵犯知识产权权利和利益的行为屡见不鲜。

尽管不少学者认为应当进行严格的类型化界定,并慎重适用《反不正当竞争法》第2条来解决不正当竞争问题。[33] 但个案出现时,法律规则根本没有做好准备,如果不用原则及解释判案,那么只能驳回起诉,放弃对新型不正当竞争行为

---

[33] 蒋舸:《反不正当竞争法一般条款的形式功能与实质功能》,载《法商研究》2014年第6期。

作出评价。此外,在数字经济背景下,知识产权保护与反垄断的关系更为微妙。网络平台、网络服务供应商可能"垄而不断",强大的市场支配力虽然没有排除第三方的市场准入,但实际上后来竞争者不太可能"虎口分食",如果能在垂直细分市场分得一杯羹,那也是实力与幸运并存。

总之,知识产权和数据保护之间的关系既是数字贸易的重要议题,也是市场主体之间极易出现不正当竞争或垄断争议的领域。

On Issues of Intellectual Property Rights in Digital Trade

Sun Yiwu

Abstract: With the promotion of international trade facilitation and digital products popularization, the trend of international trade digitalization is inevitable. Digital trade goes beyond the narrow definition of e-commerce, and changes the way and the object of international trade. Intellectual property protection plays a more important role in promoting digital trade. At the same time, lack of intellectual property protection and weak law enforcement will become the real barrier to digital trade. Faced with the new development of intellectual property protection rules in digital trade, China should be prepared for both trade rules and intellectual property rules, and deal with regionalism and trade protection measures of digital trade at the legislative and law enforcement levels.

Key words: Digital Trade, Intellectual Property Rights, Trade Barriers, Data Cross-Border Flow, Platform Liability

(责任编辑:吕炳斌)

刑事法学

行政前置认定的刑事司法适用：困境、误区与出路

付 倩*

[摘　要]　刑事司法对行政规范概念、行政前置违法、行政确认以及行政许可的过度依附，使得行政犯认定口袋化趋势渐显，刑法独立品格受损，刑事司法情理法冲突日趋严重。究其症结，主要在于此种"行政依附式"刑事司法片面追求刑事认定与行政前置认定的形式统一，悖离了犯罪概念"三性"统一的实质要求。基于此，破解当前困境之关键乃在于，以犯罪概念之"三性"统一指导行政前置认定的司法理性适用，具体为在刑事实质解释立场下适用行政规范概念、在法益关联性等要求下认定行政前置违法、以刑事司法实质审查为前提适用行政确认以及以法益侵害标准指引违法行政许可出罪功能发挥。

[关键词]　行政前置认定；犯罪概念；社会危害性；刑事违法性；应受刑罚处罚性

随着行政犯时代的到来，[①]行政犯规范构造与实践认定日趋交叉化、专业化和复杂化，刑事司法充分吸收行政前置认定的精华以弥补自身专业性的不足，这本为司法适用行政前置认定的题中应有之义。然而，当下刑事司法对行政前置认定的过度依附，打破了行政犯认定的基本规则，导致行政犯"口袋化"趋势渐显、刑法独立品格受损、司法情理法冲突等不良后果，严重影响了刑事司法的公信力。如何妥当定位行政前置认定在刑事司法中的地位和功能，充分明确刑事司法适用行政前置认定的规范指引，以防止"行政依附式"刑事司法恶性蔓延，为行政犯的合法合理认定寻求正本清源之道，已然成为当前刑事理论研究和司法

---

*　西南政法大学刑法学专业博士研究生。本文系最高人民法院2018年度司法研究重大课题《刑事裁判公众认同问题研究》（项目号：ZGFYKT2018—1905）及西南政法大学2019年度学生科研创新项目《刑事合规的话语解读与实践空间》（项目号：2019XZXS—011）的阶段性研究成果。

①　参见储槐植：《要正视法定犯时代的到来》，载《检察日报》2007年6月1日，第3版。

实践所面临的重大课题。

一、现实困境:"行政依附式"刑事司法导致行政犯认定口袋化

行政犯作为禁止之恶,其"禁止"之处不仅体现在刑事违法之禁止,亦包括行政不法的关联性禁止。具体而言,行政犯罪是违反行政法规,严重危害正常的行政管理活动,依照法律应当承担刑事责任的行为,[②]那么,行政犯的认定必然涉及与行政规范相关的法律评价要素[③]的适用,这不仅体现在静态行政规范的理解方面,还与动态行政行为的适用密切相关。当前,刑事司法对行政前置认定的过度依附,使其近乎成为"行政依附式"刑事司法。此种做法看似省却了司法机关实质判断的气力,简单易操作,实则"赋予实务工作者对行政不法过多的期待和过分的依附,使得刑法本身所承载的违法含义走向萎缩",[④]且"明显违背行政权与司法权之间的权力分配原理,导致司法权对行政权的从属",[⑤]使得行政犯认定日渐口袋化。

(一)刑事司法过度依附行政法界定的行政规范概念

"法律的词语、概念没有确定的一成不变的意义,而是依其被使用的环境、条件和方式,有着多种的意义,"[⑥]故刑法与行政法对行政规范概念的规定,并非完全的对应式关系,还存在着补充式关系和区别式关系,[⑦]但刑事司法无视此种差异,过度依附行政法对行政规范概念的界定,无形中筑起了法律的形式逻辑与公众的价值判断间的壁垒,严重影响司法公信力。第一,刑法与行政法对行政规范概念规定存在相互冲突时,无明确的适用规则。如《反间谍法》第 38 条规定的间谍行为有五种情形,但《刑法》第一百一十条规定构成间谍罪的间谍行为,只有其中"参加间谍组织或者接受间谍组织及其代理人的任务的"和"为敌人指示轰击目标的"两种情形,此时间谍罪认定是否需要考虑行政法对间谍行为的规定并未

---

② 参见张明楷:《行政刑法辨析》,载《中国社会科学》1995 年第 3 期。

③ 根据张明楷教授的分类,规范的构成要件要素分为:法律的评价要素、经验法则的评价要素和社会的评价要素三类,其中,法律的评价要素是指必须根据相关的法律法规作出评价的要素。(参见张明楷:《犯罪构成体系与构成要件要素》,北京大学出版社 2010 年版,第 197—198 页)。

④ 简爱:《我国行政犯定罪模式之反思》,载《政治与法律》2018 年第 11 期。

⑤ 劳东燕:《法条主义与刑法解释中的实质判断——以赵春华持枪案为例的分析》,载《华东政法大学学报》2017 年第 6 期。

⑥ 张文显:《二十世纪西方法哲学思潮研究》,法律出版社 2006 年版,第 81 页。

⑦ 参见谭兆强:《论行政刑法对前置性规范变动的依附性》,载《法学》2010 年第 11 期。

明确。第二,刑法明确规定行政规范概念要依照行政规范理解适用,但机械地绝对适用导致刑事司法悖离公众基本认知。如《刑法》第一百四十一条明确规定,生产、销售假药罪中的"假药"是指依照《中华人民共和国药品管理法》的规定属于假药和依照假药处理的药品、非药品,但对于虽未获得批准但有实际疗效的"救命药"与社会公众对"假"以及"假药"的朴素理解有所出入。第三,刑法未对行政规范概念进行解释,也未明确要求以行政规范作为理解适用依据时,刑事司法过分依附行政规定造成刑事处罚范围的不当扩张。如实践中将达到行政法上枪支认定标准的"玩具枪""仿真枪"等认定非法持有枪支罪中的"枪支",甚至将军事爱好者带仿真枪入境认定为走私枪支、弹药罪等重罪,便与刑事司法机关过分依附行政规范概念的行政界定关系密切。

(二)刑事司法过度追求刑事与行政违法认定的统一

行政犯的认定首先需要行政前置违法认定的填充和过滤,进而在此基础上才可判定刑事违法性的有无。[⑧] 但并非所有的行政违法都可作为行政犯认定中行政前置违法的依据,刑事司法过分追求与行政违法的一致,忽视了刑事认定的基本要求是导致行政犯认定愈发口袋化的重要原因。当刑法以违反"规定""法规""法""规章制度"等内涵模糊的方式规定行政前置违"法"的范围时,对于其中是否包含部门规章、地方性法规、地方政府规章、单位内部规章等位阶较低的规范并非不言自明。司法实践在此种不明确中忽视法律位阶要求的做法,导致行政前置违法认定规范依据范围的不当扩张。如危险驾驶罪中"醉酒驾车"标准"血液中的酒精含量大于或者等于 80mg/100ml"依据规范为《车辆驾驶人员血液、呼气酒精含量阈值与检验》,而其制定主体为国家质量监督检验检疫总局,即其规范效力等级为部门规章,以此直接作为认定危险驾驶罪前置违法性的依据值得商榷。另外,即使刑法以违反"法律""国家规定""法律和行政法规"等内涵清晰的方式规定行政前置违"法"的范围,如何准确定位与行政犯认定相关联的行政违法亦是需要解决的难题。如交通肇事罪认定要求"违反交通运输管理法规",而交通运输管理法规所含规范众多且针对性各异,如何选取与该罪认定相关的行政规范便成为重点和难点。又如在非法经营罪认定中,司法机关"紧密结合作为法定犯之前提的、《刑法》第 225 条规定的'违反国家规定'之服从与否的认定,通过扩大解释、类推解释或选择性适用(国家规定),认定当事人的行为系

[⑧] 有学者通过对裁判文书网上上百个法定犯罪名,共计万余份判决书的统计表明,基本上所有行政犯都是先根据行政规范确定行为的行政违法性,进而在此基础上进一步认定刑事违法性。(参见刘艳红:《法定犯与罪刑法定原则的坚守》,载《中国刑事法杂志》2018 年第 6 期)。

不服从或违反了国家规定,从而把不该认定为非法经营罪的也一律以该罪论处了"[9]的做法,无疑根源于刑事司法过度追求与行政违法性认定的统一,而不当扩张了行政前置违"法"的范围,最终导致犯罪认定口袋化渐显。

(三) 刑事司法过度依附行政确认的责任推定结论

行政确认是指行政主体依法对行政相对人的法律地位、法律关系或有关法律事实进行认定的具体行政行为。出于专业性的考量,公安机关交通管理部门出具的《交通事故认定书》、证监会出具的对内幕交易认定的《认定函》以及海关关税计核部门出具的《涉嫌走私的货物、物品偷逃税款海关核定证明书》等行政确认规范性文件在刑事司法中都作为案件认定的核心要素予以直接适用。然而,行政确定在刑事司法中的性质和作用实则尚不明晰,对此不加辨析地直接适用降低了刑事认定的基本标准,不当扩大了刑事认定范围。如在交通肇事案件认定中,为了简化司法机关的认定程序,最高人民法院《关于审理交通肇事刑事案件具体应用法律若干问题的解释》(以下简称《交通肇事刑事案件解释》)细化了交通肇事罪的定罪标准,以"危害后果 + 事故责任"形式对交通肇事罪基本犯规定了2类9种定罪情形,如"死亡一人或者重伤三人以上,负事故全部或者主要责任"。将交通事故责任作为构成要件要素引入交通肇事罪的认定,对司法机关而言简单快捷,但司法实践普遍将公安机关交通管理部门作出的交通事故责任认定作为交通肇事罪认定的直接依据,造成刑事认定基本要求被异化的风险。[10] 根据《道路交通安全法实施条例》第92条,发生交通事故后当事人逃逸的,逃逸的当事人承担全部责任;当事人故意破坏、伪造现场、毁灭证据的,承担全部责任。即行政责任认定可能以行政推定方式得出,此种结论难以符合刑事认定案件事实清楚、证据确实充分,达到排除合理怀疑的程度;而对推定结论的直接采纳亦打破了犯罪认定中主观罪过、因果关系等基本要求,冲击了犯罪构成要件在犯罪认定中的基础作用。

(四) 刑事司法过度滥用违法行政许可的出罪功能

行政许可是指行政机关根据公民、法人或者其他组织的申请,经依法审查,准予其从事特定活动的行为。在刑法规范中,行政许可通常以"未经……许可"、"未经……批准"、"未取得……许可证"等形式存在;在司法认定中,行政许可作为消极的构成要件要素或正当化事由,阻却行为对特定领域法益的侵害,"行政

---

[9] 刘艳红:《"法益性的欠缺"与法定犯的出罪——以行政要素的双重限缩解释为路径》,载《比较法研究》2019年第1期。

[10] 参见王良顺:《交通事故责任与交通肇事罪的认定》,载《甘肃政法学院学报》2009年第11期。

违反加重犯(尤其是以未经……许可、未经……批准为成立条件的犯罪)的最经典的犯罪阻却事由就是行政许可"。[11] 然而,违法行政许可能否作为犯罪阻却事由发挥其出罪功能,理论界尚存争议,实务界将之与合法行政许可等同的做法则值得深思和商榷。根据《行政许可法》第 69 条规定,违法行政许可大体分为两类:第一类是行政机关单方违法的情况,如行政机关工作人员滥用职权、玩忽职守、超越法定职权、违反法定程序、对不具备申请资格或者不符合法定条件的申请人准予行政许可以及其他依法可以撤销行政许可的情形;第二类是被许可人以欺骗、贿赂等不正当手段取得行政许可的情形。司法实践中出于对行政行为公定力的尊重,即行政行为一经作出,对任何人都具有被推定为合法、有效而予以尊重的法律效力,[12]认为行政机关尚未撤销违法许可,则其便处于合法有效的状态,且根据法秩序统一性原理,刑事认定与行政认定应保持效力一致,故违法行政许可仍可发挥出罪功能。司法实践此种违法行政许可亦可绝对出罪的做法,不仅误解了法秩序统一性的要求,亦忽视了刑事司法出罪的实质要求,使刑法彻底沦为"行政附属法"。

二、误区剖析:"行政依附式"刑事司法悖离犯罪概念实质要求

犯罪概念是立法者对犯罪内涵和外延的精准描述,为划定罪与非罪的界限提供了根本的标准和尺度,亦为中国刑法理论中其他问题的进一步研究提供了"前提和基础"。[13] 我国《刑法》第 13 条规定:"一切……危害社会的行为,依照法律应当受刑罚处罚的,都是犯罪,但是情节显著轻微危害不大的,不认为是犯罪。"据此,犯罪具有社会危害性、刑事违法性和应受刑罚处罚性"三性"特征,且"三性"之间互相印证和依存,组成有机整体发挥完整的犯罪成立评价功能。[14]犯罪概念作为行政犯认定的基本标准,不仅为行政违法与刑事犯罪的界分划定了基准线,亦对行政前置认定在刑事司法中如何适用提出了基本要求。反观行政前置认定的司法适用陷入当前窘境,根本上正是由于其悖离了犯罪概念对行政前置认定的刑事司法适用所提出的社会危害性、刑事违法性和应受刑罚处罚性有机统一的实质要求。

---

[11] 张明楷:《行政违法加重犯初探》,载《中国法学》2007 年第 6 期。
[12] 参见叶必丰:《论行政行为的公定力》,载《法学研究》1997 年第 5 期。
[13] 杨敦先主编:《刑法学概论》,光明日报出版社 1985 年版,第 80 页。
[14] 参见石经海:《故意伤害"轻伤与否"定性共识的刑法质疑——以刑法总分则关系下的完整法律适用为视角》,载《现代法学》2017 年第 3 期。

（一）"行政依附式"刑事司法悖离了社会危害性的要求

社会危害性在刑事司法中扮演反向出罪的角色，具有限制刑罚权随意发动的功能。为了使犯罪认定更加便捷和具体，犯罪构成理论应运而生。然而，四要件犯罪构成理论更多追求犯罪构成要件要素形式上的符合性，将表面符合犯罪"刑事违法性"特征的行为直接认定为犯罪，忽视社会危害性和应受刑罚处罚性的实质要求。根据我国《刑法》第十三条的规定，仅仅根据行为是否具有刑事违法性难以判断犯罪成立与否，即使行为形式上符合刑法分则规定，但若情节显著轻微危害不大的，亦不能认定为犯罪，即"行为罪与非罪的判定，不仅要受刑事违法性的形式制约，而且要受社会危害性的实质限定。"[15]据此，在罪刑法定原则之下，社会危害性在刑事司法更多地成为限制刑罚权随意发动的第二道防线。[16]

刑事司法对行政前置认定的过度依附，忽视了社会危害性对行政前置认定司法可采性的反向验证要求。"犯罪对社会的危害是衡量犯罪的真正标尺"，[17]行政前置认定作为犯罪构成要件要素，符合犯罪社会危害性的要求才能得以适用，即形式上符合刑法分则规定的行政前置认定，能否在刑事司法中适用还需司法机关对其社会危害性进行反向验证，对于不符合刑法社会危害性要求的行政前置认定，不得作为行政犯认定的根据。这本是社会危害性要求下刑事司法适用行政前置认定的应有之意，但司法依附于行政前置认定的现状却表明社会危害性反向验证的要求并未得到贯彻。如对于"枪支"的认定，我国《枪支管理法》第 46 条规定，"本法所称枪支，是指以火药或者压缩气体等为动力，利用管状器具发射金属弹丸或者其他物质，足以致人伤亡或者丧失知觉的各种枪支。"即行政法上"枪支"所能达到的社会危害性必须是"足以致人伤亡或者丧失知觉"的程度；而刑法作为最后保障法，刑法上"枪支"认定要求的社会危害性程度自然不得低于行政法规定，然而"1.8 焦耳比动能的弹丸远远不能击穿人体皮肤"，[18]更遑论达到"致人伤亡或者丧失知觉"的强制认定实质标准，将此种不具有刑法社会危害性的"枪支"纳入刑法规制范畴，无疑会造成刑罚处罚范围的不当扩张。对此，2018 年 3 月 3 日施行的《最高人民法院、最高人民检察院关于涉以压缩气体为动力的枪支、气枪铅弹刑事案件定罪量刑问题的批复》明确，对于非法制造、买

---

[15] 储槐植、张永红：《善待社会危害性观念——从我国刑法第 13 条但书说起》，载《法学研究》2002 年第 3 期。

[16] 王政勋：《论社会危害性的地位》，载《法律科学》2003 年第 2 期。

[17] ［意］贝卡利亚：《论犯罪与刑罚》，黄风译，中国大百科全书出版社 1993 年版，第 66—67 页。

[18] 参见李刚、姚利：《枪弹痕迹的法庭科学鉴定现状与未来》，载《警察技术》2008 年第 1 期。

卖、运输、邮寄、储存、持有、私藏、走私以压缩气体为动力且枪口比动能较低的枪支的行为……综合评估社会危害性,坚持主客观相统一,确保罪责刑相适应。

刑事司法对行政前置认定的过度依附,违背了行政前置认定与行政犯认定具有法益关联性的要求。社会危害性首先表现为对利益的侵犯性,即刑法上的法益,[19]法益侵害不仅全面揭示了社会危害性(对社会关系的侵害)的实质内容,而且是对犯罪的社会危害性最为直接、最为科学的表述。[20]刑事司法对于行政前置认定不加判别一律赋予构成要件要素填充功能的做法,忽视了法益侵害处于行政犯认定的基础性地位,造成行政前置认定在刑事司法适用中的形式化和片面化。这一弊病在行政前置违法认定规范依据的筛选、行政规范概念内涵的理解或违法行政许可司法适用效力的确定上都有所体现。如非法经营罪的设立初衷并非将所有扰乱市场秩序的非法经营行为纳入调控范围,而是要保护国家通过特定许可管理形成的市场管理秩序,[21]那么,非法经营罪认定所要求的违反"国家规定"就不能是任意的国家规定,其必须要与特定许可相联系,与"未经许可经营法律、行政法规规定的专营、专卖物品或者其他限制买卖的物品的"相联系的"国家规定"就只能是专营专卖法或者对物品有限制买卖要求的国家规定,而不包括规定一般行政许可的国家规定。此外,值得注意的是,行政犯认定所涉法益不能仅宽泛认为是秩序型法益,否则将导致法益关联性要求形同虚设,此处所要求的法益"必须是直接保护个人的核心利益或是可以回归到个人核心利益之保护者,才具有法益的资格"。[22]

(二)"行政依附式"刑事司法悖离了刑事违法性的要求

"刑事违法性,指行为违反刑法规范,也可以说是行为符合刑法规定的犯罪构成",[23]"刑事违法性是司法者对行为给予刑事处罚的前提"。[24]与社会危害性关注行为给社会造成的实质损害不同,刑事违法性重点从规范角度认识犯罪的特征,关注行为违反刑法规范的形式属性,重视形式合理性。司法实践中为贯彻刑事违法性的要求,以法秩序统一性作为司法适用行政前置认定的重要指导,形式化地强调构成要件要素的理解适用应当根据行政规范确定,与行政规范保持

---

[19] 参见张明楷:《法益初论》,中国政法大学出版社1999年版,第181—182页。

[20] 参见杨春洗、苗生明:《论刑法法益》,载《北京大学学报(哲学社会科学版)》1996年第6期。

[21] 刘树德:《"口袋罪"的司法命运——非法经营的罪与罚》,北京大学出版社2011年版,第12页。

[22] 王皇玉:《刑法总则》,新学林股份有限公司2014年版,第26页。

[23] 参见马克昌:《犯罪通论》,武汉大学出版社1999年版,第26页。

[24] 王昭武:《犯罪的本质特征与但书的机能及其适用》,载《法学家》2014年第4期。

一致,造成刑事司法对行政前置认定的过度依附。

刑事司法对行政前置认定的过度依附,错误解读了法秩序统一性且违背了犯罪概念刑事违法性的要求。追求法秩序统一性,并不意味着刑事司法对行政前置认定的绝对采纳。法秩序统一性,一般认为是指由宪法、刑法、行政法、民法等多个法领域构成的整体法秩序中不存在矛盾,法领域之间也不应作出相互矛盾、冲突的解释。[25] 此种理解建立在法规范与法解释学双重统一基础上,广泛根植于刑事司法适用行政前置认定的理念中。然而,此种整体法秩序完全不存在矛盾的见解,是建立在静态存在论意义上的理想状态,难以实现,更何况将之置于动态的刑事司法中,难免受挫。即使是提出法秩序统一性理论的卡尔·恩吉施(K. Engisch)教授也未完全否定法秩序中矛盾的存在,且将法秩序中的矛盾分为技术的矛盾、规范的矛盾、评价的矛盾和原则的矛盾四种。其中,技术的矛盾,肯定同一法律术语在法秩序中不同法律部门间意义的相对性,对概念阐释的差异作为"必要的矛盾"是不得不被容忍的。[26] 即法秩序统一性自始并未否认技术矛盾的存在,而是认为法律概念在不同法领域中不必保持一成不变的含义,而根据法秩序统一性要求"假药""枪支""林木"等行政规范概念在刑法与行政法中保持绝对一致便无根可循。刑事司法忽视矛盾的合理存在而过度依附行政前置认定,表面上是对刑事违法性的遵循,实则从根本上违反了刑事违法性的要求。

刑事司法对行政前置认定的过度依附,忽视了刑事违法性要求的规范目的指引。在我国刑法与行政法二元制裁体系下,刑法与行政法规定在行为类型方面存在高度的重合性,由此导致具有行政和刑事双重违法性质的"双重性构成要件"[27]大量存在,甚至存在《刑法》第三百五十九条与《治安管理处罚法》第六十七条关于引诱、介绍、容留他人卖淫的规定,以及《刑法》第二百四十五条和《治安管理处罚法》第四十条关于非法侵入他人住宅的规定等完全一致的情形。对此,若仅以规范文字表述作为刑事司法适用行政前置认定的依据,无疑会造成刑事司法独立性丧失而患上"行政依附症"。实则,无论是刑法规范还是行政法规范都非单纯文字堆积,其背后必然有特定目的的支撑,而正是目的的差异使得即使是完全相同的行为或用语在不同法域中亦可能存在差异,刑事司法无视此种差异过

---

[25] 参见[日]松宫孝明:《刑法总论讲义》,钱叶六译,中国人民大学出版社2013年版,第81页。

[26] 其中,评价的矛盾是指犯罪的轻重程度与法律后果程序不相对应;原则的矛盾则指法律的整体或部分根据相互对立的原则被设立出来。(转引自陈少青:《法秩序的统一性与违法判断的相对性》,载《法学家》2016年第3期)。

[27] 王莹:《论行政不法与刑事不法的分野及对我国行政处罚法与刑事立法界限混淆的反思》,载《河北法学》2008年第10期。

度依附行政前置认定,仅仅是为"司法保守主义"提供借口,是司法怠惰的"挡箭牌"。如在交通肇事案件认定中,虽然《交通肇事刑事案件解释》以"危害后果+事故责任"形式规定了交通肇事罪认定的标准,但在当事人逃逸后公安机关交通管理部门采用行政推定等方式认定逃逸当事人承担全部责任,此时将刑事认定的"事故责任"简单等同于《交通事故认定书》中的事故责任认定,则将刑法与行政法的衔接设定为表面的文字对应,忽视了规范背后目的指引,本质上违反了刑事违法性的要求。

(三)"行政依附式"刑事司法悖离了应受刑罚处罚性的要求

应受刑罚惩罚性,"其本质是行为人因其实施违反刑法的行为应当且能够受到刑法的谴责。行为人有条件、有能力避免实施违法行为却选择了违法行为,对这种选择(意志)应当予以否定、责难,对行为人应当依法给予刑罚惩罚"。[28] 行政犯所具有的"超常性",[29] 使得其不像自然犯一样贴近公众的常识、常理、常情,且对此认定要建立在行政前置违法的基础上,"罪责是犯罪的概念特征,无罪责即无刑罚,是一个很长的且目前仍然没有结束的发展的结果。犯罪概念只是慢慢地吸收罪责特征于自身的。"[30] 因此,在行政犯认定中要充分贯彻犯罪概念应受刑罚处罚性的要求,尤其体现在违法性认识方面。

将不具有违法性认识可能性的行为人认定成立行政犯违反应受刑法处罚性的要求:"实施了符合违法构成要件的违法行为的行为人不具有违法性认识的可能性时,不能对其进行法的非难。"[31] 至于如何判断行为人是否具有违法性认识的可能性,有学者针对行政犯的特点提出如下标准:一是有没有认识的机会,有无此机会可以从"行为人对于行为的法律性质是否存在怀疑""知道或应当知道自己的行业行为可能受到某些特殊的法律规范调整""行为人能否认识到自己行为的社会危害性(法益侵害性)"进行判断;二是行为人没有努力去查明法律以避免错误。[32] 然而,这一标准并未得到有效适用,"实务界对法律错误案件的处理哲学表明,绝对的知法推定仍然支配着执法者的思维,不知法的风险照例完全由被告人来承担"。[33] 如在"王力军无证收购玉米案"中,案发的粮食产区存在大量粮食经纪人从事粮食收购活动,王力军也从事此活动六七年,并未有任何差错,

---

[28] 阮齐林:《刑事司法应坚持罪责实质评价》,载《中国法学》2017年第4期。

[29] 胡业勋、郑浩文:《自然犯与法定犯的区别:法定犯的超常性》,载《中国刑事法杂志》2013年第12期。

[30] [德]李斯特:《德国刑法教科书》,徐久生译,法律出版社2000年版,第266页。

[31] 张明楷:《刑法学》(上),法律出版社2016年第5版,第322页。

[32] 参见车浩:《法定犯时代的违法性认识错误》,载《清华法学》2015年第4期。

[33] 劳东燕:《风险社会中的刑法》,北京大学出版社2015年版,第436页。

粮食的种植、买卖作为正常的生产、经营活动维持着当地人的生计,王力军不可能认识到玉米是专营专卖或限制买卖的物品,亦不可能认识到自己的行为"违反国家规定",因此,"王力军不知自己行为违法的认识错误是不可避免的。"㉞在王力军案引发社会关注后不久,《粮食流通管理条例》即进行了修改,"农民、粮食经纪人、农贸市场粮食交易者等从事粮食收购活动,无须办理粮食收购资格",这也一定程度上说明了法规范的过分滞后和王力军违法性认识错误的不可避免。同时,最高人民法院"(2016)最高法刑监6号再审决定书"中亦明确指出,本案中,王力军从粮农处收购玉米卖予粮库,在粮农与粮库之间起了桥梁纽带作用,没有破坏粮食流通的主渠道,没有严重扰乱市场秩序,且不具有与刑法第225条规定的非法经营罪前三项行为相当的社会危害性,不具有刑事处罚的必要性。

应受刑罚处罚性的认定,不应是完全的司法者思维,应是司法者站在民众角度进行的判断。"对行动如何有害、行为人如何应受谴责、惩罚是如何痛苦之类的估计,根植于普通人在日常生活中作出的道德与实践的判断中。"㉟应受刑罚惩罚并非仅为犯罪的附随后果,立法者正是"通过'应当受刑罚处罚'的表述给广大国民和司法者提供了一个识别犯罪的标志"。㊱刑事司法对应受刑罚处罚性的判断必须建立在民众主观感受和价值判断的基础上,"只有在国民这里,法律规范才能找到其牢固的立足点,也只有在国民这里,它才有发展的动力",㊲若是脱离民众认知,刑事司法判断将与公众认知相悖,即使表面上看似坚守了法律的稳定性和权威性,实际上与民众的常识、常理、常情相悖,也无法得到公众对刑事裁判的尊重和认同,无异于缘木求鱼。如"玩具枪"或"仿真枪"能否认定为刑法"枪支"的问题,根据《枪支管理法》第46条和2010年《公安机关涉案枪支弹药性能鉴定工作规定》中鉴定标准的规定,对不能发射制式弹药的非制式枪支,当所发射弹丸的枪口比动能大于等于1.8焦耳/平方厘米时,一律认定为枪支。根据有关玩具安全的国家规定,发射弹丸的玩具枪支比动能必须小于0.16焦耳/平方厘米。而实际上,国家对此并不存在任何实质监管,超越上述标准的玩具枪几乎充斥了整个玩具市场。对此类"枪支"的存在,社会公众已习以为常,不会觉得自己的基本权利受到了威胁,反而对持有、买卖、携带入境此类"枪支"触犯非法持有枪支罪、非法买卖枪支罪,甚至走私武器、弹药罪等重罪难以理解。更何况,在此种政府监管缺位的情况下,对普通经营者或消费者赋予超出其认识能力的

㉞ 阮齐林:《刑事司法应坚持罪责实质评价》,载《中国法学》2017年第4期。

㉟ [美]赫希:《已然之罪还是未然之罪》,邱兴隆等译,中国检察出版社2001年版,第48页。

㊱ 李立众:《犯罪成立理论研究》,法律出版社2006年版,第154页。

㊲ [德]李斯特:《德国刑法教科书》,徐久生译,法律出版社2000年版,第4页。

注意义务,难说不是强人所难。[38] 忽视刑法规定枪支类犯罪的实质用意,单纯以行政规定作为犯罪认定的依据,与民众对此类行为应受刑罚处罚性的判断相悖,以刑罚处罚越位补充行政监管的缺位,必然难以实现合法又合理的刑事司法认定。

三、出路明晰:以犯罪概念指导行政前置认定的司法理性适用

(一) 在刑事实质解释立场下适用行政规范概念

对于行政规范概念,"纯粹从语言学的角度对规范进行语义解释,经常会得出多个不同但都可以接受的结论,通过保护的法益,便可以对这些解释进行挑选,以最好地实现立法者的目标(即实现对该法益的保护)"。[39] 即刑事司法对行政规范概念的理解适用,应当围绕刑法立法目的,采取实质解释的立场。具体而言:

首先,刑法与行政法对行政规范概念规定相互冲突时,应在罪刑法定原则指导下以刑法为依据认定。如对"间谍行为"的认定仅为刑法规定的两种,其他反间谍法规定的间谍行为不能构成反间谍罪。

其次,刑法明确规定行政规范概念理解适用应以行政规范为依据时,应按照刑法指向行政规范理解认定;但这并不意味着刑法独立的价值理念在行政规范概念理解适用中毫无用武之地,相反,对概念的理解适用亦应围绕刑法目的进行实质解释。如《药品管理法》第 48 条第 2 款第(二)项规定"依照本法必须批准而未经批准生产、进口,或者依照本法必须检验而未经检验即销售的"按假药论处,其中,"依照本法必须检验而未经检验的"药品需与"销售"要件结合才能认定"假药",而"依照本法必须批准而未经批准生产、进口"的药品被认定为"假药"是否需要与"销售"要件结合则存在歧义。对此,《药品管理法》设立的目的是为了便利药品的监督管理,销售假药罪除了保护药品市场交易秩序外,深层次是为了保护公共健康而设立,据此,"以假药论处"药品的疗效和安全性是没有问题的,不会危及公共健康,若不流入市场,对药品市场的交易秩序也不会造成侵害,因此,"销售"要件在"依照本法必须批准而未经批准生产、进口"的"假药"认定中亦必

---

[38] 参见陈志军:《枪支认定标准剧变的刑法分析》,载《国家检察官学院学报》2013 年第 5 期。

[39] [德]埃里克·希尔根多夫:《德国刑法学:从传统到现代》,江溯等译,北京大学出版社 2015 年版,第 235 页。

须存在。[40]

最后,刑法未对行政规范概念进行解释,也未明确要求以行政规范作为理解适用依据时,刑事司法应当将行政规范概念置于正义理念之下、现实事实之中和相关法条之间进行实质理解。如"天津大妈持枪案"中"枪支"的刑法认定不能机械等同于行政认定,第一,就对"枪支"的认识而言,摆射击摊作为一种合法的营生,并不会对公众的生命、健康等造成危害,在"外行人领域的平行评价"[41]标准之下,对摆射击摊所用枪支的犯罪性意义难以有所认识,若将此认定为刑法上的"枪支"无疑亦超出公民的预测可能性,违背社会公众认同的正义理念。第二,《枪支管理法》第47条规定,单位或个人为开展游艺活动,可以配置口径不超过4.5毫米的气步枪。因此,若游艺活动中使用气步枪口径没有超过4.5毫米,并没有违反行政管理法规,更谈不上对刑法的违反;若口径超过了4.5毫米,也仅具有了行政违法性,对其刑事违法性仍需进一步判断。第三,非法持有枪支罪属于危害公共安全类犯罪,刑法之所以规制更多是出于对不特定多数人生命、健康安全的考量,而非仅为维持枪支的行政管理秩序。虽然非法持有枪支罪是抽象危险犯,并不需要判断具体的危险,但若根本不存在危险可能性,则事实上排除了成立抽象危险犯的可能,对于尚不能击穿人类皮肤的危险难以说达到了需要刑法介入的危险程度。只有将"枪支"概念的理解适用置于正义理念之下、现实事实之中和相关法条之间,实现对刑法"枪支"概念的实质认定,才能避免"天津大妈持枪案"等类似争议案件的再次发生。

(二) 在法益关联性等要求下认定行政前置违法

刑法作为二次保护法,其对行政犯的规制建立在行政前置违法的筛选和过滤之下,但司法实践对于行政前置认定规范依据选择随意化、扩大化和片面化的倾向,导致行政前置违法认定的构成要件要素作用形同虚设。因此,刑事司法对行政前置违法认定的认定,必须契合刑事司法的具体要求,防止行政犯认定口袋化的蔓延。

刑事司法认定行政前置违法的规范依据应当达到刑法规定的法律位阶要求。刑法以违反"法律"、"国家规定"或"法律、行政法规"等内涵确定方式规定行

---

[40] 参见劳东燕:《价值判断与刑法解释:对陆勇案的刑法困境与出路的思考》,载《清华法律评论》2016年第1期。

[41] "外行人领域的平行评价",是指在规范构成要件要素场合,不要求行为人了解规范概念的法律定义,只要行为人以自己的认识水平理解具体化规范概念中的立法者的评价即可,即即只要认识到规范概念所指示的与犯罪性相关的意义即可。(张明楷:《犯罪构成体系与构成要件要素》,北京大学出版社2010年版,第215—216页。)

政前置违法认定规范依据的,刑事司法应当严格按照刑法规定,不得将未达法律位阶要求的行政规范作为行政前置违法认定的依据。如"姚金文非法经营案"[42]中,法院认为被告人构成非法经营罪的依据中,仅提到了"姚金文违反国家规定",但对违反何种国家规定并未明示。经查询核实,其中的"国家规定"是指《原油市场管理办法》,制定主体为商务部。而根据《刑法》第 96 条,刑法中的"国家规定",是指全国人民代表大会及其常务委员会制定的法律和决定,国务院制定的行政法规、规定的行政措施、发布的决定和命令;最高人民法院《关于准确理解和适用刑法中"国家规定"的有关问题的通知》(以下简称《通知》)中对以国务院办公厅名义制发文件视为刑法中"国家规定"的条件予以明确。商务部制定的部门规章并不在此之列,故以此作为非法经营罪前置违法认定的规范依据值得商榷。刑法以违反"规定""法规""法"或"规章制度"等内涵不明的方式表述行政前置违法认定规范依据位阶的,不可盲目将部门规章、地方性法规、地方政府规章、单位内部规章等法律位阶较低规范作为认定行政前置违法的规范依据,否则将导致行政前置违法认定要求形同虚设,行政犯口袋化趋势难以阻遏,我国法制的严肃性和整体性将遭到严重破坏,还会助长地方保护主义、部门保护主义的藩篱。[43]《刑法》第 96 条是对"国家规定"内涵的基本规定,除非刑法明文规定,不得随意降低行政前置违法认定规范依据的法律位阶,且《通知》亦明确"对有关案件所涉及的'违反国家规定'的认定,要依照相关法律、行政法规及司法解释的规定准确把握。对于规定不明确的,要按照本通知的要求审慎认定。对于违反地方性法规、部门规章的行为,不得认定为'违反国家规定'。对被告人的行为是否'违反国家规定'存在争议的,应当作为法律适用问题,逐级向最高人民法院请示。"

刑事司法认定行政前置违法应当与行政犯所涉法益具有关联性。并非所有达到刑法法律位阶要求的行政规范都可作为"违反国家规定"的规范依据,其还应遵循与行政犯侵犯法益具有关联性的限制。如在"王力军无证收购玉米案"中存在两项行政违法行为:一是没有办理工商营业执照;二是没有办理粮食经营许可证。前者无照经营的行为虽然违反了行政规范,但工商营业执照实行登记制,只是为了工商行政管理的方便而设置,不具有限制性,与非法经营罪所保护的市场准入秩序的法益并不具有关联性。因此,对无照经营只能取缔并予以行政处罚,不能将其作为"非法经营罪"前置违法认定的依据。[44] 此外,对行政犯侵犯法

---

[42] 内蒙古自治区呼伦贝尔市中级人民法院审理(2015)呼刑终字第 181 号。

[43] 参见王恩海:《论我国刑法中的"违反国家规定"——兼论刑法条文的宪法意义》,载《东方法学》2010 年第 1 期。

[44] 参见陈兴良:《违反行政许可构成非法经营罪问题研究——以郭嵘分装农药案为例》,载《政治与法律》2018 年第 6 期。

益的认定不得过于宽泛。有学者认为，行政犯侵犯的法益是"我国刑法所保护的行政管理秩序，这包括司法行政管理秩序，工商、税收、金融、海关行政管理秩序，环境保护行政管理秩序，公共安全行政管理秩序，文教、卫生、医疗行政管理秩序以及其他行政管理秩序。"[45]此种"秩序法益观"[46]下的行政犯认定存在模糊指向和任意扩张的风险，"法益概念之所以在刑罚运用中具有这种基础性作用，正源于它本身不是一个徒有其表、内容空虚的符号而是具有特定的实质内涵"。[47] 因此，即使是行政犯所侵害法益，其背后也应当可以回归至个人利益，否则法益关联性的要求将形同虚设。如在"倪海清生产、销售假药案"中，倪海清研制的中草药药片虽未经过药品行政管理部门批准，但对于治疗癌症确有显著效果，若将其定罪无疑仅考虑了药品市场交易秩序此类秩序型法益，而忽视了个人的生命、健康等更为重要的个人核心法益。

（三）以刑事司法实质审查为前提适用行政确认

司法实践对于交通肇事罪的认定采取"危害后果＋事故责任"的基本模式，"事故责任"这一构成要件要素则由公安机关交通管理部门所出具的《交通事故认定书》所载明的责任认定予以填充。但公安机关交通管理部门与刑事司法机关对事故责任认定的目的存在根本差异，直接以行政确认填充犯罪构成要件要素难以实现刑事司法的准确认定。依据最高人民法院、公安部《关于处理道路交通事故案件有关问题的通知》第 4 条："人民法院审理交通肇事刑事案件时，人民法院经审查认为公安机关所作出的责任认定、伤残评定确属不妥，则不予采信，以人民法院审理认定的案件事实作为定案的依据"；依据最高人民法院《关于审理交通事故损害赔偿案件适用法律若干问题的解释》第 27 条："公安机关交通管理部门制作的交通事故认定书，人民法院应依法审查并确认其相应的证明力，但有相反证据推翻的除外"。因此，《交通事故认定书》在刑事司法中仅具有参考作用，其责任认定能否填充交通肇事罪的构成要件要素取决于司法机关的实质审查，对于经审查认为确属不妥的，则不予采信。如在"吕亚洲交通肇事案"[48]中，一审法院认定"该起事故责任的认定，系由徐州市公安局交通警察支队依照相关

---

[45] 黄河：《行政刑法比较研究》，中国方正出版社 2001 年版，第 125 页。
[46] 魏昌东：《中国经济刑法法益追问与立法选择》，载《政法论坛》2016 年第 5 期。
[47] 参见前注⑨，刘艳红文。
[48] 该案于 2016 年 5 月 20 日作出(2015)新刑初字第 00361 号刑事判决，吕亚洲提出上诉后，江苏省徐州市人民法院于 2016 年 10 月 24 日裁定撤销原判，发回重审；新沂市人民法院依法另行组成合议庭，于 2017 年 9 月 8 日作出(2016)苏 0381 刑初 841 号刑事判决；宣判后，原审被告人吕亚洲仍不服，在法定期限内提出上诉；江苏省徐州市中级人民法院作出(2017)苏 03 刑终 354 号终审判决。

法律、法规,并经集体研究、综合分析依法作出的,经相关有资质的部门鉴定,被告人吕亚洲驾驶的机动车不仅在高速公路上行驶速度低于60km/h,而且车身后部反光标识不符合国家标准,车后部防撞栏横梁截面高度不满足《汽车和挂车后下部防护装置》标准要求,多项违法,故认定其承担事故的同等责任",并且具有致四人死亡、一人重伤、三人轻伤的危害后果,因此认定被告人吕亚洲犯交通肇事罪。而江苏省徐州市中级人民法院经实质审查后认定:"吕亚洲在本起事故中虽然存在行驶速度不到每小时60公里、车身后部反光标识及防撞护栏不符合标准等多项违章,但都不是造成事故的主要原因,本起追尾事故的主要原因应当是后车疏于观察、操作不当所致,故吕亚洲应负事次要责任。"进而在同等危害后果下认定被告人吕亚洲无罪。

司法机关对行政责任认定的实质司法审查,应重点从以下方面着手:第一,行为人是否具有主观过错。行政违法认定对主观方面要求较低,即使承认主观因素的"主观归责原则",也坚持主观过错认定中可适用过错推定原则,甚至实践中采取"客观行为归责原则",并不问行为人主观方面如何。[49] 而出于刑法预防功能的考量,犯罪认定必须具有主观上的故意或过失,缺乏主观罪过的行为不得以犯罪论处。另外,故意过失概念在行政法与刑法领域也存在差异:行政法较少提及此类概念,提及时多针对行为且基本为直接推定,而刑法罪过是针对结果的认识和态度,因此不能直接根据行政法上的主观方面确定刑事认定的主观罪过。如交通肇事案件中,虽然行为人对违章驾驶行为主观上往往是故意,但刑法主观过错认定是基于对结果的态度,故交通肇事罪为过失犯罪。第二,违反交通运输管理法规的行为与危害后果之间是否存在因果关系。根据《道路交通安全法实施条例》第92条,公安机关交通管理部门认定的负事故全部或主要责任,可能由于逃逸、故意破坏、伪造现场、毁灭证据等事后行为,而非与危害结果存在因果关系的交通肇事行为,若据此认定交通肇事罪,无疑会导致"钟某逃逸案"[50]这种被撞却"逃"出法律责任的"怪谈"。第三,行政责任认定是否达到刑事认定的证明标准。刑事认定要求达到"案件事实清楚,证据确实、充分","综合全案证据,对

---

[49] 参见李孝猛:《主观过错与行政处罚归责原则:学说与实践》,载《华东政法大学学报》2007年第6期。

[50] 钟某于凌晨四点半左右,驾驶拖拉机替人送货。途中要方便,便将拖拉机停在路边。此时,小客车飞速而来撞至拖拉机尾部,导致6名乘客不同程度受伤、司机身亡的后果。钟某见状,拨打110报警并谎称自己看到了车祸,随后驾驶拖拉机离开。检察机关根据《道路交通安全法实施条例》第92条认定,钟某在发生交通事故后逃逸,应当承担全部责任,加之造成1人死亡、多人受伤的结果,故以钟某涉嫌交通肇事罪提起公诉。(参见汤玉婷、范福华:《意外被撞逃跑"跑"来有罪指控》,载《检察日报》2007年2月5日,第1版)。

所认定事实已排除合理怀疑"的标准;而行政执法一般采用优势证明标准,即若证明当事人违法的证据优于不违法的证据就可进行违法认定。如在交通事故责任双方过错程度难以区分时,仅依靠行为人的酒后驾驶行为而认定其承担主要责任,而无须查证饮酒量对事故形成的原因力大小,[51]而这远不能达到刑事证明标准的基本要求。因此,刑事司法机关仍须根据案件事实进行实质司法审查,不得将未达刑事证明标准的认定直接采纳适用。

(四)以法益侵害标准指引违法行政许可出罪功能的发挥

对于行政机关单方违法的情形,如行政机关工作人员滥用职权、玩忽职守、超越法定职权、违反法定程序、对不具备申请资格或者不符合法定条件的申请人准予行政许可等,在行政法上属于可被撤销的情形,且因此造成被许可人合法权益损害的,行政机关应当依法给予赔偿,以此充分体现对行政相对人的信赖利益保障。那么,刑法作为最后保障法,更应实现对法的安定性和被许可人信赖利益的充分保障,不可对被许可人强加对行政机关行为进行合法性审查的义务,更不可将无违法性认识可能性的行为认定为犯罪。因此,基于法秩序统一性与刑法独立性的综合考量,应当肯定此类违法行政许可的出罪功能。

对于被许可人以欺骗、贿赂等不正当手段取得行政许可的情形,在行政法上应当被撤销,被许可人基于此行政许可取得的利益不受保护,即行政法上否认以欺骗、贿赂等不正当手段获得许可的行政相对人的信赖利益,但在被撤销前,该违法行政许可尚属违法但却有效的状态。首先,是否要遵循法秩序统一性的要求在刑法上继续延续其有效性,继续行政许可的正当化出罪功能?笔者认为,以法秩序统一性作为论证上述违法行政许可出罪功能正当化的依据,不能成立。一方面,行政法认定违法行政许可有效背后,存在着撤销制度,违法行政许可的撤销决定权掌握在行政机关手中,甚至根据行政许可法规定,对以欺骗、贿赂等不正当手段取得行政许可的,若撤销行政许可可能对公共利益造成重大损害的,不予撤销;然而刑法上针对违法行政许可并无对应的撤销制度,司法机关独立撤销行政许可并无可能,若过分强调刑法应当与行政法保持一致,则在行政机关因对公共利益造成重大损害而不予撤销违法行政许可时,刑事认定则陷入了困境,刑事认定应立足于法益侵害,而不应建立在此种利益衡量之下。另一方面,法秩序统一性更多强调的是违法判断的统一性,根据《行政许可法》第79条,被许可人以欺骗、贿赂等不正当手段取得行政许可的,行政机关应当依法给予行政处罚;构成犯罪的,依法追究刑事责任。即对以欺骗、贿赂等不正当手段取得行政许可且导致刑法法益侵害的行为认定刑事违法,与其行政违法性质并不冲突。

---

[51] 参见万尚庆:《论交通事故罪中的责任认定》,载《法学杂志》2014年第10期。

其次，是否应将行政许可区分为控制性许可和特别许可，依照不同规则判断？笔者认为，此种区分处理方式并无必要。特别许可和控制性许可，是在没有瑕疵发生时的理想区分，在违法行政许可中实则含混，且行政许可类型的区分在刑事审判方面就对相对人的保障而言并无二致，[52]因此，认为对控制性许可"从事刑事审判的法官只需要进行形式的判断，不应当进行实质的审查。换言之，行为人是否采取欺骗等不正当手段，不影响行为人取得行政许可的判断结论"[53]的观点存在误区。最后，是否应否定此类行政许可相对人的信赖保护利益，并依法追究其刑事责任？对此，德国刑法理论中运用"权力滥用"思想否定此类有瑕疵许可的出罪功能，[54]我国司法解释中也存在类似思想，如将"以非法手段取得医师资格从事医疗活动"认定为"未取得医生执业资格的人非法行医"。

尽管以欺骗、贿赂等不正当手段取得行政许可的行政相对人确无值得保护的信赖利益，但欺骗、贿赂是否绝对导致违法行政许可司法出罪功能的丧失，仍需根据法益侵害情况具体判断。具体而言，在行政许可所保护的行政管理秩序与刑法保护法益存在差异的背景下，应根据欺骗、贿赂行为是仅对国家行政管理秩序造成侵害，抑或产生了刑法法益侵害的危险，来判断违法行政许可是否能发挥出罪功能。如在交通肇事案件中发现行为人的驾驶证通过欺骗、贿赂等不正当手段取得，若行为人通过欺骗、贿赂手段在非户籍地（也无暂住证）取得驾驶证，违背了《机动车驾驶证申领和使用规定》第18条规定，在户籍地居住的，应当在户籍地提出机动车驾驶证申请的规定，但欺骗、贿赂的内容仅针对驾驶证管理制度，则不应当取消此种违法许可的出罪功能；但若根据《机动车驾驶证申领和使用规定》第13条，有器质性心脏病、癫痫病、精神病、痴呆等妨碍安全驾驶疾病的不得申请机动车驾驶证，而行为人通过欺骗、贿赂等不正当手段取得机动车驾驶证，且又因为疾病发作导致事故发生时，应当认识到通过欺骗、贿赂等不正当手段获得行政许可行为对刑法保护法益具有侵害的危险，据此，应认定为"无证驾驶"，排除该违法行政许可的出罪功能。[55]

---

[52] 参见王世杰：《论行政行为对刑事审判的拘束》，载《政治与法律》2018年第6期。
[53] 前注⑪，张明楷文。
[54] ［德］克劳斯·罗克辛：《德国刑法学总论》，王世洲译，法律出版社2005年版，第527页。
[55] 参见车浩：《行政许可的出罪功能》，载《人民检察》2008年第15期。

Application of Administrative Pre-confirmation in Criminal Justice: Dilemma, Misunderstanding and Solution

Fu Qian

Abstract: The excessive dependence of criminal judicature on the concept of administrative norm, administrative pre-violation, administrative confirmation and administrative license leads to the increasingly obvious pocketing of administrative offender identification and causes the conflict of criminal judicature law of reason. The crux of the problem lies in the excessive dependence of criminal judicature on administrative predetermination, and the excessive pursuit of the unification of criminal predetermination and administrative predetermination, which goes against the essential requirements of social harmfulness, criminal illegality and the nature of punishment. Therefore, the criminal justice application of administrative pre-determination should be guided by the substantive requirements of the concept of crime: understanding the concept of administrative norm to take substantive interpretation of the position, and determining that the administrative pre-intrusion complies with the requirements of legal interest, and the application of administrative confirmation is based on judicial substantive examination, to play the illegal administrative licensing guilty function associated with the legal infringement standards.

Key words: Administrative Predetermination; Concept of Crime; Social Harmfulness; Criminal Illegality; Nature of Punishment

论合义务替代行为之本体构造与规范适用

金 燚*

[摘　要]　合义务替代行为与假定因果关系同属刑法学中的反事实思维,但两者具有不同的法律效果,需要严格区分。从前提要件和结果要件出发的"区分说"显得力有不逮,两者的本质差异应体现在风险来源和结果引发机制上。在假设流程中,合义务替代行为的"结果"是容许风险在规范保护目的范围内的实现,而假定因果关系的"结果"由行为人控制领域之外、不影响规范效力发挥的其他因素所导致,通过对其风险来源及结果引发机制的考察,可以对两者准确区分。合义务替代行为在扩张行为人的行动自由和限制刑罚权方面具有正当性,不仅适用于过失作为犯和不作为犯,同样适用于故意作为犯。

[关键词]　合义务替代行为;假定因果关系;结果引发机制;故意作为犯

一、问题的提出

随着客观归责理论的发展,结果归责的诸多问题也进入了我国刑法学者的视野。一般认为,义务违反与损害结果之间存在规范关联性时,结果才可能归责于行为人。对于规范关联性的考察,有两个问题值得关注:其一,行为人实施某违法行为造成了法益侵害,但假设实施符合注意义务的行为,结果仍会出现,行为人是否需要对结果负责? 其二,假设行为人不为该违法行为,结果仍会由其他因素造成,行为人的刑事责任是否受到影响? 在刑法理论中,前者被称为合义务替代行为,[①]后者被称为假定因果关系,两者在外观上极为相似,归责效果却完

---

* 德国波恩大学联合培养博士生。本文系 2016 年度国家社科重点项目"我国刑法修正的理论模型与制度实践研究"(16ZDA060)的阶段性研究成果。

[①]　运用合义务替代行为这一分析方法检验义务违反的规范关联性时,可能出现三种情形:若法益侵害结果有"几近确定之可能"不发生,显然法益侵害与注意义务违反之间具有关联性,应该肯定归责;若法益侵害结果"几近确定之可能"仍会发生,则二者缺乏关联性,应该排除归责;若结果"有极高可能性或有可能"会发生,但无法完全确定,此时德国学说(见下页)

全不同。② 关于合义务替代行为与假定因果关系的区别:有学者采"区分说",认为两者具有本质上的差异,为了避免在实务中发生混淆,有必要对合义务替代行为和假定因果关系进行区分;③有学者采"一致说",认为两者没有本质区别,假设因果关系无助于判断义务违反与结果之间的规范关联,甚至会带来理论的混乱和不公正的裁判;④有学者采"例外说",认为两者虽都运用了假设性思维方式,本质上没有区别,但是合义务替代行为是假定因果关系不影响归责的例外。⑤

综上所述,学界当前的争论主要聚焦在如下三个方面:首先,合义务替代行为与假定因果关系是否属于同种思维方式,两者是否有严格划分的必要? 其次,如果认为两者存在差异,那区分合义务替代行为与假定因果关系的具体标准是什么? 最后,适用合义务替代行为以排除结果归责的正当性依据何在? 学术争鸣不乏真知灼见,但遗憾的是,目前的研究大多停留在对具体问题和现象的描述,没有从本质上挖掘两者的异同。除此之外,当前对合义务替代行为的讨论主要集中在过失犯和不作为犯领域,少有关注其在故意作为犯中的适用规则。为了结合上述问题展开进一步研究,现选取国内外相关案例摘录如下:

1. 单车骑士案⑥:法律规定,超车时至少应保持 1.5 米的车距。某货车司机在超车时仅保持了 75 厘米的间距,导致当时处于严重醉酒状态下的单车骑士因受到惊吓,突然向左倾倒而被卷入车轮下轧死。事后查明,即便当时保持 1.5 米的间距超车,该骑士仍极有可能以同样的方式被轧死。

2. 扳道工案⑦:扳道工错误地将运行中的火车从右轨道转到并行同向的左轨道,导致火车撞上左轨上塌方的山体。事后查明,由于两个轨道前方均因塌方

(接上页)中主要有两种主张:适用可避免性理论,因罪疑唯轻原则而对行为人作有利的认定,排除归责;或者适用风险升高理论,认为行为人至少提升了结果发生的风险,肯定归责。容易与假定因果关系发生混淆,有必要进行区分的是第二种,即法益侵害结果几近确定会发生的情形。本文主要将在第二种情形范围内讨论合义务替代行为的本体构造与规范适用。

② 我国学界普遍认为假定因果关系既不影响归因也不影响归责。参见周光权:《刑法总论(第三版)》,中国人民大学出版社 2016 年版,第 122 页。

③ 车浩:《假定因果关系、结果避免可能性和客观归责》,载《法学研究》2009 年第 5 期,第 149 页。

④ 庄劲:《客观归责理论的危机与突围——风险变形、合法替代行为与假设的因果关系》,载《清华法学》2015 年第 3 期,第 76 页。

⑤ 陈璇:《论过失犯的注意义务违反与结果之间的规范关联》,载《中外法学》2012 年第 4 期,第 691 页。

⑥ Vgl. BGHSt 12,79.

⑦ Vgl. Samson, Hypothetische Kausalverläufe im Strafrecht, 1972, S.98.

被堵住,无论行驶于哪个轨道,火车上的乘客都在同一时刻死亡。

3. 纵火案⑧:乙失火造成一座建筑物处于烈火之中,甲故意纵火烧毁其尚未燃烧的部分,但即使没有甲的行为,建筑物的该部分也会在随后很短时间内毁于一旦。

4. 山羊毛案⑨:某工厂主在未按规定程序对一批进口山羊毛进行消毒处理的情况下,将其交给女工,导致四名女工感染其中的炭疽病菌而死。事后查明,当时的技术水平无法完全消除炭疽病菌,即使工厂主对山羊毛按程序消毒,被害人仍极有可能感染病毒而死。

5. 火灾案⑩:在火灾中,甲不敢冒险冲入房中救助他的孩子乙(未得救助则必被烧死),如果甲冲入房中实施救助,便只能从窗户将乙抛出,这样也很有可能导致乙死亡。

6. 名单案⑪:医生甲参与制定被挑选出来屠杀的精神病患者的名单,但即使医生甲不制定该名单,仍然会由精神病院的其他医生来制定,被害人的死亡结果无法避免。

7. 死刑案⑫:甲为死刑犯,执行死刑前,应由乙医生施打麻醉药剂,待甲昏迷后再为枪决。未料乙医生不小心取用有毒药剂注射给甲,甲在行刑前就因中毒而死亡。

8. 救生圈案⑬:甲故意妨碍乙向落水的丙投掷救生圈,丙被海水冲走。事后查明,鉴于乙和丙之间的距离较远以及海浪激流冲击等情况,即使甲没有妨碍乙的投掷,丙也极有可能抓不到救生圈而被淹死。

9. 麻药案⑭:医生故意给病人注射可以致死的过量麻药,但由于病人有医生所不知道的特殊体质,病人最终由于麻药引起的过敏症而死,但即使注射的麻药没有过量,也必然造成病人死亡。

10. 赵某交通肇事案⑮:被告人赵某驾驶车辆由北向南行至北京市海淀区某

---

⑧ Vgl. BGHSt 22,325.

⑨ Vgl. Roxin, Strafrecht Allgemeiner Teil, Band Ⅰ,4. Aufl., 2006, § 11 Rn.74f.

⑩ 参见[德]乌尔斯·金德霍伊泽尔:《刑法总论教科书(第六版)》,蔡桂生译,北京大学出版社 2015 年版,第 364 页。

⑪ Vgl. BGHSt 1,321(330).

⑫ Vgl. Spendel, Der Conditio-sine-qua-non-Gedanke als Strafmilderungsgrund, in: Karl (Hrsg.), Festschrift für Karl Engisch zum 70. Geburtstag, Frankfurt am Main, 1969.

⑬ 参见林钰雄:《新刑法总则》,元照 2018 年版,第 175 页。

⑭ Vgl. Erb, Rechtmäßiges Alternativverhalten und seine Auswirkungen auf die Erfolgszurechnung im Strafrecht, 1991, S.267.

⑮ 参见北京市第一中级人民法院刑事附带民事裁定书,(2005)一中刑终字第 3679 号。

路口南 20 米处时,因超速(该路段限速 60 公里/小时,赵某行驶速度超过了 77 公里/小时)采取措施不及,其所驾驶车辆轧在散放于路面上的雨水井盖后失控,冲过隔离带进入辅路,与正常行驶的杨某所驾驶的车辆和骑自行车正常行驶的刘某、相某、张某、薛某相撞,造成刘某和相某当场死亡,张某经抢救无效于当日死亡,杨某和薛某受重伤。经北京市公安局交通管理局海淀交通支队认定,被害人赵某负此事故的全部责任。法院一审后认为,被告人赵某违反了道路交通管理法规,在超速驾驶过程中遇到紧急情况,采取措施不及时,发生 3 人死亡、2 人受伤的重大交通事故,其行为已构成交通肇事罪,且负事故的全部责任,判处有期徒刑 3 年,缓刑 3 年。

11. 张某非法行医案[16]:被告人张某在未取得医师资格以及医疗机构执业许可证的情况下,开办医疗机构从事诊疗活动。在对有心脏疾患的被害人赵某某进行诊断治疗中,采取人工呼吸、心脏按压及注射过期的硝酸甘油注射液等措施。上述措施均无效,被害人赵某某于当日死亡。经鉴定,被害人生前患有心脏疾患是死亡发生的基础,张某非法行医、盲目治疗、施救与死因二者间虽无直接因果关系,但是张某的行为客观上一定程度延误了抢救时间,失去了抢救机会,在赵某某的死亡过程中负有一定责任,建议参与度为 50%。法院审理认为,被告人张某未取得医生执业资格而非法行医,行医过程中出现就诊人员死亡的后果,属于非法行医情节严重,其行为已构成非法行医罪。但根据在案的证据材料,被害人赵某某生前患有心脏疾患是其死亡发生的基础,张某非法行医的参与度仅为 50%,因此不应认定张某非法行医的行为造成了被告人死亡,对张某依法判处有期徒刑 3 年,罚金 3 万元。

合义务替代行为与假定因果关系具有诸多相似之处:一方面,两者都通过重构前提事实的方式建立了一套假设因果流程;另一方面,无论是在现实因果流程还是假设因果流程中,同一侵害结果都必然发生。由此可见,上述案例属于合义务替代行为还是假定因果关系,并非没有疑问,在文献讨论中也经常出现分歧。[17] 合

---

[16] 参见北京市第二中级人民法院二审裁定书,(2012)朝刑初字第 3355 号;(2013)二中刑抗终字第 346 号。

[17] 譬如,文献中对"扳道工案"往往有不同的观点:车浩教授认为其属于假定因果关系的情形,不影响对行为人的归责;陈兴良教授、于改之教授虽认可其属于假定因果关系的情形,但认为其没有在整体上恶化被害人的状况,应排除归责;根据陈璇教授的观点,此时义务违反与损害结果之间不具有规范关联性,应当排除归责。参见车浩:《假定因果关系、结果避免可能性和客观归责》,载《法学研究》2009 年第 5 期,第 148 页;参见陈兴良:《从归因到归责:客观归责理论研究》,载《法学研究》2006 年第 2 期,第 78 页;参见于改之、吴玉萍:《刑法中的客观归责理论》,载《法律科学》2007 年第 3 期,第 61 页;参见陈璇:《论过失犯的注意义务违反与结果之间的规范关联》,载《中外法学》2012 年第 4 期,第 693—694 页。

义务替代行为理论在当代刑法归责理论中,发挥着保障行为人行动自由和限制国家刑罚权的重要作用,鉴于其与假定因果关系在归责效果上的显著差异,两者有严格划分的必要。具体而言,本文将从如下几个方面展开:首先,通过前九个德国联邦法院和教科书中出现的经典案例,总结假定因果关系与合义务替代行为在思维方式上的共性,并从假定因果关系与合义务替代行为的本体构造出发分析两者的区分标准;其次,论证合义务替代行为理论的正当性,并考察其能否以及如何在故意作为犯、过失作为犯和不作为犯中适用;最后,围绕我国在交通和医疗领域的两个典型案例,考察司法实务中法院的裁判逻辑和论证思路,并对上述案例进行简要评析。

二、合义务替代行为的思维方式

合义务替代行为并非一种"行为",而是一种重要的分析方法。通常的做法是:假设行为人遵守注意义务,用合义务行为取代原本违反注意义务的举止,再建立一个未实际发生的假设因果流程,观察同一侵害结果是否仍会出现。[18] 正如采"一致说"和"例外说"的学者所言,"合义务替代行为这一分析方法归根结底不可能跳脱出假定因果关系的思维模式",[19]"合法替代行为规则本质上是运用了假设的因果关系"。[20] 不可否认,合义务替代行为与假定因果关系在思维方式上具有相似之处,其在认知心理学上有一个共通的上位概念,被称为"反事实思维"。

(一)反事实思维概述

反事实思维的概念最早由美国著名心理学家丹尼尔·卡尼曼(Kahneman)和阿莫斯·特维斯基(Tversky)在1982年共同提出,[21]其是指在心理上对过去已经发生的事件进行否定,并进而建构出一种可能性假设的思维活动。[22] 反事实思维以"反事实条件句"为载体,需要使用"如果没有……那么……"的句式。其中,由"如果"引导出来的条件句是反事实条件句的前提,一般情况下为非现实的假设性事件。"那么"引导出来的结果句是反事实条件句的结论,在前提假设

---

[18] Vgl. Kühl, Strafrecht Allgemeiner Teil, 5. Aufl., 2005, §17 Rn.49.

[19] 前注⑤,陈璇文,第689页。

[20] 前注④,庄劲文,第75页。

[21] 陈俊、贺晓玲、张积家:《反事实思维两大理论:范例说和目标—指向说》,载《心理科学进展》2007年第3期,第416页。

[22] See Kahneman D.T., Norm Theory: Comparing Reality To Its Iternatives, 93 Psychol. Rev. 136-153(1986).

成立的情况下,结论所表达的事件将会发生或可能发生。理论上,反事实条件句的前提和结论之间具有意义和内容方面的关联性。[23] 据此,心理学家们对反事实思维进行了分类:根据前提要件的重构方式,反事实思维可分为添加式反事实思维、去除式反事实思维和替代式反事实思维。[24] 添加式反事实思维是指,在前提假设中加入实际未发生的事件或未采取的活动,而对事实进行否定的反事实思维。例如,"如果甲跳入河中救乙,那么乙就不会溺水而亡"。去除式反事实思维是指,在前提假设中删除某些事实上存在的因素,然后对结论进行重新的建构。例如"如果没有洗冷水澡,那么就不会感冒"。替代式反事实思维是指,在前提假设中替换成另外的行为,则可能会发生不同的结果。例如,"如果甲车当时遵守限速规定正常行驶,那么乙车就不会被追尾";根据结果要件的好坏,反事实思维又可以分为上行反事实思维和下行反事实思维。[25] 上行反事实思维是指,虚拟结果要好于现实结果,"如果高考时没有发挥失常,那么就能被更好的大学录取"。反之,下行反事实思维则指,虚拟结果要差于现实结果。例如,"如果平时没有好好训练,那么今天一定会输了比赛"。

(二)刑法中的反事实思维

反事实思维后来被法学领域所引用,成为条件说的基础。甚至有学者认为,反事实思维可以作为归因推理理论的一种框架。[26] 虽然在刑法领域鲜有学者提及和讨论反事实思维,但通过考察其实质内容,反事实思维其实是处理因果关系和客观归责问题时所无法避免的一种思维方式,在条件公式、假定因果关系与合义务替代行为理论中均有应用。借鉴心理学上的分类,就前提要件而言:在作为犯的场合,条件公式(非 P 则非 Q)以及假定因果关系都是从反面进行推论,假设所考察的要素不存在时,结果是否仍会发生,属于去除式反事实思维。合义务替代行为是用合法行为替换原本违反注意义务的举止,再观察同一侵害结果是否仍会出现,属于替代式反事实思维;在不作为的场合,如果行为人实施了特定行为,结果就将以近似必然的可能性不会出现时,不实施该行为就是结果发生的原因,条件公式、假定因果关系与合义务替代行为采用的是添加式反事实思维。就

---

[23] 彭漪涟、马钦荣主编:《逻辑学大辞典》(修订版),上海辞书出版社 2010 年版,第 361 页。

[24] See Rose N. J., Olson J. M., *The structure of counterfactual thought*, 19 Pers. Soc. Psychol. B. 312–319(1993).

[25] See Markman K. D., Gavanski I, Sherman, S. J. *The mental simulation of better and possible worlds*, 29 J. Exp. Soc. Psychol. 87–109(1993).

[26] See Lipe M. G., *Counterfactual Reasoning as a framework for attribution theories*, 109(3) Psychol. Bull. 456–471(1991).

结果要件而言,心理学的标准在刑法领域中显得不够严谨和完整,除了比现实情况更好和更差,还存在和现实情况一致的场合,譬如,"如果行为人为合乎注意义务的行为,同一侵害结果仍会发生""如果行为人不为某行为,同一侵害结果仍会因第三人的行为而导致"。由此,在上行反事实思维和下行反事实思维之外,刑法中还存在平行的反事实思维。通过对结果要件的考察,条件公式采用的是上行反事实思维,在本文讨论的范围内,假定因果关系与合义务替代行为采取的是平行反事实思维。㉗

三、合义务替代行为的本体构造

由此可见,合义务替代行为与假定因果关系是反事实思维在刑法学领域中具体应用的两种类型,㉘两者在思维方式上具有共性,这也是采"一致说"与"例外说"的学者认为无须对两者进行区分的主要理由。但本文认为,不能因为两者的共性而否认两者的区别,这属于方法论上的错误。正如"作为"与"不作为"都属于"行为",刑法理论上却始终不遗余力试图对两者进行区分。究其原因,在于一旦某行为被评价为"不作为",仅在具有作为义务、作为可能性和结果回避可能性的情况下才可能构成犯罪,因此较之于"作为"具有更多出罪的机会。同样,假定因果关系与合义务替代行为具有完全不同的归责效果,是否将结果归责于行为人,对其自由保障而言具有重大影响。因此,本文主张应当对两者进行严格的区分。

应如何准确区分假定因果关系与合义务替代行为,是采"区分说"的学者不得不面临的难题。由上述分析可知,假定因果关系与合义务替代行为都运用了反事实思维方式,反事实思维又以反事实条件句为载体,分别由"如果"引导的条件句(下文称为"前提要件")和"那么"引导的结果句(下文称为"结果要件")组成。当前学说大多致力于从两者的前提要件或结果要件中总结区分标准,㉙但这样

㉗ 广义的假定因果关系包括现实结果和假定结果相同,以及现实结果要好于假定结果两种情形,如风险降低等。合义务替代行为包括现实结果和假定结果相同,以及现实结果有可能或几近确定之可能要好于假定结果。两者容易发生混淆的是现实结果和假定结果相同,即平行反事实思维的情形。

㉘ 本章所称的合义务替代行为和假定因果关系,均指纯客观层面的形态。将其放在故意作为犯、过失作为犯和不作为犯中进行解析仅是为了考察两者本体构造上的差别,至于两者能否适用于这三种犯罪类型,则是下一章讨论的重点。

㉙ 参见前注③,车浩文,第 149—151 页;Vgl. Ranft, Berücksichtigung hypothetischer Bedingungen beim fahrlässigen Erfolgsdelikt? Zugleich eine Kritik der Formel vom „rechtmäßigen Alternativverhalten", NJW1984.

的尝试并不成功,本文认为,区分两者的关键在于其风险来源和结果引发机制。下文将先分析现有观点的不妥之处,再结合容许风险的规范本质阐明本文的立场。

(一) 前提要件:以"去除"和"替代"为区分标准?

有观点认为,假定因果关系往往是"替代行为人(或事件)",结果不可避免则是"合义务的替代行为"。[30] 不可否认,假定因果关系实际上是假设某种行为"全有"(不作为犯时的添加)或者"全无"(作为犯时的去除),而合义务替代行为则是假设以一种形式的"有"(遵守义务的行为)去取代另一种形式的"有"(违反义务的行为)。以"单车骑士案"为例,若要讨论假定因果关系,则应该假设不存在货车司机的超车行为,若要讨论合义务替代行为,则应该假设货车司机至少保持1.5米的间距实施超车行为。从表面看,对合义务替代行为和假定因果关系在前提要件上以"去除式"和"替代式"进行区分,确实具有一定合理性。但值得注意的是,在一些特殊场合下,合义务替代行为的前提要件又会与假定因果关系发生重叠,从而产生与"去除式"相同的效果。下面分别在过失作为犯、故意作为犯和不作为犯的场合加以说明。

在过失作为犯的场合,虽然大部分情况下,假定因果关系与合义务替代行为具有不同的前提要件,即假定因果关系需要假设不存在行为人的违法行为,合义务替代行为需要用"符合注意义务的行为"去替换"违反注意义务的举止"。但在某些特殊场合,两者又具有相同的前提要件,即"不存在行为人的行为"。譬如,在"扳道工案"中,符合注意义务的行为始终都是"没有扳动火车转辙器"。

在故意作为犯的场合,有的故意作为犯所要求的合法替代行为,其实指的就是一种"去除",即"不存在行为人的行为"。譬如,在"纵火案"中,无论假定因果关系还是合义务替代行为,考察的都是假如没有行为人的行为,结果是否仍会发生。因为法规范要求,任何人都负有不得侵害他人生命、身体和财产法益的消极义务,合乎注意义务的行为自然就是不要主动侵犯他人的权利领域。但是,有的故意作为犯所要求的合法替代行为,也并非直接"去除",而是与过失犯相同,将"故意的违法行为"替换为"遵守注意义务的举止"。例如,在"山羊毛案"中,假如工厂主在交付未消毒的山羊毛时具有故意,合义务的替代行为也并非不交付,而是交付符合消毒程序的山羊毛。

在不作为犯的场合,假定因果关系与合义务替代行为采取的都是添加式反事实思维,添加的是"符合作为义务的行为"。譬如,在"火灾案"中,无论是考察合义务替代行为还是假定因果关系,都需要假设甲遵守作为义务,冲进发生火灾

---

[30] 前注③,车浩文,第149页。

的房间救助乙。综上，在不作为犯的场合，合义务替代行为与假定因果关系的前提要件完全相同；在过失作为犯和故意作为犯的场合，两者的前提要件又有部分重合。因此，以"去除"和"替代"为标准，无法对其进行准确区分。

（二）结果要件：以"抽象"和"具体"为区分标准？

有观点认为，假定因果关系比照的是"抽象的结果"，合义务替代行为比照的是"具体的特定结果"。[31]"抽象"是指现实结果与假设结果之间，仅仅在抽象层面存在共性，具体特征则完全不同。譬如，在"死刑案"中，现实的结果是甲死于毒药剂，假设的结果是甲被执行枪决，两者仅在"死亡"这一抽象层面相同，而死亡时间、方式都不同。"具体"是指现实结果与虚拟结果，在特定的时间、地点、以特定方式造成相同的结果。但该观点是否成立，还需要进一步考察。

批判理性主义的创始人卡尔·波普尔说："从逻辑的观点来看，显然不能证明从单称陈述中推论出全称陈述是正确的……不管我们已经观察到多少只白天鹅，也不能证明这样的结论：所有天鹅都是白的。"[32]所有归纳也都是不完全归纳。因此，检验"假定因果关系比照的是'抽象的结果'"这一命题的真假，只需要举一个反例即可。这样的案例也真实存在，在"名单案"中，即使医生甲不参与制定被屠杀的精神病患者的名单，该名单也会由精神病院的其他医生制定，最终被选定的精神病患者将在同样的时间和地点，以同样的方式被屠杀。由此可见，假定因果关系的结果不一定是抽象层面的结果，也有可能是具体层面的结果。

对于合义务替代行为的"结果"，刑法理论上存在不同的看法。第一种是完全抽象的结果认定；[33]第二种则加入时间因素后相对抽象的结果认定；第三种是加入了时间、空间、法益受害方式等元素后具体的结果认定。从观点一到观点三，随着结果具体化的程度升高，结果避免可能性的适用空间逐渐缩小。对"侵害结果"的定义不同，势必影响到对结果避免可能性的判断。

本文认为，具体化的结果认定并不妥当。首先，"我们根本不可能采用完整而具体的结果概念，以审查合义务替代行为中的结果避免可能性"。[34]否则，合

---

[31] 前注③，车浩文，第149页。

[32] ［英］卡尔·波普尔：《科学发现的逻辑》，查汝强、邱仁宗译，中国美术学院出版社2008年版，第12页。

[33] Vgl. Ranft, Berücksichtigung hypothetischer Bedingungen beim fahrlässigen Erfolgsdelikt? Zugleich eine Kritik der Formel vom „rechtmäßigen Alternativverhalten", NJW1984.

[34] Vgl. Ranft, Berücksichtigung hypothetischer Bedingungen beim fahrlässigen Erfolgsdelikt? Zugleich eine Kritik der Formel vom „rechtmäßigen Alternativverhalten", NJW1984, S.1427.

义务替代行为理论将成为无效的理论,因为"一个人无法两次踏入同一条河流",各方面完全相同的两个结果是不可能存在的。其次,具体的结果认定与刑法的规范保护目的不符。析言之,不作为犯与过失犯作为刑法中的特殊处罚形式,其目的是通过敦促行为人履行保证人义务和遵守注意义务以防止法益侵害结果的发生,而非防止法益侵害结果以某种特定的形式发生。行为与结果的因果关系主要考察个案发生的具体结果可否避免,而义务违反关联性考察的则是抽象构成要件结果可否避免。㉟ 当行为人履行保证人义务或遵守注意义务仍几近确定不具有结果回避可能性之时,刑罚处罚就缺少了正当性,无论被害人的法益是以何种方式遭到损害,实际上都无关紧要。譬如在"火灾案"中,甲没有救助的不作为虽然与乙死于火灾之间具有因果关系,却欠缺义务违反关联性。当命令规范向行为人发出的积极义务由于结果不可避免而成为无效义务之时,法益损害结果不可归责于行为人。最后,具体的结果认定导致归因与归责的功能界限模糊。通说认为,归因旨在从事实层面为归责判断划定范围,其条件关系的成立所考察的结果是具体的结果。㊱ 而合义务替代行为是不同于事实因果关系的规范判断,若仍采具体的结果认定方式,将使得归因和归责的判断标准在很大程度上是重叠的,不利于对归因和归责内在机制的区分和考察。

同样,完全抽象化的认定方式也不妥当。虽然不用对结果发生的地点和具体受害方式作过多限制,但有必要将同一侵害结果发生的时间限定在"同一时点稍前或稍后"。譬如,某医生没有按照诊疗流程的规定在用药前先做皮试,导致门诊病人因过敏性休克死于医院,事后查明,即使做皮试检测出病人体质的特异性而换用另一种药物,该病人回家几天后同样会因为对该药物过敏而死亡。从抽象层面看,死亡结果固然不可避免,但医生的过失行为却现实地提前了病人的死亡时间。人应是目的而绝非被纯粹当作工具,在建立并划分个人自由领域的前提下,若强制侵入他人的自由领域或者变更他人的人身状态,则必然会创设出针对此状态的非容许风险。晚近德国实务在涉及医生过失致死罪的案件中认为,问题的关键不再是履行注意义务是否可避免死亡结果,而是可否因此延后死亡结果的发生。"医生只要履行注意义务,将几近确定之可能使患者多活几个小时,就可将死亡结果归责给医生",㊲可见,即使是极为短暂的生命存续状态同样值得刑法绝对和全面的保护。本文认为第二种观点更为恰当。不过,上述结论是建立在事实认定清楚的前提之下,即事后证据表明,医生的过失行为几近确定

㉟ Vgl. Wessels/Beulke, Strafrecht Allgemeiner Teil, 36. Aufl., 2006, Rn.712.
㊱ Vgl. Roxin, Strafrecht Allgemeiner Teil, BandⅠ, 4. Aufl., 2006, § 11 Rn.6ff.
㊲ Vgl. BGH NStZ 1985, 26, 27.

之可能会提前病人的死亡时间。如果无法查明病人在假设流程中的死亡时点,无法排除合理怀疑,则必须适用罪疑唯轻的原则,选择对行为人有利的事实认定法律后果,排除对行为人的结果归责。

综上,假定因果关系所比照的结果,既可能是"具体"也可能是"抽象"的结果。而合义务替代行为所比照的结果是"相对抽象化"的结果。因此,以"具体"和"抽象"为标准,同样无法准确区分两者。

(三) 前后件关联:原因力数量说和原因力真假说?

假定因果关系与合义务替代行为的区别隐藏在表象之下,有必要从前提要件和结果要件的关联着手,动态地考察两者的区别。我国有学者已敏锐地注意到了这一关键点,并提出"原因力数量说"和"原因力真假说"。

原因力数量说是指,"假定因果关系涉及两个原因力,而合义务替代行为其实只有一个原因力"。[38] 原因力真假说是指,"假定因果关系的'假定'仅仅是针对行为人引导的因果关系而言,但是其中的原因力却是真实存在的;相反,结果避免可能性中的'合义务替代行为',则是彻头彻尾的'假定',完全是基于检验规范有效性的目的而人为设计的一个假想的比较"。[39] 这里的"原因力"是在现实和假设的因果流程中对同一损害结果发生具有贡献的作用力。依据该观点,在假定因果关系的场合,现实原因和假定原因的作用力都真实存在,而在合义务替代行为的场合,始终只存在一个现实的作用力。

在本文看来,原因力的数量不足以成为区分假定因果关系与合义务替代行为的标准。必须承认,假定因果关系中确实存在两个原因力。以"死刑案"为例,现实原因力是"注射毒药剂",假定原因力是"执行枪决",即使没有医生乙注射毒药剂的行为,甲也会随即被执行死刑,两种不同的原因力都导致了同一抽象层面的死亡结果。但合义务替代行为的情形则更加复杂,虽然大部分情况下只存在一个原因力,如"山羊毛案"中导致女工死亡的病菌。个别情况下也可能存在两个原因力,如"火灾案"中,乙在现实流程中死亡的原因力是"被火烧死",而假设流程中的原因力是"被抛出窗外"。是否只存在一个原因力,必须等到整个判断都结束之后才能得出结论。[40]

同样,原因力的真假也无益于区分假定因果关系与合义务替代行为。行为人符合注意义务的行为固然是一种假定,但不能据此否定那些在现实流程中没有被引发,却在假设流程中发挥作用的原因力的存在。同样以"火灾案"为例,假

---

[38] 前注③,车浩文,第149页。
[39] 前注③,车浩文,第150页。
[40] 前注⑤,陈璇文,第690页。

设甲遵守作为义务冲入房内实施救助,造成同一侵害结果的并非甲的不作为,而是"甲将乙抛出窗外"这一替代原因。在"麻药案"中,可能致死的原因力包括过量的麻药和病人自身的特殊体质两种,现实流程中是过量的麻药导致病人死亡,但即使医生遵守注意义务注射适量的麻药,病人仍会死于由自身特殊体质所引发的过敏症这一替代原因。这两种原因力都真实存在,虽然在现实流程中,替代原因的危险性未被引发,但在假设流程中,替代原因完全具备了等同于注意义务违反的法益侵害效果。因此,以原因力的数量和真假来区分假定因果关系与合义务替代行为显得力有不逮。

(四)从结果引发机制的考察

从前提要件与结果要件的关系出发,动态地考察合义务替代行为与假定因果关系的区别具有合理性,但原因力数量说和原因力真假说只是基于典型案例所归纳出的结论,虽然看似极具说服力,但在特殊个案中往往无法得出正确结论。本文认为,应从两者的风险来源和结果引发机制出发,提炼出更具普遍化的区分标准。概言之,合义务替代行为所比照的"同一侵害结果"是假设流程中行为人所创设的容许风险在规范保护目的范围内的实现,而假定因果关系所比照的"同一侵害结果"是假设流程中行为人控制领域之外的、不会影响规范效力发挥的替代原因所导致。下文将结合容许风险的规范本质对以上结论详述之。

1. 容许风险的规范本质

风险社会下,为了维持社会的运作和方便人们的生活,社会共同体和法秩序需要容忍许多本身具有危险性的行为。譬如,虽然总是蕴含着发生事故致人死伤的危险,但人们不能因此杜绝使用交通工具。如果行为人所创设的风险没有超出一般的生活风险的范畴,或者其所创设的风险属于被容许的风险,则无须为由此导致的损害结果负担责任。

在容许风险的判断标准上,我国传统观点认为,"只要实施危险行为时遵守法律条文的相关规定……即在立法者所能容许的风险范围内,自始就没有侵害法益,也就不可能符合构成要件。"[41]依据该观点,法律条文是划分风险容许与否的界限,但倘若如此理解,容许风险就会不可避免成为一种评价结论而非评价标准,容许风险理论也将没有任何存在的必要。[42]为了避免容许风险沦为一种立法政策问题,有必要对其进行新的解读。不可否认,法律条文作为行为允许与否的标准,自然是立法者根据危险行为的社会有益性和相当性进行利益衡量的产

---

[41] 张亚军:《刑法中的客观归属论》,中国人民公安大学出版社2008年版,第55—56页。

[42] 相关批评参见张明楷:《论被允许的危险的法理》,载《中国社会科学》2012年第11期,第120页。

物，但"利益衡量可分为立法层面的利益衡量和法律适用层面的利益衡量，或者说立法生成时的利益衡量与司法适用中的利益衡量"，[43]要使容许风险的概念对犯罪的客观构成要件具有解释力，其认定的前提就并非是对抽象的法律法规的遵守，而是需要在具体司法适用过程中，立足于行为时的视角，对所有事实材料进行第二次利益衡量。因此，单纯违反法律法规只是非容许风险成立的表征，风险容许与否还应当根据个案进行实质判断。[44] 从结论上说，遵守注意规范的行为不一定能被全部评价为容许风险，譬如，若行为人已经预见到继续原速行驶将会不可避免撞上横穿马路的行人（假设该速度在限速范围之内），但依旧没有减速，最终致人死亡，此时就不允许以遵守注意规范为由而排除归责。

容许风险的概念运用到合义务替代行为中，其主要功能是为了确认假设因果流程中"符合注意义务的行为"的边界。值得注意的是，各种不同的特别规范在刑法上评价运用只能是一种关于创设风险或法益侵害的"证据征兆"，立法者制定这些特别规范时主要是着眼于各种社会活动参与者安全的最起码保障，而非绝对保障。[45] 这些特别规范所指示的注意义务也不完全等同于刑法上的避免义务。在判断风险容许与否之时，应从事前的视角，"以行为人实施某种行为时，一般人认识到的事实（特殊情况下包括行为人的特别认知）为判断的事实基准"，[46]综合个案中法益的紧迫状态、利益与风险的衡量进行实质判断。

2. 合义务替代行为：容许风险的实现

在合义务替代行为的场合，行为是否对法益损害具有贡献，还处于混沌不明的状态，因此需要构建一套假设的因果流程，通过将行为人现实创设的高度非容许风险调整成为低度的容许风险，再观察容许风险的发展路径，同一侵害结果正是容许风险的实现。此理论有三点需要特别关注：

（1）容许风险的类型有哪些？

根据容许风险的实现路径，可能出现两种情况：容许风险内蕴型和容许风险创设型。容许风险内蕴型是指，即使行为人控制行动的危险性于容许界限之内，但该危险是容许风险本身所内蕴的，不会随着行为人基准行为的调整而被消灭。此时，导致结果发生的原因力来源于容许风险本身。例如，在"山羊毛案"中，即使工厂主按照规定程序消毒，炭疽杆菌也无法被杀死，这种危险客观存在、并于现实和假设因果流程中都发挥了作用。容许风险创设型是指，行为人将行动的

---

[43] 劳东燕：《法益衡量原理的教义学检讨》，载《中外法学》2016年第2期，第371页。

[44] 王俊：《客观归责体系中允许风险的教义学重构》，法律出版社2018年版，第82页。

[45] 古承宗：《刑事交通事件中的容许风险与信赖原则》，载《月旦法学杂志》2011年第193期，第51页。

[46] 周光权：《行为无价值与客观归责论》，载《清华法学》2015年第1期，第137页。

危险性从高度的非容许风险调试成低度的容许风险,虽然导致结果发生的危险被消灭,但合义务的替代行为同时又会附随产生新的容许风险,从而导致同一侵害结果。此时,导致结果发生的原因力来源于容许风险所一并引发的替代性侵害。

例如,在"火灾案"中,当甲履行作为义务冲入房中对乙实施救助之时,乙被烧死的危险随之消灭,但是履行作为义务的行为又必然创设出乙被摔死的危险,同样会导致死亡结果。容许风险所创设的新的风险,在现实流程中没有发挥作用但在假设流程中对结果具有贡献力。

(2) 如何确定容许风险的边界?

"合义务的替代行为是结果回避可能性检验的一个变数,只要行为人未逾越预先划定的行为界限,就会有无数多种合乎注意义务的行为。"[47]如何才能满足合义务替代行为的要求? 对此,有观点指出,"应当对合义务替代行为本身进行限定……若有多个与违法行为同属一种行为类型的合法举动可供选择,则应将其中最低限度的合义务行为作为替代行为"。[48]"在选择替代原有违反注意义务行为的举措之时,不仅应考虑行为人在行为时的行动目的,还应将容许风险的最高值作为合义务替代行为"。[49] 在日常生活中,法律法规和行业标准本身就已经蕴含了可容许风险的限度和范围,是认定违反注意义务与否的重要参考因素。如果法律规定道路交通参与者至少保持 1.5 米的超车距离,实质上就为容许风险划定了一条最高界限,在此范围内的行为原则上都被视为没有创设法不容许的风险,在考虑合乎注意义务的行为之时,同样不应对行为人提出更高的要求,其选择最接近非容许风险、但仍保留在容许风险范畴内的行为方式即可。但值得注意的是,此标准仍不绝对,容许风险的边界还必须结合具体案件进行实质判断。在某些特殊情况下,遵守法规范的行为也并不一定被容许。当被害人缺乏相应的智识和能力,在具体情状中无法同正常社会参与者一样行止时,法官在个案中即有必要提高行为人被容许的限度。譬如,某路段限速 60 公里,甲以 90 公里的时速超速通过时,因减速不及时撞死了在马路上嬉戏的小学生,事后查明,即使甲事发当时以 60 公里的时速通过,亦无法及时减速避免死亡结果发生。但是此时,考虑到小学生的安全意识较弱,行为往往难以预测,交通参与者明知前方有小孩的情况下,就应当减速并做好随时刹车的准备,而非仍然以法定最高时

---

[47] Vgl. Jordan, Rechtmäßiges Alternativverhalten und Fahrlässigkeit, GA1997, S. 367.

[48] 前注⑤,陈璇文,第 695—696 页。

[49] 参见许恒达:《合法替代行为与过失犯的结果归责》,载《台大法学论丛》第 40 卷第 2 期,第 753—754 页。

速通过。相应,在假设行为人创设的是容许风险的因果流程中,其违法行为就不应再以法律规定的最高值时速60公里为替代,而应当调低到足以保障小学生人身法益的程度,比如时速40公里甚至更低。

(3)如何确定容许风险与同一侵害结果之间的风险实现关系?

由上述容许风险的规范本质可知,其是出于社会有益性和相当性的衡量而被法秩序评价为容许。容许风险并非没有任何危险性,且当然具有致生法益损害的可能。在假设行为人所创设的是容许风险的因果流程中,通过观察该容许风险是否在规范所欲禁止的路径上实现,有助于在规范意义上考察容许风险与同一侵害结果之间的风险关联。由于行为规范是针对未来可能发生的抽象法益侵害的保护,如果假设因果流程及同一侵害结果并不为该规范的保护目的所涵盖,而是由与规范保护目的不相关的其他因素所引起,则损害结果无法"归责"于容许风险。具体的做法是:首先,结合行为人所违反的注意义务确定规范的保护目的;其次,在假设行为人遵守注意义务的因果流程中,观察容许风险的发展历程,如果是在规范所欲禁止的路径上实现了同一侵害结果,则排除归责。如果是由于那些处于行为人控制范围之外、无法影响规范效力发挥的事实因素导致同一侵害结果发生,则不应排除归责。以前述案件为例:

例如,在"山羊毛案"中,工厂主所违反的"事前必须对山羊毛进行消毒"这一注意义务的规范保护目的,是为了防止山羊毛中的危险病菌损害工人们的身体健康。在假设工厂主事先对山羊毛进行消毒、控制自身行为于容许危险范围内的因果流程中,因病毒无法被彻底消灭,四名女工因感染病毒而死,同一侵害结果明显在规范所欲禁止的路径上实现。因此,不能将结果归责于工厂主。又如,在"扳道工案"中,扳道工所违反的"禁止扳道"这一注意义务的规范保护目的是为了防止火车在转辙器附近或在行进过程中脱轨、发生故障甚至与对向列车相撞,从而影响车上乘客的安全。在假设扳道工遵守注意义务,保持自身行为于容许风险范围内的因果流程中,同一侵害结果明显没有在规范所欲禁止的路径上实现,而是来自一个偶然的自然现象(山体塌方),这与火车上的乘客在左轨道上被雷劈死或者被第三人枪杀并无不同。在真实流程中,注意义务所要求的保护法益的责任,可以有效排除非容许风险的法益损害,虽然乘客仍会死于右轨道,但这是与规范效力发挥无关的其他因素所衍生的结果,而并非容许风险所引发的损害,该自然因素不影响结果归责。

3. 假定因果关系:替代原因所导致

对假定因果关系的风险来源和结果引发机制的考察可以先从其定义着手,当前学界主要存在四种观点。其一,"存在一个代替性行为人,假如行为人不实施某一法律所禁止的行为,他人也会合法或非法地实施该行为"。[50] 其二,"假定因果关系一般指虽然某个行为导致结果发生,但即使没有该行为,由于其他情况也会产生同样的结果"。[51] 其三,"假定因果关系是指在行为人故意地实施危害行为的场合,假设没有类似行为,结果也会发生的情形"。[52] 其四,"假定因果关系所要处理的问题是:行为人能否辩称,即使自己不为违法行为,其法益侵害结果仍然会全部或部分由于被害人自身既存的脆弱法益、被害人自己的行为、第三人的介入、自然事件等其他替代因素而引起。[53] 应当说,上述定义准确地揭示了假定因果关系的结果引发机制:在假定因果关系中存在两种原因,现实中发挥了作用的真实原因和没有发挥作用的替代原因。由于真实原因的作用力在前,导致替代原因无法发挥实效,不过,一旦真实原因不复存在,替代原因可以立即作为替补而导致同样的结果发生。然而,试图以列举的方式为替代原因划定范围,注定徒劳无果。首先,在上述被害人因素、第三人行为、自然事件三类情形之外,"行为人的行为"明显也属于替代原因的范畴。譬如,本该为乙执行死刑的甲,发现原来乙是其仇人,于是提前将乙杀死。其次,被害人原因、自然事件等也同样可能成为合义务替代行为的风险来源,其只能成为两者的共通要素,而不能成为界分要素。但是,若仅以"其他情形"或者"假设没有类似行为,结果也会发生"来概括,难免显得避重就轻,无法限定纳入考察的事实因素的范围。

于是,还是应该回归到"假定因果关系为什么不影响归责"这一最根本的问题上来。行为人为其引起的损害所需承担的责任,并不因另一潜在的替代行为也同样可能导致该损害发生而归于消灭,这是一个基本的归责原则。[54] 譬如,在"纵火案"中,即使没有甲的放火行为,财物也会随即被大火烧毁。人们之所以一致认为该假定原因不能影响对甲的归责,甲依旧构成故意毁坏财物罪,其根本原因在于:建筑物失火的事实并不处于甲行为的覆盖范围之内,关于"禁止不谨慎地造成火灾"这一注意义务规范所具有的避免失火事故发生的规范效力也不会因为甲的行为而有任何减损,所以甲对乙所违反的规范的效力发挥毫无作用,自然也无法影响甲行为本身的性质。又如,在"死刑案"中,即使没有医生过失注射毒药剂的行为,甲也会随即被执行死刑,但这并不妨碍医生构成过失犯罪。究其原因,在于甲被执行死刑的事实并不处于医生行为的覆盖范围内,医疗常规指示

---

[50] 陈兴良:《从归因到归责:客观归责理论研究》,载《法学研究》2006 年第 2 期,第 78 页。
[51] 张明楷:《刑法学》(第五版),法律出版社 2016 年版,第 186 页。
[52] 周光权:《刑法总论》(第二版),中国人民大学出版社 2011 年版,第 96 页。
[53] Vgl. Oetker, in: Münchener Kommentar zum BGB, 7. Aufl., 2016, Rn.207f.
[54] Vgl. Kühl, Strafrecht Allgemeiner Teil, 5. Aufl., 2005, § 4 Rn.11f.

的注意义务所具有的避免医疗事故发生的规范效力也不会因甲即将被执行死刑而有任何减损,相反,即使是极其短暂的生命状态的存续,也值得刑法绝对和全面的保护。所以甲将被执行死刑的事实对医生所违反的规范的效力发挥没有任何影响,医生的行为同样具有不法性。因此,何种替代原因能够被纳入假定因果关系的考察范畴,毋宁应从是否影响到注意义务的规范效力入手,只有行为人控制领域之外、无法影响规范效力发挥的原因,才能成为假定因果关系所考察的替代原因。

4. 小结

综上所述,在合义务替代行为的场合所比照的"同一侵害结果",是在假设行为人遵守注意义务时所创设的容许风险的实现。在具体分析案件时,首先,需要将行为人所创设的高度非容许风险调试为低度容许风险;然后,确定行为人所违反的注意义务所指示的规范保护目的;最后,观察容许风险的发展历程,如果是在规范所欲禁止的路径上实现了同一侵害结果,则排除归责。在假定因果关系的场合所比照的"同一侵害结果",是在假设没有行为人违法行为之时,由行为人控制范围之外的、不影响行为人所违反之规范效力发挥的替代原因所造成。假定因果关系既不影响归因,也不影响归责。

四、合义务替代行为的规范适用

随着客观归责理论的发展,合义务替代行为作为一种考察义务违反与侵害结果之间规范关联性的分析方法,对行为人刑事不法的判断有着重大影响。外国与我国刑法理论的通说均赞同:违反注意义务的行为人虽然因其行为引起了该构成要件的结果,但是如果该结果即使在不违反注意义务情况下也同样会发生,应当否定违法性联系。[55] 换言之,当行为人遵守注意义务仍然没有结果避免可能性之时,结果就不能归责于行为人,实际上,合义务替代行为关注的是结果避免可能性的有无与程度问题。在刑法理论中,过失作为犯和不作为犯的归责需要考察结果回避可能性几已成为共识,但在故意作为犯中是否必要,学界还存在较大争议。下面,本文将在阐明合义务替代行为理论的正当性基础之上,着重考察其在故意作为犯中的适用规则。

---

[55] [德]耶塞克、魏根特:《德国刑法教科书(下)》,徐久生译,中国法制出版社2017年版,第785页;陈兴良:《规范刑法学(上册)》(第三版),中国人民大学出版社2013年版,第136页。

（一）合义务替代行为的正当性依据

有学者认为，"现实要素和结果之间的作用关联……不能通过设想的、未曾发生的替代原因将其排除，因为这无关乎价值评判，而是存在论意义上的问题"。[56] 更有学者批评，"全面接纳假设因果关系的纯粹规范性归责理论，不仅会损害刑罚的正当性基础，而且会严重破坏法秩序，更须予以拒绝"。[57] 必须承认，现实因果流程中不法行为确实造成了法益损害，若仅因欠缺结果回避可能性就否定归责，不免产生违反法益保护原则的疑义。因此，有必要阐明合义务替代行为的正当性依据以回应上述质疑。

首先，"人的不法"理论是合义务替代行为理论的底色。刑事不法针对的是人在其意志指导下的行为，而并非只是对客观外在事实的评价，即使动物或自然事件等同样可能造成法益损害，但由于根本不可能有人的意志存在，便难以成为刑法规制的对象。随着人的不法理论的展开，法益侵害只有在人的违法行为中才具有意义，不法是与行为人相关联的"人的"不法。[58] 行为是与特定行为人相联系的行为，违法性是针对行为的否定与禁止。显露于现实领域的事态的不法，也必然是人的不法的现实化。"人的不法"概念自客观归责理论创立之始就贯彻其中，从"人的不法"角度理解实质不法概念，在结果不可避免的场合，无论遵守规范与否都将致生法益损害，注意义务所要求控制风险的诚命对法益保护而言已然毫无意义。在刑法的禁止规范无法达到预防法益受害的目的时，就应该否定客观归责。[59]

其次，禁止侵害原则是合义务替代行为理论背后的法理基础。在现代法治国家原则里，由禁止侵害原则所推导出的对刑事责任的分配上，只有能够证明行为人的行为确实侵入了他人的权利领域并对法益损害存在贡献之时，才能对其施加刑罚。但是，在现实的因果历程中，行为人个人的行为贡献往往与其他各种因素相互交织，无论是主观上考察行为人对基础事实的认知和对因果历程的想象，还是客观上观察法益损害的现实化结果和禁止风险的实现路径，从事前都无法简单断言行为人的行为是否侵入了他人的权利领域。虽然主观归责论者强调

---

[56] Vgl. Ranft, Berücksichtigung hypothetischer Bedingungen beim fahrlässigen Erfolgsdelikt? Zugleich eine Kritik der Formel vom „rechtmäßigen Alternativverhalten", NJW1984, S.1425.

[57] 前注④，庄劲文，第 86 页。

[58] ［德］汉斯·威尔策尔:《目的行为论导论——刑法理论的新图景（增补第 4 版）》，陈璇译，中国人民大学出版社 2015 年版，第 39—40 页。

[59] ［德］许乃曼:《关于客观归责》，陈志辉译，载《不疑不惑献身法与正义——许乃曼教授刑事法论文选辑》，新学林 2006 年版，第 555 页。

"只有行为人主观认知的事实足以支撑法不容许的风险，而且此风险实现为侵害结果的时候，侵害结果才能归责给行为人"。[60]但被害人是否死于行为人所认知之事实所升高的风险范围内，单纯依据行为人的主观认知并不可靠，因为行为人对因果流程的预见可能性是建立在介入因素具有相当性的基础之上的，是基于自然法则或生活经验而进行的推断。当行为人对在此之外的替代原因没有特殊认知之时，势必需要采用合义务替代行为的方法，通过一套虚拟的因果流程从事后加以积极的认定。特别是在故意作为犯，如"麻药案"中，医生通过向病人注射可以致死的过量麻药，故意引发了为法规范所不容许的风险，并且主观上所意欲的死亡结果也得以实现，司法裁判中非常容易仓促地得出行为人应负故意杀人罪既遂之责任的结论。然而，只要事后鉴定便会发现，即使注射的麻药没有过量，病人因自身特殊体质也会由于麻药引发的过敏症而死。一旦将事后鉴定的结果纳入整个案件事实予以考虑，所得出的结论将大相径庭。因为死亡结果几近确定无法避免，甲只能成立故意杀人罪的未遂，甚至在有些客观不法论者看来甲无罪。可见，合义务替代行为的检验方法对于案件事实的查明和刑事责任的分配而言发挥着不可或缺的作用。

最后，合义务替代行为的法律效果是在行为人的行动自由与法益保护之间进行利益权衡的结果。这种利益权衡不仅存在于立法层面，在司法层面也同样适用。

刑法理论中的诸多责任分配原则也分别经由这两个阶段而生成。譬如，我国《刑法》第 20 条所规定的正当防卫制度，意味着"权利无须向不法让步"，被侵害人在面对不法侵害时不负有容忍或退避的义务，可以在制止不法侵害的必要限度内对不法侵害人进行反击，[61]一定程度上扩张了行为人的行动自由，即使造成了被侵害人重大的权益损害，仍可以不负刑事责任。又如，我国刑法规定了共同犯罪制度，便是意在利用"一人实行、全部责任"这种交互归责的方式限制共同犯罪人的行动自由，对被害人提供更全面的保护。虽然我国在立法层面没有明确规定合义务替代行为，但随着犯罪构成体系的变化、刑事不法的流变和结果归责理论的变迁，犯罪构成要件不断向着更加实质化的方向发展，过失犯理论也不断向前演进。在新过失论中，过失的体系定位从罪责阶层转移到不法阶层，过失判断重心从结果预见义务转变为结果回避义务，在继承新过失论的基础之上，客

---

[60] 周漾沂：《从客观转向主观：对于刑法上结果归责理论的反省与重构》，载《台大法学论丛》2012 年第 4 期，第 1469 页。

[61] 王钢：《正当防卫的正当性依据及其限度》，载《中外法学》2018 年第 6 期，第 1606—1607 页。

观归责理论对过失不法又进行了更为规范化和精致化的改造,运用客观归责法理的判决也为数不少,不断影响和推动着我国司法实务的发展。[62] 传统的因果关系理论吸纳规范的结果避免可能性标准之后,在即使遵守规范也无法避免结果发生的场合,行为人的行动自由就不应受到该规范的限制,如果仍对其施加处罚,反而使得国家刑罚权的行使缺乏正当性。

(二)合义务替代行为在故意作为犯中的适用

在日本,山口厚教授认为,结果避免可能性是故意犯与过失犯共同的问题。[63] 在德国,罗克辛教授也认为结果回避可能性同样适用于故意犯和过失犯,反之,金德霍伊泽尔教授则认为只适用于过失犯。在我国,此问题虽甚少得到讨论,但也有学者提出"假定因果关系……既适用于故意犯也适用于过失犯,结果不可避免……主要适用于过失犯"。[64] 本文认为,合义务替代行为同样可以在故意作为犯中适用,不过需要严格限定在两类特定犯罪的情形,具体分析如下:

1. 符合本体构造之类型:故意阻止救助型犯罪和故意作为的法定犯

从逻辑上看,能够满足合义务替代行为本体构造的犯罪类型,才有规范适用的空间。由上文可知,合义务替代行为与假定因果关系在本体构造上最本质的区别在于其结果引发机制,而事实上,并非所有的故意作为犯类型都能满足合义务替代行为在结果引发机制上的要求。

在故意作为犯的场合,行为人实施合法替代行为,其实在部分自然犯的情况下意味着"行为人什么都不做"。当真实存在于现实流程中的原因力在假设流程中被取消,"无中"不能"生有",容许风险内蕴的原因力以及由容许风险所引发的替代性侵害由于基础行为消失随之也被消灭。如果发生了与现实情况相对抽象化的同一侵害结果,那只可能是由客观存在的无法影响规范效力实现的其他原因造成。譬如,在"纵火案"中,考察甲的合法替代行为,只能先假设其"不实施纵火行为",一旦其行为被设定为真空状态,在不考虑其他因素的情况下,很难想象有内蕴于"不作为"或者附随于"不作为"而产生的任何原因力的存在,在此种场合下,合义务替代行为的结果引发机制无法发挥作用,亦即其排除结果归责的功能无法实现。

不过,并非如同某些学者所批判的,"合义务替代行为在故意作为犯中是一

---

[62] 北京市海淀区人民法院:《客观归责理论在刑事判决中的运用》,(2018)京0108刑初1789号。

[63] [日]山口厚:《刑法总论(第三版)》,付立庆译,中国人民大学出版社2018年版,第56页。

[64] 前注③,车浩文,第150页。

个无效的理论",[65]有两类故意作为犯类型值得特别关注。第一类是故意阻止他人救助第三人因而构成犯罪的场合（以下简称"故意阻止救助型犯罪"），"救生圈案"就是其典型例子。一般情况下，故意作为犯都是开启了一个新的因果流程，譬如行为人故意开枪杀死被害人、毁坏被害人财物、诬告陷害被害人等等，在没有作为义务的情况下，"行为人什么都不做"自然不会将其理解为导致一个结果发生的原因。而在故意阻止救助型犯罪的场合，故意作为犯并非开启一个新的因果流程，而是去阻止一个既存的对被害人有利的因果进程，当行为人的违法行为不存在时，原本被阻止的因果进程会继续向前发展，替代原因的作用力也由此被引发进而导致相对抽象化的同一侵害结果发生，符合合义务替代行为的结果引发机制的要求。第二类是故意作为的法定犯的场合，其合义务的替代行为并非如故意作为的自然犯，即完全去除行为人的行为，而是将行为人的违法行为替换为法律所要求的遵守注意义务的行为，在医疗领域的"麻药案"就是其典型事例。在"麻药案"中，医生对自己的行为可能导致病人的死亡具有认识，并且希望这样的死亡结果发生，但事后查明过量的麻药对死亡结果没有有任何贡献，即便医生按照医疗常规注射适量的麻药，被害人依旧会因对麻药过敏而死亡，结果不具有回避可能性。因此，从本体构造上看，上述两类情形理论上适用于合义务替代行为的检验。

2. 适用规则及其实质合理性

满足本体构造要求的故意作为犯类型在具体案件中是否能够适用合义务替代行为理论，还存在不小的争议。虽然在罗克辛教授看来，即使行为人具有故意，但不会对有目的性的法益侵害结果造成任何实质性的改变，仍应考虑结果避免可能性的问题。但这种利用客观归责理论贯通处理所有犯罪类型的方式，并没有获得学界的一致认可。反对者称，客观归责理论是为过失犯量身打造的，故意犯与过失犯具有完全不同的归责方式，后者适用规范归责，前者适用意志归责，[66]行为人的行为与结果之间是否存在风险联系，可能就不属于客观构成要件的检验，而只属于主观归责。[67] 本文认为，对于故意作为犯而言，即便行为人在行为时制造了法不容许的危险，满足了行为不法，但从事后来看，行为人的举措较之于合法行为，并没有对受保护的法益造成更严重的侵害，因此，只成立故意犯罪的未遂，而无须对法益损害结果负责。具体分析如下：

---

[65] 前注④，庄劲文，第86页。

[66] 劳东燕：《刑法中的客观不法与主观不法》，载《比较法研究》2014年第4期，第78页。

[67] ［德］乌尔斯·金德霍伊泽尔：《故意犯的客观和主观归责》，樊文译，载《刑事法评论》第23卷，北京大学出版社2008年版，第229页。

(1) 故意作为犯的场合为何需要审查义务违反关联性？

本文认为，注意义务违反是故意犯与过失犯共通的不法要素，过失作为犯是对注意义务不谨慎地违反，而故意作为犯是对注意义务刻意地违反，同样有必要进行义务违反关联性的审查。详言之，在二元的规范论下，刑法是行为规范与制裁规范的统一，对前者的违反彰显了行为不法，后者则强调结果不法。所谓的行为规范，是指按照其内容指示了一定的行为样态正当或不正当的规范。[68] 例如，刑法在规定杀人罪的构成要件及处罚以外，同时也宣示了"不可杀人"的禁止诫命。基于"不可杀人"的行为规范，我们应当尊重他人的生命法益，任何可能致人死亡的行为我们都应该避免或者谨慎为之。在故意作为犯中，行为规范在构成要件上对于包含行为人在内的一般人来说是比较明确的，即知道特定行为导致特定结果的人不应该去实施这种行为。[69] 在过失作为犯中，其构成要件虽然具有很大程度的"开放性"，但新过失论通过设定结果回避措施这一基准行为，将注意义务置于违法要素从而显示出其行为的规范性。[70] 即使过失犯追求的是相应罚则并未打算禁止和处罚的目的，譬如为提高通勤速度而开车、为提高生产效率而使用机器，然而一旦其行为跨越了法律法规设置的基准行为的边界，行为人将丧失行动自由这一利益。过失犯的行为规范即为，以谨慎的方式不去实施可能跨越基准行为边界从而指向法益侵害的行为。通过比较发现，虽然故意作为犯和过失作为犯在行为规范的内容上有别，但都是以法益保护为己任，向社会生活共同体的成员课以"禁止做某事"的义务。因此，注意义务违反不是过失犯的专利，刑法的禁止和命令规范给予了故意犯和过失犯同样的不粗鲁对待法益的义务。换言之，违反注意义务是故意和过失犯罪的一般归责要素。[71] 既然过失犯在客观归责的判断中需要对所违反的刑法义务进行特别的检验，那故意作为犯亦然。

(2) 为何对缺乏结果回避可能性的故意作为犯论以未遂？

合义务替代行为理论的提出，目的在于解决行为制造的法不容许风险是否在该当于不法构成要件的法益受害事态中获得实现，亦即此乃有关"结果归责"而非解决"行为不法"相关问题而提出的理论。因此，欠缺结果回避可能性仅能说明缺乏结果不法，譬如，在"麻药案"中，病人具有为医生所不知的特殊体质，从

---

[68] Vgl. Frisch, Tatbestandsmäßiges Verhalten und Zurechnung des Erfolgs, 1988, S. 71ff.

[69] 前注[67]，[德]乌尔斯·金德霍伊泽尔文，第154页。

[70] [日]高桥则夫：《规范论和刑法解释论》，戴波、李世阳译，中国人民大学出版社2011年版，第74页。

[71] Vgl. Puppe, in: Nomos Kommentar StGB, 5. Aufl., 2017, vor 13/143.

客观上看，一个符合医疗常规的麻药注射行为同样会导致死亡结果，由此欠缺结果不法。但"不同于过失犯，在故意作为犯的场合，个人的主观不法要素与结果之间具有目的关联性"，[72]医生对"过量麻药将致人死亡"这一基础事实具有风险认知，对于死亡结果的积极追求表明医生在注射过量麻药之时所认识到的基础事实足以支撑起法不容许的风险，这样的风险最终在主观意志支配下外化为客观行为，违反了"禁止杀人"的行为规范，具有行为不法。虽然不能将死亡结果归责于医生，但医生具有故意杀人的犯罪决意并着手实施了杀人行为，完全可以成立故意杀人罪的未遂。

五、结论与案例评析

通过上述分析可知，假定因果关系与合义务替代行为都属于刑法上的反事实思维，两者具有不同的法律效果，需要严格区分。但从前提要件和结果要件出发的"区分说"显得力有不逮，两者的本质差异应体现在风险来源和结果引发机制上，即在假设行为人遵守注意义务的流程中，合义务替代行为的同一侵害结果是容许风险在规范保护目的范围内的实现，而假定因果关系的同一侵害结果是由不影响规范效力发挥的替代原因所导致。合义务替代行为的检验方法具有正当性，不仅适用于过失作为犯和不作为犯，其同样适用于故意作为犯领域。

要论证行为人构成相应的犯罪，仅仅证明他的行为与结果之间具有因果关系是不够的，学说上也逐渐形成"结果导致"与"结果归责"应加以区分的想法。以合义务替代行为的方式来检验义务违反关联性几已成为德国刑法理论的共识，随着我国刑法的"去苏俄化"和知识转型，如今绝大多数学者也不再将哲学上的因果关系作为结果归属的判断法则，而是开始承认刑法因果关系具有规范评价的一面。当行为人遵守注意义务或者保证人义务，结果仍然不可避免会发生时，法益损害结果就不能归责于行为人。然而，理论对实务的改造是一个双向互动的过程，既需要理论研究的深入和发达，司法工作者的反思和回应也必不可少。通过阅读众多判决发现，我国司法实务中既有不足，也存在值得赞许之处。主要表现在：

一方面，我国研究合义务替代行为理论的时日尚浅，其研究成果尚未完全影响到司法实践，实务中对过失犯的认定具有明显的结果归责的倾向。譬如，在"赵某交通肇事案"中，法院认定应由赵某对死亡和伤害结果负责的主要原因在

---

[72] Vgl. Erb, Rechtmäßiges Alternativverhalten und seine Auswirkungen auf die Erfolgszurechnung im Strafrecht, 1991, S.262.

于,五名被害人在此次交通事故中均无过错,但总得有人为严重的法益损害结果负责,赵某的超速行为明显提升了法益风险,且行为时对于法益损害或多或少具有预见可能性,因此造成的一切后果都应由他承担。但法院在审理过程中明显忽略了一个问题,即如果被告人在规定限速内行驶,没有违反注意义务,其撞击井盖进而导致死亡的结果发生概率有多大?由于轧上因他人过失而散放于路面上的井盖,实属意外事件,即使赵某以60公里/小时的速度行驶,其所创设的容许风险仍然有可能在交通法规所欲避免的路径上实现,交通肇事的结果恐怕仍然难以避免,至少仍有可能发生。无论如何,这是必须要通过专业鉴定才能明确的问题,如果存疑则只能作有利于被告人的判决,而非一概得出肯定犯罪过失的结论。事实上,我国司法实务中对待这类交通肇事罪的态度都较为粗放,过分依赖于行政法上的交通事故责任认定,而对结果回避可能性问题缺乏审慎的判断。

另一方面,虽然合义务替代行为理论尚未完全受到司法实务的认可,但在医疗领域的某些案件中已经悄然运用了结果避免可能性的想法来判断从医者过失责任的有无。譬如,在"张某非法行医案"中,张某明知自己没有相应的医疗资质却依旧从事诊疗活动,具有非法行医的故意,在抢救病患的过程中造成患者死亡,对于死亡结果却只存在过失。张某应构成非法行医罪的基本犯还是结果加重犯?争议的关键点不在于张某的行为与死亡结果之间是否具有事实上的因果关系,而在于被害人的死亡结果是否具有可避免性。根据现有的证据材料,被害人赵某符合因患冠心病、急性心肌梗死、轻度脂肪心等心脏疾患导致急性心功能衰竭死亡。对于这个问题,法院认为,被害人赵某某生前患有心脏疾患是其死亡发生的基础,被告人张某非法行医、盲目治疗和施救对结果的参与度仅为50%,因此不应对被害人的死亡结果负责。换言之,患者一旦有上述症状,本身即有极高度的死亡可能性,以现代医学技术设施,纵然被告人在取得医师从业资格的情况下及时且合理施救,其在容许风险范围内的医疗行为仍然有50%的可能无法改善病人身体状况、阻止病情进一步恶化,最终被害人仍可能死亡。与符合注意义务的替代行为相比,结果无法达到几近确定之可能避免的程度,本案中法院适用罪疑唯轻的原则,没有将死亡结果归责于被告人。

在现实案例中,特别是在医疗纠纷和交通肇事领域,可能同时涉及故意或过失、作为或不作为犯罪的问题,我国大部分法院没有主动运用合义务替代行为的方式去检验结果的避免可能性,一是由于我国刑法的知识转型尚未成功,对合义务替代行为理论的研究尚不深入;二是判决的内容越来越高度仰赖医疗纠纷鉴定意见和交通事故鉴定意见,只有鉴定机构主动说明或被委托说明结果回避可能性的问题,才可能正确判断法益损害结果是否客观上可归责于行为人。正是由于以上原因,大多数法官的判决思路都停留在"升高风险"等于"实现风险"的阶段。然而，贸然使用风险升高理论是不恰当的，该理论建立在结果能否避免无法查清但至少可以肯定违反注意义务的行为提升了法益损害风险的基础之上，换言之，风险升高理论属于结果回避可能性考察之后的归责标准和价值判断问题。如果结果自始无法避免，非容许风险就不可能实现。直接绕过对结果回避可能性这一基础事实的考察，难免会落入到"结果归罪"的窠臼之中。在随处蕴藏着风险的现代工业社会，谨慎且严格地检验因果关系与结果归责的每一个要件，绝对是必要的。

On the Ontological Construction and Normative Application of the Alternative Behavior of Satisfying Duty

Jin Yi

Abstract: The alternative behavior of satisfying duty and the assumed causal relationship belong to the counterfactual thinking in criminal law, but they have different legal effects thus should be strictly distinguished. . The "differentiation theory" from the prerequisites and the outcomes seems to be inappropriate. The essential difference between the two should be reflected in the risk source and the result trigger mechanism. In the hypothesis process, the "result" of the alternative behavior of satisfying duty is to allow the risk to be realized within the scope of the normative protection purpose, and the "result" of the causal relationship is assumed to be outside the control of the actor and other factors that do not affect the normative effect. This leads to an accurate distinction between the two by examining their risk sources of and the mechanism that triggers the results. The obligation to substitute acts is justified in expanding the freedom of movement of the perpetrator and restricting the right to penalties. It applies not only to negligence as offense, omission as offense, but also to intention as offense.

Key words: Alternative Behavior of Satisfying Duty; Assumed Causal Relationship; Result Trigger Mechanism; Intentional Act

（责任编辑：徐凌波）

诉讼法学

证明困境视阈下当事人协力阐明义务研究

汪 放[*]

[摘　要]　在证据偏在或一方当事人处于弱势证明地位的案件中,负证明责任当事人时常陷入证明困境。从我国现行法及司法实践角度分析,目前破解此类证明困境之手段尚存不足。基于对证明困境域外破解机制的比较考察,在大陆法系事案解明义务理论基础之上,结合我国现有司法国情,创设协力阐明义务或在缓解乃至破解此类证明困境上更具优势。协力阐明义务之适用应有严格前置条件及限定案件范围。当无证明责任当事人违反协力阐明义务时,应赋予法官一定的自由裁量权,依据其违反情形及严重程度之不同进行分层化考量与处置。

[关键词]　证明困境;破解路径;事案解明义务;协力阐明义务

随着社会变迁和时代发展,诉讼类型愈加多元化,疑难复杂案件亦是层出不穷。在民事诉讼尤其是民间借贷、亲子关系、医疗损害、知产侵权、环境污染等诉讼案件中,负证明责任当事人往往处于某些要件事实发生之外,因证据更接近无证明责任一方当事人或因其自身原因如传统观念影响、经济社会地位不足、专业知识单薄等导致的证明弱势,无法获得证明其权利声张的证据,或提出的证据不足以达到高度盖然性标准,从而导致举证不能,此即负证明责任当事人之证明困境。[①]

我国立法者及司法者通过司法解释的制定或是裁判文书的说理,希冀缓解此类证明困境,但种种因素导致收效甚微。我国亦有部分学者业已关注此现象,不乏相应的研究成果。遗憾的是,既有研究多停留在零敲碎打的价值评估或理论介绍,而对具体制度供给的系统性研究则鲜有触及。也正因为当下司法及研究现状的困窘,如何破解此类证明困境才殊值探究。在现有手段破解此类证明困境效果不佳的情况下,可否引入或借鉴域外相关破解机制并将之本土化以及

---

[*]　南京大学法学院 2017 级博士研究生。本文系江苏省研究生科研创新计划"民事诉讼证明困境破解机制研究"(SJKY19_0006)的阶段性研究成果。

① 本文讨论的证明困境限指此类负证明责任当事人的证明困境。

围绕这一问题的考察继而探求后续具体制度之供给,自应成为我国民诉法学界自觉自为的作业,希冀本文的研讨于此有所裨益。

一、破解证明困境之中国问题

一个法律实务难题的破解离不开现行法及司法实践的支撑,证明困境之破解亦不例外。故可先从我国现行法基础和司法实践出发,通过对学者观点的评述,梳理出目前我国破解证明困境难题的方法和路径,并找寻其问题之所在。

(一) 破解证明困境之现行法尝试

虽然我国民事诉讼法尚未就此类证明困境的破解作出明确的规定,但我国立法机关及司法机关早已意识到负证明责任当事人证明困境问题,并在相关实体法及司法解释中为破解此类证明困境做出一定的努力。

1. 证据偏在之破解

2001 年《最高人民法院关于民事诉讼证据的若干规定》第七十五条之规定是为克服证据偏在,第一次课予无证明责任当事人以证据提出义务,否则形成证明妨碍。[②] 而 2015 年《最高人民法院关于适用〈中华人民共和国民事诉讼法〉的解释》第一百一十二条则是对证据提出义务的进一步发展。[③] 诚然,上述司法解释可以说减轻了证据偏在型案件中负证明责任当事人的证明负担,对证明困境问题的缓解有一定的作用。但相关条款设定得过于简易,并未对正当申请理由加以明确,对当事人申请前置条件设定过宽,容易造成实务中适用的混乱,且未对违反程度加以分层,制裁手段亦略显单一。

2. 民间借贷举证能力不足之破解

民间借贷纠纷属我国传统民事诉讼类型。由于我国传统观念,尤其是家族观念影响,借贷双方常为亲属或朋友关系,在双方达成借贷合意时,大多未签订正式借贷合同,有些甚至连借条借据也没有,只是口头约定。故发生纠纷时,负证明责任当事人只能提供银行转账凭证,这明显无法使法官达成借贷关系成立

[②]《最高人民法院关于民事诉讼证据的若干规定》(2001)第七十五条:"有证据证明一方当事人持有证据无正当理由拒不提供,如果对方当事人主张该证据的内容不利于证据持有人,可以推定该主张成立。"

[③]《最高人民法院关于适用〈中华人民共和国民事诉讼法〉的解释》(2015)第一百一十二条:"书证在对方当事人控制之下的,承担举证证明责任的当事人可以在举证期限届满前书面申请人民法院责令对方当事人提交。申请理由成立的,人民法院应当责令对方当事人提交,因提交书证所产生的费用,由申请人负担。对方当事人无正当理由拒不提交的,人民法院可以认定申请人所主张的书证内容为真实。"

之心证。故我国民间借贷案件在司法实践中常出现事实认定及证据调查问题。

在2015年8月发布的《最高人民法院关于审理民间借贷案件适用法律若干问题的规定》第十七条对上述问题进行了回应。④ 理论界就这一条款的性质展开激论,有学者认为这应该视为证明责任转换,亦有学者认为其为附理由否认,且混淆了抗辩与否认的界限。⑤ 笔者倾向于第二种观点,应将该法条视为减轻负证明责任当事人证明责任负担的体现。但这一条文的设定亦显粗糙,对其不同的理解可能会导致司法不统一,有待进一步修正与完善。

3. 亲子关系诉讼证明困境之破解

随着我国离婚率的不断提高,确认亲子关系诉讼亦是屡见不鲜。一般而言,若主张亲子关系成立的当事人,应就其主张举证,最有力证据莫过于亲子鉴定。亲子鉴定是判断争议亲子关系是否存在的司法科学技术,可谓破解确认亲子关系诉讼的利器,但否认亲子关系存在的当事人为避免鉴定结果不利,往往拒绝配合鉴定,导致权利主张人陷入证明困境。

为破解这一证明困境,目前《最高人民法院关于适用〈中华人民共和国婚姻法〉若干问题的解释(三)》第二条已有明确规定。⑥ 问题是这一条文也有值得商榷之处。首先,其适用条件不够明确;其次,关于拒绝鉴定之法律后果规定得较为模糊;再次,未对可能受不利后果之无证明责任当事人予以程序保障。

4. 环境污染案件证明困境之破解

虽说我国已从第一产业为主转为多层次产业共同发展,但囿于历史遗留或利益使然,工业排放导致的环境污染纠纷仍大量存在。毋论是公益诉讼抑或私益诉讼,其权利主张人本应对其权利主张负证明责任,然而因排放行为人污染行为的隐秘性,权利主张人即使能证明环境确遭污染,也很难证明排放行为人的排放行为与环境污染之因果关系。故我国《侵权责任法》第六十六条将因果关系的证明责任倒置给被告。但在司法实践中,被告想证明其行为与污染没有因果关系亦不容易,甚至较之原告更难证明,极易陷入证明困境。

---

④ 《最高人民法院关于审理民间借贷案件适用法律若干问题的规定》第十七条:"原告仅依据金融机构的转账凭证提起民间借贷诉讼,被告抗辩转账系偿还双方之前借款或其他债务,被告应当对其主张提供证据证明。被告提供相应证据证明其主张后,原告仍应就借贷关系的成立承担举证证明责任。"

⑤ 参见袁琳:《证明责任视角下的抗辩与否认界别》,载《现代法学》2016年第6期。

⑥ 《最高人民法院关于适用〈中华人民共和国婚姻法〉若干问题的解释(三)》第二条:"夫妻一方向人民法院起诉请求确认亲子关系不存在,并已提供必要证据予以证明,另一方没有相反证据又拒绝做亲子鉴定的,人民法院可以推定请求确认亲子关系不存在一方的主张成立。"这是要求无证明责任当事人要履行配合勘验的义务。

面对这一问题,《最高人民法院关于审理环境侵权责任纠纷案件适用法律若干问题的解释》第六条加重了原告的证明负担,[7]第七条则减轻了被告的证明负担。[8] 这两条司法解释可以说缓解了负证明责任之被告的证明困境,但在理论上显有瑕疵。根据证明责任理论,关于因果关系的证明责任已分配给被告,那么第六条要求无证明责任之原告首先举证关联性则无理论依据。故实践中法官对这一条文的理解不尽相同,极易造成司法尺度的不平衡。

综上,现行法及相关解释对破解此类证明困境的不同情形有着多番尝试,而这些尝试都有一个共同之处,就是课以无证明责任当事人以一定的义务,无论是证据提出义务,还是配合勘验义务,或是要求做合理说明、具体化陈述等,都是让无证明责任当事人协力阐明案件的基本事实。但囿于法律条文的模糊性,这些条文在实务中或被错用,或被滥用,并没有很好地缓解证明困境问题,其效果可谓隔靴搔痒。

(二) 破解证明困境之司法裁判路径

面对此类证明困境,我国司法实践中法官的做法亦各不相同,大致可归为四类:

1. 利用证明责任分配规则裁判

证明责任裁判指在证据调查审核程序结束后,作为裁判基础的法律要件事实仍处于真伪不明的状态时,法官依据证明责任分配原理,对一方当事人作出承担不利后果的裁判。[9] 当负证明责任当事人陷入证明困境时,利用证明责任分配规则作出裁判可以说是法官的常规做法。若无证明责任人确无帮助查明之能力,则适用证明责任裁判的结果双方皆能信服,但若无证明责任当事人明明具有查明案件事实之能力却毫无贡献,此时仍然机械地适用证明责任分配规则进行裁判,或符合程序公正之要求,但对实体公正之保障显有欠缺,且负不利裁判结果之当事人很难信服裁判。鉴于此,证明责任裁判难谓破解此类证明困境的良方,其裁判结果可能影响实体正义及司法公信力。

---

[7] 《最高人民法院关于审理环境侵权责任纠纷案件适用法律若干问题的解释》第六条:"被侵权人根据侵权责任法第六十五条规定请求赔偿的,应当提供证明以下事实的证据材料:……(三) 污染者排放的污染物或者其次生污染物与损害之间具有关联性。"

[8] 《最高人民法院关于审理环境侵权责任纠纷案件适用法律若干问题的解释》第七条:"污染者举证证明下列情形之一的,人民法院应当认定其污染行为与损害之间不存在因果关系:(一) 排放的污染物没有造成该损害可能的;(二) 排放的可造成该损害的污染物未到达该损害发生地的;(三) 该损害于排放污染物之前已发生的;(四) 其他可以认定污染行为与损害之间不存在因果关系的情形。"

[9] 参见汪放:《理性地对待证明责任裁判——基于实体正义与程序正义视角的分析》,载《常熟理工学院学报》2017 年第 1 期。

2. 利用证明妨碍规则裁判

法官避免证明困境的另一方式是依据证明妨碍规则。证明妨碍规制在破解证据偏在型案件证明困境时有一定的效果,但稍有缺憾的是,证明妨碍的适用非常有限,且其对负证明责任当事人也提出了较高的证明要求,很多时候负证明责任当事人根本达不到证明妨碍所要求的证明程度,如证明无证明责任人持有相关信息及资料,其证明困境也就难以解决。

3. 利用事实推定裁判

事实推定是法官依据自己的裁判技巧,基于经验法则或自然法则所作的推断,是运用间接证据的一种特定的和经常的形式。[10] 事实推定对法官本身的法律及生活素养要求极高,就算事实推定的实体裁判结果可能因时间的流逝得以验证,但因事实推定本身的推测性,这种裁判上的说理不容易透彻、清晰,无法使得败诉当事人信服,很容易产生像当年"彭宇案"的不良社会效果。

4. 利用降低证明标准裁判

在民间借贷纠纷中,法官在负证明责任当事人举证不能时,并未直接倚仗客观证明责任分配规则作判决,而是转而要求无证明责任人对转账做合理说明,其依据的便是《最高人民法院关于审理民间借贷案件适用法律若干问题的规定》第17条。[11] 这种在一方当事人承担初步证明责任,另一方当事人负担相反事实证明责任的情形便是降低负证明责任当事人证明标准的体现。然而我们学术界对证明责任等相关概念尚认识不一,实务中的理解更难统一,且所谓的"初步证明"的程度也未量化,故在实务中降低证明标准的运用较难把握。[12]

综上,我国法官破解此类证明困境的策略除证明责任裁判外,皆有一定的效果。但这些策略对法官素养要求较高,且有着运用范围较为有限、法律依据模糊等种种限制,仅靠现有路径无法圆满破解此类证明困境。

(三)破解证明困境之学界观点

学界目前对此类证明困境之破解态度不一,大致可分为三种。第一,内部挖潜,以张卫平为代表,主张对现行法已有的文书提出义务进行进一步的完善;[13] 第二,外部注入,以吴泽勇、陈杭平为代表,认为应从域外引入事案解明义务或是

---

[10] 参见郑世保:《事实推定与证明责任——从"彭宇案"切入》,载《法律科学》2010年第3期。

[11] 参见四川省高级人民法院(2016)川民申719号。

[12] 参见吴泽勇:《不负证明责任当事人的事案解明义务》,载《中外法学》2018年第5期。

[13] 参见张卫平:《当事人文书提出义务的制度建构》,载《法学家》2017年第3期。

证据开示程序;[14]第三,则是自我创设,以占善刚、包冰锋为代表,主张证据协力义务、积极否认义务等创新概念。[15] 三种观点有共通交融之处,都对负证明责任当事人证明困境之破解进行了深入的研究。遗憾的是,虽然理论研讨风生水起,但我们民事程序的顶层设计却稍显滞后。我们无法了解其中的缘由,或是因为学者的观点不具有实际操作性,抑或是我们的立法者认为统一立法的时机尚不成熟。但毋庸置疑,负证明责任当事人的证明困境在中国确属一个亟待破解的问题,而我国现有的破解路径虽在一定程度上对此类证明困境起到了缓解的作用,但都或多或少存在着瑕疵,距离真正破解此类证明困境尚有一定的距离。

二、域外证明困境破解机制考

本土破解证明困境之路径既存不足,或可将应对视线移向域外。无论是大陆法系国家抑或是英美法系国家,负证明责任当事人证明困境的破解都是它们难以回避的难题。故笔者希冀通过考察两大法系对此类证明困境的破解路径,发现适合我国本土化要求的制度或理论并加以引入或借鉴,创设出符合我国现实国情的破解路径。

(一)大陆法系

在大陆法系国家尤其是德国,对证明责任理论研究相对较为深入,早已发现负证明责任方在上述案件中存在着证明困境。其将这类证明困境归咎于古典辩论主义的缺陷。[16] 为克服古典辩论主义的缺陷及破解此类证明困境,以德国为

---

[14] 参见吴泽勇:《不负证明责任当事人的事案解明义务》,载《中外法学》2018年第5期;陈杭平:《"事案解明义务"一般化之辩——以美国事证开示义务为视角》,载《现代法学》2018第5期。

[15] 参见占善刚:《证据协力义务之比较法分析》,载《法学研究》2008年第5期;包冰锋:《论民事诉讼中当事人的积极否认义务》,载《证据科学》2015年第4期。

[16] 古典辩论主义崇尚"诉讼达尔文主义",故法官应处于一个绝对中立的裁判者位置。"法院能够实施调查的证据只限于当事人提出的证据,法官据以裁判的客观事实也只是当事人提出证据所能证实的客观真实",故辩论主义严格禁止法官使用职权探知证据,当事人在事实查明和证据提供方面掌握着绝对控制权,而证明责任理论适用的源泉即是古典辩论主义所构造的民事诉讼模式,即法官严格中立下的双方当事人举证责任分配,此时的证明责任理论常表现为"谁主张,谁举证"。可以说,古典辩论主义给证明责任理论带上了一副"镣铐",给证明责任分配范围划定了明确界限。这在证明责任理论初期,民事诉讼类型不多、案情较为简单时或可适配,但随着社会的发展,民事诉讼类型多元化,现代型诉讼如雨后春笋般涌现,纯粹依靠双方当事人自行收集证据常常无法得到案件的客观真实,古典辩论主义亦越来越落后于时代潮流,其缺陷亦开始暴露,从而导致在证据偏在或一方当事人处于弱势证明地位的案件中,负证明责任当事人时常陷入证明困境。

代表的大陆法系主要国家或地区除有与我国类似的减轻证明标准、证明妨碍、事实推定等制度,在学术研讨上还有"表见证明"、"间接反证"及"事案解明义务"等理论。[17] 因篇幅所限,本文重点介绍其中可资我国借鉴参考的事案解明义务。

事案解明义务,亦称事案阐明义务,它指的是双方当事人,无论是否负有证明责任,为协助查明案件客观真实,应将所知事实及所持证据予以披露。[18] 这一概念最早在1939年由德国学者冯·希佩尔于其《民事诉讼中当事人的真实义务和阐明义务》一文中提出,其为批判古典辩论主义之缺陷而创设这一概念,但由于当时的社会环境不适宜学术交流,这一概念的提出并未掀起水花,很快归于沉寂。直到1966年,又一德国学者吕德里茨从摸索证据角度出发,再次对事案解明义务进行了研究。[19] 施蒂尔纳是德国事案解明义务理论的集大成者,其于1976年的《民事诉讼当事人的阐明义务》一文明确界定了事案解明义务的内涵和性质。

事案解明义务是在古典辩论主义暴露出问题,修正辩论主义逐渐盛行的大背景下为弥补证明责任缺陷的理论产物,其生命力主要来源于以下三大基础理论的支撑:

1. 当事人真实义务

德国率先于1933年在《德国民事诉讼法改革法》确立了当事人真实义务,并为现行《德国民事诉讼法》第138条第1款所沿用。[20] 对当事人真实义务的理解一般有广义与狭义之分,广义理解包含两点:一是真实陈述义务,即当事人应保证自己所为陈述为真,禁止当事人作虚假陈述。二是完全陈述义务,即当事人应毫无保留地将所有事实予以陈述,无论该事实是否于己有利。狭义理解则仅为真实陈述义务,仅须保证自己陈述为真,可以隐瞒对己不利的事实。目前通说理解为广义解释,故此与古典辩论主义有所背离,其赋予了双方当事人真实陈述所有案情的义务。它要求当事人在诉讼中不能主张已知为虚假的事实或自认为是虚假的事实,且不能在明知对方主张符合事实或自认为符合事实时仍与之发生

---

[17] 具体参见王亚新等:《中国民事诉讼法重点讲义》,北京:高等教育出版社,2018年版,第109—111页。

[18] 参见[德]米夏埃尔·施蒂尔纳:《民事诉讼案件事实阐明时当事人义务——兼论证明妨碍阐明理论》,载《德国民事诉讼法学文萃》,赵秀举译,中国政法大学出版社2005年版,第355页。

[19] 参见[德]彼得·阿伦斯:《民事诉讼中无证明责任当事人的阐明义务》,载《德国民事诉讼法学文萃》,赵秀举译,中国政法大学出版社2005年版,第299页。

[20] 《德国民事诉讼法》第138条第1款规定:当事人应就事实状况为完全而真实的陈述。参见《德意志联邦共和国民事诉讼法》,谢怀栻译,中国法制出版社2001年版,第36页。

争执。当事人真实义务可以在一定程度促进法院迅速厘清案件事实，避免被虚假事实误导，从而减少工作负担，节省宝贵的司法资源。[21]

2. 诚实信用原则

诉讼法概念上的诚实信用原则指的是法院及所有诉讼参与人在审理及参与案件时应恪守公正，保持诚实、善意。这一原则在各国民事诉讼法上都有体现，《日本民事诉讼法》第2条即规定："法院应为诉讼公正并迅速地进行而努力。当事人进行民事诉讼，应以诚实信用为之。"[22]德国虽未在条文中明确规定诚实信用原则，但其在特殊案件如不正当竞争、保证责任等案件中基于诚实信用原则创设了"扩大化之说明义务"。[23]诚实信用原则亦与古典辩论主义相悖，其对法院快速查清事实，减少司法资源之浪费有诸多作用。

3. 协同主义

协同主义，亦称协动主义，其内涵是：在民事诉讼中不绝对强调辩论主义，由法官和当事人协同完成诉讼资料的搜集，以发现案件真实。即原则上由当事人提出事实主张及诉讼资料，在必要的情况下法官则依据职权进行证据调查。[24]

关于协同主义的理解有三种，一是将协同主义视为区别于辩论主义与职权探知主义的第三种新的诉讼模式；二是视协同主义为修正辩论主义；三是视协同正义为辩论主义与职权探知主义的混合体。[25]笔者倾向于第二种观点，因为协同主义并未实质上突破辩论主义，只是对辩论主义特殊情况下的界限加以延展。

如果说古典辩论主义是对当事人自身收集证明材料的极端强调，那协同主义更加关注的则是如何扩大法院对当事人的协助及双方当事人互相协助的义务，以查明案件的客观事实，作出正确合理的裁判。

可以说，上述三个理论奠定事案解明义务的理论基础。此后更多是关于其应做一般化还是例外化的讨论。其后，日本和我国台湾地区学者也引入事案解明义务理论并加以研讨，但对这一问题的研究进度与德国相仿，这里就不再赘述。

---

[21] 参见汤维建：《论民事诉讼中的诚信原则》，载《法学家》2003年第3期。

[22] 参见白绿炫编译：《日本新民事诉讼法》，中国政法大学出版社2000年版。

[23] 基于消极事实证明之困难性，在此类案件中无证明责任当事人被要求提供相关资讯，若违反此说明义务，甚至会导致负证明责任当事人的主张成立的后果。参见姜世明：《举证责任与真实义务》，台北新学林出版股份有限公司2006年版，第122页。

[24] 参见王福华：《民事诉讼协同正义：在理想与现实之间》，载《现代法学》2006年第6期。

[25] 参见任重：《民事诉讼协动主义的风险及批判——兼论当代德国民事诉讼基本走向》，载《当代法学》2014年第4期。

事案解明义务对比我国现行破解之路径,可以看出其优越性。首先,它没有颠覆证明责任分配在实体法上的地位,更多的是对证明责任缺陷的一种补正手段,保证了证明责任作为裁判规制的稳定性。其次,相较于证明妨碍或降低证明标准,其适用范围更广,使用也更灵活。最后,作为一种程序上的义务,它减少了法官自由心证的负担,使得法官的接受度可能更高。可以说,事案解明义务是大陆法系破解负证明责任当事人证明困境问题上最有竞争力的理论。

(二) 英美法系

作为英美法系的代表——美国也面临着证明困境的问题,其为解决证明困境难题在1938年制定的《美国联邦民事诉讼规则》中创设了"Discovery"也即证据开示制度。所谓证据开示,指"了解原先所不知道的,揭露和展示原先隐藏起来的东西"。在审判制度中,"它是一种审判前的程序和机制,用于诉讼一方从另一方获得与案件有关的实施情况和其他信息,从而为审判作准备"。[26] 证据开示制度具有以下基本三个特征:

1. 属于当事人主义性质

不同于大陆法系的做法,美国法总的来说更乐于让当事人享有证据开示的主动权。作为中立、消极的裁判者,从过去到现在,法院没有充当过证据收集者的角色,法院与当事人或者非当事人之间基本不存在收集与提交证据的权利与义务。[27] 从证据提出的角度来看,主要是由当事人来负责,法院的权利和义务很有限。

2. 程序设置精巧周密

诉答程序为证据开示制度顺利展开搭建了平台;在证据开示的过程中,通过对证据开示的分类来看,既有笔录证言,也有物证、文件,既有自认,也有身体或精神状态的检查;审前会议通过日程安排和最后的整理、协商,使证据开示阶段进行的活动"有序化"和"成果化";证据开示制度在整个审前程序中,通过诉答、证据开示、审前会议三者的相互配合,逐渐成为审前准备程序的轴心。[28] 通过《联邦民事诉讼规则》的上述内容可以看出,美国在证据开示制度方面的设置是很精巧、周密的。

3. 有利于争点明确和集中审理

当事人可以根据通过证据开示制度获取的情报、证据以及对方的自认,整理

---

[26] 参见《布莱克法律词典》(英文版),1979年版,第418—419页。转引自龙宗智:《相对合理主义》,中国政法大学出版社1999年版,第258—259页。

[27] 参见郭云忠、张晓微:《变迁与循旧——历史视野中的美国证据开示程序》,载《金陵法律评论》2003年春季刊。

[28] 参见韩波:《民事证据开示制度研究》,中国人民大学出版社2005年版,第257页。

出本案的争点,并使之明确化、具体化。一旦当事人将案件的争点整理后,法院在其后的审理程序中,就不会产生反复的调查证据,这样就有利于提高法院审理案件的效率,同时也实现了集中审理。

在证据开示制度下,双方当事人被课以全面协助发现证据义务,使得与案件息息相关的客观事实和证据最大限度地开示,以保障客观真实之发现。[29] 显然,较之于我国目前的破解路径,证据开示制度无论是在案件事实的查清或是证据提出的范围及深度上都更具优势。

(三) 借鉴与启示

无论是大陆法系的事案解明义务或是英美法系的证据开示制度,相较于我国目前的破解路径都更具有先进性。两相比较,笔者认为,引入或借鉴大陆法系的事案解明义务对我国破解负证明责任当事人证明困境难题或更有可行性。原因及理由有三:

首先,辩论主义是大陆法系学理上概念,英美法系未严格受辩论主义的限制,英美法系中双方当事人在庭前已就争议焦点的相关证据进行了多轮调查取证或质证,可以说在进入庭审程序之前,双方当事人及代理律师已对案件事实有了一个基本的判断,证明困境问题出现的概率比较小。且我国业已在证据交换制度中借鉴过证据开示制度,效果也并不显著。[30] 而事案解明义务则正是为了修正古典辩论主义之缺陷而创设的,故其对破解因古典辩论主义之缺陷而产生的负证明责任当事人证明困境问题必然有所帮助。

其次,我国经过 80 年代末 90 年代初的民商事审判改革,已由承袭苏联的强职权主义诉讼模式转向当事人主义模式。可以说,近三十年来,我国的民事诉讼制度构造更偏向于大陆法系,而证明责任理论亦由此引入并扩张开来,为我国的立法和司法系统所逐渐采纳吸收。故此,为破解证明困境之问题,大刀阔斧地抛弃沿用十数年的证明责任理论,转而采用英美法系的证据开示制度,虽可能化解证明困境问题,但对我国当前民事诉讼制度冲击较大,可谓"牵一发而动全身",

---

[29] 参见[美]杰克·H. 佛兰德泰尔等:《美国民事诉讼法》,夏登峻等译,中国政法大学出版社 2003 年版,第 185 页。

[30] 我国早在 2001 年的证据规定中就提出了证据交换制度。可以说是对美国证据开示制度的借鉴,但遗憾的是,经过十余年的实践,证据交换制度并没有完善我国审前程序,亦没有化解上述证明困境问题,它更多的是一种"形式交换"而非实质交换,故有学者将之喻为"交换的不是证据而是证据清单"。证据交换制度的尴尬境地不能完全归咎于借鉴的美国证据开示制度,但至少说明美国证据开示制度对我国此类证明困境的化解并未有显著之作用。

其普及所耗之司法资源难以计数，不符实际。[31] 故引入大陆法系证明责任理论为化解自身缺陷而创设的事案解明义务，或更为实际可行。

第三，证据开示制度由于其过于宽松的质询制度，很容易导致当事人的滥用，从而无限期地拖延诉讼，不符合诉讼经济。反之，事案解明义务虽有一般化与例外化之争，但其适用仍有一定的条件，且有调整的空间与余地，故采用大陆法系的事案解明义务或为化解此类证明困境问题的关键之匙。

基于以上三点，大陆法系的事案解明义务对我国破解证明困境问题或更有参考之价值。其实从本文第一部分的现行法尝试已经可以看出"事案解明义务"的影子，或者说，已经为事案解明义务的引入或借鉴提供了现行法依据。然无论是大陆法系的事案解明义务，抑或是英美法系的证据开示制度，若我们不考虑我国实际，奉行拿来主义，直接照搬过来，可能会导致上述理论的水土不服，即产生"橘生淮南则为橘，生于淮北则为枳"的效果。且本文重点研讨之问题为引入或借鉴域外破解机制并将之本土化。故笔者从我国本土路径出发，结合司法实践，姑且提出针对无证明责任当事人的协力阐明义务概念，以图破解上述证明困境问题。之所以未沿用德国法上的事案解明义务，是因为笔者所提出的协力阐明义务与传统事案解明义务虽一脉相承，却亦有不同。其一，事案解明义务的主体主要是双方当事人，而协力阐明义务特指无证明责任当事人；其二，事案解明义务尚有一般化与例外化之争，而协力阐明义务因有前置条件，当严格适用。且在证明困境下，无证明责任当事人承担一定的协力阐明义务从现行法尝试看为应有之义，故协力阐明义务的确立，或可较为圆满缓解证明困境下法官裁判的公正问题，使受不利裁判后果之当事人信服，具有一定的可行性。

三、协力阐明义务之本体论

上文述及，我国现有证明困境破解路径尚存不足，且协力阐明义务在我国已有现行法依据，故其相应制度体系在我国之确立已有必要性及可行性。在此基础上，结合我国国情，明晰协力阐明义务概念且将其体系化、制度化是我们下一步应研讨的内容。

（一）协力阐明义务之概念廓清及价值功能

若想确立完备的协力阐明义务体系，必应先厘清协力阐明义务之概念及其价值功能。

---

[31] 我国证据交换制度在实践中的效果不佳，或许也是因为考虑到上述国情，并未完全参照证据开示制度，只是对证据开示制度一部分的机械模仿。

1. 内涵界定

协力阐明义务指的是,当负证明责任当事人处于证明困境时,无证明责任当事人应就阐明事实和协力证据调查承担一定义务,若不履行义务或怠于履行义务,则应受到对应程度的法律惩戒。

2. 外在表现形式

为破解不同情形下负证明责任当事人的证明困境问题,协力阐明义务应是一个广义的、集合的概念,其中包括证据提出义务、附理由否认义务、配合勘验义务及事实披露义务。

第一,证据提出义务,亦称文书提出义务,指持有证据或文书且无证明责任的当事人,因负证明责任人将该证据或文书作为证据方法使用,而负有将其提出于受诉法院以便法院进行证据调查的诉讼法上的义务。

第二,附理由否认义务。所谓附理由的否认,是指无证明责任当事人针对负证明责任当事人所主张的事实应向受诉法院陈述与该事实不能两立的事实,即在负证明责任当事人证明困境下,无证明责任当事人应有义务对相对方的主张作附理由之否认,而非单纯否认或作不知陈述。[32]

第三,配合勘验义务。所谓配合勘验义务即无证明责任当事人对诉讼过程中所涉及的勘验、鉴定予以必要协助的义务。

第四,事实披露义务。在很多案件中,一方当事人可能并不实际持有能直接证明案件事实的相关书证或者物证,但却掌握着很多与案件有关的信息,这些信息可以成为当事人获取证据的线索。故无证明责任当事人应有义务披露这些与案件相关的事实,此即事实披露义务。

3. 价值功能

协力阐明义务作为破解负证明责任当事人证明困境的有效路径,主要有以下三方面的价值功能:首先,可以减少证明困境下事实真伪不明时法官证明责任裁判的数量。在证明困境下课予无证明责任当事人协力阐明义务,有助于法官更好地发现真实情况,适用法律,缓解法官依据客观证明责任裁判可能导致的实体公正问题。其次,有利于双方当事人的实质平等。在负证明责任当事人处于证明困境时,课予相对方协力阐明义务,有助于双方的武器平等,避免了一方当事人因弱势证明地位或举证能力而导致的举证不能,从而使得双方当事人处于事实上的诉讼平等。第三,可以修正辩论主义的弊端。上文述及,古典辩论主义已不符合现代诉讼潮流,协力阐明义务有助于改变双方当事人只能自行收集证据的困境,对查明案件的客观真实、实现双方当事人的武器平等、实质平等都有

---

[32] 参见占善刚:《附理由的否认及其义务化研究》,载《中国法学》2013年第1期。

极大影响,这也正是古典辩论主义所缺漏之处,故协力阐明义务可以修正古典辩论主义之不足。

(二) 协力阐明义务之前置条件及适用范围

1. 前置条件

盖因协力阐明义务是对无证明责任当事人加以按证明责任理论无须承受的负担,故对其适用之前置条件也应严格把控,否则容易矫枉过正,使得案件裁判本应得到的实体正义和良好社会效果毁于一旦。故只有在以下四条件皆已成就之前提下,才应对无证明责任当事人课以协力阐明义务。

首先,负证明责任当事人必须确陷证明困境。即负证明责任当事人已穷尽所有手段,仍无法提供足够证据证明待证事实。若当事人并未陷入证明困境,只是希冀用申请相对方协力阐明来减轻自己本应忍受的证明负担,这明显等于将证明责任间接转移给对方,不符合协力阐明义务之本意。

其次,负证明责任当事人提出申请。即必须由负证明责任当事人申请相对方协力阐明而不能由法院依职权命令。这是该义务适用之基础条件。盖因我国实务界现处于强职权主义向辩论主义发展的转变期,若由法院依职权命令相对方协力阐明,则不符合辩论主义之法官中立要求,过度加强法官对查明事实的权力,很容易让我们的司法实践退回到刚纠正的职权探知主义老路上。

再次,负证明责任当事人提供初步线索。即负证明责任当事人应对其需要相对方协力阐明之证据事实提供初步线索或对其主张的具体化。此条件是为防止负证明责任当事人滥用摸索证明。[33] 若当事人不提供初步证据线索或不对自己的主张进行具体化阐述,只要申请就可以让相对方履行协力阐明义务,很容易让当事人滥用权利,更让相对方即无证明责任当事人疲于奔命,不符合程序公正原则。[34]

最后,无证明责任当事人具有协力阐明之期待可能性。即无证明责任当事人应处于强势证明地位,较易阐明案件事实及提供相关证据。若无证明责任当事人处于事件之外,不容易掌握证据材料,亦处于证明困境之中,还强加之以协力阐明义务,不甚合理,此时对其协力阐明之期待可能性可以想象。

综上,只有满足四个前提条件,协力阐明义务才应被法官适用,如此课以无证明责任当事人以协力阐明义务也不会过分加重其证明负担。

---

[33] 摸索证明,指当事人在未对其主张之事实证据充分了解的情况下,希冀通过法院证据调查获取支持其权利声张之理由。参见沈冠伶:《摸索证明与事证收集开示之协力》,载《月旦法学杂志》2005年第10期。

[34] 参见李凌:《事实主张具体化义务的中国图景》,载《当代法学》2018年第1期。

2. 案件范围

除上文提及之前提条件,对协力阐明义务的适用对象即案件范围亦应加以限定。从我们的司法实践看,负证明责任人证明困境案件常出现在证据偏在及一方处于弱势证明地位的诉讼中,对此类案件情形应采列举式而非概括式,包括但不限于以下五类案件:

第一,医疗损害案件。医疗损害诉讼中,当事人即受害方因其自身专业医学知识的匮乏,又无法掌握相关的医疗档案材料,故即使能证明其受到之损害,亦无法证明相对方即侵害方存在过错或其医治行为与当事人之损害确有因果关系,处于证明困境。与之相反,相对方即医院方处于完全强势证明地位,其拥有证明因果关系之材料及能力,亦具有协力阐明之期待可能性。[35] 故这种证据偏在型案件,理应对无证明责任当事人课以协力阐明之义务,以求客观之真实。

第二,民间借贷案件。民间借贷案件的证明责任当事人常因家族观念或朋友义气,主动放弃成立借贷关系关键之借条,此时若不课以无证明责任当事人以协力阐明义务,则只能按证明责任裁判,效果可想而知。若无证明责任当事人被课以协力阐明义务,必须做附理由的否认,负证明责任当事人无力进一步举证,则法官以此作为借贷关系不成立的裁判基础,或可更使双方当事人信服。

第三,亲子诉讼案件。破解亲子关系诉讼证明困境的关键在于亲子鉴定,而无证明责任当事人出于维护私益的心理,必然不愿轻易配合。若课以其协力阐明义务中的配合勘验义务,使其为避免受到惩戒而主动配合鉴定,不失为破解此类纠纷最大争议的良方。[36]

第四,环境污染案件。现行法将环境污染与排放行为人的因果关系之证明责任完全分配给排放行为人也易造成其证明困境,若课以权利主张人即无证明责任人以协力阐明义务,使其对排放行为与污染后果无因果关系做附理由之否认,确能帮助破解此类案件证明困境下的裁判问题。

第五,知产侵权案件。知产侵权纠纷应属于现代型诉讼,因被告即侵权人侵权行为的动态性及隐蔽性,原告即受害人常无法掌控侵权之证据,故负证明责任

---

[35] 参见刘鹏飞:《医疗行为侵权因果关系证明责任的解释与平衡》,载《法学杂志》2019年第7期。

[36] 参见周成泓:《亲子关系诉讼中的亲子鉴定协力义务论》,载《法律科学》(西北政法大学学报)2012年第2期。

之权利人即原告易出现证明困境,举证难成为此类案件常态。㊷ 若课以无证明责任之被告以协力阐明义务,有利于法院对案件事实的查明,作出更符合实体公正之裁判。

本文所列举之五类案件并非协力阐明义务适用之全部范围,只是社会中常见的负证明责任当事人证明困境的情形,或许有更多相似类型案件需要协力阐明义务,关于此有待学者进一步探究。总言之,协力阐明义务的适用应做例外化而非一般化处理。

(三)违反协力阐明义务之后果

协力阐明义务的性质乃是义务而非责任,既是一项义务,违反该义务之当事人理当受到法律惩戒。首先,在评价违反该义务之法律后果时,我们必须厘清,无证明责任当事人在何种情形下确属违反协力阐明义务。协力阐明义务的客体是案件事实和证据,故情形界定应从此两方面考量,其一,在案件事实层面,若需无证明责任当事人阐明案件事实且其明悉该事实却作回避陈述或为不知陈述,应视为违反协力阐明义务。其二,在证据方面,若无证明责任当事人掌握关键证据,理应提供而拒绝提供,在证明困境下应视其行为违反协力阐明义务。故在证明困境下,无证明责任当事人理应阐明或提出其明悉掌握的案件事实及证据,其不为陈述或拒绝提供证据之行为违反协力阐明义务。

此外,就其违反后果之设定,亦有争论,其理论来源事案解明义务就有两种观点。一是"普遍拟制说",即当事人违反事案解明义务时,应将他造争议之案件事实拟制为真,若违反义务当事人不能提出推翻认定事实之反证则直接作为裁判基础。二是"多元分层说",即对违反义务当事人的制裁应视其违反程度而定,违反程度越高,惩戒愈重,反之亦然。㊸ 笔者倾向于后一种观点,一概的普遍拟制为真不符合协力阐明义务例外化之特征,亦与客观证明责任效果相仿,不容易让承担不利后果之当事人信服最终裁判,故应将无证明责任当事人违反义务程度之高低、待证事实于基础事实之轻重及负证明责任当事人主张之盖然性等三方面因素纳入对惩戒轻重之衡量,根据具体情形分层讨论,由法官综合三方面因素评价,对违反协力阐明义务之无证明责任当事人课以纳入证据评价、降低证明标准、证明责任转换、证明责任倒置、待证事实拟制为真等由轻到重的五类后果。

最后,设定一个衡量标准,由法官自由裁量违反协力阐明义务之惩戒,虽符

㊷ 参见孙艳、洪碧蓉:《知识产权侵权诉讼中的事案解明义务》,载《人民司法》2016年第22期。

㊸ 参见沈冠伶:《论民事诉讼法修正条文中法官之阐明义务与当事人之事案解明义务》,载《万国法律》2000年第6期。

合马克思具体问题具体分析之思想且相较于"普遍说"更公平,但考虑到实务中法官水平不一,分层考量可能导致操作上的无序,亦应给予受惩戒之无证明责任当事人一定的程序保障,或可赋予其程序救济权,允许其通过上诉或再审对相关程序事项进行救济。

四、结语

总而言之,大陆法系的事案解明义务对我国负证明责任当事人证明困境的破解更有参考价值,故基于我国现行法基础及实践考察,在此类证明困境下,课予无证明责任当事人以协力阐明义务,不失为解决法官裁判公正及当事人信服问题的手段。对协力阐明义务前置条件应严格设定且对其适用范围也应做例外化而非一般化处理。对违反该义务之当事人,由法官根据违反情形自由裁量,课予不同程度之法律惩戒,但也要对受不利裁判结果之当事人提供程序保障。当然,上述立法论上的探讨或许略显超前,但在目前证明困境问题积重难返,现有手段难言有效之时,猛药去疴也未尝不可。本文只是对证明困境问题的解决进行了粗浅的探讨,证明困境问题的真正解决可能还需要我们的学者和实务工作者更多的研究和实践。希冀本文能起到"抛砖引玉"之效,为证明困境的解决作出一定的贡献。

Research on the Parties' Obligation to Clarify Obligations under the Perspective of Proof Dilemma

Wang Fang

Abstract: In cases where the evidence is biased or one party is in a weak proving position, the party who bears the burden of proof often falls into the proving dilemma. From the point of view of China's current law and judicial practice, there are still insufficient means to solve this kind of proof dilemma. Based on the comparative study of the mechanism of extraterritorial resolution of the proof dilemma, on the basis of the theory of the obligation to clarify cases in the civil law system and the current national conditions in China, it is more advantageous to create a joint effort to clarify the obligation or to alleviate or even solve such dilemma of proof. Joint efforts to clarify the application of obligations should have strict preconditions and limit the scope of the case. When the party without burden of proof breaches the obligation of joint effort to clarify, the judge should be given certain discretion to consider and dispose of the violation in different levels according to the situation and severity of the violation.

Key words: Proof Dilemma; Solution; Obligation to Clarify Cases; Joint Efforts to Clarify Obligations

（责任编辑：艾佳慧）

执行力主观范围扩张的正当性保障机制
——再论可否追加配偶为被执行人

赵志超*

[摘　要]　执行力主观范围扩张正当性保障机制包括实体和程序正当性要件，前者要求申请执行人对第三人的实体权利存在高度盖然性、第三人与被执行人具有实体利益归属一致性；后者要求扩张满足扩张前、扩张后的程序保障要求。在夫妻单方举债，执行名义确定夫妻一方为被执行人而其无财产可供执行时，有另行起诉、直接执行夫妻共同财产、追加配偶三种债权实现方案。第一种方案使执行名义有沦为一纸具文的危险，第二种方案缺乏现有制度的支持。相较而言，追加配偶并非不可接受。若申请执行人主张债务系夫妻一方行使日常家事代理权或双方合意举债形成的夫妻共同债务，此二者情形符合扩张的正当性保障要求，追加配偶方案应被肯认；若其主张债务用于夫妻共同生活、共同生产经营，因夫妻共同债务认定比较复杂，不适于听证程序的保障要求，故应通过另行起诉予以解决。此外，法官于诉讼阶段结合案情释明债权人将债务人配偶列为共同被告，能尽可能避免以上困境产生。

[关键词]　执行力主观范围扩张；正当性保障；追加配偶；另行起诉；直接执行

一、问题的提出

执行力主观范围扩张，是指执行力扩张及于裁判文书确定的当事人以外的第三人。在《最高人民法院关于民事执行中变更、追加当事人若干问题的规定》（下称《追加变更规定》）施行之前，正如有学者所指出的，实践中有大量执行案件牵涉到当事人以外的第三人，出现了执行力随意扩张及于第三人的现象。[①] 但与实践境遇不符的是，执行力主观范围扩张问题长期未能引起学界重视，学术成

---

* 山东大学法学院博士研究生。
① 参见常廷彬：《试论执行力主观范围的扩张》，载《法治论坛》2010年第1期。

果并不丰硕。[②]为解决该实践难题,最高人民法院于2016年颁布了《追加变更规定》,通过追加变更法定原则[③]和具体情形的列举确定了扩张范围,对于混乱的司法实践具有重要的指导意义。新司法解释的施行虽然有助于为实践操作提供稳定标准,然而在执行力主观范围扩张的理论拓展上,未能进一步取得学界回应。

  执行力主观范围扩张核心问题在于建构执行力扩张的正当性保障机制,这一机制划定了扩张的主观范围。判断何种情形能够扩张执行力于第三人,要依据一定的考量要件予以衡量,这些考量要件即组成了扩张的正当性保障机制。既有研究对扩张的考量要件虽有涉及,但内容过于抽象,需要理论进一步澄清。本文拟以夫妻一方举债,执行名义上确定夫妻一方为被执行人而其又无财产可供执行时,可否追加配偶为被执行人为例,就扩张的正当性保障机制内容进行阐述。以该情形作为示例的原因在于:首先,从解释制定背景看,《最高人民法院关于变更和追加执行当事人的若干规定》(征求意见稿)第10条本来规定了可以追加配偶为被执行人,而至司法解释正式出台,最高人民法院态度骤然转变,否定了该扩张情形的正当性,其背后原因值得反思;其次,《追加变更规定》施行前,实务部门对于能否追加配偶非常困惑。如果追加配偶,无疑能够使申请执行人一次性解决纠纷,且由于扩充了可供执行的责任财产范围,使得执行不能的可能性大为降低。但与此同时,追加配偶必然涉及对夫妻共同债务的认定,这将导致配偶的程序利益难以保障,也是执行程序对审判程序职能的僭越。可若否定追加配偶,固然可以维护配偶的程序利益,贯彻审执分立原则,但债权实现的可能性将大为降低。因而彼时,全国不同法院对于如何实现执行名义中申请执行人的债权具有不同的方案。[④]《追加变更规定》只是否定了追加配偶方案,却没有最终解决该问题。此时是直接执行夫妻共同财产一半,还是让其另行起诉待取得执行名义后再次申请执行?法院依旧缺乏统一的处理路径。因此,该情形下是否可以扩张执行力于被执行人配偶,具有重要的实践意义。以此为研究对象,也可以进一步阐释执行力主观范围扩张的正当性保障机制内容。有鉴于此,本文希望通过对该情形的讨论,一定程度上推动执行力主观范围扩张理论研究的深化,并为申请执行人的债权实现提供更好的解决方案。

---

  ② 笔者以"执行力主观范围扩张"为主题在中国知网上进行检索,在不限定其他条件下仅检索到了72篇文章,一定程度上说明了关于该问题的学术资源的紧缺。

  ③ 《追加变更规定》第一条对法定追加变更原则进行了规定。

  ④ 例如,上海高院《关于执行夫妻个人债务及共同债务案件法律适用若干问题的解答》第二条,江苏高院《关于执行疑难问题的解答》第六、七条;《北京市法院执行工作规范(2013年修订)》第五百三十九条;浙江高院《关于执行生效法律文书确定夫妻一方为债务人案件的相关问题解答》第三、四条,分别采取了追加配偶、另行起诉和直接执行夫妻共同财产三种方案。

二、执行力主观范围扩张考量要件的理论经纬

当执行名义只确定夫妻一方为被执行人而其又无财产可供执行时,可供解决的方案有三种:第一种,明确申请执行人起诉被执行人配偶的请求权基础,从而确保其能够另行起诉实现其债权;第二种,追加被执行人配偶为被执行人;第三种,径行执行夫妻共同财产中被执行人的份额。⑤在《追加变更规定》出台后,能否追加被执行人配偶为被执行人实务中已经没有讨论的余地,但这并不代表理论上再对此进行争执没有意义。因为,只有将此情形与执行力主观范围扩张考量要件一一比对后,才能最终得出能否追加配偶的结论。这样做的好处体现在,一是可以系统地梳理现有文献对执行力主观范围扩张考量要件的建构,深化对各考量要件的认识,进一步廓清正当性保障机制的内容。二是能够将追加情形的讨论严格限定在理论框架之内。毕竟此前追加与反对追加的理由既不系统,也有些各说各话,也就难以对该问题"盖棺定论"。在对能否追加被执行人配偶方案予以澄清后,再与申请执行人另行起诉和直接执行夫妻共同财产方案进行对比衡量,从而确定平衡申请执行人、被执行人、被执行人配偶利益的最佳方案。而在衡量追加配偶方案是否正当时,首先需要厘定的是执行力主观范围扩张的考量要件,以此作为理论基础。

肖建国教授认为执行力主观范围扩张需要考量以下几点:(1)执行债权实现的迅速、经济;(2)实体权利义务关系的依存性、利益归属的一致性;(3)第三人的程序保障;(4)权利人对特定债务人享有权利的高度盖然性。⑥台湾学者许士宦教授认为执行力主观范围扩张须满足以下要件:(1)申请执行人对执行力扩张所及的第三人具有的新给付请求权存在的盖然性很高,且该新给付请求权与执行名义中申请执行人的原给付请求权实现之实体利益类同;(2)上述新给付请求权,如非从原执行名义所能明确认定,执行法院尚须依申请执行人所提事证资料加以审查认定,债务人如有实体争议,仍得起诉救济。⑦以上观点大致代

---

⑤ 参见任重:《民事诉讼法教义学视角下的"执行难":成因与出路——以夫妻共同财产的执行为中心》,载《当代法学》2019年第3期。

⑥ 参见肖建国、刘文勇:《论执行力主观范围的扩张及其正当性基础》,载《法学论坛》2016年第4期。

⑦ 参见许士宦:《执行力客观范围扩张之法律构造——兼论其与既判力客观范围理论的异同》,载《台大法学论丛》2009年第1期。许士宦还指出执行力主观范围扩张还应当要求,不可期待债权人就该新给付请求权一并或另行取得执行名义。不过近来其修改了该观点,认为这一要求应当让位于执行迅速、经济的考虑。参见许士宦:《执行力客观范围扩张论之生成》,载《台湾法学杂志》2017年第329期。

表了当前学界对于执行力主观范围扩张考量要件的理论建构,二者对于扩张考量要件的表达也是趋于一致的。就实体正当性要件而言,应当包括申请执行人对第三人的实体权利存在高度盖然性、第三人与被执行人具有实体利益归属的一致性。[8] 就程序正当性要件而言,被执行力扩张所及之第三人必须要受一定的程序保障。

(一)执行力主观范围扩张的实体正当性内涵

1. 申请执行人对第三人的实体权利存在高度盖然性

盖然性是指一种可能而非必然的性质,高度盖然性即表明事物之间的联系存在高度的可能性。传统理论认为,执行力扩张对象应当限定于三种情形,分别是当事人的继受人、请求标的物之占有人、诉讼担当之被担当人。[9] 在以上情形下,申请执行人对执行力扩张所及之第三人实体权利存在高度盖然性可以通过对执行名义的借用或转用加以说明。当上述情形发生时,申请执行人都借用或者转用了对被执行人所取得的执行名义,而执行名义的内容又是存在高度盖然性的实体法律关系,因而能够确保申请执行人对第三人的实体权利存在高度盖然性。[10] 例如,《追加变更规定》第11条规定:"作为被执行人的法人或其他组织因合并而终止,申请执行人申请变更合并后存续或新设的法人、其他组织为被执行人的,人民法院应予支持"。于此情形,被执行人主体消亡引起了实体权利义务关系的移转,但这种移转仅发生了权利义务主体更替,权利义务关系的内容没有发生任何变化,[11]因而申请执行人对于继受人的实体请求权当然具有高度盖然性。

但《追加变更规定》规定的追加被执行人情形显然不以上述情形为限。例如,《追加变更规定》第14条规定了当合伙企业不能清偿债务时,可以追加普通合伙人为被执行人。在认定合伙人的补充性责任发生时,除了需要认定合伙债务的存在,还需要认定合伙企业无财产可供执行这一事实。因此,在追加合伙人情形,不能简单地套用对执行名义的借用或转用来说明申请执行人对合伙人的给付请求权存在具有高度盖然性。许士宦教授认为,对于合伙人财产的执行,其目的在于实现申请执行人对合伙人的补充性给付请求权,其与原执行名义确定

---

[8] 至于扩张必须有利于债权实现的经济、迅速这一考量要件,笔者认为由于执行力主观范围扩张具有省略新诉提起的作用,因而有利于债权实现的经济、迅速是执行力主观范围扩张必然带来的效果,将其作为考量要件并不妥适。

[9] 参见前注①,常廷彬文。

[10] 参见常廷彬:《民事判决既判力主观范围研究》,中国人民大学出版社2010年版,第113页。

[11] 参见前注①,常廷彬文。

的申请执行人对合伙企业的给付请求权是不一样的,但客观上后者存在,前者存在的可能性很大,那么合伙人的补充性责任就应当发生。[12] 质言之,由于合伙债务存在,那么在合伙财产不足清偿时,普通合伙人的补充性责任通常成立,即可认为满足了高度盖然性要件。这一分析路径的启示在于,执行名义确立的申请执行人对被执行人的实体权利内容,构成了判断申请执行人对执行力扩张所及的第三人实体权利存在的重要前提事实,而这一前提事实使得申请执行人对第三人的实体权利也很可能成立。具体到执行名义只确定夫妻一方为被执行人而其又无财产可供执行的情形,若要追加被执行人配偶为被执行人,就应当证明申请执行人对其配偶基于夫妻共同债务而产生的给付请求权成立的可能性很高。此时,尽管执行名义未对夫妻共同债务进行认定,但实质上其债务性质就是夫妻共同债务,如果将认定夫妻共同债务的请求诉诸法院,通常人民法院能够对此支持。需要注意的是,具体到个案中夫妻共同债务成立是否具有高度盖然性,应当要求执行法院通过略式权益判定程序[13]对此予以审查。

2. 被执行人与第三人在实体利益归属上具有一致性

从《追加变更规定》规定的情形来看,执行力主观范围扩张在实体利益归属的一致性要件上可以从以下四个方面进行理解:第一,前后执行当事人之间存在权利义务关系的依存性,即后执行当事人(第三人)的权利义务是从前执行当事人处承继、转移而来的。[14]例如,《追加变更规定》第10至12条规定的被执行人死亡、被执行企业合并或分立的情形;第二,前后执行当事人之间,具有实体法上责任主体的一致性。对于合法成立、有一定组织机构和财产,但却不具备法人资格的非法人组织,其具有当事人能力,但是在实体责任的承担上其不具有独立性,因而其设立人或出资人要对其债务承担无限连带责任。[15] 由于后执行当事人(第三人)与前执行当事人之间是连带责任关系,其必然具有实体利益归属的一致性。例如,《追加变更规定》第13至16条规定的投资人、普通合伙人、法人以及其他承担责任的主体应当承担连带责任的情形;第三,前执行当事人的责任财产因后执行当事人(第三人)而不当减少或有不当减少的危险,此时后执行当

---

[12] 参见许士宦:《新民事诉讼法之争点(二)——合伙所受裁判之效力如何扩张给予合伙人》(下),载《月旦法学教室》2010年第93期。

[13] 在执行力主观范围扩张情形中,由于执行名义所确立的基础法律关系的明确性,对第三人程序保障可以弱于通常的诉讼程序保障。参见向国慧:《论执行力主观范围扩张》,西南政法大学2014年博士论文,第57页。

[14] 参见前注⑥,肖建国、刘文勇文。

[15] 参见刘学在、王炳乾:《执行当事人之变更、追加的类型化分析》,载《政法学刊》2018年第2期。

事人(第三人)应当以自身的责任财产消除这种减少或者减少的危险,从而与前执行当事人成为利益攸关、休戚与共的共同体。例如,《追加变更规定》第14条第2款、第17至21条规定的情形;第四,后执行当事人(第三人)自愿代被执行人清偿债务,此时二者当然具有实体利益归属的一致性。例如,《追加变更规定》第23、24条规定的情形。

(二) 执行力主观范围扩张的程序正当性内涵

执行力主观范围扩张具有省略申请执行人对被扩张人的权利义务提起新诉的作用,[16]由于申请执行人对第三人的给付请求权未经诉讼程序保障,这就要求在执行程序中必须要给予双方一定的程序保障以维护二者的程序利益。程序保障可分为两个层面,一是扩张前的程序保障,其目的在于确定个案中申请执行人对被扩张人实体请求权的存在具有高度盖然性;二是扩张后的程序保障,其目的在于为被扩张主体提供程序救济。

备受争执的一个问题在于,在扩张前程序保障层面,当执行力扩张及于第三人时是否允许执行法院对实体问题加以判断。反对观点主张执行程序旨在运用国家强制力保障确定权益的实现,对实体问题进行判断应当交由审判程序完成。[17]笔者认为,执行程序中并非不能对实体问题作出判断,但执行程序中一般对实体问题的判断不会涉及对责任主体的确定,其目的更多地在于划定被执行人的责任财产范围。例如,《民事诉讼法》第227条规定的案外人异议,主要由执行法官对被执行人责任财产的权利归属问题作出判断。[18]这种判断毫无疑问属于对实体问题的判断,但法官对执行标的实体权属的认定只需依形式审查作出形式判断即可,遵循的是物权公示和权利外观主义原则。[19]在判断目的上,执行程序中对实体问题的判断意在为被执行人的责任财产确定范围,而审判程序中其目的则在于确定民事责任主体。以执行程序追加配偶为例,如果允许执行阶段对夫妻共同债务作出认定,则有可能导致执行主体的追加,相当于跳过了审判程序确定了民事责任主体。

然而《追加变更规定》规定的追加变更情形并不完全遵循以上在审判或执行程序中对实体问题进行判断的逻辑进路。《追加变更规定》第14条第2款、第

---

[16] 参见许士宦:《执行力扩张与不动产执行》,学林文化事业有限公司2007年版,第23页。

[17] 参见王鑫、谌辉、朱雪梅:《案件执行不应直接追加债务人配偶为被执行人》,载《人民法院报》2015年2月10日第3版。

[18] 参见丁俊峰、张媛媛:《公司案件执行裁判权行使的相关问题——以变更、追加被执行人为研究重点》,载《人民司法》2012年第23期。

[19] 参见肖建国:《民事审判权与执行权的分离研究》,载《法制与社会发展》2016年第2期。

17 至 21 条实际规定了基于另一实体法律关系,第三人须对申请执行人承担责任这一类别。以第 17、18 条为例,按照审判与执行程序对实体问题判断的进路,通过对出资不实或者抽逃出资等实体问题作出判断进而确定责任主体应当通过审判程序进行,而不应通过执行力扩张来解决。[20] 执行名义载明的仅限于申请执行人与被执行人之间的实体法律关系,也即只有申请执行人与被执行人之间的实体法律关系经受了审判程序的保障,而申请执行人对于第三人的给付请求权并未经过诉讼程序保障,也没有获得既判力之终局判决。可以说,在此类情形下,执行程序实际上扮演了责任确定程序的角色。因此,从实定法解释看,扩张前的程序保障并非绝对禁止对实体问题进行认定。在以上情形下,执行力扩张及于第三人正是要在执行程序中就申请执行人对第三人之给付请求权是否存在作出认定。因此,以当前法规范解释论为立场,应当肯认在"例外"情形下可以允许执行法院就实体问题作出认定进而扩张执行力的主观范围。[21] 更值得关注的问题是,满足何者条件才构成"例外"情形。

事实上,我国有学者已经敏锐地认识到对于执行力扩张模式的解释,应当允许通过略式权益判定程序认定给付请求权存在。只不过在扩张的程序保障上存在要求,"对于显著成立或者足以成立且相关民事主体不进行争议的民事权益之判定,宜采取非讼性质的民事权益判定程序,由执行法院径直进行审查,而无须进行执行听证程序;对于并非显著成立并且相关民事主体试图进行争议的民事权益之判定,宜采取争讼性质的民事权益判定程序,由执行法院举行听证会来进行审查"。[22] 但笔者认为,并非所有非显著成立且存在一定争议的实体问题都可以在执行程序中通过听证会予以审查确定。在第三人与申请执行人或被执行人之间的实体权利义务关系根据执行程序中调查的证据,难以判断其是否存在的情况下,要求当事人通过另行起诉取得新的执行名义,是对当事人最有力的程序保障。[23] 这就要求对于特定扩张情形涉及对实体问题的判断时,申请执行人证明请求权存在的难度不宜较高,事实认定过程不宜复杂,从而才能与听证会这一扩张前的程序保障方式相适应。也即满足以上程序保障要求,才能认同特定扩

---

[20] 参见黄金龙:《〈关于人民法院执行工作若干问题的规定(试行)〉实用解析》,中国法制出版社 2000 年版,第 240 页。

[21] 许士宦认为在执行力扩张情形下,应当允许适度突破审判程序与执行程序的二元分离理论,在一定程度上将其相对化,使得两者通过一定程度的互动,协力于权利的有效实现。参见许士宦:《执行力客观范围扩张论之生成》,载《台湾法学杂志》2017 年第 329 期。

[22] 黄忠顺:《论执行当事人变更与追加的理论基础》,载《北京科技大学学报(社会科学版)》2013 年第 2 期。

[23] 参见向国惠:《论执行力主观范围扩张》,西南政法大学 2014 年博士论文,第 124 页。

张情形对实体问题的认定构成"例外"情形。

三、追加被执行人配偶为被执行人具有实体正当性

执行名义所载明的是申请执行人对被执行人的给付请求权,而若追加被执行人配偶为被执行人,需要认定该债务实际上属于夫妻共同债务,从而申请执行人对配偶的给付请求权才能成立。因为前一给付请求权的存在,后者给付请求权通常成立,那么即可认为申请执行人对配偶的给付请求权具有高度盖然性。

(一)申请执行人对被执行人配偶的给付请求权具有高度盖然性

《追加变更规定》颁布前,申请执行人申请追加被执行人配偶为被执行人时,法院通常以不能在执行程序中对实体问题进行判断,或追加配偶不属于法律明文规定的可以追加的情形等理由对此予以驳回。从而"回避"了债务性质是否属于夫妻共同债务的认定,也就无从考察申请执行人对于被执行人配偶的给付请求权是否成立。江苏高院《关于执行疑难问题的解答》第6条与上海高院《关于执行夫妻个人债务及共同债务案件法律适用若干问题的解答》第2条均规定了执行名义只确定夫妻一方为被执行人而其又无财产可供执行时,可以对债务性质是否属于夫妻共同债务进行审查,进而决定是否在执行程序中追加被执行人配偶为被执行人。尽管这两个规定属于地方性司法文件,效力不高,但是可以在一定程度上指导和统一辖区范围内的实践操作,从而解决上述法院"回避"对夫妻共同债务进行认定的难题。笔者在中国裁判文书网以"夫妻关系、共同债务、执行案件、裁定、江苏(上海)、2014.1.1—2016.11.30"为关键词进行检索。[24]

夫妻共同债务的认定情况

省份	有效样本[25]	夫妻共同债务成立	夫妻共同债务不成立	成立占比
江苏	378	341	37	90.2%
上海	105	95	10	90.5%
合计	483	436	47	90.3%

总计483份裁定当中,436份裁定认定夫妻共同债务成立,成立比率达到

---

[24] 选定"2014.1.1—2016.11.30"期间作为样本选取时间段是因为裁判文书自2014年1月1日起开始规范上网公开;《追加变更规定》自2016年12月1日起开始施行,此后即禁止追加被执行人配偶为被执行人。

[25] 江苏、上海样本总量分别是417、121份裁定,其中各有39、16份裁定未对债务是否属于夫妻共同债务作出认定,因而剔除。

90.3%。其中,425 份裁定适用了《最高人民法院关于适用〈婚姻法〉若干问题的解释(二)》(下称《解释二》)第 24 条的夫妻共同债务时间推定规则认定夫妻共同债务成立。[26] 可以说,在彼时的实体法配置下,《解释二》第 24 条由于其推定的方式操作简便而为一线法官大量适用,[27]使得夫妻共同债务的认定比例相当之高。由此看来,申请执行人对被执行人配偶基于夫妻共同债务而产生的给付请求权通常可以成立。不可否认,以上结论与《解释二》第 24 条的广泛适用存在极大的关联性。然而近年来,《解释二》第 24 条因其形式审查和对配偶利益缺乏保护,引发了专业人士和普罗大众的强烈关注和质疑。从立法价值选择来看,《解释二》第 24 条属于以债务成立时间为核心标准的权利推定规范,在立法价值上过于注重保护债权人的利益,已经无法回应时代的需求。第 24 条在制定之初的目的在于遏制社会上盛行的"假离婚、真逃债"现象,但在现如今离婚率高涨的年代,夫妻一方与第三人恶意串通虚构债务从而损害配偶利益的现象突出,因而第 24 条已经不合时宜;[28]从法条内容来看,第 24 条要求债权人只需证明债务成立于夫妻关系存续期间,即可推定夫妻共同债务成立,推定的基础事实过于简单。且该条对于例外情形的列举过少,不当限缩了配偶方的抗辩范围。例如,在配偶可以证明该债务与夫妻日常生活或夫妻共同利益无关,或该债务虽涉及夫妻共同财产的管理但并未获得配偶同意等情形,均应依《婚姻法》第 41 条确立的夫妻共同债务生活用途规则将其排除于夫妻共同债务之外。[29] 基于以上原因,最高人民法院 2018 年 1 月发布了《关于审理涉及夫妻债务纠纷案件适用法律有关问题的解释》(下称《夫妻债务解释》),对夫妻共同债务的认定标准作出重大调整,实际上废止了《解释二》第 24 条的适用。由于以上统计结论很大程度上依赖《解释二》第 24 条的广泛适用,那么在《解释二》第 24 条废止后,前述结论是否可靠就不无疑问。而且,上述统计以执行程序对夫妻共同债务的认定为样本,而执行程序中对夫妻共同债务认定标准的把握、程序保障的水平与审判程序是否相同也存在疑问。基于以上原因,笔者在中国裁判文书网以"夫妻关系、共同债务、民

---

[26] 此处适用既指单独适用《解释二》第 24 条,也包括第 24 条与其他夫妻共同债务认定规则的结合适用,包括夫妻共同生活用途规则、日常家事代理规则等。

[27] 参见陈泳滨:《对于完善夫妻共同债务案件裁判规则的思考——以〈婚姻法〉第 41 条和〈婚姻法解释二〉第 24 条为分析对象》,载陈苇主编《家事法研究》,北京社会科学文献出版社 2014 年版,第 264 页。

[28] 参见祝颖:《证据法视野下夫妻共同债务推定规则检讨》,载《西南政法大学学报》2018 年第 1 期。

[29] 参见缪宇:《走出夫妻共同债务的误区——以〈婚姻法解释(二)〉第 24 条为分析对象》,载《中外法学》2018 年第 1 期。

事案件、判决书、江苏、2018.2—2018.12.31"为关键词进行检索,共得到128112份判决书。笔者从中随机抽取了500份判决书。总计有效样本324份,无效样本176份。[30] 324份判决书中有267份判决认定夫妻共同债务成立,成立比率达到82.4%。与前述统计结果相比,成立比率虽有降低,但变化不大。

因此,在执行名义申请执行人对被执行人请求权已成立的前提下,申请执行人对被执行人配偶基于夫妻共同债务产生的给付请求权通常成立。那么,在夫妻一方举债形成执行名义的情形下,大多数案件中申请执行人对被执行人配偶的给付请求权都高度盖然性地存在。而对此,如果要求申请执行人都必须通过另行起诉的方式对夫妻共同债务进行认定,待取得新的执行名义再来申请执行,无疑是付出巨大的程序成本来实现微小的正义收益。"假如不考虑司法资源的有限性和诉讼成本的节约问题,我们当然可以无限制地在所有司法程序中都贯彻程序正义的要求,使得公正的审判成为我们唯一需要追求的价值目标。但是这种演绎推理的大前提是不存在的,其结论也就无法成立。"[31]

(二)追加配偶对被执行人及其配偶而言具有实体利益归属的一致性

"从夫妻共同债务中配偶的程序保障角度来说,通过审判程序加以解决属于恰当。但是基于夫妻共同债务实体利益归属的一致性,将执行力扩张至配偶则具有正当性基础。"[32]笔者认为在追加配偶情形下,实体利益归属的一致性应当指向,配偶方有义务对举债方的债务(实际为夫妻共同债务)以其个人财产或夫妻共同财产为责任财产进行清偿。以往对实体利益归属一致性要件的证成通常从夫妻共同债务属于连带债务的视角出发进行论证,[33]但这一论证进路存在两个缺陷。第一,夫妻共同债务并不是不证自明的前提,针对被执行人的执行名义中并无对夫妻共同债务的认定,那么在夫妻共同债务存疑下,又何来连带责任?第二,夫妻共同债务是否属于连带债务在理论上争议颇大。

对于第一个问题,笔者认为申请执行人对配偶的给付请求权具有高度盖然性与实体利益归属一致性要件是密不可分的,必须相互结合才能构成执行力主

---

[30] 有效样本指的是债务人单方举债,但债权人将债务人及其配偶共同诉至法院的案例。无效样本指的是夫妻双方共同举债而被共同诉至法院情形;债务人单方成立债务,债权人将债务人及其配偶共同诉至法院,但判决书认定债务人单方债务也不成立情形;配偶因担保之债作为债务人出现的情形。此三种情形进入执行阶段后,都无法与执行名义只确定夫妻一方为被执行人的情形对应。

[31] 陈瑞华:《程序正义理论》,中国法制出版社2010年版,第123页。

[32] 前注⑥,肖建国、刘文勇文。

[33] 参见韩红俊、赵培:《论民事执行中被执行人配偶的追加》,载张卫平主编《民事程序法研究》,厦门大学出版社2016年版,第121页。

观范围扩张的实体正当性要件。上述统计结果表明,在申请执行人对被执行人给付请求权已成立的前提下,申请执行人对被执行人配偶基于夫妻共同债务产生的给付请求权通常成立。在个案中,如果执行程序通过略式权益判定程序对债务性质属于夫妻共同债务予以认定,以此为前提,由于申请执行人对被执行人及其配偶具有给付请求权,再对实体利益归属的一致性要件进行理解就不会发生逻辑推理上的断裂。

对于第二个问题,关于夫妻共同债务的性质,当前存在三种观点:第一种观点从现行法规范的解释出发,认为夫妻共同债务应当属于连带债务。因为,《解释二》第25条明确使用了"连带清偿责任"的字眼来描述夫妻共同债务的连带债务属性。第二种观点认为,夫妻共同债务的性质属于共同债务。《关于人民法院审理离婚案件处理财产分割问题的若干意见》第17条规定应以夫妻共同财产为限清偿夫妻共同债务,而连带债务要求各债务人对于债务须负全部给付义务,这就与以夫妻共同财产为限的清偿规则有别。《婚姻法》第41条并没有规定夫妻共同债务的完整效力,对于夫妻共同债务的清偿是否扩及至配偶的个人财产是语焉不详的。从条文的历史嬗变来看,对于第41条规定的"共同偿还",1950年和1980年《婚姻法》的对应表述分别为"以共同生活时所得财产偿还""以共同财产偿还",并不支持对夫妻共同债务作与连带债务清偿规则一致的理解。[34] 从《婚姻法》第41条与《解释二》第25条的关系来看,《婚姻法》并没有明确规定夫妻共同债务的连带债务性质,《解释二》的位阶显然低于《婚姻法》,因而《解释二》有超越立法之嫌。[35] 从比较法经验的撷取来看,夫妻共同债务不等于连带债务,它是基于夫妻共同共有关系产生的债务。[36] 在夫妻一方单方举债形成夫妻共同债务的情形下,应当以"负债方的个人财产+夫妻共同财产"为限划定责任财产的范围。[37] 第三种观点认为,夫妻共同债务性质不能一概而论,应当从类型化的视角予以认识。当夫妻双方因财产法规则而形成夫妻共同债务时,例如双方合意举债,此时夫妻共同债务应当属于连带债务;当夫妻因行使日常家事代理权形成夫妻共同债务时,在比较法上均将其作为连带债务加以规定,这也符合我国的传统认识;除以上两种情形外,夫妻一方所负债务可以使夫妻另一方从中受益的,该夫妻共同债务的性质为共同债务,应以"负债方的个人财产+夫妻共同财

---

[34] 参见贺剑:《论婚姻法回归民法的基本思路——以法定夫妻财产制为重点》,载《中外法学》2014年第6期。

[35] 参见何丽新:《论非债务引发方以夫妻共同财产为限清偿夫妻共同债务》,载《政法论丛》2017年第6期。

[36] 参见前注[29],缪宇文。

[37] 参见龙俊:《夫妻共同财产的潜在共有》,载《法学研究》2017年第4期。

产"为限进行清偿。[38]

笔者更倾向于第三种观点,因为该观点与《夫妻债务解释》对夫妻共同债务认定的各种情形相对应,因而对规范有更强的解释力。但上述对夫妻共同债务性质的争论不妨碍追加配偶情形下实体利益归属一致性要件的成立。因为在执行名义申请执行人对被执行人给付请求权已成立的前提下,如果执行程序通过略式权益判定程序认定夫妻共同债务成立,那么对于夫妻共同债务的清偿,无论是将清偿的责任财产范围划定为夫妻财产的全部,抑或以"负债方的个人财产＋夫妻共同财产"为限清偿,都将使得夫妻二人成为利益攸关的共同体。这也就意味着实体利益归属一致性要件的成立。

四、追加被执行人配偶为被执行人具有程序正当性

执行力的扩张使得申请执行人无须另行起诉取得执行名义,从而使得申请执行人能够快速、简易地实现债权。但也随之给第三人带来了风险,因而需要扩张前的审查和扩张后的救济程序保障,以确保执行力扩张的程序正当性。

(一)扩张前的程序保障

扩张前的程序保障,是指执行当事人变更或追加的审查程序建构。追加被执行人配偶为被执行人的情形涉及在执行程序中对夫妻共同债务进行认定,因而就面临两个层面的问题:其一,执行法院是否有能力对夫妻共同债务作出认定;其二,执行法院对该实体问题的判断是否构成上文的"例外"情形。

对于第一个问题,追加审查程序要对夫妻共同债务是否成立作出认定,从而决定是否追加配偶,涉及执行程序中依何种方式进行审查。有两套方案可供选择,一是"执行机关＋形式审查"模式,二是"执行机关＋实质审查"模式,学界主流观点是倾向于采用方案二,[39]这也与当前实务的审查方式一致。《追加变更规定》第28条规定了除事实清楚、权利义务关系明确、争议不大的案件外,执行法院应当组成合议庭审查并公开听证。由于我国的听证程序参照审判程序建构,[40]通过利益相关主体的举证质证、言辞辩论等环节对实体法律关系的存在进

---

[38] 参见汪洋:《夫妻债务的基本类型、责任基础与责任财产——最高人民法院〈夫妻债务解释〉实体法评析》,载《当代法学》2019年第3期。

[39] 参见肖建国:《执行当事人变更与追加的救济制度研究——基于德、日、韩执行文制度的比较研究》,载《法律适用》2011年第9期。

[40] 以广东、北京、海南三省的执行听证规定为例,从调查到质证,从证据资格的认定到证明力的规定均参照审判程序建构。

行证明,能够保证执行法官有能力就夫妻共同债务这一实体问题进行判断。

对于第二个问题,《追加变更规定》第 14 条第 2 款、第 17 至 21 条由于规定了基于另一实体法律关系,第三人须对申请执行人承担责任这一类别。因此,在执行阶段由执行法院对实体问题作出认定不应构成解释上的障碍。但依上文所述,执行法院对实体问题的判断是存在边界的,涉及对实体问题判断的扩张情形,此类案件应当在事实认定、法律适用方面相对简单,才能与略式权益判定程序(听证会)这一扩张前的程序保障方式相适应。那么对夫妻共同债务的认定是否符合以上要求是需要进一步探讨的。对于该问题的认识不应一概而论,可以按照《夫妻债务解释》对夫妻共同债务的类型划分分别讨论。

第一种情形,夫妻一方因行使日常家事代理权而形成夫妻共同债务。《夫妻债务解释》第 2 条规定:"夫妻一方在婚姻关系存续期间以个人名义为家庭日常生活需要所负的债务,债权人以属于夫妻共同债务为由主张权利的,人民法院应予支持"。从债权人对配偶给付请求权的证明来看,申请执行人无须证明债务人负债后是否真的贴补家用,其仅需证明该债务于外部可识别性上可被认定为家庭日常生活范畴之内,即可作出夫妻共同债务的推定。[41] 对夫妻共同债务的认定,法官只需依照日常生活经验加以判断。可以说,由于推定技术的应用,使得申请执行人的证明难度显著降低,因而应当符合上述在执行阶段由执行法院对实体问题作出判断的限制条件。第二种情形,配偶一方因从债务中受益而被认定为夫妻共同债务。按照《夫妻债务解释》第 3 条的规定,夫妻一方所负债务超出日常家庭生活需要,应当由申请执行人负责证明该债务用于夫妻共同生活或者夫妻共同生产经营,才能认定为夫妻共同债务。在债务用于夫妻共同生活的情形,由于家庭生活具有私密性,由债权人对债务用于夫妻共同生活进行证明有些强人所难;而在债务用于夫妻共同生产经营的情形,债权人的证明又必须考虑经济组织的性质以及举债方配偶的实际参与状况,因而举证难度颇大。[42] 因此,相较于因夫妻一方行使日常家事代理权而形成夫妻共同债务的情形,申请执行人企图通过证明债务用于夫妻共同生活或共同生产经营以认定夫妻共同债务的,其举证精确度明显有更高的要求。[43] 因此,笔者认为在此情形下,由于对夫妻共同债务的认定比较复杂,申请执行人的举证难度颇大,不应当在执行阶段对夫妻共同债务进行认定。第三种情形,夫妻双方合意而形成的夫妻共同债务。

---

[41] 参见前注[38],汪洋文。

[42] 参见冉克平:《论夫妻共同债务的类型与清偿——兼析法释〔2018〕2 号》,载《法学》2018 年第 6 期。

[43] 参见前注[42],冉克平文。

根据《夫妻债务解释》第 1 条的规定,夫妻双方合意形成的夫妻共同债务可以区分为"共签共债""事后追认"两种情形。由于"共签共债"要求夫妻共同署名,因而申请执行人对此证明比较简单。在"事后追认"情形,申请执行人需对配偶追认的意思表示进行证明。不过,此时债权人既可以证明配偶作出明确追认的意思表示,也可以证明配偶对借款知情却未提出异议,因而举证难度也并不算太大。[44] 总体来看,在双方合意形成夫妻共同债务的情形下,其本质上是对当事人意思自治的尊重。[45] 相较于通过对债务用途进行考察进而对夫妻共同债务作出认定,通过财产法规则对夫妻共同债务作出认定无疑要简单得多。[46] 因此,笔者认为对于夫妻双方合意而形成的夫妻共同债务,在执行程序中由执行法院作出认定应当也是可以的。综上,按照执行力扩张前的程序保障要求,唯有夫妻一方行使日常家事代理权或者夫妻合意两种情形,可以扩张执行力于配偶。

(二)扩张后的程序救济

《追加变更规定》对被追加主体的救济规定了复议和提起被申请人执行异议之诉两种途径。对于出资不足、抽逃出资、清算责任等实体责任需要追加第三人为被执行人的复杂情形,赋予不服裁定的主体提起诉讼的权利。[47] 由于被申请人被追加后成为执行案件的被执行人,那么被申请人对追加裁定不服时提起的执行异议之诉应当属于债务人异议之诉的范畴。《追加变更规定》第 33 条规定了被申请人不服的,既可以就其能否被追加、变更为被执行人(法律地位是否适格)提起执行异议之诉,也可以就其所承担的责任范围提起异议之诉。可以说,被申请人执行异议之诉的审理范围与通过审判程序对该实体问题予以审理的范围几乎没有差异。但也应当看到被申请人执行异议之诉在救济被追加人时存在的不足,由于被申请人执行异议之诉的性质为形成之诉,[48] 因而诉讼仅有排除法院强制执行的效力,没有确认相关实体权利是否存在的效力。如果仅仅通过执

---

[44] 参见《浙江省高级人民法院关于妥善审理涉夫妻债务纠纷案件的通知》(2018)规定:"若有证据证明配偶一方对负债知晓且未提出异议的,如存在出具借条时在场、所借款项汇入配偶掌握的银行账户、归还借款本息等情形的,可以推定夫妻有共同举债的合意。"

[45] 参见曲彦超:《夫妻共同债务清偿规则探析》,载《法律适用》2016 年第 11 期。

[46] 参见刘征峰:《夫妻债务规范的层次互动体系——以连带债务方案为中心》,载《法学》2019 年第 6 期。

[47] 参见最高法关于《追加变更规定》等三个执行司法解释及规范性意见新闻发布会内容。网址:http://www.hbfy.gov.cn/DocManage/ViewDoc? docId = 15f7d7b3-5fbd-4b30-b5a8-b9bec803a377。

[48] 参见乔宇:《论变更追加执行当事人中的异议之诉》,载《山东法官培训学院学报》2018 年第 1 期。

行异议之诉救济,即使是对夫妻共同债务有所判断,也不会出现在判决主文当中,也就不会产生既判力。笔者认为,当前可以参照《最高人民法院关于适用〈中华人民共和国民事诉讼法〉的解释》(下称《民诉解释》)第 312 条的规定对此进行处理。该条规定了案外人在提起执行异议之诉的同时提出了确认其权利的诉讼请求的,人民法院可以一并作出裁判。虽然案外人执行异议之诉只是解决能否排除执行力的问题,目的不在于确定权利归属,但其对权属问题的认定实乃判断能否阻却法院强制执行的前提,执行异议之诉必须对此作出判断。因而如果可以将能否排除法院强制执行与当事人实体法律关系争议一并解决,则可避免造成司法资源浪费,防止造成案外人诉累、判决矛盾等问题。[49] 因而通过在案外人执行异议之诉中嵌入确认之诉,即可在解决执行争议问题之余对权属问题一并解决,从而一次性解决纠纷。而被申请人执行异议之诉属于债务人异议之诉,与案外人执行异议之诉同属执行异议之诉,因而可以参照第 312 条的规定,允许被申请人提起执行异议之诉的同时提起确认之诉。确认之诉有积极确认之诉和消极确认之诉,此时被执行人配偶可以主张其与被执行人之间不存在夫妻共同债务,通过诉讼对债务存否进行认定并使之具有既判力,从而防止各主体事后再另行起诉寻求救济,实现定纷止争。

综上,在执行名义只确定夫妻一方为被执行人而其又无财产可供执行的情形,在申请执行人对被执行人给付请求权成立的前提下,申请执行人基于夫妻共同债务而对配偶的给付请求权通常成立,且无论夫妻共同债务属于连带债务抑或共同债务,对于夫妻而言均具有实体利益归属的一致性,应当认为执行力扩张及于配偶能够满足实体正当性的考量要件。但在程序正当性考量要件的满足上,唯有夫妻一方行使日常家事代理权或者夫妻合意两种情形,可以适应扩张前听证程序的保障要求,因而应当只认同此二者情形下执行力可扩张及于配偶。就申请执行人债权实现而言,追加配偶方案并非完全不可行。通过进一步比较追加配偶与直接执行夫妻共同财产或另行起诉方案的优劣,分析其中利害关系,那么,也许原先被坚持反对的方案看起来就并非不可接受。

五、直接执行夫妻共同财产或另行起诉之不可行

(一)直接执行夫妻共同财产不可行

当执行名义只确定夫妻一方为被执行人而其又无财产可供执行时,为实现

---

[49] 参见沈德咏主编:《最高人民法院民事诉讼法司法解释理解与适用》(下),人民法院出版社 2015 年版,第 839 页。

申请执行人的债权，司法实务中普遍做法是执行被执行人个人财产以及其在共有财产中的份额（即一半）以实现其权利。(50) 但以上做法面临以下现实障碍与理论诘难。

1. 查询夫妻共同财产渠道受阻

为了尽快实现裁判文书所确定的内容，人民法院在执行案件中具有调查权，可以向被执行人，有关机关、团体、企事业单位等查询被执行人的财产状况，《民事诉讼法》第242条对此作出明确规定。根据该条规定，人民法院执行中查询的内容仅限于被执行人的财产状况。而依照婚姻法规定，夫妻在婚姻关系存续期间所得的财产原则上为夫妻共同财产，但该共同财产完全可能在物权的外在公示上只显示被执行人配偶一方。因此，如果被执行人配偶未被列为被执行人，那么对其名下的夫妻共同财产查询显然有悖第242条的规定。

近年来，为了强化法院查找被执行人财产的能力，人民法院执行信息化建设得到了高度重视。2017年《最高人民法院关于民事执行中财产调查若干问题的规定》规定了人民法院应当通过网络执行查控系统进行调查。可以说，法院网络执行查询系统在查找被执行人财产方面扮演的角色愈加重要。但就笔者对实践的了解来看，当前人民法院的网络执行查询系统在技术操作上只支持查询被执行人名下的财产，也即只有明确地列为被执行人，才能通过这一查询系统对其财产进行查询，这一做法能够契合《民事诉讼法》第242条的规定，但当被执行人名下没有财产，配偶名下有夫妻共同财产时，查询夫妻共同财产渠道势必受阻。

2. 法院直接执行夫妻共同财产并无规范依据

《最高人民法院关于人民法院民事执行中查封、扣押、冻结财产的规定》（下称《查封规定》）第14条规定了对于被执行人与他人共有的共同财产，人民法院可以查封、扣押、冻结，并及时通知债务人。根据上述规定，人民法院只能采取控制性措施，并不能处分夫妻共同财产。所以，此时法院并无直接执行夫妻共同财产一半的授权。尽管《查封规定》规定了共有人可以提起析产诉讼或者申请执行人可以代位提起析产诉讼，待析产诉讼后即可对夫妻共同财产进行执行。但是这一诉讼在实践当中难觅踪迹，非常罕见。(51) 原因在于《查封规定》规定了提起析产之诉的主体是共有人或者申请执行人。在追加配偶情形下，共有人是与被执行人实体利益归属一致的配偶，其自身立场就决定了不可期待其能主动提起析产之诉。而对申请执行人而言，由于我国当前缺乏夫妻非常财产制的建构，使

(50) 参见李贝：《夫妻共同债务的立法困局与出路——以“新解释”为考察对象》，载《东方法学》2019年第1期。

(51) 参见田韶华：《论共同财产制下夫妻债务的清偿》，载《法律科学》2019年第5期。

得申请执行人提起代位析产之诉的救济途径也并不可能。夫妻非常财产制,是指在婚姻生活发生特殊情形时,在不离婚的前提下,对夫妻财产进行分割,从而达到婚内分割财产的目的。[52] 从法规范的体系解释来看,目前婚内分割财产并不可行。虽然《物权法》第 99 条规定了共同共有人在共有的基础丧失或者有重大理由需要分割时可以请求分割,看似为婚姻关系存续期间分割夫妻共同财产提供了法律依据。不过,全国人大法制工作委员会曾指出:"《物权法》起草共有关系这块,着眼点并不在家庭共有关系……关于婚姻家庭的问题,以后还要搞亲属法,很多问题要在亲属法中予以完善;婚姻家庭问题有其特殊性,在处理有关问题时,《婚姻法》的规定优先于《物权法》的规定。"[53]《最高人民法院关于适用〈中华人民共和国婚姻法〉若干问题的解释(三)》(下称《解释三》)第 4 条虽然规定了两种情形下夫妻可以分割共同财产,但囿于司法解释自身的局限,《解释三》并没有将婚姻关系存续期间分割夫妻共有财产的事由扩展到一方财产不能清偿个人债务的情形。[54] 因而通过申请执行人提起析产之诉对夫妻共同财产进行分割无疑也是不可行的。此外,从举轻以明重的法律解释方法出发,追加配偶方案尚且不被最高人民法院承认,那么依据《查封规定》第 14 条径行执行夫妻共同财产也就更不具有正当性。[55]

3. 执行夫妻共同财产对债务性质的推定与裁判主文不符

直接执行夫妻共同财产本质上是推定债务为被执行人的个人债务,该方案通过对债务性质的推定替代了对被执行债务性质的认定,属于对于判决主文的扩张解释。从既判力的客观范围来看,既判力所针对的事项仅限于诉讼标的,即只有裁判主文部分具有既判力。当执行名义只确定夫妻一方为被执行人时,判决主文并未明确认定该债务为被执行人的个人债务,该债务性质仍是不确定的。这一点可以从当事人能够另行起诉确认债务性质属于债务人个人债务还是夫妻共同债务中得到合理推断。因此,在执行名义未对债务性质作出明确认定的前提下,推定该债务性质为个人债务属于对裁判主文的不当扩张解释,与裁判主文不符。就程序保障而言,直接执行夫妻共同财产与追加配偶方案相较,后者起码

---

[52] 参见裴桦:《夫妻财产制与财产法规则的冲突与协调》,载《法学研究》2017 年第 4 期。

[53] 刘晓燕:《夫妻关系依然存在,丈夫要求分割家产,经最高人民法院调解当事人自愿达成协议》,载《人民法院报》,2008 年 2 月 13 日第 2 版。

[54] 参见童付章:《执行夫妻共有财产的法律探讨——以夫妻一方作为被执行人为视角》,载《法治研究》2014 年第 4 期。

[55] 参见前注⑤,任重文。

有略式权益判定程序的保障，前者却直接省略了审查程序，因而有违诉讼法理。(56)

（二）申请执行人另行起诉之不利益

1. 另行起诉造成程序空转

对于法院而言，它提供程序供诉讼当事人利用的成本包括人力、物力、财力、时间等各种资源，而诉讼周期的长短直接关乎审判成本的多寡，诉讼周期越长，带来的审判成本也就愈加高昂。特别在我国案多人少现实下，司法资源紧缺成为制约司法纠纷解决能力的重要因素。如果通过另行起诉的方式来实现执行名义中申请执行人的债权，法院无疑将会付出巨大的程序成本，不仅在执行名义的生成过程中对两造主体进行完整的审判程序保障，在执行程序中也会花费巨大精力，直至确定被执行人无财产可供执行。此时再通过另行起诉来重启程序，将会使得之前审判与执行程序的努力归零，造成程序的空转和司法资源的浪费。而且，申请执行人在取得对被执行人的执行名义过程中已经付出了相当的诉讼成本，可能要支付诉讼费、上诉费、申请执行费、律师费等相关费用。而在取得判决后，又要重走审判程序来实现债权，对于申请执行人是不可承受之重，首次诉讼和执行中付出的成本都成为沉没成本，特别是对于标的额不大的申请执行人而言显失公平。

2. 给予被执行人及其配偶转移财产的机会

在被执行人无财产可供执行时，申请执行人另行起诉重走审判程序，将会耗费完整的诉讼周期，在此期间有的被执行人及其配偶便会获得转移和隐匿财产的机会。与追加被执行人配偶方案相较，另行起诉风险过于高昂。因为如果是直接追加配偶为被执行人，在对配偶进行执行时，配偶可以提起被申请人执行异议之诉，在此期间被执行法院控制的财产并不会被法院处分，除非申请执行人提供担保。该方案优势体现在，一方面，可以为被执行人配偶提供适度的程序保障，另一方面，也使得追加配偶方案即使有错误也可以得到及时的纠正和挽回。但是让申请执行人通过另行起诉确认该债务属于夫妻共同债务，继而再重启执行程序来实现债权，那么由于在此过程当中申请执行人对于配偶名下的财产无法控制，就会给予被执行人及其配偶转移、隐匿财产的机会。在债务人及其配偶逐利心理的作用下，很难期望其能够“无所作为”，也就意味着执行难度将大幅度上升，财产很难被追回，且无可挽回。

从社会公众角度出发，“执行难”意味着凡是发生法律效力的判决、调解、裁定所确定的民事权益，都应当在执行阶段得到兑现，否则，无论是什么理由或原

---

(56) 参见张海燕：《执行程序中被执行人配偶追加问题研究》，载《当代法学》2019年第1期。

因,都被认为是“执行难”。(57) 而从人民法院的视角出发,至少执行不能是排除在“执行难”概念以外的,执行不能应当是当事人承担的一种商业风险。(58) 正是“执行难”概念在社会公众与人民法院之间概念认知的落差,使得“执行难”往往成为社会公众负面评价人民法院的指示牌。单纯从诉讼法理来看,另行起诉方案固然维护了程序正义,但也加剧了社会公众对“执行难”的负面评价,这应该引起学界的反思,也应当影响对该问题解决方案的选择。

六、夫妻一方举债时债权人的债权实现路径:双阶段互动方案

(一) 诉讼阶段:法官结合案情释明债权人将债务人及其配偶列为共同被告

执行名义只确定夫妻一方为被执行人而其又无财产可供执行时,当前三种方案均在一定程度上受到理论的诘难或实务的排斥。那么防止执行名义只确定夫妻一方为被执行人,而该债务实际上又属于夫妻共同债务的情形发生,应当成为一种可行的思路。笔者认为,可以缓解当前困境的方案是通过法官结合案情予以释明的方式,促使债权人将债务人及其配偶列为共同被告,进而使应当承担责任的配偶成为执行名义的责任主体。

债务人单方举债,债权人起诉至法院有两种诉讼途径:第一种情形是只将债务人列为被告;第二种情形是将债务人及其配偶作为共同被告列示。基于合同的相对性,很多债权人通常会选择第一种方式进行诉讼,对于债务人是否有能力清偿债务、被执行人配偶对于该债务是否承担责任等问题,在提起诉讼时并未深思熟虑。但是实践中也存在着不少第二种诉讼形态,相对“精明”的债权人会将与之有利害关系的主体和诉请一并诉诸法院,从而将被执行人配偶以共同被告列示。第一种诉讼形态于实践和理论上都无障碍,疑虑之处在于,第二种诉讼形态虽然实务中广泛存在,(59)但面临着一定理论上的障碍。以债权人与债务人借贷纠纷为例,债权人与债务人之间形成的是借贷纠纷,而债权人与被执行人配偶之间形成的是夫妻共同债务确认纠纷。(60) 从诉讼标的国内通说旧实体法说来看,二者属于不同的诉讼标的,因此不成立共同诉讼,那么法院能否认同债权人

(57) 参见前注⑤,任重文。

(58) 参见景汉朝、卢子娟:《“执行难”及其对策》,载《法学研究》2000年第5期。

(59) 参见(2015)皖民一终字第00016号、(2015)房民(商)初字第2911号、(2016)鄂0982民初1919号、(2016)湘1202民初3300号、(2017)宁0104民初12073号等判决书,债权人均将债务人及其配偶以共同被告列示,法院也予以合并审理。

(60) 浙江省高院《关于执行生效法律文书确定夫妻一方为债务人案件的相关法律问题解答》第4条明确规定如果债权人另行起诉,案由为夫妻共同债务确认纠纷。

将被执行人配偶列为共同被告？笔者认为该情形下被执行人配偶作为共同被告的正当性可通过诉的合并制度加以解释。诉的合并，是指法院将两个或两个以上彼此间有牵连关系的诉合并到同一法院管辖，并适用同一诉讼程序进行审判。如果把民事诉讼的制度框架严格限定在只解决原被告两方之间纠纷的范围内，有时难以满足尽量一次性解决纠纷的诉讼经济要求，[61]因而应当认可在特定情形下可以进行诉的合并。《民诉解释》第221条规定了基于同一事实发生的纠纷，当事人分别向同一人民法院起诉的，人民法院可以合并审理。依第221条之规定，可以合并的诉讼应基于同一事实而发生，也即要求各个诉之间所依据的事实或者法律关系应当具有一致性或者重叠性。[62]从同一事实要件来考察，上述举例中债权人与被执行人配偶的夫妻共同债务确认纠纷必须以债权人与债务人借贷事实作为案件的基础事实，因而从事实上来看二者存在着依存关系。如果借贷事实不成立，后者确认之诉的提起也就无据可依。给付之诉与确认之诉之间存在着事实和法律上的牵连关系，满足同一事实的要件要求，因而可以通过《民诉解释》第221条来解释此时将被执行人配偶列为共同被告的正当性。

相较于第一种诉讼形态而言，第二种诉讼形态避免了进入执行程序后可能面临的执行不能情况的发生；对于法院而言，也避免了直接执行夫妻共同财产并无授权的尴尬以及告知债权人另行起诉所招致的不满，因而第二种诉讼形态于当事人、法院皆有实益。当前我国本人诉讼居多，日益精细化与复杂化的诉讼趋势使得当事人容易因法律的理解不够全面、准确而不能充分、有效地提出诉讼主张，对于当事人诉讼请求不充分的情形应当属于法官的释明范围。[63]在当事人未能将被执行人配偶列为共同被告时，法院应对原告进行诉讼请求不充分的释明。具体而言，法官应该结合案件案情，探究债权人的真意，适时询问其是否请求确认系争债务为夫妻共同债务并追加被执行人配偶为共同被告；如原告坚持不予追加，则法院应尊重原告之程序选择权，不能依职权追加。

（二）执行阶段：追加配偶＋另行起诉的救济路径

在执行阶段，当被执行人无财产可供执行时，必须要从另行起诉、直接执行夫妻共同财产、追加配偶三种方案中进行选择。从三种方案的利益衡量来看，通

---

[61] 参见王亚新：《第三人参与诉讼的制度框架与程序操作》，载《当代法学》2015年第2期。

[62] 参见沈德咏：《最高人民法院民事诉讼法司法解释理解与适用（上）》，人民法院出版社2015年版，第574—575页。

[63] 参见王杏飞：《论释明的具体化：兼评〈买卖合同解释〉第27条》，载《中国法学》2014年第3期。

过另行起诉的途径实现执行名义的债权,至少在投入与产出的效益上颇为不当,其给予了被执行人及其配偶转移、隐匿财产的可乘之机,极可能待债权人再取得执行名义时又遭遇执行不能的困境。以程序空转和增加债权人诉累为代价,取得的正义产出可谓有些"微不足道"。如果直接执行夫妻共同财产的一半,又会遭遇法院并无授权的障碍。且直接执行夫妻共同财产对于利益相关的配偶而言,其受程序保障的程度较追加配偶方案更为不如。如果通过执行程序对夫妻共同债务进行认定进而追加配偶,由于判决主文已经对债权人的受给权进行确定,如果通过略式权益判定程序,配偶极高概率地存在给付义务,那么追加配偶具有实体正当性,给予配偶提起执行异议之诉的救济渠道,也能够兼顾债权人和配偶的双方利益。相较而言,追加配偶方案不失为一种合理的方案。

但出于执行力扩张前的程序保障要求考虑,执行程序中不宜对复杂的夫妻共同债务问题予以认定,如此方能与听证程序相适应。在夫妻一方举债,执行名义确定其为被执行人且无财产可供执行时,根据《夫妻债务解释》的规定可以将夫妻共同债务的认定类型化为三种情形:夫妻一方因行使日常家事代理权形成的债务、夫妻双方合意形成的债务以及用于夫妻共同生活或共同生产经营形成的债务。此三种情形中,前两种情形的举证难度并不大。而在第三种情形中,由于家庭生活的私密性使得债权人难以对债务用于共同生活进行证明,而在债务用于夫妻共同生产经营的情形中,债权人的证明又必须考虑经济组织的性质以及举债方配偶的实际参与状况,从而事实认定难度较高。因此,只有前两种情形才可以考虑追加被执行人配偶为被执行人,未来可以考虑将此二者情形纳入《追加变更规定》当中。对于第三种情形,鉴于直接执行夫妻共同财产严重违背程序法理,另行起诉应当成为对此情形救济的方案选择。不过,未来如果我国建立了夫妻非常财产制,允许在婚姻生活发生特殊情形时夫妻可以在婚内分割财产,那么执行分割后的被执行人个人财产(分割前的个人财产+夫妻共同财产中个人份额)也是一种可行路径。至少,在执行名义只确定夫妻一方为被执行人时,通过婚内分割财产,可以使得被执行人的责任财产范围得到确定,被执行人的清偿能力会得到显著提升。

七、结语

执行力主观范围扩张正当性保障机制的研究,既能够为现有扩张情形寻找正当性依据,也可以在未来斟酌增加扩张情形时提供判断标准。夫妻单方举债,执行名义确定夫妻一方为被执行人而其又无财产可供执行时,可否追加配偶为被执行人是实务中一大难题。将该情形置于扩张正当性保障机制理论框架内讨论,既可以澄清正当性考量要件的内涵,又可以系统回应对追加配偶方案的质疑。当上述情形发生时,申请执行人的债权实现路径包括追加配偶、另行起诉、直接执行夫妻共同财产三种方案。从方案间的横向比较来看,采另行起诉方案,申请执行人的债权执行不能的可能性大大增加。采直接执行夫妻共同财产方案又缺乏夫妻非常财产制等制度支持。且该方案涉及对债务性质的推定,属于对裁判主文的扩张解释,因而也不足采取。反思追加配偶方案,若申请执行人主张该债务系夫妻一方行使日常家事代理权或双方合意举债形成的夫妻共同债务,此二者情形能够符合执行力主观范围扩张的正当性保障要求,则追加配偶是可行的;而若其主张该债务系用于夫妻共同生活、共同生产经营,因对夫妻共同债务的认定比较复杂,与扩张前的程序保障要求相悖,加之严重违背程序规范和诉讼法理,则此时应当要求申请执行人另行起诉以实现债权。

The Legitimate Guarantee Mechanism of the Extension of Subjective Scope of Enforcement Force:
Whether the Debtor's Spouse Can Be Added as the Person Subjected to Execution

Zhao Zhichao

Abstract: The legitimate guarantee mechanism of the extension of subjective scope of enforcement force includes entity legitimacy and procedural legitimacy. The former requires the applicant to have a high probability of the entity rights of the third party, and the third party and the person subjected to execution have the same ownership of interests. The latter requires the extension of executive power to meet the requirements of procedural security before and after extension. A situation in which a couple is unilaterally b and the judgment puts the couple as the person subject to execution and the couple has no property to execute. There are three options for the realization of the claimant's claims. They are additional spouses, separate lawsuit, and direct execution of the joint property of the husband and wife. The first option, the judgment is difficult to achieve the intended purpose. The second option, direct implementation is difficult to obtain institutional support. In contrast, adding a spouse to the execution process is not unacceptable. If the application executor claims that the debt is a joint debt formed by the spouse' s daily family agency or the mutual debt of both parties, which can meet the legitimate protection of the subjective scope of execution. These two scenarios can satisfy the legitimacy requirements of extension, so the additional spouse scheme should be recognized; If the application executor claims that the debt is used for the husband and wife to live together or to produce and operate together, the determination of the joint debt of the husband and wife is more complicated and is not suitable for the security requirements of the hearing procedure, so it should be resolved through separate lawsuit. In addition, the judge combined the case in the litigation stage to explain that the creditor listed the spouse as a co-defendant, which can avoid the above dilemmas as much as possible.

Key words: Execution of Subjective Scope Extension; Legitimacy Guarantee; Additional Spouse; Separate Lawsuit; Direct Execution

（责任编辑：艾佳慧）

民事送达的中国难题及其制度回应

李 屹[*]

[摘　要]　在我国的民事司法实践中,民事"送达难"存在已久,主要表现为不能完成实质送达的"送达不能"及"达而无效",这使得民事诉讼推进诉讼进程以实现当事人诉讼权益的路径受阻。基于功能主义的视角,民事"送达难"的主要原因在于既有送达制度中的权责配置不合理,导致原告不提供受送达人准确地址的非诚信诉讼与受送达人躲避诉讼的行为比肩齐增。同时,相关送达方式的立法存在弊端,使得民事送达"裹茧自缚"。故此,应进一步厘清民事送达制度中的权责配置,减少无效的制度安排,增加有效立法,以推动送达制度破"茧"去"缚",提高司法效率。

[关键词]　实质送达;权责配置;诉讼效率;送达改革

一、问题的提出

送达是以法定形式对受送达人的诉讼通知,本质是一种诉讼负担及送达不能的诉讼风险。[①] 同时,也是诉讼行为之间相互联系的基本方式,因为只有通过送达,才能启动程序,才能将原告、法院和被告等各方分别实施的"起诉——受理——答辩"诉讼行为联系到一起。[②] 也由此,从送达效果上来看,送达必须以实质送达(或者可以视为实质送达)为最终目的。但多年来,我国相当比例的民事案件并不能实现实质送达,或者为实现实质送达费尽周折,严重阻碍诉讼效率的提高。这种民事送达难的局面,从比较法视野上看,[③]可谓民事送达的中国

---

[*]　吉林大学法学院博士研究生。
[①]　陈杭平:《"职权主义"与"当事人主义"再考察:以"送达难"为中心》,载《中国法学》2014年第4期,第208页。
[②]　参见王福华:《民事送达制度正当化原理》,载《法商研究》2003年第4期,第96页。
[③]　按逻辑推理,通过民事诉讼维权的路径因为存在对一方不利的因素,则一定存在障碍,于送达程序而言,比如源于被告躲避诉讼的送达不能。但国外却较少出现这种送达难问题。因为,与国外法院相比,我国法院在实施送达时遭遇的最大障碍,是缺乏覆盖全、(见下页)

难题。

对此,理论界的态度同中有异。如王福华认为,民事送达制度的问题在于当事人或诉讼参与人缺乏诚信诉讼精神;法院民事送达的物质保障与送达的法律规定不能契合;立法层面未能协调好送达制度中诉讼价值间的冲突,以及未能因案件类别实行针对性送达方式等。④ 陈杭平指出,法院与当事人之间的送达责任及风险配置不明确,可预期的规则体系不能形成具有正当性的制度均衡。⑤ 廖永安强调立法制度设计上未能协调好与周边制度的关系及合理规制送达法律关系主体间的权利义务关系。⑥ 杨秀清主张当事人的诉讼诚信缺失及法院与当事人之间未能形成合理的送达负担以及风险的分配机制。⑦ 而实务界的声音主要体现于当事人欠缺诚信诉讼,⑧送达方式存在弊端,⑨法院作为送达主体责任过重,⑩立案登记制助长非诚信诉讼之滥觞,⑪法院对当事人的规避送达行为缺

(接上页)电子化并可供查询的信息管理系统。因此,要想在高流动性社会中确保送达的便捷有效,应加强对流动人口居住信息的采集与更新,并在此基础上构建信息查询平台。当然,从国外相关社会管理经验来看,这取决于社会福利分配体制的变革,即须建立以居住、纳税而非户籍为依据的福利分配体制,以此激励并促使流动人口主动申报住址变更信息。不言而喻,我国条件具备尚待时日。参见陈杭平:《"职权主义"与"当事人主义"再考察:以"送达难"为中心》,载《中国法学》2014 年第 4 期,第 212 页。

④ 参见王福华:《民事送达制度正当化原理》,载《法商研究》2003 年第 4 期,第 97—98 页。

⑤ 参见陈杭平:《"职权主义"与"当事人主义"再考察:以"送达难"为中心》,载《中国法学》2014 年第 4 期,第 201 页。

⑥ 参见廖永安:《在理想与现实之间:对我国民事送达制度改革的再思考》,载《中国法学》2010 年第 4 期,第 175 页。

⑦ 参见杨秀清:《以克服"送达难"优化民事诉讼审前准备程序》,载《山东社会科学》2018 年第 12 期,第 7 页。

⑧ 参见陈磊:《法院如何破解民事审判"送达难"?》,载《民主与法制时报》2016 年 1 月 7 日,第 006 版;郑锦墨:《民事"送达难"刍议》,载《广西法治日报》2018 年 11 月 6 日,第 B03 版。

⑨ 参见伏瑚:《基层法院民事送达存在的问题及对策》,载《人民法院报》2015 年 1 月 25 日,第 007 版;陈磊:《法院如何破解民事审判"送达难"?》,载《民主与法制时报》2016 年 1 月 7 日,第 006 版。

⑩ 参见伏瑚:《基层法院民事送达存在的问题及对策》,载《人民法院报》2015 年 1 月 25 日,第 007 版;郑锦墨:《民事"送达难"刍议》,载《广西法治日报》2018 年 11 月 6 日,第 B03 版。

⑪ 参见郑锦墨:《民事"送达难"刍议》,载《广西法治日报》2018 年 11 月 6 日,第 B03 版。

少应对手段,[12]电子送达推广力度不够,[13]协助送达效用发挥不足[14]等。

整体来看,现有的相关研究从不同的视角,对当前民事送达难问题进行了深入的分析与解读。但是,相关研究尚未从功能主义的角度探讨民事送达的预期制度目标能否有效实现以及如何实现的问题。因此,本文在坚持问题导向的既有研究范式基础上,以民事送达权责配置及送达方式的适用实践为研究对象,探讨当前民事送达难的现实困境(特别是立案登记制实施以后);进而基于民事送达制度的预期目标,运用协调性的制度建构理论,进一步明确民事送达关系主体权责划分,并在此基础上调整相关制度设计以实现实质送达。只有民事送达制度的资源配置更为合理、更具效率,才能有效化解民事送达的中国难题。

二、民事送达的中国难题

我国的民事送达难,主要表现为对受送达人的送达不能与"达"而无效,并由此导致民事诉讼的后续程序不能正常运行,不仅影响诉讼效率提升,也使得当事人正当的诉讼利益难以实现。

(一)送达不能

在现有民事送达的几种法定方式中,送达不能主要体现在直接送达中。[15]具体可分为,其一,被告未在原告提供的地址居住,且无同住成年家属。其二,未与被告同住,但与被告同村或同居委会,抑或同一小区居住的被告成年家属拒绝签收,亦不承诺代为转交。其三,被告在原告所提供的地址居住,但直接或邮寄送达的工作时间内无法找到被告或无法与被告联系。

送达不能需要重新送达。但是,由于无法获知受送达人的准确送达地址,实质送达不具备可预期性,表现为审判人员为此需要超越本职工作而涉足"侦查"领域,不仅占用过多工作时间,且送达的成功率难以保证。

(二)"达"而无效

"达"而无效主要表现在邮寄送达和公告送达。就邮寄送达而言,"达"而无

---

[12] 郑锦墨:《民事"送达难"刍议》,载《广西法治日报》2018年11月6日,第B03版。

[13] 参见陈磊:《法院如何破解民事审判"送达难"?》,载《民主与法制时报》2016年1月7日,第006版;丁娴静:《民事案件电子送达制度的探索》,载《上海法治报》2017年10月18日,第B05版。

[14] 参见伏瑚:《基层法院民事送达存在的问题及对策》,载《人民法院报》2015年1月25日,第007版。

[15] 《民事诉讼法》第85—92条明确规定了直接送达、留置送达、电子送达、委托送达、邮寄送达、转交送达和公告送达等七种送达方式。

效表现在两个方面。其一,当邮寄的诉讼文书被他人代收,但未转交或转交给无权接收人,或者转交后,受送达人不予认可,导致"达"而无效。其二,当村主任等代签后转交本人或同住成年家属(或者其他亲属),但由于法院的相关规定而导致"达"而无效。具体而言,根据 2005 年 1 月 1 日起实施的《关于以法院专递方式邮寄送达民事诉讼文书的若干规定》(以下简称《邮寄送达规定》)第 7 条规定,受送达人指定代收人的,指定代收人签收视为受送达人本人签收。故这种不是受送达人的指定代收人的签收行为,并不符合法律规定。但是,鉴于受送达人工作或生活在送达地址的时间可能与邮递员送达"法院专递"的时间错位,尤其在村民工作时间相对不固定的广大农村地区,故在该种情况下,于常理上讲,请村委会的常驻人员村主任等代收并转交更具可行性,也更易实现送达目的。但正是由于以上规则的制约,如是而行,受送达人不予认可,致"达"而无效的情形并不鲜见。

当然,以上主要指形式上的达而无效。这种达而无效通常导致不能按期开庭,后续审判程序不能正常进行。若受送达人之一属于"达"而无效,通常情况下开庭时间需要重新排期一次后,对各方当事人再次送达。而若上述结果为复数,则重新送达的次数需要通过数列组合方式计算,这无疑将造成对司法资源的严重浪费。

另外一种"达"而无效表现于公告送达。由于公告送达基本上为形式而非实质送达,故这里指实质上的"达"而无效。与送达不能有别,公告送达并不影响后续审判程序的顺利进行,且多数情况下法院都会以缺席审判的方式,对案件进行实体裁判。不过在很多情况下,公告送达只是形式上的送达,因此有可能损害受送达人的诉讼权利。

当然,如上所述并非建议取消公告送达。因为,有些受送达人的确是故意躲避诉讼,对其无法以其他送达方式实现送达目的。比如一段时间以来,金融借贷的案件大量涌入基层法院。由于这类案件的送达地址大都缺少准确性,所以,相当比例案件的送达方式为公告送达。以相关的金融借款合同纠纷为例,2019 年 1 月 1 日至 2019 年 6 月 30 日,北京市海淀区人民法院在中国裁判文书网上公开了 251 份相关判决,其中公告送达的案件高达 123 件,占比为 49.00%。对于这类案件的被告,不适用公告送达,则很难开启诉讼程序。

所以,对于公告送达的质疑不是全面否定该送达方式的必要性和合理性,而在于如何在满足对公告送达的需求与减少公告送达弊端之间寻求平衡。那么,方法只能是合理设定公告送达方式适用的条件。目前来看,《民事诉讼法》第 92 条规定的"条件",即"'受送达人下落不明'或'用其他送达方式无法送达的',公告送达"存在不足。对此,后文将作进一步的分析和批评。

由上可知，司法实践中的民事"送达难"主要体现于三种送达方式之中，即直接送达、邮寄送达、公告送达。一方面，这三种送达恰恰与现有送达过程的"简易联络"（电话通知或与外地被告联系落实邮寄地址）、"实际送达"（实质为直接送达与邮寄送达）、"公告送达"[16]相一致。另一方面，这三者能否有效衔接也直接影响到民事送达难的程度。

由于立案登记制度实行后，法院受理案件数量大幅增加，[17]从而进一步"强化"了民事送达"难"。下面就以山东省法院系统的送达情况为例予以说明。[18]

表1　立案登记制度实行后的送达方式适用比例情况

送达方式	适用比例
直接送达	40%—50%，有的地方法院占比70%以上。
邮寄送达	30%—50%，个别法院占比80%以上。
公告送达	10%—20%，个别法院高达30%。
电子送达	电子送达适用比例较低。虽然部分法院已经探索适用电子送达，但总体适用比例偏低，且集中在金融案件领域。
其他送达方式	占比很低。

表2　立案登记制度实行后送达难的效果表现

送达难点	送达效果
首次送达成功率低	一审案件首次送达的成功率不高，平均在50%左右，而商事案件首次送达成功率只有约30%。许多案件往往需要两次甚至三次以上反复送达。
占用巨大司法资源	送达工作耗时过长。送达期间在案件审理期限中所占比重较大。如枣庄法院送达期间占审限比例约20%—30%；聊城法院占比约10%。基层法院占比达27.2%。

根据表1、表2中的相关数据呈现，我们发现不管是送达方式的选择还是送达效果的展现，民事送达耗费大量的司法资源已是不争的事实。进一步说，这种耗费不仅表现在财力上的消耗，更在于占用和消耗了司法人员的有限精力，并使

---

[16]　陈杭平：《"职权主义"与"当事人主义"再考察：以"送达难"为中心》，载《中国法学》2014年第4期，第202页。

[17]　最高人民法院2016年受理案件22742件，比2015年上升42.3%。参见2017年3月12日第十二届全国人民代表大会第五次会议最高人民法院工作报告。

[18]　表1、表2的相关数据均来自于山东省高院研究室的调研数据。具体请见，山东省高级人民法院研究室：《关于民事案件送达问题的调研报告》，载《山东审判》2016年第4期，第105页。

得法院在这两方面负担甚重。[19] 以 2015 年 5 月 1 日立案登记制的施行为界点,我们发现,在此之前的民事送达已然耗费了大量的司法资源,比如,根据 2014—2015 年间民事送达工作情况的初步统计,送达程序耗费的司法资源约占总司法资源比的 40%。[20] 单就广东省而言,送达工作约占用法官助理及书记员 80%的精力。[21] 在此之后,民商事案件数量急速上升,且受送达人为外出务工人员或属于流动人口者越来越多,由于这些群体的送达地址多不确定,导致不能完成实质送达的案件数量水涨船高,浪费的司法资源也就特为尤甚。反观西方国家,尚无为送达环节投入如此巨大司法资源(本质上系经税收转化的财政支出)的情形。[22]

众所周知,作为以审判为主要职责的人民法院,送达仅为审理过程之众多环节之一,且非核心环节,这一因大量案件未能实现实质送达却耗费巨大司法资源的现象值得我们深入探讨和反思。

三、为什么民事"送达难"?

民事"送达难"的原因是什么?回答这一问题,必须追根溯源至民事送达法律关系构成之主体、客体,以及送达法律规范和以其为基础的引起现实送达法律关系(现实的"权利义务关系")产生的法律事实。显然,这是一个有机联系的整体。如果说,全面协调主体间在实施民事送达行为过程中的权利(力)、义务(责任)关系,或者,合理解决民事送达关系主体的权责配置问题,是民事送达制度目标能否实现的核心所在,那么,在此指引下,送达方式的设计与制度选择自然应融贯这一合理配置。由此,则需要从两个层面探析民事"送达难"的原因。首先表现在当事人(主要为原告和被告)行为层面。在笔者看来,送达目的之实现对哪一主体不利,则难从中来;送达目的不能实现之责任主体为何,则难由此生。

---

[19] 参见山东省高级人民法院研究室:《关于民事案件送达问题的调研报告》,载《山东审判》2016 年第 4 期,第 105—106 页。

[20] 沈德咏主编:《最高人民法院民事诉讼法司法解释理解与适用》[上],人民法院出版社 2015 年版,第 412 页。

[21] 参见范贞:《广东统一推行诉讼文书电子送达》,载《人民法院报》2015 年 1 月 5 日,第 1 版。

[22] 像美国这种地域辽阔、年收案数千万件的超级大国,联邦民事程序规则(该规则为大多数州效仿采用)直接规定原告在起诉后自行负责向被告送达诉状、传票,这使得法院承担的送达成本大为降低。参见 Federal Rules of Civil Proce-dure (2014), Rule 4 (c) (1)。转引自陈杭平:《粗疏送达:透视中国民事司法缺陷的一个样本》,载《法制和社会发展》2016 年第 6 期,第 44 页。

进一步,当事人之所以有此行为,根本原因在于影响当事人行动的立法制度如何,而这,就不得不提及我国当前关于民事送达的相关立法之弊。[23]这其实也就是民事"送达难"之所以发生的制度层面。

本节先讨论当事人行为层面的"送达难"原因,再探究民事送达立法之弊如何导致了今天的"送达难"。

(一)原告不提供受送达人的准确送达地址

随着市场经济的确立与发展,传统封闭式熟人社会被打破,维系其秩序的道德自律随着社会的转型渐弱,随之而来的是人员流动、人户分离的陌生人社会,而由于构建现代陌生人社会的社会诚信体系尚未建立,由此引发的民事纠纷数量因此持续增长。[24]对此,人民法院的全责型送达已不能承受其重,何况这一负担又因当事人的不诚信行为而被成倍放大。[25]这种不诚信行为表现于原告,即当受送达人外出务工或属于流动人口,且原告不知其经常居住地或临时居住地址时,为了达到立案目的,原告不尽勤勉义务而故意将受送达人原住所地"设定"为送达地址,致送达不能。在我们看来,存在此行为很大一部分原因在于原告诉讼成本过低,于送达成本甚或为零。从经济学角度分析,收益大于成本的预期是人之行为的基本出发点,这对于解决民商事纠纷的道理亦同。因而,原告多存在"有枣没枣先打一杆"的侥幸心理,而对于原告不诚信提供受送达人地址的不诚信诉讼行为,目前在立法上的惩处措施空白,[26]以致该行为只增不减,进一步为民事送达难"推波助澜"。

(二)受送达人躲避诉讼

受送达人自认为应诉将使其处于不利地位,因而故意躲避诉讼。如在离婚纠纷中,受送达人不同意离婚,顾虑应诉后将被判决离婚;或者在债务纠纷中,受送达人暂时无力偿还借款或给付欠款,担心应诉后将被判决立即履行义务等。对于躲避诉讼者,法院初次送达难以成功。在司法实践中,若受送达人的住所地位于农村,多数居住环境相对开放,尚且容易判断其是否在家居住,相较之下,受

---

[23] 需要注意,由于我国法院系统内部有诸多类似立法的制度,此处以及后文提及的立法不仅是全国人大制定的《民事诉讼法》,也包括最高院制定的相关司法解释和规定。

[24] 参见杨秀清:《以克服"送达难"优化民事诉讼审前准备程序》,载《山东社会科学》2018年第12期,第6页。

[25] 参见陈杭平:《"粗疏送达":透视中国民事司法缺陷的一个样本》,载《法制与社会发展》2016年第6期,第45页。

[26] 我国《民事诉讼法》及《民事诉讼法解释》对于当事人的上述滥用诉讼权利的行为尚无"妨碍民事诉讼行为"的法律定性,亦无概括性或原则性条款可供(参照)适用,故对其不能按妨碍民事诉讼行为以相应司法强制措施予以处罚。

送达人即使躲避诉讼,通常也可以留置送达。但是,若受送达人居住于城镇的楼房,房门"久叩不开",则很难作出如上判断。而对于民事送达而言,"送达"不同于"侦查",一则理论上无此权力,二则实践上无此人力。

当然,上述问题已引起最高人民法院的重视,如《最高人民法院关于进一步加强民事送达工作的意见》(法发〔2017〕19号,以下简称《送达意见》)[27]第8项规定,躲避诉讼致不能或无法要求其确认送达地址的,可分情形处理(1)诉讼所涉及合同、往来函件中对送达地址有明确约定的,以该地址为送达地址;(2)未约定,以诉讼中提交的书面材料中载明的地址为之;(3)无(1)(2)情形,以一年内进行其他诉讼、仲裁案件中提供的地址为之;(4)无以上情形,以当事人一年内进行民事活动时经常使用的地址为送达地址。如是进行,可以同时以电话、微信等方式通知受送达人。第9项规定,如果按上述方式仍不能确认送达地址的,自然人以其户籍登记的住所或经常居住地登记的住址为送达地址,法人或其他组织以其工商登记或其他依法登记、备案的住所地为之。

不可否认,在现有的送达权责配置机制下,按上述推定地址送达,可以解决部分送达难问题。但是,从法理上分析,在民事司法活动中,法院主动推定受送达人的送达地址,并按上述地址送达,有违司法中立原则。从合法性上判断,《送达意见》并不具有司法解释的法律效力。依其司法,在"法无授权不可为"的约束下,可能被纳入法院工作的"负面清单",而且,法院也可能需要承担相应的法律责任。

(三)送达方式的立法之弊

《最高人民法院关于适用〈中华人民共和国民事诉讼法〉的解释》(以下简称《民事诉讼法解释》,2015年2月4日施行)及《送达意见》(2017年7月24日印发)施行前,司法实践中的"送达难"被形象概括为:"直接送达难、邮寄送达软、留置送达繁、公告送达乱、委托送达拖、转交送达长"。[28] 对于直接送达,由于前文论及的当事人不诚信行为导致实践中的"送达难",我们应该反思目前的直接送达规定,制定对当事人不诚信行为的具体惩戒措施并有效落实。对于委托送达,陈杭平早就指出,随着"全国一盘棋"局面的一去不复返,目前的委托送达只存在

---

[27] 根据《最高人民法院关于司法解释的工作规定》第6条规定,司法解释的形式分为"解释"、"规定"、"批复"和"决定"四种。故最高人民法院发布的意见并不具有司法解释的法律效力。

[28] 参见王群:《民事送达制度的解构与重建——基于某基层法院的120件民事案件的实证分析》,载《山东审判》2014年第1期,第106—108页。

于上下级法院之间,跨地委托其实很难实现。㉙ 对于转交送达(适用军人及被监禁者),由于所占总送达比重较少,本文不作重点论述。

其他送达方式的立法之弊端如下:首先,对于留置送达,《民事诉讼法》第 86 条规定了留置送达的两种"视为送达"情形。在笔者看来,第一种"视为送达"的制度规定(即受送达人或者他的同住成年家属拒绝接受诉讼文书的,送达人可以邀请有关基层组织或者所在单位的代表到场,说明情况,在送达回证上记明拒收事由和日期,由送达人、见证人签名或者盖章,把诉讼文书留在受送达人的住所)不仅效率低,可行性还很差,可算是一种无效的法律规定。因为这种"视为送达"制度的弊端在于:其一,受送达人较为抵触,容易将负面情绪转移至"见证人",并且产生敌意。因而,可能对"见证人"产生不利益。其二,"见证"的义务并无对应权利可言,亦无权力机关的授权,却可能需要承担不利后果。而人均有趋利避害的本性,故可行性较差,更不必说其效率之低。同时,在现有的较为先进的司法配备条件下,该款规定已有叠床架屋之嫌。㉚

其次,对于邮寄送达,《邮寄送达规定》第二条规定,法院专递与法院送达具有同等法律效力,但此"同等法律效力"对于"法院专递"在内涵上却被大幅限缩。因为,按该规定,受送达人及其代收人拒绝签收的,由邮政机构的投递员记明情况后将邮件退回,即"邮寄送达"无留置送达的"权力"。故对于邮递员的送达行为,受送达人的认知停留在商事主体的一种服务行为,进而表现出对于邮递员进行辱骂等不尊重人格的行为时有发生。因而,邮件通常被以"拒收"等名义退回。上述"因""果"也正是实践中"邮寄送达软"的原因和表现。

再次,对于电子送达,《民事诉讼法》第八十七条规定,经受送达人同意,法院可以采用传真、电子邮件等能够确认其收悉的方式送达。其实,对于选择诉讼解决纠纷的当事人而言,因送达是解决纠纷的必经程序,"同意"与否并不阻碍或影响送达程序的进行。但是,对于逃避诉讼的当事人,法院难以通过送达让其参与诉讼。"同意"对于无法"相见"的受送达人而言,有名无实。可以说,现行法律对送达有效的严苛规定严重制约司法办案效率的提高。㉛ 当然,电子技术设置可

㉙ 参见陈杭平:《"当事人主义"与"职权主义"再考察:以"送达难"为中心》,载《中国法学》2014 年第 4 期,第 203 页。

㉚ 该法律规定的另一种视为留置送达的情形系留文书于受送达人住所,并采用拍照、录像等方式记录送达过程。将"视为送达"程序简化,即无须邀请有关基层组织或者所在单位的代表见证,而"见证"远不如拍照或录像更客观更效率。参见张卫平:《民事诉讼法》法律出版社 2013 年版,第 256—257 页。

㉛ 吴堪冰:《司法体制改革意境下送达难问题的出路》,载《对外经贸》2018 年第 11 期,第 108 页。

能阻止接收文件,如设定骚扰电话、垃圾短信及微信屏蔽功能等。但从技术发展角度分析,此不应成为障碍,且在司法实践中已被证实。[32]

最后,对于公告送达,本文在前文指出,《民事诉讼法》第九十二条规定的 2 个适用公告送达的条件"'受送达人下落不明'与'用其他送达方式无法送达的'"存在不足。下面就具体不足分而评之。对于前者,我国法律[33]对公告送达的受送达人"下落不明"的满足条件无明确规定。从常理上分析,"下落不明"首先应满足的条件是"无法联系",但被要求"下落不明"的受送达人并非均无法联系,其可能只是不在原住所地或经常居住地居住,比如有电话等联系方式。对此,从事实上判断,不应视其为下落不明,否则必然造成形式公告送达,进而侵犯受送达人参与诉讼的权利。对于后者,其他几种方式无法送达不代表被告下落不明。因为,法院不可能时时掌握受送达人的居住信息,通常情况下,其对于信息的灵敏度远逊于受送达人居住地的基层组织及受送达人的亲属和朋友。故在该情况下,直接推定受送达人"下落不明"于逻辑上难以成立。另外,法院根据司法中立原则,只应负责完成送达过程,公告送达方式的决定权在当事人而非法院。所以,该规定直接让法院参照"下落不明"适用公告送达,缺少正当性。

四、民事"送达难"的制度回应

明确民事"送达难"的原因,就必须从制度根源上因策施宜。只有进一步明确民事送达主体间的权责划分,才能使权利抑或权力主体履行对应义务,承担相应法律责任。然后才能在制度践行方面,完成对民事送达方式的选择与完善。因此,不仅需要再次明确民事送达制度的预期制度目标,更需要以一种功能主义的理论视角探讨民事送达制度在民事诉讼程序整体中的功能何在,其制度目标的落实如何能够真正实现其制度功能。

如果说设计民事送达制度的预期目标在于实现实质送达(或者形式上的实质送达),那么民事送达的制度功能就在于通过实质送达保障当事人的诉讼权益得以实现并在此基础上推进民事诉讼程序正常有效地运行。由于实质送达是民事送达的制度目标和本质要求,所以,制度回应需要以实现实质送达的法律效果

---

[32] 详见下文中所述的,关于杭州互联网法院电子送达中采用的,破除阻碍电子送达的相应技术措施。

[33] 依照《民法总则》第四十条、四十一条及第四十六条之规定,自然人下落不明满二年的,利害关系人可以申请宣告该自然人为失踪人;下落不明满四年的,可申请宣告为死亡人意外事件(下落不明满二年,经有关机关证明该自然人不可能生存的,不受二年所限),下落不明从其失去音讯之日起计算。

为标准,而这必然要求重视民事送达相关立法的规范功能,进而通过其实现该法的社会功能。

(一)明确民事送达关系主体的权责配置

无论英美法系抑或大陆法系,原告形式性起诉与向被告实质性送达几乎为诉讼起诉程序的标准样式。如德国法规定:"诉讼中的首次送达,是原被告和受理法院三方形成诉讼系属关系的条件。"[34]又如日本法规定:仅"在被告收到起诉状之时",才"标志着案件在法律上形成系属"。[35] 而由于缺乏初次送达程序的支撑,我国起诉受理制度实质是一种审判权审查原告有无诉权的程序安排,始终保持着"原告诉"和"法院审"的结构内核。[36] 也由此,中华人民共和国成立后的民事诉讼,法律文书的送达一直施行法院承受全部成本负担和责任的送达制度,[37]这使法院承担送达责任过重,而该负荷难以通过相对统一的规则分解,不能使法院与相关权利人形成可预期且稳定的责任配置规则。[38]

当然,质疑责任配置,不等于否定法院职权式送达方式。首先,选择通过诉讼方式解决的纠纷通常易致矛盾激化,若由当事人送达存在很多不可预期的风险。而为维护社会秩序、防止矛盾激化,职权送达这种公权力对私权领域的"合理"介入有正向意义。其次,当事人之间或委托律师间送达[39]在我国尚不可行。虽然,律师的行业属性决定了代理人送达较为理性。但是,目前我国律师行业发展尚不够规范,当事人亦未形成委托律师代理诉讼的普遍观念。再次,目前公众对设置私人送达机构的合理性和正当性存在疑问。我国公民对公权力的信任远高于对私权的信任,且在无相关完备立法规制之下,对该行业发展可能带来的风险应审慎对待。

因此,在现有送达制度框架下,解决问题的核心在于合理确定送达关系主体

---

[34] 全国人大常委会法制工作委员会民法室:《民事诉讼法立法背景与观点全集》,法律出版社2012年版,第261页。

[35] 全国人大常委会法制工作委员会民法室:《民事诉讼法立法背景与观点全集》,法律出版社2012年版,第233页。

[36] 邱小丽:《立案登记制下民事初次送达程序研究——基于一审普通程序初次送达诉讼结构的分析》,载《湖北社会科学》2016年第10期,第142页。

[37] 参见陈杭平:《"职权主义"与"当事人主义"再考察:以送达难为中心》,载《中国法学》2014年第4期,第201页。

[38] 参见陈杭平:《"职权主义"与"当事人主义"再考察:以送达难为中心》,载《中国法学》2014年第4期,第204页。

[39] 依据美国联邦法律的规定,文书送达是原告律师的责任,法院及分支机构不对送达行为负责。参见程冰:《美国诉讼中的送达规则在中国内地的适用》,载《中国法律》2012年第3期,第48页。

的权责配置。不能将职权送达理解为全职全责送达,而应将其定位于法院只完成送达过程,在此过程中,当事人必须参与送达,主要表现于对送达费用的承担和提供被告的准确送达地址等相关信息。就民事送达主体具体的权责配置,以下分而论之。

1. 当事人承担送达费用

首先,基于上文的权责配置结构基础和衍生的"权利"与"义务"关系,既然当事人有起诉的权利,那么,负担送达费用以及提供准确送达地址,就是该权利所附的义务。而未履行该义务,也就理应承担送达不能的法律责任。其次,民商事案件各方当事人为平等个体,共享纠纷"权属",故处理纠纷的费用理应由各方承担。另外,纠纷的解决为一动态过程,各项费用在裁判结果未作出之前,由主张权利人先行垫付亦符合常理,待裁判结果作出时,此"先行垫付"的费用亦会依各方责任大小由各方合理负担。再次,法院应司法中立,宗旨系通过审判在法律与事实契合间作出公正裁判。因此,自然不能承担应由各方当事人按各自责任大小承担的各项费用。最后,法院各项经费实质源于税收,而税收是国家为满足社会公共需要而设立,故其取之于民,也应用之于民。所以,法院经费的流向自然应符合这一"逻辑"。由此,应从社会学角度理解此处的"民"为整体性概念,故整体民众的税收理应用于社会的公益事业,而非个案的送达费用。可以说,不计代价利用公共资源实现个体权益,或者说,由全体纳税人为个案当事人无限"买单",在崇尚风险自负的市场经济环境里存在正当性缺位。[40] 所以,"当事人承担送达费用"是民事送达制度合理配置资源的体现,同时,也将为民事送达制度效率的提高创造条件。

2. 起诉人或原告提供受送达人的准确送达地址

同样基于上文的权责配置结构,权利人行使起诉权自然应满足启动诉讼程序的义务条件,提供受送达人准确地址便为重要条件之一。另外,从可行性角度分析,权利人对自身权利的实现过程最为关注,也会最尽忠实勤勉义务。因此,由其提供受送达人准确地址亦较为客观、高效,也势必提高民事送达制度的效率。反之,则应视为起诉未满足必要条件,由起诉人(立案前)或原告(立案后)承担案件被人民法院裁定不予受理,抑或驳回起诉的法律责任。注意,这里被告的准确送达地址既包括积极的准确送达地址,也包括消极的准确送达地址,即提供"下落不明"的公告证明。因为,要求提供被告的准确送达地址,目的在于保证存在有效的送达路径。而在被告不存在"实在"的准确送达地址的情况下,与其他

---

[40] 参见陈杭平:《"粗疏送达":透视中国民事司法缺陷的一个样本》,载《法制和社会发展》2016年第6期,第45页。

送达方式比较,公告送达的媒介面向公众,在现有制度约束和技术发展条件下,其是预期实现实质送达的最有效的送达方式。正是在这个意义上,"下落不明"的公告证明作为被告的消极的准确送达地址被纳入其中。反之,起诉人或原告应承担送达不能的法律责任。

(二) 减少无效立法、补充有效立法以实现送达制度的改革

基于上述民事送达主体权责配置的相关原理,以实质送达或形式上的实质送达为制度目标,目前的相关法律规定应进行相应的调整和修正。具体而言:

1. 起诉条件之"明确被告"应包含准确送达地址

毋庸置疑,对于起诉所要设立的以权利义务为核心的法律关系,关系主体之间必须能够产生联系或"互动"。因而,其一,要求被告客观存在,其二,要求被告的送达地址准确。而在社会生活中,两者在内容上并非泾渭分明,而是存在交集,甚至后者是证明前者的必要条件。所以"明确被告"必然要求提供被告的准确送达地址。

那么具体至合法性层面,就需要相关法律规范对其具体化。但是,目前在这方面,我国的相关法律存在不足。《民事诉讼法》(2012 年 8 月 31 日施行)第一百一十九条规定起诉应有明确被告。但是对于"明确被告",在前后十几年的相关法院规定和司法解释中却有不太一致的制度规定:

2003 年 12 月 1 日施行的《最高人民法院关于适用简易程序审理民事案件的若干规定》(以下简称《简易程序规定》)第八条规定,能提供被告准确送达地址,但无法送达应诉通知书的,应将案件转入普通程序;反之,可以被告不明确为由裁定驳回起诉。可见"明确的被告"基本等值于"具有准确送达地址的被告",不能提供者将承担送达不能的不利后果(驳回起诉),这表明提供被告准确地址的义务主体为原告。此后,2004 年 12 月 2 日,《最高人民法院关于依据原告起诉时提供的被告住址无法送达应如何处理问题的批复》(以下简称《送达批复》)施行,其相关规定将"准确送达地址"变更为"被告住址",即原告因客观原因不能补充被告信息者,法院应公告送达,不得仅以原告不能提供真实、准确的被告住址为由,裁定驳回起诉或裁定终结诉讼。而由于批复属于司法解释的一种,从时间上看,其在法律适用上应优先于前款规定。可见,部分提供受送达人准确送达地址的责任已转移至人民法院。再以后,《民事诉讼法解释》(2015 年 2 月 4 日施行)第二百零九条规定,明确被告应是姓名或名称、住所等信息具体明确,足以使其与他人相区别,若经补正不足以认定明确被告的,法院裁定不予受理。而同理可知,三者之间,其又成为了优先适用的司法解释。显然,其对《送达批复》进行了否定。

最后,《最高人民法院关于人民法院登记立案若干问题的规定》(2015 年 5

月1日施行,以下简称《登记立案规定》)的第一、二、四、六、七条规定,对一审民事起诉实行立案登记制;法院应当一律接收诉状,对不符合法律规定的起诉,应当予以释明;诉状应当记明被告的姓名……住所等信息;起诉时必须提交诉状;诉状不符合要求的,限期补正,经补正仍不符合要求的,裁定或决定不予受理,或不予立案。显然,对于这些条款的内容,从逻辑关系上判断,即使登记立案,也仍然需要审查起诉是否符合法律规定。由于《登记立案规定》中要求诉状中应记明的被告的信息与《民事诉讼法解释》第二百零九条要求的"明确被告"的条件基本同一,故目前在无其他相关"'立案登记制'否定起诉应存在'明确被告'"等司法解释或其他更高位阶的法的条款施行前,于合法性层面,"明确被告"这一《民事诉讼法》(在法的位阶上高于各项相关司法解释)中的条款(项),仍然是一项起诉应该需要满足的条件。

其实,从功能主义视角出发,可以推断"被告准确送达地址"是"明确被告"的应有之义。因为,按上述"明确被告"的条件或诉状中要求列名的被告的各项信息,被告"住所"是必备之项,足见其对相关条款规范功能发挥的重要性。而住所若不准确,不仅不能实现实质送达的目标,也无法实现推进诉讼进程的功能,其也就没有被列明的必要。也正因为如此,未满足该项条件,或该信息未被列名,就应该是不足以认定明确被告的一种情况,因此应被法院裁定不予受理,或者因诉状不符合要求(含补正后不符合要求)而被决定不予立案。

在理论的层面,法的社会功能通过法的有效规范及其实践才能绽放,所以,必须先保证后者的实现。言至送达法则,就需要首先反观司法实践中起诉人所要求建立的、送达主体间的、可以联系或互动的权利义务关系是否体现于该法则之中。如果答案是否定的,那么诉讼程序不能正常开启,也就不能产生实体裁判。所谓:"诉,告也。""讼,争也。"也正是这个道理。试想,如果起诉人一方就可以建构"诉讼",也自然就可以在多数情况下决定诉讼结果,那么被诉者的生活将充满不确定性,而社会也就将因为充斥着这种缺少可预期性的社会行为陷入"混乱"。另外,若将无准确送达地址情况下的、送达不能的责任归于法院,类似于巧妇难为无米之炊,也着实强法院所难。所以,建立在送达法律功能对秩序的维护与实现法的秩序价值的共识基础上,"'明确被告'包含被告的准确地址"就需要在合法性层面被具体化。当然,随着科技的快速发展,被告准确送达地址并不独限于居住地址,"电子送达地址"亦应被认可,当然还包括消极意义上的、被告的准确送达地址——"下落不明"的公告证明。

2. 取消送达方式适用的次序限制

《民事诉讼法》第八十八条规定,直接送达有困难的,方可邮寄送达。而事实上,在司法实践中,送达通常呈现出以电话联系为起点,实施不同方式送达为推进、公告送达为终点的逻辑进路。[41] 故该条款对于完成实质送达目的而言,已无约束力。其实,倡导法治并非立法多多益善,无用之法会使法律形同虚设,影响法律权威和人们对法律的信仰,同时使法官的法律适用也变得异常困难。[42] "当然人类社会的发展现状和制度设计还取决于特定时期的社会认知水平,不应严格按照今天的标准对其进行评判。"[43]同理,对上述法律条款的评判亦然。但是法治发展与时俱进,对于已不适应当今社会发展的无用之法,应及时废止,否则,还可能使相关法律尾大不掉,难以适应法治发展要求。

3. 扩大留置送达接收人(含邮寄送达代收人)的范围

目前我国法律规定留置送达对象为同住成年家属。而从高效实现送达目的考虑,同住的朋友或一般亲属,又或同一小区、同村等近距离居住的其他亲属也可以作为接收人,即视为协助送达人。该"拟定"是否侵犯他人自由?答案是否定的。首先,"自由就是从事一切对别人没有害处的活动的权利。每个人所能进行的对别人没有害处的活动的界限是由法律规定的,正像地界是由界标确定的一样"。[44] 虽然,受送达人是否从事了有害于原告的行为需于实体上裁判,但实体需经过程序方能呈现。故于受送达人而言,接收法院送达的文书系一项义务,反之,"不接收"并非一项权利(但受送达人"应诉与否"是一项由其个人自由决定的权利)。其次,人们身处于共同体之中,"只有在共同体中才可能有个人自由",[45]而若将共同体成员间的"人之常情"之事,视为对自由之侵犯,则他不再自由。因为,于其而言,类似情况出现时,其他人也同样会如法炮制。而法律恰是以权利义务方式设定自由的范围及其实现方式,将自由法律化为法律自由,[46]从而使社会总体上的权利义务趋于平衡,保证社会秩序的稳定运行。当然,法律应对协助送达人给予足够保护,如认定协助转交行为属于职务行为,对于受送达人因协助送达人转交行为而给其造成的不法侵害或不利益,应参照针对司法人员的相应行为,采取对应司法强制措施,严重者追究刑事责任,并给予补偿。但是,对于上述协助送达人中与受送达人存在较深矛盾者应予除外。因为,虽然通常

---

[41] 杨秀清:《以克服"送达难"优化民事诉讼审前准备程序》,载《山东社会科学》2018年第12期,第6页。

[42] 参见王利明:《法治:良法与善治》,载王利明《法治:良法与善治》,北京大学出版社2015年版,第10页。

[43] 王利明:《人文主义和契约精神——威尼斯商人读后感》,载王利明:《法治:良法与善治》,北京大学出版社2015年版,第69页。

[44] 《马克思恩格斯选集》第1卷,人民出版社1995年版,第445页。

[45] 《马克思恩格斯选集》第1卷,人民出版社1995年版,第119页。

[46] 参见张文显主编:《法理学》,高等教育出版社2018年版,第330页。

代收及转交行为无害于受送达人,但却可能因此使双方间的原有矛盾升级,为该协助送达人带来被侵害的风险较高,如来自受送达人的人身攻击等。而法律之内自应包含人之常情。所谓"法者,非从天下,非从地出,发乎人间,合乎人心而已。"[47]故法律不能强人所难。由个人推及组织,道理亦同。故将居委会、村委会等作为协助送达人亦具有合理性。对此,浙江省高级人民法院先行一步,其于2009年下发的《关于民商事案件诉讼文书送达问题的若干规定(试行)》第9条规定,直接送达困难时,可将诉讼文书交付当地公安派出所、村民委员会或居民委员会、人民调解组织等,或与受送达人有密切联系的人转交送达,经其确认转交受送达人的,视为送达。其中"有密切联系的人"被定位于:(1)受送达人是自然人的,包括其非同住成年家属、有辨别能力的同住人、受雇人、邻居、房主、出租人或居住地的物业管理部门等;(2)受送达人是法人或其他组织的,其办公地点的其他有辨别能力的职员或雇员等。[48]

其实,留置送达作为直接送达的一种补充方式,在英美法系与大陆法系国家中,均有关于程序性的规定。前者以美国为例,不能直接送达时,受送达人住所内有同住的年龄适当且具有判断能力的人,应将送达文书由该同住人保管;如无人保管,将文书置于该住所显而易见之处,即视为送达;后者如日本民事诉讼法规定,受送达人及其住所内具有辨别能力的雇员、其他职员或同居人,无正当理由拒绝接受送达的,送达人可将文书留置该场所。[49]而且德国学者甚至认为,多余要求受送达人亲自接收送达书状,对此过分强调,反而可能成为受送达人轻易阻碍送达顺利进行的手段。[50]所以,对留置送达的严格限定,亦会使民事送达的实践运行与其难以形成制度合力。[51]

而上述建议,同样应适用于邮寄送达中的代收人。因为,送达的目的在于保证受送达人可以实际接收诉讼文书,而无关送达方式的选择。故在采用邮寄送达方式时,上述协助送达人亦可以代为签收并转交受送达人。

4. 强化"邮寄送达"的法律效力

邮寄送达本质上是经人民法院授权邮政机构,并由后者行使的一项公权力,

---

[47] 《慎子·逸文》。

[48] 参见陈杭平:《"粗疏送达":透视中国民事司法缺陷的一个样本》,载《法制和社会发展》2016年第6期,第49—50页。

[49] 参见沈德咏主编:《最高人民法院民事诉讼法司法解释理解与适用[上]》,人民法院出版社2015年版,第409页。

[50] 参见[德]奥特马·尧厄尼希:《民事诉讼法(第27版)》,周翠译,法律出版社2003年版,第411页。

[51] 参见陈莉:《民事诉讼中受送达的义务属性及其制度建构》,载《法律适用》2017年第21期,第109页。

属于司法活动的一部分。所以,邮政机构在行使这项权力时,法律效力理应等同于人民法院以其他送达方式送达产生的法律效力。否则,因受送达人对邮政机构商事主体的身份认知及行为应对所产生的"邮寄送达软"的局面难以破解,送达效率也自然难以提高。其实,邮寄送达为公务行为的命题已被《日本民事诉讼法》第 99 条第 2 款[52]所证成(该条款规定:"在由邮政送达的情况下,以从事邮政业务的人为实施送达的公务员")。

当然,上述指的是合法送达的情况。若反之,就涉及邮政机构的违法送达行为是否产生法的效力问题,而这也正是邮政机构送达行为法律效力被质疑的重要原因。而要消除质疑,就需要回溯至法律效力,这一对"人"之行为的效力问题。马克思说:"对于法律来说,除了我的行为以外,我是根本不存在的,我根本不是法律的对象。"由此推演,可以说,只要适格主体从事的行为在某一或某些法律规范的约束之下,其行为就具有法律效力。只是不同的法律行为可能受制于不同的法律规范,因而,法律效果与法律责任可能相异。由此,可以断言,无论作为送达的直接权力机关人民法院,还是被授权人邮政机构,只要实施了送达的法律行为,就应受到相关送达法律规范的约束,产生法律效力,而无关送达行为合法与否。但是,两者法律效果不同,合法送达行为的法律效果为有效送达,通常无关法律责任问题;反之为无效送达,并可能产生法律责任。

所以,重点不在于从身份上质疑邮政机构送达行为的法律效力,而在于如何使邮政机构的送达行为符合法律规定,为有效送达。这恰恰是人民法院必须在其与邮政机构的授权"合同"中,对被授权人提出的最为核心的要求,并尽可能建立事前培训、事中监督与事后责任落实的机制,避免因相反行为增加司法成本或侵害受送达人的合法权利,并由此承担相应的法律责任。虽然,法律责任能够兑现,但负面的法律效果却是对司法送达威信的侵蚀,而缺少威信的司法送达也自然难以提高司法效率。

5. 明确公告送达之"下落不明"的满足条件

为平衡受送达人的风险,公告送达在各国法上通常被视为其他送达方式的兜底性送达方式,而且同时会在该制度中设置送达申请人的举证责任及对对方住所不明或下落不明证明不能时的适用限制。[53] 这是因为民事初次送达对公告送达的无条件适用进一步加剧了受送达人的诉讼风险,一旦不能实质送达,剥夺

---

[52] 转引自王次宝:《论我国民事送达制度的改革路径与方向——以 2015 年〈新民诉解释〉的相关规定为中心》,载《山东科技大学学报(社会科学版)》2016 年第 3 期,第 33 页。

[53] 邬小丽:《立案登记制下民事初次送达程序研究——基于一审普通程序初次送达诉讼结构的分析》,载《湖北社会科学》2016 年第 10 期,第 146 页。

的将是被告的参审权、申辩权等根本性诉讼权利,由此引发的缺席判决较之于实质性初次送达后针对被告的缺席审判而言,会更加有违程序公正。[54] 而受送达人"下落不明"是一个极具弹性和裁量余地的概念,对此我国法律尚无明确界定,但对于"无法联系"应不存异议。

其实,在司法实践中,如上文所述,所有"公告案件"并非受送达人一概无法联系,亦可能存在电话等联系方式,但无准确居住地址的情况。因此,也就存在此类案件为"准公告案件"的可能。对于准公告案件,通常可以根据原告提供的受送达人的电话号码等信息,对文书进行电子送达。依据生活常理,以及有充分证据证明受送达人已收悉的情况下,则应认定为实质送达,然后再予实体裁判。而对于裁判文书可预先通过电话、短信或微信通知受送达人,要求其提供准确地址,若不予提供,通过上述方式告知其领取裁判文书的公告信息或裁判文书的主要内容,以视为送达。

而对于确实"下落不明"的受送达人,则应要求权利人提供由掌握受送达人信息的居住地基层组织出具的受送达人"下落不明"的证明,载明受送达人无法联系的时间等客观事实。另外,公告送达媒介不宜只限于报纸,随着网络技术的发展,大众对报纸的关注度已大为降低,通过报纸公告送达不免付之阙如。所以,公告送达还可以通过受理法院网站或微信公众号等媒介统一发布,[55] 这样更易让受送达人了解送达的诉讼文书情况,以最大可能实现实质送达。毕竟利害关系人对本地法院网站或微信公众号的关注度更高,获取信息也更为及时。

6. 取消电子送达"同意"的限制并允许电子送达裁判文书及调解书

《民事诉讼法》第八十七条规定,经送达人同意,可以采用电子邮件等能够确认收悉的方式送达,但判决书、裁定书、调解书除外。此条款中"同意"及"除外"规定体现了对当事人权利的保护,但在很大程度上也使送达"固步自封"。

首先,只要能实现送达目的,则"同意"不应成为完成实质送达的障碍。正如在首个许可通过电子方式送达诉讼书状的美国联邦法院的裁决中表述的一样:法庭应正视技术的发展……利用卫星的电子通信能够并且已经在即时传送通知和信息,则不必因陈守旧再把诉讼书状送到被告门前,因其能够在其办公室的电子终端上接收到完整的通知,无涉办公室关门与否。[56] 毕竟,就实现送达目的而

---

[54] 全国人大常委会法制工作委员会民法室:《民事诉讼法立法背景与观点全集》,法律出版社 2012 年版,第 263 页。

[55] 《民事诉讼法解释》第一百三十八条规定,信息网络等媒体可以作为公告刊登平台。

[56] 此案为 New Eng. Meerh. Nat,'l Bank v. Iarn Power Generation & Transmission Co. 参见 see 495 F.supp.73,80—81.(S.D.N.Y.1980).转引自杨剑:《美国联邦民事诉讼中采用电子送达的新趋势》,载《诉讼法论丛》2006 年(总第 11 卷),第 386 页。

言,电子送达的录音、短信或截屏保存的功能均可证明已经送达。而随着科技的发展,对于破解拒绝接收电子送达的方式已非难事。比如为了防止出现部分当事人"忘记看短信"或"以为是诈骗短信"的情况,杭州互联网法院设计了弹屏短信,可以实现送达目的并同时取证。[57] 这亦符合《送达意见》中关于在法律框架内,积极主动探索电子送达及送达凭证保全的有效方式、方法的"导向"。而2016年9月12日,最高人民法院发布《关于进一步推进案件繁简分流优化司法资源配置的若干意见》的第3项提出,充分利用中国审判流程信息公开网,建立全国法院统一的电子送达平台。可见电子送达已成为大势所趋,这与互联网的产生至普及过程极为相似。故在科技快速发展的今天,对电子送达不宜设立"同意"前置程序,具有灵活性的法律更为合理可行。比如日本新民事诉讼法对采用传真或电话等现代化的信息技术实施送付做了较宽松的规定,许多诉讼文书通过这种手段传送的情况在实践中随处可见。[58] 当然,取消"同意"前置需要落实到立法层面。否则,即便在司法实践中得以验收,缺乏立法程序上的确认,势必产生对其合法性的质疑,更难言实行与推广。[59]

其次,电子送达"除外"规定的主要原因在于实体裁判文书及调解书涉及对当事人实体权利的处置,若不能被实际送达,就很难保证受送达人知悉相关内容,其实体权利受损害后的挽回成本可能过大。但是,鉴于送达目的是为了保证受送达人知悉所送达文书的内容,以决定其对自己相关权利的行使与否,故此要义不应因为所送达的是程序抑或实体事项而改变。另外,从逻辑上推理,既然规定电子送达可以应用于程序性事项的送达,并且可以从技术上保证受送达人收到并知悉,则电子送达也就必然可以应用于实体裁判文书及调解书的送达。

当然,从法律多元主义视角来看,根据当事人个体情况不同,可能需要采用不同的送达方式。因为,并非所有的人都生活在同样的现在。[60] 法律的普遍性在后现代社会的多元化面前可能掩盖法律代表权利的本质,甚至可能导致对社

---

[57] 弹屏短信以对话框的形式出现在当事人的手机页面,强制阅读,当事人必须点击"关闭"键才能继续使用手机,"关闭"键起到阅后留痕的作用。同时,被告通过短信上的关联码在互联网法院诉讼平台查阅诉讼进程时,也会在互联网法院的诉讼平台留下痕迹。参见吴逸、裴崇毅:《我国民事诉讼电子送达的法律问题研究——以杭州互联网法院诉讼规程汇编为例》,载《北京邮电大学学报》2018年第5期,第9、10页。

[58] 王亚新:《对抗与判定——日本民事诉讼的基本结构》,清华大学出版社2002年版,第35页。

[59] 参见李智、喻艳艳:《论"互联网+"时代我国的电子送达制度》,载《长江大学学报》(社科版)2017年第4期,第20页。

[60] 德国哲学家恩斯特·布洛赫的观点。参见王治河:《扑朔迷离的游戏——后现代哲学思潮研究》,社会科学文献出版社1993年版,第4页。

会边缘群体的压迫。[51] 所以,即使同一时代的人亦可能因自身文化背景及所处地理环境等不同而选择不同的社会生活及交往方式,对此,送达方式可以因人而别。但是,这部分当事人属于社会共同体中的少数,不能左右社会共同体中大多数人的生活、交往方式。所以,大多数人所能接受和接收的电子技术也就决定了较为普遍的电子送达方式的可行性。

五、简短的结语

民事送达的本质决定了实质送达的重要性。也由此,因是否实现实质送达的双向结果产生了主要源于诉讼双方原因的送达难。对于原告方而言,保证实质送达的前提是原告应提供受送达人的准确地址(包含"下落不明"的公告证明),否则该送达目的在理论上无从实现,于实践中即使可以完成,通常也违背立法意旨和司法中立原则。故要解决该难,首先,应于送达制度上明确权责配置,即改变法院全责型送达的定式思维,使当事人在享有诉讼权利的同时参与送达。而对于受送达人躲避诉讼导致的送达难,主要应避免无效立法制约,并有效立法,以实现实质送达的制度目标并减少无效送达。除此之外,对于协助送达人,立法应及时明确其相应权利与义务。当然,司法反馈至立法的"进程",因需要满足法律的普遍性效力要求及程序性事项等需要较长时间。但是,面对民事"送达难"仅仅依靠司法的"自发尝试"将使两者渐趋分离,甚或导致法律适用的正当性长期缺位。因此,寄望本文的制度回应可以于一定程度上加快立法与司法的融合过程,实现民事送达制度的有效改革,助力将民事送达"难"化"难"为夷,进而提高司法效率。

Analysis of the Chinese Civil Service Difficulties and Its Institutional Response

Li Yi

Abstract:In China's judicial practice, civil service difficulties have existed for a long time, mainly reflected as "service failure" and "invalid service", which fail to complete the substantive service and thus block the

---

[51] 参见信春鹰:《后现代法学:为法治探索未来》,载《中国社会科学》2000年第5期,第66页。

path to realizing rights protection through civil litigation. From the perspective of functionalism, the main reason for the civil service difficulties lies in the unreasonable allocation of liability of the service in the existing service system, which leads to the increasing number of dishonest lawsuits in which the plaintiff does not provide the correct address of the person served and the addressee avoids litigation. Meanwhile, the relevant legislation has drawbacks, which makes civil service restricted by its own legislation. It is suggested to clarify the allocation of rights and responsibilities in civil service system, and to reduce the invalid institutional arrangements and strengthen effective legislation, so as to reform the service system and improve the judicial efficiency.

Key words: Substantial Service; Lawsuit Efficiency; Configuration of Rights and Duties; Service Reform

（责任编辑：艾佳慧）

国际法学

论发现取得领土主权
——基于欧洲国家实践的考察

包毅楠*

[摘　要] 在传统的领土取得方式中,发现与先占有着密切的关联。然而,长期以来,国际法学界并没有对发现取得领土主权的问题予以足够的重视。本文尝试通过归纳18世纪中叶以前欧洲列强依据发现取得领土主权的国家实践,解读发现与先占之间的关系,梳理西方国际法学者对于发现取得领土主权的法律效力的争论,进而总结出发现取得领土主权的国际法规则:纯粹的发现无法取得领土主权,而伴随象征性行为的发现可以取得初步的、不完全的领土主权。据此,发现是先占的初级形式。尽管如此,发现在现今的国际领土争端中依旧有着不应忽视的重要价值。

[关键词] 发现;先占;象征性行为;领土主权;主权权源

引言:发现与先占——经典论断引出的问题

传统的国际法学说认为,陆地领土的取得主要通过五种源自罗马法的所有权取得方式,它们是先占、添附、割让、时效和征服。① 其中,根据领土取得是否存在主权的转移,即领土的主权是否最初源自另一主权者,又可将这五种方式分为

---

* 华东政法大学国际法学院助理研究员、中国海洋发展研究会海洋法治专业委员会理事。本文是作者参与的司法部国家法治与法学理论研究课题"我国参与构建公海保护区的法律问题研究"(17SFB3038)的阶段性成果。本文的撰写得到了作者主持的上海市哲学社会科学规划青年课题"我国应对美国'航行自由行动'的国际法研究"(2018EFX008)、自然资源部海洋发展战略研究所专项课题"克利伯顿岛仲裁案评析"的资助。

① See R.Y. Jennings, *The Acquisition of Territory in International Law*, Manchester: Manchester University Press, 1967, pp. 6 - 7.

原生性的和派生性的领土取得方式。[2]关于先占取得领土主权的国际法规则,国际法学界已有若干成果。[3]然而,不可否认的是,先占一块领土的前提是发现该领土。也正因为如此,传统的国际法经典著作在提及先占这一传统的领土主权取得方式时,往往要首先提及发现(discovery)。[4]以西方经典国际法著作《奥本海国际法》为例,该书指出现代国际法意义上的先占两要件("实际、有效的占领"和"占领的意图")并非自始就是取得领土主权所必备:"一直到了18世纪,国际法作者才要求有效占领"。而在18世纪之前,"占有常常只具有象征性行为的性质"。[5]在论及发现的意义时,《奥本海国际法》又进一步指出:"发现使那个为其服务而发现的国家有一种不完全的所有权;在对被发现的土地加以有效占领所需要的合理期间内,这种权利'有暂时阻止另一国加以占领的作用'。"[6]言下之

---

[2] 以詹宁斯在其《国际法上领土主权的取得》以及修订的《奥本海国际法》(第九版)中均认为只有割让是属于派生性的领土取得方式,而沙玛(Sharma)则认为割让、时效、征服属于派生性的领土取得方式。本文认为,通过时效和征服取得领土必然存在领土主权的转移,即从原领土主权所有国转移到新的领土主权所有国。就这点来看,时效和征服同割让一样应属于派生性的领土取得方式。See R. Jennings and A. Watts eds., *Oppenheim' International Law*, 9th edn, London: Longman, 1992, Vol. I, p. 679; R.Y. Jennings, *The Acquisition of Territory in International Law*, p.16, footnote 2; Surya P. Sharma, *Territorial Acquisition, Disputes and International Law*, The Hague: Kluwer Law International, 1997, p. 35, footnote 2.

[3] 例如,F.S. Ruddy, *Res Nullius and Occupation in Roman and International Law*, 36 UMKC L. Rev. 274(1968); Henan Hu, *The Doctrine of Occupation: An Analysis of Its Invalidity under the Framework of International Legal Positivism*, 15 CHIN J INT LAW 75 (2016).

[4] 需要指出的是,本文将发现区别为两种:一种是纯粹的发现,英文是"mere discovery",指的是以看见、登陆、命名、记录抵达等形式与某块此前不为人知的土地建立起关联,这种关联并不明确地表达占有的意思;另一种是伴随着象征性行为的发现,英文是"discovery with symbolic acts"。"象征性行为"(Symbolic Acts)可以被定义为主权的一种宣告或其他行为,或由国家授权或随后由国家批准的私人行为,其意图在于为取得一块领土或一个岛屿的主权提供明确的证据。布朗利称之为"象征性兼并"(Symbolic Annexation)。See James Crawford ed., *Brownlie's Principle of Public International Law*, 9th edn, Oxford: Oxford University Press, 2019, p. 212. 根据布朗利的解读,"原则上"发现应与象征性兼并相区别,但布朗利也承认:在实践中"发现往往伴随着象征性行为,因此这个区别变得很模糊"。本文认为,将发现细分为纯粹的发现与伴随象征性行为的发现,对于区分发现的法律效力是有帮助的,同时也有助于辨识学者论著中对于发现的不同解读所指代的确切内容。关于纯粹的发现以及伴随象征性行为的发现之间存在的法律效力的重大区别,见下文的分析。

[5] R. Jennings and A. Watts eds., *Oppenheim' International Law*, vol. I, p. 689.

[6] Ibid, pp. 689 - 690.

意,国际法权威学者承认在18世纪之前,发现本身似乎可以使一国对被发现的领土产生领土主权而不需要额外的行政管理等行为。在帕尔马斯岛仲裁案（The Island of Palmas Arbitration）中,仲裁员马克斯·胡伯（Max Huber）指出:"自从18世纪中叶以来,国际法不断强化对先占有效性的要求,如果该有效性仅适用于领土取得行为而不适用于权利的保持,这将是不可想象的。"[7]由此可见,从时间节点上看,迟至18世纪中叶（有些学者认为迟至19世纪）,[8]国际法规则似乎才要求现代意义的先占两要件以取得某块土地的领土主权,特别是有效占领的必要性和不可或缺性。这样一个论断带来了一系列的重要的理论问题:在18世纪中叶以前,没有后续行政管理等有效控制的发现本身是否可以独立于先占而自成一体地作为一种领土取得方式?如果答案是肯定的,那么这个意义上的发现又究竟包括哪些具体的行为和规则?如果答案是否定的,那么发现和先占之间的关系又是什么?此外,在18世纪中叶以前,发现是否能产生完全的主权权源（title to sovereignty）,[9]并且这种主权权源足以对抗其他的领土取得方式?对于这一系列问题,迄今为止中外学界尚处于争论之中。正如有的学者指出的:"发现在国际法上的法律意义是该学科中最具争议的内容之一。"[10]本文将通过分析18世纪中叶以前发现取得领土主权的国家实践,厘清与先占有重要关联的发现、象征性行为与先占之间的关系,梳理西方国际法学者对于发现取得领土主权的法律效力的争论,正确解读并归纳发现取得领土主权的国际法规则,最后探讨发现在当代国际领土争端中的现实意义和价值。

一、18世纪中叶以前发现取得领土主权的国家实践考察

若要分析18世纪中叶以前发现取得领土主权的国际法规则,有必要首先梳理15世纪后半叶开始的地理大发现时代至18世纪这段时间内关于发现的理论和实践以及与之有关的一系列问题。

---

[7] See *Island of Palmas Arbitration*, RIAA II (1928), p. 839.

[8] See Andrew Fitzmaurice, *Discovery, Conquest, and Occupation of Territory*, in Bardo Fassbender and Anne Peters eds., *The Oxford Handbook of the History of International Law*, Oxford: Oxford University Press, 2012, p. 841.

[9] "权源"（title）意指"法律认可的、可创设权利的、创权性的事实"。See R. Y. Jennings, *The Acquisition of Territory in International Law*, p. 4. 参见:[英]罗伯特·詹宁斯:《国际法上的领土取得》,孔令杰译,商务印书馆2018年版,第7页。

[10] See Mamadou Hebie, *The Acquisition of Original Titles of Territorial Sovereignty in the Law and Practice of European Colonial Expansion*, in Marcelo G. Kohen and Mamadou Hebie eds., *Research Handbook on Territorial Disputes in International Law*, Cheltenham: Edward Elgar, 2018, p. 57.

(一) 发现规则的最初合法性来源:教皇特许

在15世纪中叶之后掀开序幕的地理大发现时代,[11]是欧洲列强开拓领土、在远离本国的海外建立殖民地的时代。在这过程之中,欧洲列强竞争的主要问题是取得远离欧洲大陆的海外岛屿及新大陆的领土主权。而教皇特许(papal grant)和教皇敕令(papal bull)则是最早出现的关于取得新发现的海外岛屿与大陆的法律依据。[12]正如格里格(Greig)在论及15世纪中叶葡萄牙寻求教皇支持其占据新发现的领土时所指出的:

> 基于世界归属于上帝,普天之下的人民俱为上帝的子民,教皇准许葡萄牙[发现新土地并占据]的行为。[13]

根据1455年教皇尼古拉五世(Pope Nicholas Ⅴ)敕令的规定,葡萄牙可占领非洲以及东至印度的土地。此后,伊比利亚半岛的另一强国西班牙派遣哥伦布以西班牙王室的名义探索新大陆。由于哥伦布错误地认为他发现的新大陆是印度,从而引发了关于新大陆的领土主权的争议。在1493年,教皇亚历山大六世(Pope Alexander Ⅵ)颁布了一道敕令,规定在大西洋的亚速尔群岛(the Azores)及佛得角(Cape Verde)以西或以南100里格[14]处划定一条子午线,该子午线以西所有已经被发现和有待发现的新土地均归属西班牙,而该子午线以东所有的已发现和有待发现的新土地归属葡萄牙。[15]值得一提的是,教皇敕令不仅确

---

[11] 戈贝尔(Goebel)指出:"15世纪末对新大陆的发现标志着国际法历史上的一个新时代"。See Julius Goebel, *The Struggle for the Falkland Islands*, New Haven: Yale University Press, 1927, reprinted 1982, p. xxviii.

[12] Henan Hu, *The Doctrine of Occupation: An Analysis of Its Invalidity under the Framework of International Legal Positivism*, p. 105. See also, Mamadou Hebie, *The Acquisition of Original Titles of Territorial Sovereignty in the Law and Practice of European Colonial Expansion*, pp. 43 - 57.

[13] D. W. Greig, *Sovereignty, Territory and the International Lawyer's Dilemma*, 26 Osgoode Hall L. J. 140 (1988).

[14] 1里格(league)约为3海里。

[15] 1493年的教皇敕令中所做的划分随后被西班牙与葡萄牙在1494年订立的《托德西拉斯条约》(the Treaty of Tordesillas)所调整。根据该条约,划分世界的子午线在教皇敕令中规定的位置向西调整270里格。See Surya P. Sharma, *Territorial Acquisition, Disputes and International Law*, p. 38; D.W.Greig, *Sovereignty, Territory and the International Lawyer's Dilemma*, pp. 141 - 142; Norman Hill, *Claims to Territory in International Law and Relations*, New York: Oxford University Press, 1945, p. 145; Julius Goebel, *The Struggle for the Falkland Islands*, p. 52.

认了西班牙和葡萄牙依据敕令取得新发现的领土主权的合法性,且以开除教籍(excommunication)的严厉制裁形式作为后盾,保证了敕令的法律效力。此外,敕令中确认发现取得领土主权的范围不仅包括已经发现的新土地,还包括有待发现的土地。由此可见,在这段时期,至少从表面上看教皇敕令本身即可作为新领土主权取得的法律依据。[16]而基于这种教皇特许的发现活动,成为西班牙和葡萄牙对新发现的领土取得领土主权的主要形式。[17]

虽然教皇敕令在最初仍然获得一定程度的认可,[18]但是其他西欧强国,特别是在16世纪和17世纪以荷兰和英国为代表的新兴海上强国却对西班牙和葡萄牙瓜分世界的企图感到不满,强烈质疑教皇敕令的合法性和有效性。英国女王伊丽莎白一世(Queen Elizabeth I)就曾明确表示反对教皇敕令的有效性。[19]同时,在国际法理论家看来,教皇敕令的效力也是可疑的。荷兰著名的国际法学者格劳秀斯(Grotius)在《论海洋自由》一书中就指出:"即使教皇有意而且也有权赠送这样的礼物(指教皇敕令中划分的新土地),仍不能使西班牙人成为那些地方的统治者。因为并非捐赠,而是随后的交付以及对之占有才造就了统治者"。[20]自然而然地,随着中世纪末期以后教会影响的日渐式微,西欧各国打破了原来的教皇敕令给予的西班牙和葡萄牙发现领土的专属权。[21]西欧各国包括西班牙和葡萄牙在内,不断地派遣官方的或经官方授权的私人探险队前往美洲新大陆及亚洲各地。这些探索活动形成了欧洲列强以发现取得领土主权的国家

---

[16] Surya P. Sharma, *Territorial Acquisition, Disputes and International Law*, p. 39. See also, Mamadou Hebie, *The Acquisition of Original Titles of Territorial Sovereignty in the Law and Practice of European Colonial Expansion*, p. 57.

[17] 需要注意的是,教皇敕令本身并不直接给予西班牙和葡萄牙具体的领土,它只是为西班牙和葡萄牙有权取得已经发现的和有待发现的岛屿的领土主权提供法律依据,即权源。See Marcelo G Kohen and Mamadou Hebie, *Territory, Discovery*, in Rudiger Wolfrum ed., *Max Planck Encyclopedia of Public International Law*, Oxford: Oxford University Press, para. 1.

[18] Andrew Fitzmaurice, *Discovery, Conquest, and Occupation of Territory*, p. 841; Surya P. Sharma, *Territorial Acquisition, Disputes and International Law*, p. 39; Norman Hill, *Claims to Territory in International Law and Relations*, p. 145.

[19] See D.W.Greig, *Sovereignty, Territory and the International Lawyer's Dilemma*, p. 144; Julius Goebel, *The Struggle for the Falkland Islands*, pp. 62-63.

[20] Hugo Grotius, *The Freedom of the Seas*, first published in 1608, Ralph van Deman Magoffin trans., New York: Oxford University Press, 1916, p. 15.

[21] 实际上,就连西班牙和葡萄牙对于教皇敕令的法律效力也并不完全认可,因此他们敢于对教皇敕令中划定的土地范围以订立条约(如上文提到的《托德西拉斯条约》)的形式进行修改。

实践。

(二) 欧洲列强通过发现取得领土主权的国家实践

在 15 世纪至 19 世纪这数百年的时间内,欧洲各列强对新发现土地的国家实践可谓各不相同。这些列强的国家实践可简要梳理如下:

1. 葡萄牙

葡萄牙是最早积极地对欧洲以外的未知土地开展探索活动的欧洲国家。[22] 根据记载,在 1419 年葡萄牙派遣探险队发现了马德拉群岛(Madeira)。在发现马德拉群岛的过程中,探险队在岛上竖立了十字架,并且举行了弥撒仪式。此外,一些泥土也被探险队带回交给葡萄牙国王亨利(King of Portugal, Prince Henry)。[23] 在 1481 年,葡萄牙探险队发现了几内亚沿岸,在占领该地时修建了神坛,将皇家纹章展示在树上,还举行了弥撒。[24] 在 1532 年,洛帕瓦雷兹(Lopalvarez)率队占领了爪哇岛(Java)。在场的公证人起草了正式占领的公告,并且竖立了葡萄牙皇家纹章标记以及多个十字架。[25] 此外,有研究指出葡萄牙竖立的十字架材质根据因地制宜的原则,大致有木质、石制、大理石制等多种。[26] 根据上述实践可以归纳出葡萄牙通过发现取得领土主权的特点:对于新发现的土地,葡萄牙采取竖立标识表明占领该地等象征性行为,以此作为通行做法。在葡萄牙看来,这种简单的象征性行为足以使其对无主地创设领土主权。[27]

2. 西班牙

西班牙和葡萄牙一样也是欧洲各国中探索发现新土地的先行者。在 1492 年,哥伦布发现西印度群岛时曾报告说以西班牙君主的名义占领这些岛屿,并在岛屿上宣读公告,竖立旗帜。[28] 在 1498 年哥伦布第三次航行和此后第四次航行时,对于新发现的岛屿采取了在岛上竖立十字架的象征性行为。在 1532 年,佩德罗·德·古兹曼船长(Captain Pedro de Guzman)在墨西哥西海岸的一个小岛附近派遣一名水手游泳登上该岛。这名水手登岛后竖立了十字架,并砍下树

---

[22] See Arthur S. Keller et al, *Creation of Rights of Sovereignty through Symbolic Acts 1400‒1800*, New York: Columbia University Press, 1938, p. 23.

[23] Ibid.

[24] Ibid, p. 24.

[25] Ibid, p. 27.

[26] Henry R. Wagner, *Creation of Rights of Sovereignty through Symbolic Acts*, 7 Pacific Historical Review, 297‒298(1938).

[27] Arthur S. Keller et al, *Creation of Rights of Sovereignty through Symbolic Acts 1400‒1800*, p. 32.

[28] Ibid, p. 33.

枝,以示占领该岛。另两名一同游去该岛的水手作为占领仪式的证人。他们三人返回船上后将这一占领的行为记录下来。㉙而在1563年西班牙皇家条令中也特别提及:通过海路或陆路以本皇室为名从事发现活动的人,对于所有新发现土地都需要登陆并举行庄重的仪式。㉚在神圣罗马帝国皇帝查尔斯五世(Emperor Charles V)写给驻葡萄牙大使的信中也明确提到仅仅看见(sighting)意义上的发现是不足以取得领土主权的。皇帝提到必须进行"占有"(take possession)。而根据当时西班牙的实践,象征性的行为足以等同于占有取得领土主权。同时这也意味着,仅仅登陆、出现在新发现的土地上也不足以取得领土主权,而至少需要一些正式的仪式方能表明占有。㉛这种正式的仪式,通常会涉及发布正式的宣告。这种宣告通常包括表明以国王和总督的名义占有该土地的字句。㉜此外,西班牙探险队通常是以竖立十字架或筑起一堆石头作为占领新发现土地的标记,但有时也以在树干上刻画十字标记替代,有时还采取竖立旗帜的做法。最后值得注意的是,西班牙探险队通常会请随行的公证人书写占有行为的文告,并由数名证人签字确认。西班牙人认为这种做法是值得信赖的可证明占有某块土地的有力证据。㉝

3. 英国

1495年,英国国王亨利七世(King Henry Ⅶ)派遣约翰·卡伯特(John Cabot)探索北美新大陆,这是英国首次派遣官方探险队前往新大陆开展发现活动。在1497年,卡伯特发现了纽芬兰附近的某个岛屿,并以象征性行为代表英国对该岛进行了占有。㉞英国探险队采取的象征性行为包括摘取当地的树枝和草皮,或收集石头,同时宣读英王对该地获取主权的声明。㉟在1578年德雷克(Drake)探险队对伊丽莎白岛(Elizabeth Island)、圣马塔岛(Santa Marta)和圣玛格达蕾娜岛(Santa Magdalena Islands)的占有也是采取这种方式。㊱此外,德

㉙ Ibid, p. 35.

㉚ Ibid, pp. 35-36.

㉛ Ibid, p 36.

㉜ Ibid, p. 37. See also, Henry R. Wagner, *Creation of Rights of Sovereignty through Symbolic Acts*, p. 309.

㉝ Arthur S. Keller et al, *Creation of Rights of Sovereignty through Symbolic Acts 1400-1800*, p. 42.

㉞ Ibid, pp. 51-53. See also, M. F. Lindley, *The Acquisition and Government Backward Territory in International Law*, London: Longmans, 1926, p. 130.

㉟ Arthur S. Keller et al, *Creation of Rights of Sovereignty through Symbolic Acts 1400-1800*, p. 57.

㊱ Ibid, p. 58.

雷克还曾采用竖立牌匾的形式来宣示占有。㊲ 总的来说,对于新发现的土地,英国采取象征性行为的通行做法是竖立十字架标记或牌匾,或在证人在场的情况下宣读英王占有该地的正式声明。㊳

4. 法国

法国发现新土地的活动主要集中于 1524 年至 1682 年这段时期。在 1534 年,雅克·柯迪亚(Jacques Cartier)率领探险队抵达北美加斯佩半岛(Gaspe Peninsula)。在加斯佩港,探险队举行了象征性占有仪式,将一个高达 9 米的十字架竖立起来,十字架上还安放了皇家盾牌和一块刻着"法王万岁"的木板。㊴这种简单的象征性行为是此后法国发现、占有新土地的典型例子。㊵17 世纪 20 至 30 年代之后,法国又逐渐地开始采取宗教仪式、宣读探险队的授权文告、起草法律文书等象征性行为。㊶

5. 荷兰

荷兰是欧洲列强之中较晚开始海外发现活动的。1598 年,第一支荷兰探险队出发,目的地是东印度群岛。途中,探险队抵达了当时还是无主地的毛里求斯,并命名了该岛。为了表明对毛里求斯的占有,探险队在一棵俯瞰港口的高树上放置了皇家纹章。㊷荷兰人曾到达过澳大利亚西海岸,并在那边留下了一块铅制牌匾,但这个仅作为标记而没有明确表示占有该土地的意图。1622 年之后,荷兰人加快了占有新发现的土地的活动,并且探险队带着明确的占有土地的指示展开活动。对于新发现的土地上存在土著人的情形,荷兰人通常和他们缔结保护条约或同盟条约。此外,荷兰人采取的象征性行为的惯常做法还包括放置石块和竖立标记。㊸

6. 斯堪的纳维亚国家和俄国

北欧的瑞典也曾在海外开展发现活动。在 1638 年探索北美的过程中,瑞典人采取发射礼炮的方式表明取得新发现土地的主权,同时也有与当地土著订立

㊲ Henry R. Wagner, *Creation of Rights of Sovereignty through Symbolic Acts*, p. 306.

㊳ Arthur S. Keller et al, *Creation of Rights of Sovereignty through Symbolic Acts 1400-1800*, p. 98.

㊴ Ibid, pp. 105-106.

㊵ Henry R. Wagner, *Creation of Rights of Sovereignty through Symbolic Acts*, pp. 305, 308.

㊶ Arthur S. Keller et al, *Creation of Rights of Sovereignty through Symbolic Acts 1400-1800*, p. 131.

㊷ Ibid, p. 132.

㊸ Ibid, pp. 140-141.

购买土地的协议。㊹另一个北欧国家丹麦对于格陵兰岛的主权取得是采取摘取树枝和收集泥土的象征性行为,在1697年丹麦国王下令授权丹麦商业公司("西印度和几内亚公司")"对在美洲和非洲新发现的所有不在其他欧洲国家主权之下的土地和岛屿进行占有"。㊺在1743年俄国对于阿拉斯加附近的阿留申群岛(the Aleutian Islands)的占有也采取象征性行为,典型的例子是放置一些物品(如铁壶、钱币等)。㊻

从上数欧洲列强的国家实践中可以提炼出以下几点关于18世纪中叶以前发现取得领土主权的规则:

首先,纯粹的看见或肉眼观测(visual apprehension)并不是占有新发现的土地的有效形式。诚然,看见即视觉上意识到新土地的存在是占领的首要步骤,但是上述欧洲列强的实践无一例外地表明:探险队在看见新土地之后是通过采取形形色色的象征性行为达到占有新发现的土地的目的。各国实践中从未出现仅仅看见某土地就直接占有该土地的情况。

其次,仅仅对新发现的土地进行登陆或对新发现的土地命名,也不足以实现占有。上述实践中,从未出现任何仅以登陆或命名就合法有效地取得土地的实例。欧洲列强取得新发现的土地的实践表明:并不是由于登陆或命名,而是由于采取了带有宣示主权性质的各种象征性行为从而占有了新发现的土地。㊼

第三,在15世纪至18世纪中叶,在获得主权国家的授权占领新发现土地的情况下,探险队仅仅采取象征性行为通常就能为对其授权的主权国家取得这块新发现土地的领土主权。也即,伴随了象征性行为的发现就足以取得新发现土地的领土主权了。有效占领在当时是不必要的。㊽

第四,象征性行为的具体形式多样,没有统一的标准和定式。㊾从上述欧洲列强的国家实践来看,多数国家都会采取竖立十字架等标识的形式宣告占领新

㊹ Ibid, p. 142.
㊺ Ibid, p. 143.
㊻ Ibid, p. 144.
㊼ 在克利伯顿岛仲裁案(*The Clipperton Island Arbitration*)中,仲裁员非常明确地得出"岛屿的命名与岛屿的领土主权归属无关"的结论。克利伯顿岛是以最早发现该岛的英国探险家克利伯顿命名的,而在西班牙文献中曾被称为热情岛、梅达诺岛、梅达诺斯岛等。从该案的裁决结果来看,这些命名对于确定克利伯顿岛的主权归属没有起到作用。See *The Clipperton Island Arbitration*, 26 AM J INT LAW 392–393(1932).
㊽ Ibid, pp. 148–149.
㊾ Henry R. Wagner, *Creation of Rights of Sovereignty through Symbolic Acts*, pp. 324–325.

发现的土地。(50)有些国家在此基础上还要举行正式的宗教仪式,如西班牙。而有些国家与当地土著人订立保护条约,如荷兰。但不可否认的是,这些象征性行为的效力是确定的,其价值远高于无任何象征性行为的纯粹的看见或登陆。

最后必须注意的是,各欧洲列强的探险队的发现取得领土主权的活动几乎都是获得国家或君主的官方授权的,典型的有荷兰的东印度公司等。一些纯私人的发现探险活动后续也得到了官方的追认。这意味着纯私人而无国家官方授权或追认的发现活动并不产生领土主权。(51)

二、正确解读发现与先占的关系

除了上文归纳的几点关于欧洲列强通过发现取得领土主权的规则,关于发现的国际法理论还存在着一个极为重要的问题,那就是:发现取得的领土主权是否是完全的、绝对的,其法律效力是否持续不变,且不为后续的其他领土主权取得方式所减损?这涉及发现取得领土主权是否可以独立于先占,也即发现是否可取得如同先占那样的完全的、确定的领土主权权源?要回答这一问题,有必要通过经典的国际法案例进行探究。在帕尔马斯岛仲裁案中,仲裁员胡伯指出:

> 由于地球上可供先占的无主地越来越少,自 18 世纪中叶以来尤其是到了 19 世纪,国际法已经摒弃了先前的法律原则,即一国可凭借纯粹的发现行为或象征性的占据行为取得某地的领土主权,并确立了新的法律原则,即一国只有在对所占据的领土实施有效控制的情况下才能通过先占取得领土主权。因此,若某地不处于任何国家的有效主权之下,也没有主人,却预留给某国作为其专属的影响范围,而且该国对该地的主权依据仅是现行法律不再认可的某种权源,即便依据过去的国际法该权源曾足以创设领土主权,该地的上述状态均与现行的国际法相悖。因此,如果不存在任何后续的活动,发现行为在当代已不足以为发现者创设对无主地的主权。
>
> 另一方面,如果我们采纳这样的观点,即发现并不创设确定的主权权源,而只创设初步的权源,那么,即便不存在外在的展示,该权源仍能够继续存在。然而,根据 19 世纪以来的主流观点,发现者必须在合理的期限内对

(50) 不过,瓦格纳(Wagner)指出:由于竖立的十字架存在被土著人推倒而导致后来者无从查证,因而这类象征性行为的有效性有时会产生争议。See ibid, p. 326.

(51) Arthur S. Keller et al, *Creation of Rights of Sovereignty through Symbolic Acts 1400-1800*, p. 151.

发现的土地实施有效占据，才能完善通过发现创设的初步权源。根据时际法原则，本案亦适用上述法律原则。西班牙在发现帕尔马斯岛之后相当长的时间内并未行使任何主权活动，美国也不主张西班牙对该岛行使了领土主权。即便仲裁庭认定西班牙在1898年仍对该岛享有初步的权源，且该权源得到了《巴黎和约》第III条的确认，它仍然并不优于另一国连续、和平的主权展示，因为这种展示甚至优于其他国家之前已经取得的确定的权源。[52]

从帕尔马斯岛仲裁案的结论来看，显然胡伯提出了一项重要论断：发现取得的主权权源无法对抗其他国家嗣后采取的连续、和平的主权活动。也即通过发现所取得的仅仅是一种"不完全的"权源（或称"初步的"权源，inchoate title），而这种"初步的""不完全的"权源相对于持续、和平的主权展示而言其法律效果较弱，以至于使得并不拥有最初权源的其他国家可通过持续、和平的占有（形成"取得性时效"，acquisitive prescription）"推翻"缺乏有效控制的初步权源。[53] 从这个特性上看，发现取得的主权权源是不完全和非绝对的，也是易被减损的。那么，发现与先占究竟是怎样的一种关系？

本文认为，应当将发现理解为19世纪之后普遍公认的先占取得领土主权的一种初级形式，在本质上发现是一种初步的、不完全的先占。具体表现在发现虽然具有先占的两要件，但在形式上却是初级的。首先需要指出的是，根据罗马法，对无主物的占有需要满足两个要件，[54]即占有的实际行为（corpus possessio）[55]和占有的意图（animus occupandi）。[56]这两个要件在18世纪中叶之后的先占概念中被公认为不可或缺。而在18世纪中叶之前的发现取得领土主权的规则中，这两个要件实际上也能得到一定程度的体现。具体表现为：其一，对于占有的第一个要素即实际的占有行为，在18世纪中叶之前是以象征性行为得到体现的。虽然有效占领或有效控制的因素在18世纪中叶之前对于新发现的土地而言并非是绝对必要，但探险队对于新发现的土地仍然必须采取象征性行为公开地、明确地宣告取得这块土地的领土主权。虽然上文的国家实践揭示出在这段时期，欧洲各列强对新发现的土地采取的象征性行为各不相同，有些形

---

[52] See *Island of Palmas Arbitration*, p. 846. 参见孔令杰编著：《领土争端成案研究》，社会科学文献出版社2016年版，第29页。

[53] See R.Y. Jennings, *The Acquisition of Territory in International Law*, pp. 21-23.

[54] R.Y. Jennings, *The Acquisition of Territory in International Law*, p. 4.

[55] See "Corpus Possessio", in Aaron X. Fellmeth and Maurice Horwitz, *Guide to Latin in International Law*, New York: Oxford University Press, 2009, p. 67.

[56] See "Animus Occupandi" in ibid, p. 32.

式（例如竖立十字架等标识）较为简单、原始，但毫无疑问这种象征性行为对于取得新发现土地的领土主权是不可或缺的。这种象征性行为就构成了占有的物理要件（相当于占有的实际行为）。当缺失这种物理要件时，纯粹的看见或肉眼观测某土地就无法取得领土主权。因此可以认为，象征性行为是现代国际法意义上先占两要件之一的有效占领的初级形式，象征性行为以低标准的、初级的实际占有为发现新土地的国家取得了领土主权。其二，对于占有的第二个要素即占有的意图，在18世纪中叶之前是以主权国家或君主的授权或事后追认得以体现的，同时某些象征性行为本身也明显地体现出了对新发现土地进行占有的意图。上文欧洲列强的国家实践明确揭示了竖立十字架和悬挂皇家纹章等行为背后的占有土地的意图，而有些国家采取的宗教仪式等行为不仅在物理上宣告了对新发现土地的占有，更加体现出国家主权及于该土地的国家意志。因此，占有的心理要件即占有的意图也能在发现取得领土主权中得到体现。当然，必须再次强调的是，这里提及的发现，绝非纯粹的发现，因为纯粹的发现是无法体现出占领的意图的。作为先占的初级形式的发现必然是伴随着象征性行为的发现。

基于上述对占有两要件与发现取得领土主权的分析可以进一步得出，发现与先占具有若干相同点和不同点。就相同点而言，发现和先占这两者都具备罗马法上的占有的两要件——占有的实际行为和占有的意图。它们也都是针对新发现的无主地进行占有的行为，且它们都是代表了主权国家的官方、正式的行为。而就不同点而言，先占相比发现更加注重后续的有效占领，即先占在完成初步占领的象征性行为的基础之上还需要通过后续的有效控制进行强化，如对新发现土地设立有效的行政管理、定居和采取有效的守卫等措施等。正如上文引述的帕尔马斯岛仲裁案中胡伯关于发现取得的领土主权的结论所指出的，发现取得的主权权源是初步的、不完全的，这种权源必须在一定合理时期内通过有效占领而完善，否则它将无法对抗其他国家后续的持续、和平的主权展示。而先占本身则包括了有效占领的要件，相比发现而言先占突出了有效控制的不可或缺性。

综上所述，本文对于发现与先占的关系采取"发现是先占的初级形式"的观点。发现和先占都是对于过去未曾取得主权的无主地进行的占领行为。就发现而言，纯粹的、不伴随任何象征性行为的发现无法取得领土主权。采取象征性行为的发现可以取得初步的、不完全的主权权源。这种不完全的主权权源体现了发现作为初级形式的先占的特性，即领土主权的不确定性和非决定性。而18世纪中叶以后，先占取代了发现成为公认的领土主权取得形式，以有效占领弥补了发现的"初级、不完全"的缺陷，从而使得先占取得的主权权源相对确定。

三、西方国际法学者对于发现取得领土主权的争论

帕尔马斯岛仲裁案之后,西方国际法学界对于发现取得领土主权的法律效力其实还是长期存在争论。这些争论主要集中于以下几个问题:其一,纯粹的、未伴随象征性行为的发现是否能取得领土主权(包括初步的、不完全的主权权源)?其二,伴随象征性行为的发现是否确实能取得领土主权?其三,所谓"初步的、不完全"的主权权源的法律意义是什么。本文认为,将西方国际学界对于发现取得领土主权的理解和争论进行梳理,有助于进一步加深对"发现是先占的初级形式"这一论断的认识。

首先,对于纯粹的发现是否确实能取得领土主权,哪怕是不完全的、初步的主权权源,西方国际法学界存在两种意见。一种认为纯粹的发现(mere discovery)也可以取得领土主权。15、16世纪的某些法学理论家如维多利亚(Vitoria)、菲塔斯(Freitas)、苏亚雷斯(Suarez)等人对于地理大发现时代对无主地的纯粹的发现行为取得领土主权表示认可。[57]而19世纪末至20世纪初的英国著名国际法学家豪尔(Hall)认为纯粹的发现在16世纪可以取得绝对的领土主权而不仅仅是初步的主权权源。[58] 20世纪后半叶的英国著名国际法学者阿库斯特(Akehurst)同样认为在16世纪纯粹的发现能取得不完全的主权权源。[59]

另一种占主流的通说意见则认为纯粹的发现不能取得领土主权。国际法古典时代(16世纪至18世纪)的理论家多数对纯粹的发现取得领土主权持反对意见。比较典型的如格劳秀斯,他在《论海洋自由》中指出:"自然理性本身、法律的精确用语和所有饱学之士的解释都清楚地表明只有在实际占有时,才足以赋予'发现'行为以明确的主权名义。"[60]德国国际法学者普芬道夫(Pufendorf)也指出:"仅仅看见某物,或知悉它在何处,并不能认定足以创设占有权"。[61]进入20世纪以后,这一主流观点得到了进一步的支持。西方著名的国际法学者如奥本

---

[57] Surya P. Sharma, *Territorial Acquisition, Disputes and International Law*, p. 40. 关于维多利亚认可对无主地通过发现取得领土主权的论述,见 Andrew Fitzmaurice, *Discovery, Conquest, and Occupation of Territory*, p. 842.

[58] Surya P. Sharma, *Territorial Acquisition, Disputes and International Law*, p. 45. See also, James Crawford ed., *Brownlie's Principle of Public International Law*, p. 211.

[59] Alexander Orakhelashvili ed., *Akehurst's Modern Introduction to International Law*, 8th edn, London: Routledge, 2019, p. 136.

[60] See Hugo Grotius, *The Freedom of the Seas*, p. 12.

[61] As cited in M. F. Lindley, *The Acquisition and Government Backward Territory in International Law*, p. 131.

海(Oppenheim)等人基本都对纯粹的发现可以取得领土主权持否定态度。[62]如奥本海就指出:"在大发现时代,各国也并不主张发现一块过去无人知悉的土地就等于发现者从事探险时所服务的国家已经用占领方法取得了该土地"。[63]希尔(Hill)也明确指出:"纯粹的发现不是主张无主地的充分依据"。[64]类似地,冯·德·海德(F. von der Heydte)认为:"仅仅发现从来没有被认为能够取得比后续占有的权利更多的权利"。[65]沃尔多克(Waldlock)指出:"可以相信,在16或17世纪,缺失至少一些象征性占有的纯粹的发现是无法建立原始的权源的"。[66]凯勒等人也明确地指出:

> 从15世纪至19世纪这么长的时间内,没有国家认为纯粹的发现(指看见或"肉眼观测")本身是足以取得对无主地的合法领土主权的。仅仅在新发现的土地上登陆甚至在内陆探索活动本身也无法确立权源。对区域、海角、海岬、岛屿、河谷、半岛、溪流、海湾、港湾、河湾命名同样无法产生权源。[67]

最近的西方学者基本上也大都赞同纯粹的发现无法取得领土主权。例如普莱斯考特(Prescott)和崔格斯(Triggs)就指出:"纯粹的发现行为,如登陆或实地观察,并非且可能从来都不是取得无主地主权的充分依据"。[68]沙玛(Sharma)对于纯粹发现本身无法取得领土主权作出如下结论:"纵观学者论述,可以认为更多的学者认为纯粹的发现是无法成为一个独立的取得领土的模式的"。[69]显然,目前西方国际法学界的通说观点符合18世纪中叶以前欧洲列强通过伴随着象征性行为的发现取得领土主权的国家实践。正如上文梳理的欧洲列强实践提到的,他们或多或少是采取一些象征性行为来取得领土主权,而非通过纯粹的看见

---

[62] Surya P. Sharma, *Territorial Acquisition, Disputes and International Law*, p. 45.

[63] R. Jennings and A. Watts eds., *Oppenheim' International Law*, p. 689.

[64] Norman Hill, *Claims to Territory in International Law and Relations*, p. 149.

[65] F. von der Heydte, *Discovery, Symbolic Annexation and Virtual Effectiveness in International Law*, 25 AM J INT LAW 452(1935).

[66] C.H.M Waldock, *Disputed Sovereignty in the Falkland Islands Dependencies*, 25 Brit. Y. B. Int'l L. 323(1948).

[67] Arthur S. Keller et al, *Creation of Rights of Sovereignty through Symbolic Acts 1400-1800*, p. 148.

[68] Victor Prescott and Gillian D. Triggs, *International Frontiers and Boundaries: Law, Politics and Geography*, Leiden: Martinus Nijhoff Publishers, 2008, p. 150. 参见:[澳]维克托·普莱斯考特、吉莉安·D·崔格斯:《国际边疆与界线:法律、政治与地理》,孔令杰、张帆译,社会科学文献出版社2017年版,第151页。

[69] Surya P. Sharma, *Territorial Acquisition, Disputes and International Law*, p. 46.

或肉眼观测取得领土主权。

第二,对于伴随着象征性行为的发现是否能确实取得领土主权的问题,西方学者同样存在两种观点。一种认为伴随着象征性行为的发现在18世纪中叶以前足以确立领土主权。如奥本海认为:在18世纪之前,"占有常常只具有象征性行为的性质","一直到了18世纪,国际法作者才要求有效占领,而且直到19世纪,各国实践才与这种规定相符合"。[70]奥本海的观点暗示了18世纪中叶以前象征性行为足以建立领土主权。凯勒等人认为在大发现时代伴随着象征性行为的发现足以建立领土主权,或者说,不是发现本身而是各国采取的象征性行为建立了领土主权。[71]《马克斯·普朗克国际公法百科全书》中"领土的发现"词条也认为19世纪之前采取象征性行为可以取得领土主权。[72]而对立的观点认为,只有象征性行为的发现而无后续的实际控制是根本无法取得任何领土主权的。如冯·德·海德认为:即便是伴随了象征性行为的发现,如果缺乏后续的有效控制,那么仅仅靠象征性行为也无法取得领土的主权权源。[73]戈培尔(Goebel)、沃尔多克也都认为,象征性行为除非伴随着在后续一定合理时间内的有效占领,否则是不足以取得领土主权的。[74]

第三,对于发现取得的不完全的、初步的权源的意义,西方学者同样存在两种观点。第一种认为帕尔马斯岛仲裁案中的关于不完全的、初步的权源的提法是有合理性的,同时也符合国家实践。如奥本海就指出:"大家一致认为,发现使那个为其服务而发现的国家有一种不完全的所有权;在对被发现的土地加以有效占领所需要的合理期间内,这种权利'有暂时阻止另一国加以占领的作用'。"[75]这种暂时排除他国以类似方式先占的作用,成为不完全的、初步的权源的主要法律意义。另一种观点认为不完全的、初步的权源这种提法本身就是误导性的。持这一观点的典型的学者如布朗利(Brownlie)就指出:"权源从来不是'不完全'的,尽管当基于微少的国家活动证据时它可能较弱。"[76]

---

[70] R. Jennings and A. Watts eds., *Oppenheim' International Law*, vol. I, p. 689.

[71] See Arthur S. Keller et al, *Creation of Rights of Sovereignty through Symbolic Acts 1400 - 1800*, Chapters Ⅲ - Ⅷ. See also, F.S. Ruddy, *Res Nullius and Occupation in Roman and International Law*, p. 281.

[72] Marcelo G Kohen and Mamadou Hebie, *Territory*, *Discovery*, para. 7.

[73] See F. von der Heydte, *Discovery, Symbolic Annexation and Virtual Effectiveness in International Law*, pp. 452 - 462.

[74] See Surya P. Sharma, *Territorial Acquisition, Disputes and International Law*, p. 48.

[75] R. Jennings and A. Watts eds., *Oppenheim' International Law*, pp. 689 - 690.

[76] James Crawford ed., *Brownlie's Principle of Public International Law*, p. 211.

从西方学者的争鸣中不难得出这样一个结论:虽然目前西方国际法学界对于不完全的、初步的权源的意义尚无确定的结论,以至于连权威国际法学者布朗利都持怀疑态度,但不可否认的是,胡伯在帕尔马斯岛仲裁案中的提法在总体上还是为西方主流国际法学者所接受。那么,既然根据通说,发现的法律效力至多产生"不完全的权源",它仅仅是作为18世纪中叶以后先占取得领土主权的初级形式,发现的现实价值又是什么?是否可以认为发现在当代国际领土争端中已经完全失去了意义?

四、发现在国际领土争端中的现实价值

本文认为,即便作为初级形式的发现[77]已在18世纪中叶以后为先占所替代,[78]但发现至今仍有重要的现实价值。具体地说,这种现实价值有两点。

其一,发现对于确定人迹罕至、地理位置偏远的岛屿领土主权具有关键的作用。这一点在克利伯顿岛仲裁案中得到了充分的体现。在该案中,仲裁员意大利国王维克托·伊曼努尔(Victor Emmanuel)认为:

> 严格来说,一般情况下,占有国须在被占领土内设立必要的机构来执行本国的法律。但这一步骤,仅是实施占有程序的一种方式,并非有效先占之必要步骤。因此,若某一领土,基于其完全无人居住的事实,自占有国在该地出现之时起便受该国绝对和无争议的处置;那么,自该时起,占有须被认定为已经完成。[79]

由此可见,至少对于不适宜人类居住的地区,特别是远离海岸、人迹罕至的

---

[77] 这一部分提到的发现均指伴随象征性行为的发现。这一点是特别需要注意的,因为纯粹的发现无法起到伴随象征性行为的发现的作用。

[78] 国内学界的主流观点似乎认为,即便是先占,它也已经是历史的概念而失去了现实意义,因为"现今,世界上的无主地几乎没有了"。见《国际公法学》编写组:《国际公法学》(第二版),高等教育出版社2018年版,第232页。本文认为,先占至今仍有重要的意义。例如,在领土争端案件中,国际司法裁判机构对双方主张的原始性权源的分析往往是必不可少的。又如,由于地壳运动可能会在海洋中出现新生岛屿。这种新生岛屿如果是在公海之中,则会成为无主地,它完全可被先占。

[79] *The Clipperton Island Arbitration*, pp. 393-394. 参见:孔令杰编著:《领土争端成案研究》,第54页。

洋中岛屿而言,仅仅采取象征性行为也是可以取得领土主权的。[80] 当然,需要注意的是,这种主权权源只是不完全的、初步的,需要在一定合理时间内通过有效控制予以巩固,否则,这种"不完全的权源"如上文所言,"无法对抗其他国家对同一块土地的后续进行的连续、和平的主权展示"。这也是本文认为的"发现只是先占的初级形式"的内涵要义所在。

第二点,某些类型的领土争端涉及主权权源强弱相对性的判定。对于这类争端,发现取得的不完全的权源可能会具有决定性的作用。这类国际领土争端的典型情况是:当争端一方提出明确的主权活动证据(如确凿的伴随象征性行为的发现的实践证据),而另一方完全无法提供类似的对抗性证据时,即便提出明确主权活动证据一方的证据微弱(例如仅有象征性行为而无嗣后的有效占领),也优于完全无法提供任何对抗证据(例如无法提供象征性行为的证据,或仅能提供纯粹的发现的证据)的另一争端方。这时主权权源的强弱相对性将发挥决定性作用。在东格陵兰岛案[81]中,常设国际法院就曾指出:"通读涉及领土主权的案件裁决记录,人们不可能不发现的是,在众多案件中,若另一方无法提出具有优先性的主张,即便一方仅较少实际行使了主权权利,法庭也会认定其满足了法律要求。对居民较少或无居民的地区而言,尤其如此"。[82] 从这个意义上看,对于偏远的岛屿领土而言,发现不仅能确定权源,当领土争端的另一方不存在能与之对抗的权源主张时,发现甚至起到了决定性的作用。这一点对于当代国际社会中存在的多达数十起的岛屿领土主权争端[83]而言,具有重要的借鉴意义。

五、结论

通过上文各部分对18世纪中叶之前发现取得领土主权的国家实践、西方国际法学者理论争鸣以及经典案例的梳理与分析,可以归纳出关于发现取得领土主权的规则:在18世纪中叶之前,缺失象征性行为的纯粹的发现行为,如看见、肉眼观测、登陆、记录抵达某土地等,是无法取得任何领土主权的;而伴随着象征

---

[80] 阿库斯特认为在这种情况下,象征性兼并起到了等同于有效控制所产生的效力。See Alexander Orakhelashvili ed., *Akehurst's Modern Introduction to International Law*, p. 136.

[81] *Legal Status of Eastern Greenland*, PCIJ Series A/B, No. 53, (1933), p. 22.

[82] Ibid, p. 46. 参见:孔令杰编著:《领土争端成案研究》,第313页。

[83] 据不完全统计,主要的岛屿领土主权争端约20多起,遍布六大洲,见:[澳]维克托·普雷斯科特、克莱夫·斯科菲尔德:《世界海洋政治边界》(第二版),吴继陆、张海文译,海洋出版社2014年版,第179—189页。See also, Peter Calvert ed., *Border and Territorial Disputes of the World*, 4th edn, London: John Harper Publishing, 2004.

性行为的发现,如竖立标记、公开宣告等,可以取得领土主权。只不过,经典案例与国际法学者的通说均倾向于认定这种主权权源在性质上仅仅是初步的、不完全的。据此,可以认为,发现是先占取得领土主权的初级形式,其本身虽然能取得初步的领土主权,但基于这种主权权源的不完全、不确定性,从实践上看仍然需要后续的有效占领对其进行巩固。正如布朗利精辟地指出的:"'关于发现的法律'只有严格地置于有效占领的范围内时才有意义。"[84]尽管如此,发现作为先占的初级形式,在现今仍有不应忽视的价值。在当代的国际领土争端中,对于涉及地理位置偏远的岛屿领土的主权判定,发现足以确立权源。而对于某些涉及主权权源强弱相对性判定的领土争端,发现取得的初步的、不完全的权源有时甚至起到了决定性的作用。

On the Acquisition of Territorial Sovereign by Discovery:
An Analysis based on the Examination of National Practice of European Powers

Bao Yinan

Abstract: In traditional modes of territory acquisition, discovery is found closely related to first possession. However, for quite a long time, little attention has been paid by the international law academia to the acquisition of territorial sovereignty by discovery. This paper attempts to summarize the State practice of acquisition of territorial sovereignty by European powers before the middle of 18th century, examine the relationship between discovery and occupation, and generalize the debates over the legal effects of discovery among western international law scholars. It concludes that discovery not accompanied by symbolic acts could not generate a valid title to territory, whereas discovery with symbolic acts could generate a valid but inchoate title. Hence, it can be asserted that discovery is the rudimentary form of preoccupation. Even so, it can be asserted that discovery possesses certain value in contemporary international territorial disputes that should not be ignored.

Key words: Discovery; Occupation; Symbolic Acts; Territorial Sovereignty; Title to Territory

(责任编辑:张 华)

---

[84] James Crawford ed., *Brownlie's Principle of Public International Law*, p. 211.

数字鸿沟议题在 WTO 法中的道德化：成因、危害与应对

李冬冬*

[摘　要]　数字鸿沟是当前数字贸易自由化发展面临的主要挑战之一。WTO 争端解决机构对公共道德的判定具有显著的单边性、相对性和薄弱证据要求等特征，使得成员方主张的弥合数字鸿沟几乎被自动认定为公共道德目标，导致伦理学领域中尚存争议的数字鸿沟议题在 WTO 法中的道德化，进而威胁方兴未艾的数字贸易的自由化发展。WTO 争端解决机构今后判定弥合数字鸿沟是否属于公共道德目标时，应当从"公共性"和"道德性"两方面提高相应的证据要求，避免弥合数字鸿沟议题在 WTO 法中自动道德化，进而促进数字贸易自由。

[关键词]　数字鸿沟；公共道德；数字贸易；证据要求

通信技术的迭代更新及其信息计算能力的大幅提升，推动数字技术在全球范围内蓬勃发展，由此催生出数字贸易这一新的贸易模式。尽管贸易的数字化能够显著降低各项贸易成本，并且为发展中国家和中小型企业从事国际贸易提供便利，但是数字贸易的自由化发展仍面临诸多挑战和壁垒，其中之一就是数字鸿沟(digital divide)问题。[①] 虽然当前国际社会中并不存在一个通用和精准的数字鸿沟定义，但是其基本内涵通常是指"处于不同社会经济发展水平的个人、家庭、企业和地区在获取通信技术和使用该技术从事各类活动之机会方面存在

---

*　烟台大学法学院讲师。本文系国家社科基金青年项目"中国引领投资便利化国际合作的法律研究"(项目编号：18CFX086)、山东省社会科学规划研究项目"一带一路"倡议背景下投资者与国家间投资争端解决机制研究(项目编号：17CFXJ01)、烟台大学博士科研启动基金项目"WTO 法中的数字鸿沟问题研究"(项目编号：FL19B25)的阶段性研究成果。

①　Rolf H. Weber, *Digital Trade in WTO Law-Taking Stock and Looking Ahead*, 5 A-sian J. WTO & Int'l Health L & Pol'y. 18‐19 (2010).

的差距。"②当然,"数字鸿沟"概念伴随数字社会的出现而产生,其含义也随着数字社会的变迁而呈现出多层次的演进。"数字鸿沟"概念由美国国家电信和信息管理局于 1998 年首次明确提出,起初主要是指美国国内不同群体在拥有电脑和访问互联网方面存在的不平等现象。③ 随着数字技术的快速发展和信息社会的不断变动,数字鸿沟的含义更加丰富,早已不限于某些群体因缺少相应数字设备而无法访问互联网所产生的"连通鸿沟",还包括即便拥有数字设备但是因为缺乏相关技能而无法有效使用该设备的"技能鸿沟",以及因互联网内容的英语主导地位、信息垄断和互联网过滤等因素导致某些群体难以访问互联网中文字、声音和影像的"内容鸿沟"。④

为了消除各类数字鸿沟对发展数字贸易的阻碍,很多国家开始采取积极措施弥合数字鸿沟,特别是那些数字技术较为落后的发展中国家。⑤ 作为当前唯一治理数字贸易的全球机构,世界贸易组织(以下简称 WTO)争端解决机构在新近"巴西税费措施案"中将弥合连通鸿沟认定为各成员方可以追求的公共道德目标,进而赋予各成员方的相应弥合措施正当性,以便消除数字贸易自由化发展的阻碍。但是,争端解决机构此举可能会适得其反,在全球范围内形成妨碍数字贸易自由发展的一道道"道德藩篱"。本文即在考察伦理学领域中数字鸿沟议题的属性认定分歧之基础上,分析 WTO 法中数字鸿沟议题道德化的成因及危害,并提出相应的对策建议。

一、数字鸿沟议题的技术属性与道德属性之争

(一)数字鸿沟议题技术论

在数字鸿沟议题研究的早期阶段,很多学者都认为,所谓数字鸿沟只不过是一个比较容易克服的技术问题,随着数字技术市场的不断开放和自由化发展,市

---

② OECD, *Understanding the Digital Divide*, at http://www.oecd.org/internet/ieconomy/1888451.pdf (Last visited on 6 June, 2019).

③ National Telecommunications and Information Administration, *Falling Through the Net II: New Data on the Digital Divide*, at https://www.ntia.doc.gov/report/1998/falling-through-net-ii-new-data-digital-divide (Last visited on 6 June, 2019).

④ See Mira Burri, *Re-conceptualizing the Global Digital Divide*, 2 J. Intell. Prop. Info. Tech. & Elec. Com. L. 219 - 221 (2011). 除有特别说明,本文在提及"数字鸿沟"时,并不刻意区分其具体类型。

⑤ 参见熊光清:《全球互联网治理中的数字鸿沟问题分析》,载《国外理论动态》2016 年第 9 期。

场中的每一个人在获取和使用数字技术方面都会获得相同的潜力,数字鸿沟会自然消失。⑥ 持此种技术决定论的学者通常认为,历史上凡创新性技术出现之初都因为价格比较昂贵而通常为更具经济实力的先行者所采用,普罗大众自然难以负担。不过,由先行者所主导的这一技术市场并非静止不变;随着技术工艺的日臻成熟、市场规模的逐渐扩张,技术产品的价格会随之逐渐降低,最终惠及原来无法负担该技术的普通消费者。电力、汽车、电话和电视等技术创新性产品都是沿着这一技术扩散的路径得以普及。数字技术的扩散会遵循同样的逻辑与路径。⑦

例如,一贯推崇自由市场的卡托研究所原副主席 David Boaz 认为,并不存在由数字技术富有者和贫困者构成的所谓数字鸿沟,数字技术市场中只存在现在拥有者和后来拥有者。⑧ 美国联邦通信委员会原主席 Michael Powell 同样认为:数字鸿沟这一用语蕴含的否定倾向意味着,一项创新性技术进入市场的同时,必须在市场中的每一个角落得到平均分配,否则就存在拥有和使用此种技术上的不平等,需要政府干预进行矫正,这不符合技术创新的历史经验和市场运作的普遍规律,因此"数字鸿沟"是一个具有误导性的术语。⑨ 甚至有论者指责数字鸿沟是一个被干预主义者杜撰出来的神话,其目的在于呼吁政府采取积极措施解决这一无足轻重的技术问题,进而榨取政府的财政支持。⑩

(二)数字鸿沟议题道德论

随着数字技术的广泛应用,其在社会经济活动中的作用愈加凸显,并逐渐居于人类生活的中心,那些能够熟练应用数字技术者在收入、教育和医疗等各方面

---

⑥ See Chalita Srinuan & Erik Bohlin, *Understanding the Digital Divide: A Literature Survey and Ways Forward*, at https://www.econstor.eu/bitstream/10419/52191/1/672623358.pdf (Last visited on 10 June, 2019).

⑦ See Benjamin M. Compaine, *Information Gaps: Myth or Reality?* in Benjamin M. Compaine (ed.), *The Digital Divide: Facing a Crisis or Creating a Myth?* The MIT Press, 2001, p.110.

⑧ See John Schwartz, *U.S. Cites Race Gap in Use of Internet*, at http://www.washingtonpost.com/wp-srv/national/daily/july99/divide9.htm (Last visited on 10 June, 2019).

⑨ See Mark Cooper, *Expanding the Digital Divide & Falling Behind on Broadband: Why A Telecommunications Policy of Neglect Is Not Begin*, at https://consumerfed.org/pdfs/digitaldivide.pdf (Last visited on 10 June, 2019).

⑩ See Adam Clayton Powell III, *Falling for the Gap: Whatever Happened to the Digital Divide?* in Benjamin M. Compaine (ed.), *The Digital Divide: Facing a Crisis or Creating a Myth?* The MIT Press, 2001, p.309.

都更具优势。[11] 很多学者因此主张使用数字技术已经成为当今数字时代公民所应当享有的基本权利,[12]认为主张通过市场力量和技术扩散来弥合数字鸿沟的技术论者,实际上是将数字鸿沟限定为"连通鸿沟",未能关涉数字鸿沟含义向"技能鸿沟"和"内容鸿沟"的纵向扩展,导致其无视那些无法使用数字技术的人群在政治经济活动中所处的不平等地位,缺乏道德或伦理关切,[13]因此提倡从道德视角重新审视数字鸿沟议题。

数字鸿沟议题道德论者认为,数字鸿沟是否属于道德议题取决于其造成何种有害后果,如果此种有害后果危及相关人群的重要利益,那么数字鸿沟议题就具有道德上的可谴责性,不能仅仅被视为技术问题,而是应当被赋予道德属性。[14] 数字鸿沟议题道德论者承认,作为实现其他目的和价值的媒介,信息和通讯等数字技术本身只具有工具性价值,无法使用此种技术并不意味着不能实现本质上的善;[15]但是随着数字技术的广泛应用,其在当今政治、经济和社会等各方面都扮演不可或缺的重要角色,无法使用数字技术的人群会遭受物质剥夺、难以改善自身经济状况,难以在社会组织中行使发言权和决定权,进而影响其有效参与重要政治进程的能力,[16]最终会加剧不同群体之间在政治、经济、教育等各领域存在的不平等现象,无法实现对人之发展至关重要的知识和自由等核心价值。[17] 因此,数字鸿沟议题在当今社会中越来越呈现出强烈的道德属性。

(三)数字鸿沟的两种弥合路径

数字鸿沟议题的技术属性与道德属性之争导致数字鸿沟的弥合路径出现分歧。数字鸿沟议题技术论者认为,所谓的数字鸿沟只是一种暂时现象,可以借助

---

[11] See Laura Robinsona et al., *Digital Inequalities and Why They Matter*, 18 Info Comm & Soc. 570 (2015).

[12] See Pippa Norris, *Digital Divide: Civic Engagement, Information Poverty, and the Internet Worldwide*, Cambridge University Press, 2001, p.10.

[13] See Kenneth L. Hacker & Shana M. Mason, *Ethical Gaps in Studies of the Digital Divide*, 5 Ethics Inf Technol. 100 (2003); Rafael Capurro, *Digitization as An Ethical Challenge*, 32 AI & Soc. 280 (2017).

[14] See Deborah G. Johnson, *Computer Ethics*, 3rd edition, Prentice Hall, 2001, p.45.

[15] Herman T. Tavani, *Ethical Reflections on the Digital Divide*, 1 Info Comm & Ethics in Society 103 (2003).

[16] See Jeremy Moss, *Power and the Digital Divide*, 4 Ethics Inf Technol. 162 (2002); Essien D. Essien, *Ethical Implications of the Digital Divide and Social Exclusion: Imperative for Cyber-Security Culture in Africa*, 9 IJIDE. 15–16 (2018).

[17] See Herman T. Tavani, *Ethical Reflections on the Digital Divide*, 1 Info Comm & Ethics in Society 103 (2003).

市场力量,通过技术扩散得到自然弥合,无须政府横加干预。主张此种市场导向型弥合路径的主要是在数字技术发展领域具有领先优势的发达国家和地区,如美国和欧盟等。[18] 数字鸿沟议题道德论者则认为,仅凭市场力量不足以弥合数字鸿沟,市场或可弥合"连通鸿沟",但无助于弥合"技能鸿沟"和"内容鸿沟",数字鸿沟的道德属性要求政府采取积极干预措施。持此种政府干预型弥合路径的多是巴西和中国等发展中国家。这些发展中国家采取的主要干预措施包括:制定税收和财政政策以支持本地数字企业的发展、激励本地企业学习国外先进数字技术并进行本地化应用、为无法使用数字技术的人群提供相应的技能培训等。[19]

二、数字鸿沟议题在 WTO 法中的道德化及成因

虽然数字鸿沟议题是否具有道德属性在伦理学领域未有定论,但是 WTO 专家组在新近的"巴西税费措施案"中却直接裁定,成员方可以维护公共道德之名,制定实施贸易限制措施来弥合作为数字鸿沟类型之一的连通鸿沟;[20] 而 WTO 争端解决实践中公共道德判定上的单边性、相对性和薄弱的证据要求等特征,使得被诉方主张的任何类型的数字鸿沟均有可能被认定为 WTO 法中的公共道德议题。换言之,数字鸿沟议题在 WTO 法中整体上呈现出明显的道德化趋向。

(一)"巴西税费措施案"专家组赋予数字鸿沟议题道德属性

该案争议的主要是巴西政府为支持其境内数字电视设备产业发展而制定实施的税费减免措施(以下简称 PATVD 项目)。该项目旨在减免经巴西政府认证的适格企业应当缴纳的、与数字电视射频信号传输设备相关的税费。所谓适格

---

[18] See Abu Bhuiyan, *Internet Governance and the Global South Demand for a New Framework*, Palgrave Macmillan, 2014, pp.91–92.

[19] See Shamel Azmeh & Christopher Foster, *Bridging the Digital Divide and Supporting Increased Digital Trade Scoping Study*, at http://www.gegafrica.org/publications/110-ga-th3-dp-azmeh-foster-20180906/file (Last visited on 10 June, 2019).

[20] 需要指出的是,如下文所述,"巴西税费措施案"涉及的只是相关人群因缺少数字设备而无法使用数字技术的"连通鸿沟",不涉及"技能鸿沟"和"内容鸿沟"等其他类型的数字鸿沟——正如巴西政府在本案中所声称的,其采取争议措施的目的是为了保证相关数字电视设备在其境内生产,以便在全国范围内普及数字电视,进而确保其境内相关地区之民众获取和使用数字技术。不过,被诉方巴西、申诉方欧盟和专家组均未提及"连通鸿沟"一词,而是径直采纳"数字鸿沟"的表述。因此,为了与专家组裁决报告的用词保持一致,在论述"巴西税费措施案"专家组裁决时,本部分直接使用"数字鸿沟"来指代"连通鸿沟"。

企业必须同时符合下列三项条件：每年将其在巴西市场中销售总额的至少 2.5%投入到巴西境内的研发活动中、从事数字电视传输设备的研发和生产活动、满足相关的基本生产步骤（即某一产品之生产必须在巴西境内完成）或者相关产品被认定为"巴西研发"（即产品必须符合巴西法律所规定的技术要求和标准，而且技术要求和标准必须由惯常居所或住所地在巴西的熟练技术人员实施）。[21] PATVD 项目实际上要求符合税费减免条件的数字电视传输设备必须在巴西境内生产，来自被诉方欧盟的进口产品无法享受相应的税费减免，争议措施对进口产品造成歧视，因此被专家组裁定违反 GATT1994 的国民待遇规则。[22]

被诉方巴西则援引 GATT1994 第 XX 条(a)项的公共道德例外条款来证明 PATVD 项目的正当性。巴西声称：[23]其境内不同群体在获取和使用现代通信技术方面存在鸿沟，而诸如视频点播、视频会议和虚拟教室等需要连接高速网络的服务在巴西越来越多，所以为了提高巴西境内相关人群和地区的读写能力、社会流动和经济质量应当采取积极措施弥合数字鸿沟。鉴于电视是当前巴西民众获取信息的主要渠道，巴西政府选择数字电视作为弥合数字鸿沟和促进社会融合的首要媒介；而欲在全国范围内普及数字电视系统，首先应当确保巴西境内数字电视传输设备的供应以及在巴西境内研发和批量生产该设备的能力，因为外国生产商不一定能够向饱受数字鸿沟问题困扰的巴西居民提供便宜和充足的数字电视传输设备。故而，PATVD 项目的本意是为了提高巴西本地企业研发和批量生产相关设备的能力，确保相关传输设备的市场供应无中断之虞，进而通过数字电视的推广普及来弥合数字鸿沟、促进社会融合，因此该项目具有维护公共道德的规制目标。

专家组对巴西提交的相关证据作如下分析：[24]巴西总统社会沟通办公室和统计与地理研究所提交的相关报告显示巴西境内"确实存在数字鸿沟问题"；《2015 年联合国千年发展目标报告》和联合国教科文组织关于开放和包容地获取信息的讨论表明，"国际社会承认数字鸿沟问题是发展中国家面临的问题"；争议措施的相关文本规定表明，帮助巴西境内的相关群体通过数字电视获取相

---

[21] See Panel Report, *Brazil-Taxation and Charges*, WT/DS472/R WT/DS497/R, 30 August 2017, paras.2.82, 2.87–2.89.

[22] See Panel Report, *Brazil-Taxation and Charges*, WT/DS472/R WT/DS497/R, 30 August 2017, para.7.308.

[23] See Panel Report, *Brazil-Taxation and Charges*, WT/DS472/R WT/DS497/R, 30 August 2017, paras.7.544–7.547.

[24] See Panel Report, *Brazil-Taxation and Charges*, WT/DS472/R WT/DS497/R, 30 August 2017, para.7.565.

信息具有某种教育作用。专家组随后直接援引"美国博彩案"裁决指出,WTO 成员方在界定其自身公共道德时享有一定自主空间,其"倾向于尊重巴西的意见",认定弥合数字鸿沟的规制目标属于公共道德。

上述裁决存在重大缺陷。首先,巴西政府的相关报告和联合国的相关文件只能证明巴西确实面临数字鸿沟问题,且该问题对于发展中国家尤为突出,但是并不能证明数字鸿沟议题具有道德属性。甚至专家组也指出,争议措施的相关文本中根本没有出现任何"数字鸿沟"等表述,也没有提及任何弥合数字鸿沟的规制目标。㉕ 其次,专家组在确认巴西确实面临数字鸿沟问题之后,基于对巴西主张的尊重直接认定弥合数字鸿沟的规制目标属于 WTO 法中的公共道德,并未给予详细论证。恰如有学者所批评的,巴西提出的相关证据只能证明弥合数字鸿沟是一项促进社会和经济发展的公共政策目标,但无法证明其具有道德属性,上述裁决混淆了公共政策和公共道德之间的界限。㉖

(二)WTO 法中数字鸿沟议题道德化的成因

虽然"巴西税费措施案"主要涉及连通鸿沟是否属于公共道德议题的判断,但是争端解决机构在解释公共道德时采取的"单方确定、证据支持"判定路径,㉗导致 WTO 法中对公共道德的认定出现单边性、相对性和薄弱证据要求等特征,使得公共道德的含义呈现出严重的泛化趋势,这就意味着,被诉方所主张的任何类型的数字鸿沟议题均有可能被赋予道德属性。

首先,公共道德的判定具有单边性。首个裁决公共道德例外条款的"美国博彩案"专家组指出:所谓公共道德是指由某一群体或国家所确立或代表的行为对错之标准,公共道德例外条款所保护的应当是作为一个整体的某一群体或国家内的人民之利益。公共道德的解释具有一定的敏感性,WTO 成员方在界定这一概念时,应当依据自身的制度体系和价值观念享有"某些"(some)自主空间。㉘也就是说,"美国博彩案"专家组虽然承认 WTO 成员方有权根据其自身现实情况单方面确定何为公共道德,但是并未完全放任,而是施加了一定限制。此种限制之一就是在判定争议措施的规制目标是否属于公共道德时,援引参考其他

㉕ Panel Report, *Brazil-Taxation and Charges*, WT/DS472/R WT/DS497/R, 30 August 2017, para.7.576.

㉖ 参见杜明:《WTO 框架下公共道德例外条款的泛化解读及其体系性影响》,载《清华法学》2017 年第 6 期。

㉗ Ming Du, *How to Define 'Public Morals' in WTO Law? A Critique of the Brazil-Taxation and Charges Panel Report*, 13 Global Trade & Cust. J. 69 (2018).

㉘ See *Panel Report*, *United States-Gambling*, WT/DS285/R 10 November 2004, paras.6.463-6.465.

WTO 成员方是否将相关规制目标归类为公共道德范畴。在"美国博彩案"中，专家组指出，世界上几乎所有的国家都对博彩行为设置有严格的限制措施，甚至完全取缔此种行为，因此美国禁止网络赌博的做法属于维护公共道德的措施。㉙有学者据此指出，争议措施的规制目标是否属于公共道德似乎不能完全由 WTO 成员方单方面确定。㉚但是随之而来的"中国出版物案"专家组并未援引其他 WTO 成员方的相关立法或措施作为证据，而是在重复"美国博彩案"专家组对公共道德所做的语义阐释之后，直接认定本案争议措施的规制目标在于维护公共道德。㉛新近的"欧盟海豹案"专家组在通过考察争议措施的立法史等证据确定减少海豹痛苦、保护动物福利的规制目标确属公共道德之后，曾提及俄罗斯和瑞士等其他 WTO 成员方存在类似立法；不过随后却明确指出，这些证据与判断争议措施的规制目标并无必然联系，专家组无须通过此类证据来判断争议措施的规制目标是否属于公共道德。㉜由此可见，WTO 法中公共道德的判断具有明显的单边性，只需根据被诉方本身的具体情形加以确定。

其次，公共道德的判定具有相对性。正如专家组所指出的，公共道德内容之判定取决于 WTO 成员各方境内的多种因素，包括盛行的社会、文化、伦理和宗教价值观念，并且可能因时因地而发生变化。㉝换言之，在专家组看来，"道德规范的权威总是相对于一定时空的"，"道德判断应当以一种相对的方式被理解和表达……有关对错的判断并不是无条件与绝对的，而是相对于我们的社会、文化或某个特定群体的，这些才是我们道德体系的源泉"。㉞一言蔽之，WTO 争端解决中公共道德的判定具有相对性。在"欧盟海豹案"中，被诉方欧盟指出"动物福利主义"在国际社会中是一项确立已久的道德观念和理论思潮，并试图通过援引国际兽医局制定的《关于动物福利的指导原则》这一国际文件来证明其争议措施

㉙ See *Panel Report, United States-Gambling*, WT/DS285/R 10 November 2004, para.6.473 & footnote 913 thereto.

㉚ See Mark Wu, *Free Trade and the Protection of Public Morals: An Analysis of the Newly Emerging Public Morals Clause Doctrine*, 33 Yale J. Int'l L. 232-233 (2008).

㉛ See *Panel Report, China-Publications*, WT/DS363/R, 12 August 2009, paras.7.759.7.763.

㉜ See *Panel Report, European Communities-Seal Products*, WT/DS400/R WT/DS401/R, 25 November 2013, paras.7.408-7.409, 7.420.

㉝ See *Panel Report, European Communities-Seal Products*, WT/DS400/R WT/DS401/R, 25 November 2013, para.6.461.

㉞ 参见[英]史蒂文·卢克斯：《道德相对主义》，陈锐译，中国法制出版社 2013 年版，第 19、26 页；李冬冬，《TBT 协定规制目标正当性审查之研究》，载《国际经贸探索》2018 年第 7 期。

欲实现的减少海豹痛苦、保护海豹福利之目标属于公共道德。[35]专家组则明确指出,判断争议措施的规制目标是否属于公共道德,无须考察上述证据是否证明存在关于保护海豹福利的"全球性规范"或者"普遍性价值",这些国际文件或全球理念只不过是用来"进一步支持"其根据争议措施的立法史等证据已经做出的争议措施之规制目标确属公共道德的结论。[36]由此可见,WTO争端解决机构坚持从道德相对主义的立场出发来判断公共道德,不考虑是否存在全球性的普遍价值或统一的道德认知。

最后,公共道德判定的证据要求较为薄弱。相关争端解决实践显示,专家组和上诉机构在考察某一规制目标是否属于公共道德时,主要关注的是被诉方制定实施的争议措施的文本规定和立法史等证据。在"美国博彩案"中,专家组在考察了美国提交的争议措施制定过程中众议院发布的报告、时任美国司法部部长在参议院听证会中的发言和美国国会就争议措施之制定发布的相关声明后指出,上述证据明确记录争议措施的目的就是为了消除与未成年人赌博、病理性赌博和洗钱相关的公众忧虑,应当认定为公共道德。[37]"欧盟海豹案"专家组遵循同样的证据要求和裁判逻辑。在分析减少海豹痛苦、保护海豹福利之目标是否属于公共道德时,专家组认为其他WTO成员方制定实施的类似措施和相关国际文件与此并无直接关联,应当主要考察争议措施的文本用语和立法资料等证据。[38]专家组首先考察了规定争议措施的法律文本的具体用语和制度设计,认为该措施就是为了消除欧盟公众有关海豹福利之担忧而制定;随后分析欧洲议会就海豹福利问题发表的相关声明、欧洲理事会议会大会(Parliamentary Assembly of the Council of Europe)就海豹捕猎发表的评论以及欧盟委员会就规制海豹产品贸易发表的建议书等争议措施的立法资料,认为欧盟境内的海豹福利问题建立在"公共道德争论"基础之上,争议措施的制定实施确是出于"伦理考量",故而本案争议措施的规制目标属于公共道德。[39]

---

[35] *Panel Report*,*European Communities-Seal Products*,WT/DS400/R WT/DS401/R,25 November 2013,para.7.408.

[36] *Panel Report*,*European Communities-Seal Products*,WT/DS400/R WT/DS401/R,25 November 2013,para.7.40

[37] See *Panel Report*,*United States-Gambling*,WT/DS285/R 10 November 2004,para.6.486.

[38] *Panel Report*,*European Communities-Seal Products*,WT/DS400/R WT/DS401/R,25 November 2013,para.7.409.

[39] See *Panel Report*,*European Communities-Seal Products*,WT/DS400/R WT/DS401/R,25 November 2013,paras.7.389,7.396.

专家组将争议措施的文本规定和立法历史作为判定规制目标是否属于公共道德的决定性证据,使得公共道德的证据要求十分薄弱和空洞,因为文本规定和立法历史均属于"经验事实"(empirical fact),借助此类证据来判定公共道德实际上忽视了"道德"一词本身所蕴含的"行为对错"之规范内容。[40] 换言之,专家组之所以将减少海豹痛苦、保护海豹福利认定为公共道德,只不过是因为欧盟在争议措施的法律规定和立法资料中将其认定为公共道德。正如有学者所批评的,专家组此举至为武断不当,因为欧盟争议措施的文本设计和立法过程显示,该措施实际上是为了回应公众情绪,并非立基于欧洲道德标准之上。[41] 作为"欧盟海豹案"的第三方,日本和冰岛也指出:道德议题必然是建立在较为主观的意见和认知基础之上,WTO成员方也有权根据其自身制度体系和价值理念确定其公共道德;但是公共道德不等于对某一争议措施的广泛政治和公众支持,贸易限制措施也必须解决真实存在的公共道德忧虑,成员方无权将任意政策目标认定为公共道德。[42] 对于这些意见,专家组坦承,确定某一社会中公共道德的内容殊非易事;[43] 上诉机构更是直言,适用公共道德例外条款时,无须确定公共道德的具体内容。[44] 这实际上允许WTO成员方通过作为"经验事实"的立法资料等证据"自我证成"其主张的公共道德,公共道德例外条款成为事实上的"自裁决"条款,而所谓的举证责任也沦为近乎空洞的程序性要求。

由上可知,WTO法中公共道德含义的"单方确定、证据支持"判定路径赋予成员方依其自身制度体系和价值观念自主确定其境内公共道德含义与范围的权利,薄弱的证据要求使得争端解决机构几乎无法对其予以实质性审查。这就意味着,包括"巴西税费案"涉及的连通鸿沟在内,成员方实施贸易限制措施以弥合任何类型的数字鸿沟均极可能被争端解决机构径直判定为旨在实现公共道德目标而采取的正当措施,从而导致所有类型的数字鸿沟在WTO法中呈现出普遍的道德化倾向。

---

[40] See Alexia Herwig, *Too much Zeal on Seals? Animal Welfare, Public Morals, and Consumer Ethics at the Bar of the WTO*, 15 World Trade Rev. 120-121 (2016).

[41] Nikolas P. Sellheim, *The Legal Question of Morality: Seal Hunting and the European Moral Standard*, 25 Soc. & Legal Stud. 156 (2016)

[42] See Panel Report, *European Communities-Seal Products*, WT/DS400/R WT/DS401/R, 25 November 2013, footnote 673 to para.7.409.

[43] Panel Report, *European Communities-Seal Products*, WT/DS400/R WT/DS401/R, 25 November 2013, para.7.409.

[44] Appellate Body Report, *European Communities-Seal Products*, WT/DS400/AB/R WT/DS401/AB/R, 22 May 2014, para.5.199.

三、WTO法中数字鸿沟议题道德化的危害及应对

（一）数字鸿沟议题在WTO法中的道德化威胁数字贸易自由

学界普遍担忧，WTO法中公共道德判定的单边性、相对性和薄弱证据要求会导致其含义呈现泛化趋势，成员方所主张的任何目标均有可能成为公共道德，以保护公共道德为名行贸易保护主义之实的争议措施很可能会因此获得正当性，进而威胁贸易自由化。[45]虽然有学者认为，公共道德例外条款的必要性要求以及一般例外条款引言规定的限制性条件可以避免产生此种后果，[46]但是新近WTO争端解决实践显示，必要性要求和一般例外条款引言的适用较之前已经大为宽松，[47]公共道德含义的泛化仍然会对自由贸易造成威胁。具体到本文主旨，在伦理学领域中数字鸿沟议题性质尚存争论的情形下，WTO争端解决机构贸然赋予其道德属性，会威胁方兴未艾的数字贸易的自由化发展。

首先，数字鸿沟议题的道德化会妨碍各国间的数字技术产品贸易，从而妨碍数字技术落后国家或地区之民众和企业有效参与数字贸易。

将弥合数字鸿沟，特别是因缺少数字设备而导致的连通鸿沟，认定为公共道德目标会鼓励WTO成员方像巴西那样制定实施相应的贸易限制措施，妨碍数字技术产品的国际流通，提高此类产品的成本和价格，使得原本因为收入等原因饱受"连通鸿沟"困扰的人群无法获取相应设备，参与数字经济的发展。获取数字技术产品是参与数字经济和数字贸易的基本前提，贫困问题是造成相关人群难以负担此种设备、无法使用数字技术的重要原因之一。[48]为了解决这一问题，WTO的29个成员方早在1996年就制定了《信息技术协定》，其主要目的就是通过取消计算机、移动电话等一些关键数字技术产品的关税，确保每一缔约方的贸

---

[45] See Rolf H. Weber & Rainer Baisch, *Revisiting the Public Moral/Order and the Security Exception under the GATS*, 13 Asian J. WTO & Int'l Health L & Pol'y. 383 (2018); R. Rajesh Babu, *WTO and The Protection of Public Morals*, 13 Asian J. WTO & Int'l Health L & Pol'y. 351 (2018).

[46] Gillian Moon, *A 'Fundamental Moral Imperative': Social Inclusion, the Sustainable Development Goals and International Trade Law After Brazil-Taxation*, 52 J. World Trade. 1001 (2018).

[47] See Ming Du, *Permitting Moral Imperialism: Public Morals Exception to Free Trade at the Bar of the WTO*, 50 J. World Trade. 693-694 (2016).

[48] See Laura Robinsona et al, *Digital Inequalities and Why They Matter*, 18 Info Comm & Soc. 575 (2015).

易体制能够增加数字技术产品的市场准入机会,[49]促进数字技术产品之间的国际流通和竞争,降低其成本和价格,提高发展中国家居民对数字技术产品的需求和购买力。经过二十多年的发展,《信息技术协定》目前已有 81 个 WTO 成员方加入,涵盖全球数字技术产品贸易份额的近 97%。[50] 由此可见,多数 WTO 成员方相信,借助市场力量、通过技术扩散,能够弥合因为缺少数字技术设备而导致的"连通鸿沟"。数字鸿沟议题在 WTO 法中的道德化,很可能会促使成员方通过制定实施境内贸易保护措施规避其根据《信息技术协定》对相关数字技术产品做出的不征收关税之承诺。

实际上,虽然专家组在"巴西税费案"中认定 PATVD 项目的规制目标属于公共道德,但仍然对该措施以维护公共道德为名提高本地企业生产相关数字设备的能力、歧视进口产品的做法提出质疑。专家组指出,巴西声称其担心外国生产商无法为境内消费者提供稳定和可负担的数字电视传播设备,因此才为本地企业提供税收优惠,提升其生产相关设备的能力,满足本地市场需求;但是此种税收优惠措施却对本来能够为巴西供应数字电视传播设备的外国生产商造成歧视。换言之,巴西实际上是主张,其之所以对进口产品给予税收歧视,是担心进口产品无法满足其境内市场需求。[51] 这一主张存在明显无法自圆其说的内在矛盾。由此可见,数字鸿沟议题道德化无助于弥合因缺少相关数字技术产品导致的"连通鸿沟",反而会阻碍此类产品的自由流通,人为提高产品价格,间接阻碍数字贸易的自由发展。

其次,数字鸿沟议题道德化会打破当前 WTO 规则设定的自由贸易与其他非贸易目标之间的平衡,危及数字贸易自由。

虽然国际社会对数字贸易的确切含义尚存争论,但通常是指以数字技术为基础而实现的货物或服务之订购、生产、销售和运输等商业活动。[52] 缔结于 20 世纪末的 WTO 各涵盖协定虽然并非旨在专门规制和调整数字贸易,但是争端

---

[49] See WTO, *Ministerial Declaration on Trade in Information Technology Products*, at https://www.wto.org/english/docs_e/legal_e/itadec_e.htm (Last visited on 11 June, 2019).

[50] See WTO, *Information Technology Agreement-An Explanation*, at https://www.wto.org/english/tratop_e/inftec_e/itaintro_e.htm (Last visited on 15 June, 2019).

[51] *Panel Report*, *Brazil-Taxation and Charges*, WT/DS472/R WT/DS497/R, 30 August 2017, para.7.575.

[52] 参见彭德雷,《数字贸易的"风险二重性"与规制合作》,载《比较法研究》2019 年第 1 期;Javier López-González & Marie-Agnès Jouanjean, *Digital Trade: Developing a Framework for Analysis*, at http://dx.doi.org/10.1787/524c8c83-en (Last visited on 11 June, 2019).

解决机构在相关裁决中明确宣示，WTO奉行"技术中立"原则，[53]不论国际贸易是否通过数字技术进行，都受WTO相关规则的管辖。因此，如果WTO争端解决机构延续"巴西税费案"的裁判法理，贸然将弥合数字鸿沟认定为公共道德目标，那么就有可能打破当前WTO成员方承担的贸易自由之承诺与公共道德例外规则之间的微妙平衡，不合理地扩大成员方干预数字经济的权力，危害数字经济的自由化发展。假设某一WTO成员方在其服务贸易承诺表中允许外国互联网服务提供商为其境内居民提供某种英文内容的服务，后又因袭巴西政府在"巴西税费案"中的逻辑，以其偏远地区居民与城市居民相比由于教育水平所限，无法访问和利用此种服务，二者存在"内容鸿沟"为由，禁止或限制该互联网服务提供商在其境内从事经营活动，进而鼓励本地企业提供以本国文字为主的相同服务，那么此种禁止或限制措施很有可能会被认定为具有弥合"内容鸿沟"的公共道德目标而符合公共道德例外规定，最终规避其做出的相关服务贸易承诺。

最后，数字鸿沟议题道德化会促使WTO成员方规避其业已作出的对电子传输（electronic transmission）中止征收关税之承诺。

虽然WTO涵盖协定适用于数字贸易，但是其规则毕竟并非专为数字贸易而设，已难以满足数字时代的规制需求。为此，各成员方在WTO成立之后不久就开始着手对数字贸易规则进行谈判和磋商。虽然由于各大数字经济体之间歧见颇深导致此一进程步履维艰，但各方仍然对数字贸易的自由化发展做出一定承诺。其中，WTO 1998年的部长级会议就宣布，各方同意中止对电子传输征收关税，此后每一次部长级会议都会重申此声明。[54]虽然"电子传输"的含义尚存争议，但是很多WTO成员方都认为其应当包含数字内容的传输。[55]申言之，大多数WTO成员方同意对数字内容的电子传输中止征收关税。包括内容鸿沟在内的各类数字鸿沟的道德化无疑会鼓励各方采取境内规制措施，限制数字内容的自由跨境传输，导致上述承诺口惠而实不至，从而损害数字贸易的自由化发展。

---

[53] *Panel Report*, *United States-Gambling*, WT/DS285/R 10 November 2004, para.6.285.

[54] 最新的一次声明是WTO在2017年12月于布宜诺斯艾利斯举行的第11次部长级会议上做出的。See WTO, *Work Programme on Electronic Commerce-Ministerial Decision of 13 December 2017*, at https://docs.wto.org/dol2fe/Pages/SS/directdoc.aspx? filename = q:/WT/MIN17/65.pdf (Last visited on 11 June, 2019).

[55] WTO, *ITEM 4-Work Programme on Electronic Commerce-Review of Progress*, at https://docs.wto.org/dol2fe/Pages/FE_Search/ExportFile.aspx? id = 250486&filename = q/WT/GC/W756.pdf (Last visited on 11 June, 2019).

（二）提高公共道德判定的证据要求以应对上述威胁

对于数字鸿沟议题道德化造成的上述威胁，有学者建议抛弃"单方确定、证据支持"的公共道德判定路径，采用"普遍主义"的判定方法，要求被诉方必须证明将特定规制目标认定为公共道德是其他 WTO 成员方所奉行的普遍做法，或者存在相应的全球性规范。[56]但正如专家组所言，公共道德的含义随时空流转而变动不居，"普遍主义"判定方法过于严格，会严重限制 WTO 成员方确定其公共道德的自主权利。例如，以色列为维护犹太教规和礼仪要求而制定实施洁食（kosher）标准，禁止不洁食品的进口，[57]此举明显是为了维护以色列人公认的道德标准，但却并未得到其他 WTO 成员方或国际社会的普遍承认。在此情形下，适用普遍主义路径判定公共道德存在明显的局限性。因此，笔者建议在考察数字鸿沟议题是否涉及 WTO 法中的公共道德属性时，应继续保持公共道德判定的相对性和单边性，与此同时进一步提高被诉方的证据要求，以便在维护成员方规制自主权和保障数字贸易自由之间达成平衡。

至于如何提高公共道德判定的证据要求，笔者认为需要重新发现和重视公共道德的文本表述。公共道德由"公共"和"道德"组成，一项规制目标要想成为 WTO 法中的公共道德，必然应当同时具备"公共性"和"道德性"。根据上文专家组对公共道德的界定，所谓道德的"公共性"是指"某一群体或国家"所维持或代表的行为对错之标准，其内容取决于"盛行的"社会、文化、伦理和宗教等价值，其保护的是"作为一个整体"的某一群体或国家内的人民之利益。[58]这意味着，某一规制目标是否属于 WTO 法中的"公共"道德，首先应当考察相关成员方境内多数民众的意见和看法是否将其认定为具有道德属性。因此，提高公共道德判定证据要求的第一点应当是，要求被诉方提交对于争议措施规制目标是否具有道德属性的公共调查意见。换言之，只有当公共调查意见能够明确证明某一规制目标深深地根植在相关成员方的大多数民众之中，该目标才有可能被认定为具有"公共"性。至目前为止关于公共道德判定的 WTO 争端中，仅有"欧盟海豹案"明确涉及公共调查意见，而且专家组并未予以足够重视，仅赋予其非常有

---

[56] Tyler M. Smith, *Much Needed Reform in the Realm of Public Morals*: *A Proposed Addition to the GATT Article XX（A）Public Morals Framework*, *Resulting from China-Audiovisual*, 19 Cardozo J. Int'l & Comp. L. 460（2011）.

[57] See Mark Wu, *Free Trade and the Protection of Public Morals*: *An Analysis of the Newly Emerging Public Morals Clause Doctrine*, 33 Yale J. Int'l L. 223（2008）.

[58] See *Panel Report*, *United States-Gambling*, WT/DS285/R 10 November 2004, paras.7.461, 7.463, 7.465.

限的证明效力。[59] 在今后关于弥合数字鸿沟目标是否属于公共道德的判定中，WTO争端解决机构不能仅像"巴西税费案"专家组那样主要根据争议措施的法律文本规定和立法史等证据作出判断，而是应当要求被诉方提供能够明确证明弥合数字鸿沟确实具有"公共性"的调查意见。

当然，公共调查意见仍然属于前文提及的"经验事实"，虽然能够证明规制目标具有"公共性"，但是无法证明该目标具有道德性。因此，除了公共调查意见之外，争端解决机构还应当要求被诉方提供能够证明规制目标确实具有道德属性的明确证据。具体到本文探讨的数字鸿沟议题上，笔者认为，数字鸿沟议题是否具有道德属性不能一概而论，数字鸿沟道德论者普遍将数字鸿沟加剧现实世界中业已存在的不平等现象作为其分析起点存在缺陷，[60]因为有些数字鸿沟现象的形成并非因为某些人群收入低下或缺乏技能被排斥在数字技术世界之外，而是因为人们出于对数字技术的不信任而主动拒绝使用。正如有学者所指出的，数字鸿沟议题是否具有道德属性应当根据数字鸿沟本身的实证特性（empirical quality）及其所处的特定政治经济环境进行具体的情景化判断，不能一概而论；只有当此种数字鸿沟创设、加剧或维持了基本的社会不公平现象时，才具有道德上的可谴责性。[61]

在对数字鸿沟议题是否具有道德属性进行情景化判断时，应当主要考察以下四个维度：[62]第一，使用数字技术获得的非优势地位利益（nonpositionl interest）。所谓非优势地位利益是指，虽然使用数字技术的人群比无法使用数字技术的人群能够获取某些方面的优势或利益，但这些优势或利益并不会使后者境遇更差。例如，若相关人群使用数字技术的主要目的是为了娱乐，那么此种利益可能并不会为其带来政治经济方面的竞争优势。第二，使用数字技术获得的优势地位利益（positional interest）。即，使用数字技术方面获得的某些利益会对无法使用数字技术的人群造成政治经济等方面的竞争劣势。比如，无法使用数

---

[59] See *Panel Report*, *European Communities-Seal Products*, WT/DS400/R WT/DS401/R, 25 November 2013, para.7.398 & footnote 653 thereto.

[60] See Bernd Carsten Stahl, *Social Issues in Computer Ethics*, in Luciano Floridi (ed.), *The Cambridge Handbook of Information and Computer Ethics*, Cambridge University Press, 2010, p.108.

[61] Emma Rooksby & John Weckert, *Digital Divides: Their Social and Ethical Implications*, in Emma Rooksby & John Weckert (ed.), *Social, Ethical and Policy Implications of Information Technology*, Information Science Publishing, 2014, p.37.

[62] See Emma Rooksby & John Weckert, *Digital Divides: Their Social and Ethical Implications*, in Emma Rooksby & John Weckert (ed.), *Social, Ethical and Policy Implications of Information Technology*, Information Science Publishing, 2014, pp.38-40.

字技术的人群可能不会及时获知网络中的招聘信息,进而在求职方面受到限制。第三,数字技术之替代性手段的可获得性。如果使用数字技术是获取某种优势地位利益的唯一途径,那么无法使用数字技术的人群就会处于竞争劣势地位。第四,使用数字技术带来的不利。技术的进步和革新并非总是产生积极影响,有可能伴随着许多潜在风险。比如,有的群体可能担心数字支付手段无法保证资金安全或者容易泄露金融隐私而主动拒绝使用数字支付工具。[63] 如果数字技术为使用者带来非优势地位利益,或者存在获取相关信息的其他替代性手段,或者相关人群出于担心潜在风险而拒绝使用数字技术,那么此种情形下产生的数字鸿沟就不应当被认定为具有道德属性,因为此种鸿沟并未创设、维持或加剧相应人群在政治经济等方面存在的不平等现象。具体到 WTO 争端解决实践中,笔者认为,主张弥合数字鸿沟属于公共道德目标的被诉方应当围绕上述四个维度提交相应的证据,以便证明经公众广泛认可的弥合数字鸿沟目标确实具有道德属性,而非仅仅是公共政策目标。当然,以上四种证据的证明效力可能相互冲突,比如被诉方提交的相关证据可能既证明数字鸿沟能够为使用数字技术的人群带来优势地位利益,同时能够证明数字技术并非获取此种优势地位利益的唯一途径。在此情形下,需要争端解决机构根据被诉方境内的具体情形行使自由裁量权加以判断。

结　语

数字鸿沟议题并非纯粹技术或道德问题,其涉及一国内部与各国之间的科学技术实力、经济发展水平和教育普及程度等许多复杂因素,不能简单地直接赋予其道德属性。数字鸿沟议题在 WTO 法中的贸然道德化会严重阻碍数字贸易的自由化进程。在今后的 WTO 争端解决实践中,专家组和上诉机构在坚持公共道德判定的单边性和相对性的基础上,应当提高公共道德判定的证据要求,从"公共性"和"道德性"两方面对数字鸿沟议题是否具有道德属性进行更为准确的情景化判断。如此才能保证各方采取的数字鸿沟弥合措施真正能够促进数字贸易,而非蜕变为阻碍数字贸易自由化进程的"道德藩篱"。

---

[63] See Dominic Frisby, *Why We Should Fear A Cashless World*, at https://www.theguardian.com/money/commentisfree/2016/mar/21/fear-cashless-world-contactless (Last visited on 15 March, 2019).

The Moralization of Digital Divide in WTO Law: Causes, Threats and Solutions

Li Dongdong

Abstract: Digital divide is one of the main challenges to the liberalization of digital trade. The unilateralism, relativism and weak evidentiary requirement of the determination of public morals in WTO dispute resolution practices make the bridging of digital divide almost automatically be identified as a public moral objective, which causes the moralization of the controversial digital divide issue in the field of ethics and threatens the freedom of booming digital trade. The dispute settlement body should enhance the evidentiary requirement from both "public" and "moral" perspectives when it determines whether digital divide bridging is a public moral objective in future cases, so as to avoid the bridging of digital divide being moralized automatically, thus promote the freedom of digital trade.

Key words: digital divide; public moral; digital trade; evidentiary requirement

(责任编辑:张　华)

英文注释体例

一、著作

注明:作者,文献名(斜体),版次(如有),出版社,出版时间,页码。

〔1〕H.L.A. Hart,*The Concept of Law*,3rd ed.,Oxford University Press,2012,p.10.

编著在编者姓名后加"(ed.)"(一人)或"(eds.)"(多人)。

〔2〕Jules Coleman & Scott Shapiro(eds.),*Oxford Handbook of Jurisprudence and Philosophy of Law*,Oxford University Press,2004,pp.23-26.

译著在文献名后注明译者。

〔3〕Hans Kelsen,*Pure Theory of Law*,trans.,Max Knight,The Law Book Exchange,2009,p.260.

二、论文

期刊文章注明:作者,文献名(斜体),卷号 期刊简写 页码(年份)。

〔4〕Richard A. Posner,*The Law and Economics of Contract Interpretation*,83 Tex L. Rev. 1581,1590(2005).

文集文章注明:作者,文献名(斜体),编者,文集名称(斜体),出版者,出版时间,页码。

〔5〕D.N. MacCormick,*Rights in Legislation*,in P. M. S. Hacker & J. Raz(eds.),*Law,Morality and Society:Essays in Honour of H. L. A Hart*,Clarendon Press,1977,pp.189-196.

三、外国法规及判例

遵照其本国常用注释体例,例如:

——美国法院案例注释体例

〔6〕Beanstalk Group, Inc. v. AM Gen. Corp.,283 F.3d 856,859(7th Cir. 2002).

——欧盟法院案例注释体例

〔7〕Case C-137/12,*Commission v. Council*,EU:C:2013:675,para.58

——国际法院案例注释体例

〔8〕*LaGrand(Germany v. USA)*,Judgment,ICJ Reports 2001,p. 466,para.88.

四、辞书

注明:辞书名 页码(版次和出版时间)。

〔9〕 Black's Law Dictionary 402 (10th ed. 2014).

五、研究报告

注明:报告题目(斜体),文件发布机构及编号,发布日期,页码或段落。

〔10〕 *Protection of Civilians in Armed Conflict*, Report of the Secretary General, S/2018/462, 14 May 2018, para.10.

六、互联网资料

注明:作者姓名(如有),文章名称(斜体,首字母大写), + at + 网址 + 括号(括号内注明访问具体时间)。

〔11〕 Michael Schmitt, *Precision Attack and International Humanitarian Law*, at https://www.icrc.org/en/international-review/article/precision-attack-and-international-humanitarian-law (Last visited on 6 August, 2018).

《南京大学法律评论》休止
暨
《南大法学》创刊与征稿启事

经国家新闻出版署批准,南京大学喜获创办法学领域的学术期刊《南大法学》(国内统一连续出版物号为 CN32-1889/D,一年六期,双月出版)的资格。《南大法学》创刊号出版在即。

《南大法学》承继自《南京大学法律评论》。《南大法学》的创刊之时,亦是《南京大学法律评论》完成历史使命而圆满休刊之际。

《南京大学法律评论》创始于1994年,为国内最早的法律评论书刊。二十多年来,蒙广大作者和读者的支持与厚爱,在学界影响广布。

本卷(2019年秋季卷)作为本集刊的休刊卷,为历史悠久的《南京大学法律评论》画上圆满的休止符。衷心感谢所有呵护、鞭策《南京大学法律评论》成长的同行者!正因为您的陪伴,这一路才格外精彩。

编辑部将携二十余年之学术积淀,继往开来,为《南大法学》的枝繁叶茂耕耘不辍!

学界增一《南大法学》,不止增一刊物而已;《南大法学》列于法学众刊之中,亦绝不甘于数量加一而已。《南大法学》立志为中国法学贡献新理念、新气象,必心怀敬畏与虔诚,苦心经营。

《南大法学》较之《南京大学法律评论》,刊稿量势必大幅增加,而采稿周期将显著缩短。诚邀旧友新知踊跃投稿。

本刊在线投稿系统尚在建设中,敬请各位投稿者继续使用《南京大学法律评论》的在线投稿系统:

http://njfl.cbpt.cnki.net/WKD/WebPublication/index.aspx?mid=njfl

期待惠赐大作!

《南京大学法律评论》编辑部
《南大法学》编辑部
2020年3月

图书在版编目(CIP)数据

南京大学法律评论. 2019 年：秋季版 / 解亘主编．
—南京：南京大学出版社，2020.4
ISBN 978-7-305-23019-6

Ⅰ.①南… Ⅱ.①解… Ⅲ.①法律－文集 Ⅳ.①D9-53

中国版本图书馆 CIP 数据核字(2020)第 037171 号

出版发行	南京大学出版社
社　　址	南京市汉口路 22 号　邮　编　210093
出 版 人	金鑫荣
书　　名	南京大学法律评论(2019 年秋季卷)
主　　编	解亘
责任编辑	潘琳宁　　　　　　编辑热线　025-83592401
照　　排	南京紫藤制版印务中心
印　　刷	扬州皓宇图文印刷有限公司
开　　本	718×1000　1/16　印张 26　字数 527 千
版　　次	2020 年 4 月第 1 版　2020 年 4 月第 1 次印刷
ISBN	978-7-305-23019-6
定　　价	78.00 元

网址：http://www.njupco.com
官方微博：http://weibo.com/njupco
销售咨询热线：025-83594756

＊ 版权所有，侵权必究
＊ 凡购买南大版图书，如有印装质量问题，请与所购
　图书销售部门联系调换